U0560279

宋韵文化研究

浙江财经大学宋韵文化研究中心 编

第一辑

浙江大学出版社
ZHEJIANG UNIVERSITY PRESS
· 杭州

编辑委员会

编委会主任：楼胆群　李　鹏

执行主编：周保欣　和　溪

编委：（以姓氏笔画为序）

毛　鸽　朱学博　李　伟　李建峰

吴瑞荻　周　宇　周日蓉　赵　蕾

贺学兵　高　燕　黄金娟　董　政

目 录

宋韵文化的哲学精神

陈　来[*]

手册里我的主旨演讲题目是《宋学的兴起与历史地位》，其实这是我前天在财大大讲坛讲的题目。今天我就不再重复这个题目。刚才杰人教授也讲了，我们关于宋韵文化，不能孤立地了解，限定在"韵"字上。那天我特别在讲"神"，"神"就是基本精神，要掌握宋代文化的基本精神。怎么了解它的基本精神？主要是从宋学的兴起来讲。

今天我就来讲宋代文化，或者理解这个宋韵文化吧，不能仅仅从文学的艺术的韵致来讲，也不能一般地理解宋韵的精神，还要特别地从宋学的主体，就是理学，有所了解。如果仅仅讲韵，仅仅讲神，完全不讲理，那也不能了解宋学。当然，神是理的精神，理是统贯宋代社会文化的基本原则。了解这一点也是非常重要的。

我前天是从"兴起"的角度，讲北宋比较多。我们现在在浙江讲宋韵文化，要有浙江的辨识度，所以其实很多讨论应该集中在南宋。那么从这个角度来说，也就是从理的角度来讲，我想大体上可以这么说，北宋的理学特别集中在"什么是理"的问题上，比方说二程讲"天即理"，说"理便是天道"，程颐特别强调性即是理，这就是关于什么是理方面的典型的命题讨论。那么在南宋以后，主要的问题改变了，不是"什么是理"，而是变成了"如何求理"。

首先就是朱子，朱子代表了两宋理学的主流发展。平常我们讲的"理学"有两种理解，一个是大的概念，包括理学里面的各种派别，再一个比较限制的理学，特指程朱派。程朱派是代表两宋理学的主流，它的特点就集中在"理"。在朱子，主要的问题就不是"什么是理"，而是"如何求理"。我们知道，他全面地继承了伊川先生关于"格物"的解释。《大学》的八条目里面最重要的就是"格物"。汉代的郑玄解释说"格者，来也"，宋代的理学家不满足这种解释。"来"的解释是一种感应论，好事就招来好事，坏事就招来坏事。朱子一方面继承了伊川先生对格物的解释，另一方面也做了自己全面的发展。最重要的是，他把"格物"解释为"即物穷理"。二程特别是伊川已经用"穷理"这个观念去把握

＊　陈来，清华大学国学研究院院长，中华朱子学会会长。

"格物"，这个时候不是用训诂的办法，而是用义理精神来把握"格物"。不要说"格"是什么，"物"是什么，"穷理"就是格物的基本精神。但到了朱子论学，仅仅讲穷理可能还不够，一定要加上"即物穷理"。"穷理"已经把对格物的解释引向了理性主义的解释。那么朱子为什么特别强调"即物"？很明显，朱子是站在整个儒家文化，至少是中唐以来所遇到的挑战。因为韩愈很重视《大学》，我们今天讲这是有先见之明的。但韩愈的焦点还是用《大学》的政治哲学，就是"治国平天下"这一套理论来驳斥佛道，特别是反对佛教的出世主义，离开家庭，离开社会，离开国家。那么朱子对佛教的批判不仅仅是从这一方面，他把它更加哲学化。"即物"的意思就是不离开事事物物，这个事事物物既有人伦关系，社会关系，也有关于这个周遭的自然的存在。所以朱子学强调即物穷理，要内在于我们此世的伦理秩序里面，我们的社会关系里面，来追求格物的完成。这是朱子学鲜明的特点。

那么，到了南宋，理学已经开始分化了，分化为狭义的理学和心学的对立。前者的代表是朱子，后者的代表是陆象山。朱子中年的时候跟陆象山在鹅湖开展了一场论辩，这个论辩的焦点就是朱子强调要即物穷理，这个即物的一个基本方式就是读书，通过广泛读书来了解、考察事物的道理。方法上强调读书，它的哲学背景就是"即物穷理"。但是陆九渊反对在物上求理，特别强调要在心上求理，不赞成格物的方法，认为格物是"支离"，说朱子"支离事业竟浮沉"。所以他强调"发明本心"，讲"心即理"也。"心即理"跟前面讲的"天即理也""性即理也"不同，它最重要的还不是强调"理"是什么，而是像前面讲的，强调如何求理，要到心上去求理。那么针对这种反对意见，朱子的回应是这样的，按照陆九渊的方法"只能做一乡善事"，就是在你的家乡做一个好人而已。这就意味着这样一种学问不能够满足担任多种公共职能的士大夫的整体需要。从这里面可以看出朱熹跟陆九渊在学术立场上的不同。朱子认为除了在道德上做个好人之外，还有必要掌握各种各样的人文社会知识。

朱子强调士大夫在文化道德方面的功能，如果要从这个角度看，南宋理学其实还有一派。像黄宗羲《宋元学案》已经讲到了这个问题。南宋理学的分化，主流的对立是朱子学和陆学，但是也常常提到第三派，也就是永嘉事功之学。当然，对永嘉事功之学有不同的理解。我们刚才说，朱子理学集中在"理"字，那么永嘉之学的精神就是强调"事情"的"事"，强调"事"对于求理的重要性。朱子学的"物"的含义非常广泛，上到天文地理，下到一草一木。但是永嘉之学的"事"是跟"功"联系起来的，所以它特别是围绕政治制度展开的。回到哲学或理论的角度看，朱子学继承二程，特别强调的是"性即理"，江西二陆强调的是"心即理",而永嘉学说则强调"事即理",这也是回答什么是理的问题。但是在南宋来讲,"事即理"的概念主要还是回答如何求理。永嘉先生教人读书的特点是什么呢?"但令事事理会",教学生要事事理会,在每个具体的事上去寻求道理。为什么呢?他说:"礼乐法度皆是道也。"这就是他的"事即理"最重要的实践的含义。所以永嘉之学一面强调事皆是理,一面强调事上理会,因此他是经世之学,注重的是"经制治法",集中在古代的治国理政的制度问题,在事功和制度上寻求理。这是南宋理学的第三派。

我们可以说,总体来讲,宋代理学是因应这个时代的社会变迁。上次我讲宋学兴起的问题,已经从几个方面讲。那我们顺着刚才讲的话题,补充一个小问题。南宋跟藩镇割据的时代不同,已经是一个新的中央集权的时代。在这个时代里面,官僚的行政怎么落实,需要已成的规范。要因应一个时代的社会变迁,都会面临这个问题。一个中央集权的官僚机构里边,对于士大夫的规范来自何处?程朱理学就是用《大学》《中庸》的思想,给所有的官员和士大夫确立一个规范,也就是基本原则。我刚才讲了"理"就是基本原则。这个"理"既是士大夫的行为、立身处世的基本原则,同时也是士大夫自我发展、自我精神提升的宗旨。因为它是关系到整个士大夫队伍自我提升、自我发展的宗旨,所以它不是以满足于做一个乡里的善士为目的,必须满足整个时代的士大夫思想、文化发展等各方面的需求。理学就是适应这个时代的这些要求而出现的。今天上午我就简单地从"理"的方面,对我前天讲的内容做一个补充,谢谢大家!

《史记》的文本特点与校勘整理

赵生群[*]

古代文献的流传，经历了两个主要阶段。一是雕版印刷发明以前，一是版本出现之后。在这两个阶段之间，还有一个重要的环节，这就是西汉后期刘向、刘歆父子主持的大规模古籍整理。经过刘向、刘歆校理，六艺、诸子、诗赋、兵书、术数、方技，始趋于定型。汉以前的古书，在刘向父子校雠前后有着明显的差异，校勘整理的方法也不尽相同。在此之前，文献流传纷乱，门派不同，书无定本，次序先后、篇章多寡尚未固定，内容、文句、行文顺序不尽相同，文本经过长期传抄，或有增删改窜，且在变化之中。司马迁依据的材料，史源广博，《史记》五体，多有交叉重叠，作者信则传信，疑则传疑，显示出史料的丰富性。由于多重因素的共同影响，使得《史记》文本呈现出极其复杂的状况，它与传世文献、出土文献之间也不是简单的对应关系。《史记》文本的特殊性，在校勘整理时应充分注意。

一、司马迁时代的文献流传

司马迁生当西汉武帝之世。这一时期，文献主要书于竹帛，依靠手抄流传。这一时期的文献与后世文献相比，有一个最大的特点，就是它的不确定性。这种不确定性主要体现在两个方面。

（一）形态复杂

《汉书·艺文志》："昔仲尼没而微言绝，七十子丧而大义乖。故《春秋》分为五，《诗》分为四，《易》有数家之传。战国从衡，真伪分争，诸子之言纷然淆乱。至秦患之，乃燔灭文章，以愚黔首。汉兴，改秦之败，大收篇籍，广开献书之路。迄孝武世，书缺简脱，礼坏乐崩，圣上喟然而称曰：'朕甚闵焉！'于是建藏书之策，置写书之官，下及诸子传说，皆充秘府。至成帝时，以书颇散亡，使谒者陈农求遗书于天下。诏光禄大夫刘向校经传诸子诗赋，步兵校尉任宏校兵书，太史令尹咸校数术，侍医李柱国校方技。每一书已，向辄条其篇目，撮其指

---

* 赵生群，山东大学特聘教授，中国历史文献研究会会长。

意，录而奏之。会向卒，哀帝复使向子侍中奉车都尉歆卒父业。"① 刘向校书，撰成《别录》。刘歆卒成父业，纂成《七略》。《别录》《七略》对所校各书有较为详细的记录，可惜这两部重要著作已经亡佚，赖《汉书·艺文志》保存了一些相关资料。刘向所撰书录，今存七篇：《战国策书录》《管子书录》《晏子书录》《列子书录》《邓析子书录》《孙卿子书书录》《韩非子书录》。刘歆所撰，仅存《山海经书录》。据刘向、刘歆书录及《汉志》，当时文献流传之大致情况尚可窥见一斑。

1. 抄本众多

当时读书人想要得到一部书，只能靠手抄。因为是自己抄写，所以自由度相对比较大，在抄的过程中可以删省、增加、调整次序、润色加工，都比较方便。有意无意之中，造成了文本之间的差别。这些造成了文本之间的差别。可以想见，当时的文本流传千差万别、异常复杂。

刘向《战国策书录》云："所校中《战国策》书，中书余卷，错乱相糅莒。又有国别者八篇少不足。臣向因国别者，略以时次之，分别不以序者以相补。除复重得三十三篇……中书本号，或曰《国策》，或曰《国事》，或曰《短长》，或曰《事语》，或曰《长书》，或曰《修书》。"《管子书录》："所校雠中《管子》书三百八十九篇，大中大夫卜圭书二十七篇，臣富参书四十一篇，射声校尉立书十一篇，太史书九十六篇，凡中外书五百六十四篇，以校除复重四百八十四篇，定著八十六篇。"《管晏列传》："太史公曰：吾读管氏《牧民》《山高》《乘马》《轻重》《九府》及《晏子春秋》，详哉其言之也。既见其著书，欲观其行事，故次其传。至其书，世多有之，是以不论，论其轶事。"《晏子书录》："所校中书《晏子》十一篇，臣向谨与长社尉臣参校雠太史书五篇，臣向书一篇，臣参书十三篇，凡中外书三十篇，为八百三十八章。除复重二十二篇六百三十八章，定著八篇二百一十五章。"《列子书录》："所校中书《列子》五篇，臣向谨与长社尉臣参校雠太常书三篇，太史书四篇，臣向书六篇，臣参书二篇，内外书凡二十篇。以校除复重十二篇，定著八篇。"《邓析子书录》："中邓析书四篇，臣叙书一篇，凡中外书五篇。以相校除复重，为一篇。"《孙卿子书书录》："所校雠中孙卿书凡三百二十二篇，以相校除复重二百九十篇，定著三十二篇。"刘歆《山海经书录》："校秘书太常属臣望所校《山海经》凡三十二篇，今定为一十八篇。"②

2. 篇章内容淆乱

《晏子书录》："外书无有三十六章，中书无有七十一章，中外皆有以相定。"

---

① 班固：《汉书》卷三〇《艺文志》，中华书局 1962 年版，第 1701 页。
② 张舜徽选编：《文献学论著辑要》，中国人民大学出版社 2011 年版，第 1—15 页。

《列子书录》："中书多，外书少。章乱布在诸篇中。"①

刘向《战国策书录》云："本字多误脱为半字，以'赵'为'肖'，以'齐'为'立'，如此字者多。"②《晏子书录》："中书以'芺'为'芳'，'又'为'备'，'先'为'牛'，'章'为'长'，如此类者多。"③《列子书录》："或字误以'尽'为'进'，以'贤'为'形'，如此者众。"④

《晏子书录》："又有复重，文辞颇异，不敢遗失，复列以为一篇。又有颇不合经术，似非晏子言，疑后世辩士所为者，故亦不敢失，复以为一篇，凡八篇。"⑤《列子书录》："其学本于黄帝、老子，号曰道家。道家者，秉要执本，清虚无为。及其治身接物，务崇不竞，合于六经。而《穆王》《汤问》二篇，迂诞恢诡，非君子之言也。至于《力命篇》一推分命，《杨子》之篇唯贵放逸，二义乖背，不似一家之言。然各有所明，亦有可观者。"⑥

其他典籍，如《春秋》《诗》《易》《老子》等书，情况都相类似。

1973 年 12 月，长沙马王堆三号汉墓出土了大批帛书，其中《老子》有两个写本（甲本、乙本），甲本中"邦"字出现了二十五次，不避刘邦之讳，"盈"字出现九次，亦不避讳。说明甲本写定时间应在汉初。甲本篇末无尾题，也不标本篇字数，乙本篇末有尾题，标明字数（《德》三千卌一，《道》二千四百廿六）；甲本在章末以圆点标示章节结束，乙本则不分章节。1993 年 10 月，湖北荆门郭店一号楚墓出土了一批楚简，共有三个《老子》写本（甲本、乙本、丙本），都不分章。《老子》的两种帛书写本和三种竹简写本，都是《德经》在前，《道经》在后。

（二）处于变化过程之中

古书流传至于汉代（特别是刘向、刘歆校书完成之前），不仅形态丰富，而且仍处于不断变化的过程之中。兹举数例。

戴宏《春秋说序》云："子夏传与公羊高，高传与其子平，平传与其子地，地传与其子敢，敢传与其子寿。至汉景帝时，寿乃其（疑有脱误）弟子齐人胡毋子都著于竹帛。"⑦杨士勋云："穀梁子，名淑，字符始，鲁人。一名赤。受经于子夏，为经作传，故曰《穀梁传》。传孙卿，孙卿传鲁人申公，申公传博士江翁。其后鲁人荣广大善《穀梁》，又传蔡千秋。汉宣帝好《穀梁》，擢千秋为郎，由是

① 张舜徽选编：《文献学论著辑要》，中国人民大学出版社 2011 年版，第 8 页。
② 张舜徽选编：《文献学论著辑要》，中国人民大学出版社 2011 年版，第 1 页。
③ 张舜徽选编：《文献学论著辑要》，中国人民大学出版社 2011 年版，第 6 页。
④ 张舜徽选编：《文献学论著辑要》，中国人民大学出版社 2011 年版，第 8 页。
⑤ 张舜徽选编：《文献学论著辑要》，中国人民大学出版社 2011 年版，第 7 页。
⑥ 张舜徽选编：《文献学论著辑要》，中国人民大学出版社 2011 年版，第 7 页。
⑦ 何休注，徐彦疏：《春秋公羊传注疏》卷首，中华书局 1980 年版，第 2190 页。

《穀梁》之传大行于世。"①

《公羊传》《穀梁传》原本皆为一家之说，近日流行此两传，则多杂他说。

1.《公》《穀》称引诸家之说

今之《公羊》《穀梁》，解经屡有标举姓氏者。《公羊传》行文，称"子沈子"者，凡三处：隐公十一年、庄公十年、定公元年。称"子公羊子"二处：桓公六年、宣公五年。称"鲁子"六处：庄公三年、二十三年、僖公五年、二十年、二十四年、二十八年。称"子司马子""子女子""高子""子北宫子"各一处：庄公三十年、闵公元年、文公四年、哀公四年。总计称引诸家之说共十五条。《穀梁传》称引"尸子"有两处：隐公五年、桓公九年。称"穀梁子""沈子"各一处：隐公五年、定公元年。总计三处四条。

《公羊》《穀梁》征引诸家之说，主要有两种情况。一是对已有的解说加以补充。如《公羊传》庄公十年："三月，宋人迁宿。迁之者何？不通也，以地还之也。子沈子曰：'不通者，盖因而臣之也。'"②《穀梁传》定公元年："夏六月癸亥，公之丧至自干侯。戊辰，公即位。殡然后即位也……正君乎国，然后即位也。子沈子曰：'正棺乎两楹之间，然后即位也。'"③ 二是针对原有解说提出不同见解。这类条目共有两条：《公羊传》僖公二十八年："天王狩于河阳。狩不书。此何以书？不与再致天子也。鲁子曰：'温近而践土远也。'"④《穀梁传》隐公五年："初献六羽。初，始也。穀梁子曰：舞《夏》，天子八佾，诸公六佾，诸侯四佾。初献六羽，始僭乐矣。尸子曰：舞《夏》，自天子至诸侯皆用八佾。初献六羽，始厉乐矣。"⑤ 无论是对已有解说作出补充，还是对原有解说提出不同见解，都应出自后人之手。

2.《公》《穀》并存诸说

《公羊》《穀梁》两传中另有一类条目，多以"或曰""或说曰""一曰""其一曰""传曰""其一传曰"领起，重在罗列异文。此类条目虽未标举他人姓氏，但同样可以看出传中所列并非一家之言。这类条目，《公羊传》有四处，《穀梁传》则多达二十余处。

《公羊传》以"或曰"领起者，共有四条，分别见于闵公二年、成公元年、十七年、襄公十九年。

《穀梁传》以"或曰""或说曰"领起者，共有十二条，分别见于隐公二年、

① 杨士勋：《春秋穀梁传序疏》卷首，中华书局 1980 年版，第 2358 页。
② 何休注，徐彦疏：《春秋公羊传注疏》，中华书局 1980 年版，第 2231 页。
③ 范宁集解：《春秋穀梁传注疏》，中华书局 1980 年版，第 2243 页。
④ 何休注，徐彦疏：《春秋公羊传注疏》，中华书局 1980 年版，第 2269 页。
⑤ 范宁集解：《春秋穀梁传注疏》，中华书局 1980 年版，第 2243 页。

八年、桓公二年、八年、庄公元年、三年、三十一年、僖公元年、文公三年、昭公十八年、定公六年、九年。

《穀梁传》以"一曰""其一曰""其一传曰"领起者，共三条，分别见于庄公二年、文公十二年、十八年。

《穀梁传》以"传曰"领起者，共有八条，分别见于隐公四年、五年、文公十一年、成公九年、十三年、十六年、襄公三十年、昭公元年。

如上所举，两传中的一些条目，以"或曰""或说曰""一曰""其一曰"、"其一传曰"领起，重在罗列异文，察其辞气，观其内容，即可一目了然。而以"传曰"领起的文字，仅从内容看，似乎难以判断是否采用异说。但这些条目以"传曰"领起，本身也是一种标志：《公羊》《穀梁》原本各为一家之说，如不采用他说，完全不必另标"传曰"。

3. 两传中隐含的异说

《公羊》《穀梁》中的一些条目，有时在形式上并无明显的标志，表明它采自他说，但在内容上仍留有自采异说的蛛丝马迹，尽管这种痕迹有时相当隐蔽。早期的《公羊传》和《穀梁传》，今天已无法见到。因此，无法将它们与今本进行比较，以判定它们与今本之间的差异。但是，我们可以找到其他途径（董仲舒、刘向、刘歆），判断出两者之间的某些不同。

《公羊传》《穀梁传》都有与今本不同之处。武帝时始立五经博士，《公羊传》即在其中；宣帝时，立《穀梁春秋》；平帝时，立《左氏春秋》。《汉书·儒林传》云："自武帝立五经博士，开弟子员，设科射策，劝以官禄，迄于元始，百有余年，传业者寝盛，支叶蕃滋，一经说至百余万言，大师众至千余人，盖禄利之路然也。"[1] 随着经学的昌盛，门派之间的竞争也空前激烈。某家学问是否受到重视，在很大程度上取决于它能否胜过竞争对手。武帝时，瑕丘江公与董仲舒议，江公不如仲舒，"于是上因尊《公羊》家，诏太子受《公羊春秋》，由是《公羊》大兴"。[2] 荣广传《穀梁春秋》，高材捷敏，"与《公羊》大师眭孟等论，数困之，故好学者颇复受《穀梁》"。[3] 宣帝时，诏太子太傅萧望之等大议殿中，平《公羊》《穀梁》同异，议三十余事。"望之等十一人各以经谊对，多从《穀梁》"，"由是《穀梁》之学大盛"。[4] 门派兴衰，直接关系到学者利禄仕进之得失。为了取得竞争的主动权，各门各派都不遗余力，以求完善自身的学说。与此相适应，这一

---

① 班固：《汉书》卷八八《儒林传》，中华书局1962年版，第3620页。
② 班固：《汉书》卷八八《儒林传》，中华书局1962年版，第3617页。
③ 班固：《汉书》卷八八《儒林传》，中华书局1962年版，第3617页。
④ 班固：《汉书》卷八八《儒林传》，中华书局1962年版，第3618页。

时期的经学呈现出求变求新的趋势。在这种趋势下，同一门派的学者，往往自创新说，另立门户。

据《汉书·儒林传》，胡毋生之后，西汉传《公羊春秋》而另立门户者，即有疏、颜、严、泠、任、筦、冥七家。《儒林传》云："孟喜字长卿，东海兰陵人也。父号孟卿，善为《礼》《春秋》，授后苍、疏广。世所传《后氏礼》《疏氏春秋》，皆出孟卿。"① 又云："严彭祖字公子，东海下邳人也。与颜安乐俱事眭孟。孟弟子百余人，唯彭祖、安乐为明，质问疑谊，各持所见。孟曰：'《春秋》之意，在二子矣！' 孟死，彭祖、安乐各颛门教授，由是《公羊春秋》有颜、严之学。"② 又云："（颜）安乐授淮阳泠丰次君、淄川任公……由是颜家有泠、任之学。"③ 又载：筦路、冥都俱事颜安乐，"故颜氏复有筦、冥之学"。④ 为求眉目清楚，简述如下：

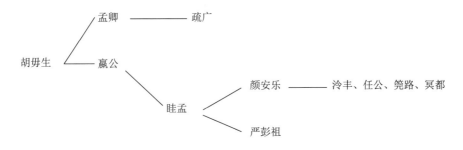

《穀梁传》的情况，与《公羊传》正相类似。《汉书·儒林传》载瑕丘江公受《穀梁春秋》于鲁申公，传子至孙为博士，鲁人荣广从江公受学。荣广授田千秋、周庆、丁姓。又云："上愍其学且绝，乃以千秋为郎中户将，选郎十人从受。汝南尹更始翁君本自事千秋，能说矣，会千秋病死，征江公孙为博士。刘向以故谏大夫通达待诏，受《穀梁》，欲令助之。江博士复死，乃征周庆、丁姓待诏保宫，使卒授十人。自元康中始讲，至甘露元年，积十余岁，皆明习。"⑤ 又云："（丁姓）授楚申章昌曼君，为博士……尹更始为谏大夫、长乐户将，又受《左氏传》，取其变理合者为章句，传子咸及翟方进、琅邪房凤。"⑥ 又云："始江博士授胡常，常授梁萧秉君房，王莽时为讲学大夫。由是《穀梁春秋》有尹、胡、申章、房氏之学。"⑦ 简述如下：

① 班固：《汉书》卷八八《儒林传》，中华书局 1962 年版，第 3599 页。
② 班固：《汉书》卷八八《儒林传》，中华书局 1962 年版，第 3616 页。
③ 班固：《汉书》卷八八《儒林传》，中华书局 1962 年版，第 3617 页。
④ 班固：《汉书》卷八八《儒林传》，中华书局 1962 年版，第 3617 页。
⑤ 班固：《汉书》卷八八《儒林传》，中华书局 1962 年版，第 3618 页。
⑥ 班固：《汉书》卷八八《儒林传》，中华书局 1962 年版，第 3618 页。
⑦ 班固：《汉书》卷八八《儒林传》，中华书局 1962 年版，第 3619—3620 页。

```
                            江公 —— 江博士 —— 胡常
申公 —— 瑕丘江公
                            田千秋 —— 尹始更 —— 房凤
                   荣广
                            丁姓 —— 申章昌
```

同出《公羊春秋》，在传授过程中，疏广、颜安乐、严彭祖、泠丰、任公、筦路、冥都又分立门户，自成一家。《穀梁春秋》则衍为尹、胡、申章、房凤之学。每一家的独立，都意味着对旧说的增补或改动。

同时，自成一家也显示出他们的学术地位和影响。

《公羊春秋》衍为颜、严两家之学，后来都列于学官，产生了深远影响。《后汉书·儒林列传下》载光武帝时立十四博士，《颜氏春秋》《严氏春秋》俱列其中。[①]《颜氏春秋》在西汉时衍为泠、任之学，又衍为筦、冥之学，学者甚众。据《后汉书·儒林列传》，东汉时，张玄"少习《颜氏春秋》，兼通数家法"，"诸儒皆伏其多通，著录千余人"，后为《颜氏》博士，诸生上言，谓玄"兼说《严氏》《冥氏》，不宜专为《颜氏》博士"。[②]严彭祖为宣帝博士，授琅邪王中，为元帝少府，家世传业。王中授公孙文、东门云。文为东平太傅，"徒众尤盛"。《严氏春秋》在东汉时影响极大。《后汉书·儒林列传》载，丁恭"习《公羊严氏春秋》"，"诸生自远方至者，著录数千人，当世称为大儒"；周泽"少习《公羊严氏春秋》"，"隐居教授，门徒常数百人"；甄宇"习《严氏春秋》，教授常数百人"，传业至孙承，"讲授常数百人"，其后"子孙传学不绝"；楼望"少习《严氏春秋》"，"教授不倦，世称儒宗，诸生著录九千余人"；程曾"习《严氏春秋》"，"会稽顾奉等数百人常居门下"。[③]

《穀梁春秋》衍出尹、胡、申章、房凤之学，在西汉时徒众颇盛，而总体影响不及《公羊》颜、严诸家。因未能列于学官，后来影响逐渐式微。但后汉时亦有传习者。《后汉书·贾逵传》云："（贾逵）悉传父业，弱冠能诵《左氏传》及《五经》本文，以《大夏侯尚书》教授，虽为古学，兼通五家《穀梁》之说。"[④]李贤注谓："五家谓尹更始、刘向、周庆、丁姓、王彦等，皆为《穀梁》，见《前书》也。"李贤所言，未必尽确。然为《穀梁》之学者非止一家，殆无疑义。所谓"五家《穀梁》之说"，当指西汉习《穀梁春秋》而各自成家者。

六艺之中，除《乐》经已经亡佚，无从考证而外，其余《易》《书》《诗》

① 范晔：《后汉书》卷八八《儒林列传下》，中华书局 1965 年版，第 2545 页。
② 范晔：《后汉书》卷八八《儒林列传下》，中华书局 1965 年版，第 2581 页。
③ 范晔：《后汉书》卷八八《儒林列传下》，中华书局 1965 年版，第 2578—2581 页。
④ 范晔：《后汉书》卷三六《贾逵传》，中华书局 1965 年版，第 1235 页。

《礼》情况亦相类似。① 总之，司马迁时代的文献，与后世相比，具有多元性和不确定性。

二、《史记》史料的多元性和复杂性

《史记》八书，不载经籍（《汉书》有《艺文志》）。班彪、班固父子对《史记》史料的论述比较简略。《后汉书·班彪传上》："孝武之世，太史令司马迁采《左氏》《国语》，删《世本》《战国策》，据楚、汉列国时事，上自黄帝，下讫获麟。"② 《汉书·司马迁传》："故司马迁据《左氏》《国语》，采《世本》《战国策》，述《楚汉春秋》，接其后事，讫于大汉。其言秦汉，详矣。至于采经摭传，分散数家之事，甚多疏略，或有抵牾。亦其涉猎者广博，贯穿经传，驰骋古今，上下数千载间，斯以勤矣。"③

由于班氏父子语焉不详，后世对《史记》取材多有误解。郑樵曰："汉建元元封之后，司马氏父子出焉。司马氏世司典籍，工于制作，故能上稽仲尼之意，会《诗》《书》《左传》《国语》《世本》《战国策》《楚汉春秋》之言，通黄帝、尧、舜，至于秦、汉之世，勒成一书，分为五体，本纪纪年，世家传代，表以正历，书以类事，传以著人。使百代而下，史官不能易其法，学者不能舍其书，六经之后，惟有此作，故谓周公五百岁而有孔子，孔子五百岁而在斯乎！是其所以自待者已不浅。然大著述者必深于博雅，而尽见天下之书，然后无遗憾。当迁之时，挟书之律初除，得书之路未广，亘三千年之史籍而蹢躅于七八种书，所可为迁恨者，博不足也。"④ 王鸣盛曰："据班氏述迁所采书只此五六种。盖百家淆杂，皆弃不取，此所以为有识……迁所采书只有五六种。"⑤

实际上，《史记》所依据的史料非常丰富，关系也异常复杂。了解此点，对于理解《史记》极为重要。

（一）《史记》的史料来源

《史记》史料，主要包括以下一些方面。

1.诸侯史记

春秋、战国，历时久远。此一时期，《史记》系统记载周、秦王朝及诸侯各

---

① 赵生群：《经典的传播与歧异——以〈春秋〉经传为中心》，林庆彰主编《经典的形成、传播与诠释》，台湾学生书局 2007 年版，第 368—371 页。
② 范晔：《后汉书》卷四十上《班彪传上》，中华书局 1965 年版，第 1325 页。
③ 班固：《汉书》卷六十二《司马迁传》，中华书局 1962 年版，第 2737 页。
④ 郑樵：《通志·总序》，浙江古籍出版社 1988 年版，第 1 页。
⑤ 王鸣盛：《蛾术编》卷九，中华书局 2010 年版，第 196—198 页。

国之事，不能离开各国史书。

《六国年表》："秦既得意，烧天下诗书，诸侯史记尤甚，为其有所刺讥也。《诗》《书》所以复见者，多藏人家，而史记独藏周室，以故灭。惜哉，惜哉！独有《秦记》，又不载日月，其文略不具。然战国之权变亦有可颇采者，何必上古。"① 据此，有人认为秦烧灭了诸侯史书。其实，这里说得很清楚，秦烧掉的是"上古"的资料，具体来说是春秋以前的诸侯史料。《天官书》："幽、厉以往，尚矣。"②《十二诸侯年表》："吕不韦者，秦庄襄王相，亦上观尚古，删拾春秋，集六国时事，以为八览、六论、十二纪，为《吕氏春秋》。"③

《汉旧仪》曰："承周史官，至武帝置太史公。司马迁父谈，世为太史。迁年十三，使乘传行天下，求古诸侯之史记。"④

《史记·天官书》："余观史记，考行事。"《自序》："纲史记石室金匮之书。"孙德谦曰："（史记）本纪、世家，其间多有用'我'者，如《秦本纪》桓公三年'晋败我一将'，昭襄王三十一年'楚人反我江南'，《吴世家》'吴伐楚，楚败我师'，诸如此类，或以为史公删之未尽。不知既用旧文，当留存之，有不必刊削者也。盖周时列国诸侯各有国史，一国之史言'我'，所以别于人，故谓之'我'者，为其国史之旧可见矣。"⑤

《燕召公世家》的记载：（1）（庄公）二十七年，山戎来伐我。（2）易王初立，齐宣王因燕丧来伐我。（3）武成王七年，齐田单伐我，拔中阳。（4）（燕王喜）二十九年，秦攻拔我蓟。这些记载用的都是用燕国年号纪年，用第一人称代词"我"来指代燕国，涉及他国之事则直书国名，显然是燕国史官记录燕国历史的口吻。

《燕召公世家》还有这样的记载：（孝王）三年卒，子今王喜立；今王喜四年，秦昭王卒。

司马迁写《史记》，上距燕王喜之时已经一百多年，而文中两次出现"今王"字样，分明是抄录燕史的痕迹。

类似《燕召公世家》的述史语气，在《史记》中还有很多。太史公叙六国世家，用第一人称代词"我"共计一百二十二次，其中《赵世家》二十四次，《魏世家》四十三次，《韩世家》二十九次，《田敬仲完世家》十次，《楚世家》十二次，《燕召公世家》四次。此外，《吴太伯世家》《鲁周公世家》《晋世家》《十二诸侯

① 司马迁：《史记》卷一五《六国年表》，中华书局 1982 年版，第 836 页。
② 司马迁：《史记》卷二七《天官书》，中华书局 1982 年版，第 1599 页。
③ 司马迁：《史记》卷一四《十二诸侯年表》，中华书局 1982 年版，第 648 页。
④ 孙星衍等辑：《汉官六种》，中华书局 1990 年版，第 89 页。
⑤ 孙德谦：《太史公书义法·存旧》，国家图书馆出版社 2014 年版，第 17 页。

年表》《六国年表》等篇，记载诸侯各国之事，都有用第一人称者。这说明《史记》利用诸侯史记的范围相当广泛，从中采取的资料也非常丰富。

2. 六经异传，百家杂语

《太史公自序》："序略，以拾遗补艺，成一家之言，厥协六经异传，整齐百家杂语。"① 《正义》："异传，谓如丘明《春秋外传国语》、子夏《易传》、毛公《诗传》《韩诗外传》、伏生《尚书大传》之流也。"② 《自序》："夫儒者以六艺为法。六艺经传以千万数，累世不能通其学，当年不能究其礼。"③

据粗略统计，《史记》征引六艺类的文献，有二十八种；诸子方技类文献约四十九种；史地档案类文献约十八种，文学类文献七种，共计一百余种。

作者通过寻求遗闻故事、阅读皇家图书档案、实地考察、调查访问，考察山川地理，观览文物古迹，访问著名学者，有时还亲历其事，亲见其人，收集了极为丰富的史料。《太史公自序》："百年之间，天下遗文古事靡不毕集太史公。"这反映出作者对于占有史料的自信。

（二）《史记》的复式结构

《史记》一百三十篇，分为五体：十二本纪为全书纲领，记天下大事；十表以大事记的形式，纵横经纬，连贯全书；八书分类记事，记载典章制度等；三十世家记侯国和具有重要影响的历史人物；七十列传记各色人物。本纪、表、书、世家、列传五体，各自形成独立的纵向的体统，而五体之间，又存在着丰富的横向联系。五体取材，来源也各不相同。《太史公自序》："并时异世，年差不明，作十表。"从十表可以看出，春秋、战国以下，司马迁掌握的史料是非常丰富而系统的。

（三）《史记》的史料处理方法

1. 信则传信

先秦史料，头绪繁多，而且真伪杂出。司马迁对相关资料作了系统整理，力求去芜存菁，去伪存真。

《司马相如列传》："轩辕之前，遐哉邈乎，其详不可得闻也。五三《六经》载籍之传，维见可观也。"④

《五帝本纪》："太史公曰：学者多称五帝，尚矣！然《尚书》独载尧以来；而百家言黄帝，其文不雅驯，荐绅先生难言之。孔子所传宰予问《五帝德》及《帝系姓》，儒者或不传。余尝西至空桐，北过涿鹿，东渐于海，南浮江淮矣，至长

① 司马迁：《史记》卷一三〇《太史公自序》，中华书局 1982 年版，第 4027 页。
② 司马迁：《史记》卷一三〇《太史公自序》，中华书局 1982 年版，第 4028 页。
③ 司马迁：《史记》卷一三〇《太史公自序》，中华书局 1982 年版，第 3995 页。
④ 司马迁：《史记》卷一一七《司马相如列传》，中华书局 1982 年版，第 3712 页。

老皆各往往称黄帝、尧、舜之处，风教固殊焉，总之不离古文者近是。予观《春秋》《国语》，其发明《五帝德》《帝系姓》章矣，顾弟弗深考，其所表见皆不虚。《书》缺有间矣，其轶乃时时见于他说。非好学深思，心知其意，固难为浅见寡闻道也。余并论次，择其言尤雅者，故著为本纪书首。"①《三代世表》："余读谍记，黄帝以来皆有年数。稽其历谱谍终始五德之传，古文咸不同，乖异。夫子之弗论次其年月，岂虚哉！于是以《五帝系谍》《尚书》集世纪黄帝以来讫共和为《世表》。"②《周本纪》："太史公曰：学者皆称周伐纣，居洛邑，综其实不然。武王营之，成王使召公卜居，居九鼎焉，而周复都丰、镐。至犬戎败幽王，周乃东徙于洛邑。所谓'周公葬于毕'，毕在镐东南杜中。"③

2. 传疑阙疑

《三代世表》："太史公曰：五帝、三代之记，尚矣。自殷以前诸侯不可得而谱，周以来乃颇可著。孔子因史文次春秋，纪元年，正时日月，盖其详哉。至于序尚书则略，无年月；或颇有，然多阙，不可录。故疑则传疑，盖其慎也。"《高祖功臣侯者年表》："于是谨其终始，表见其文，颇有所不尽本末；著其明，疑者阙之。"《仲尼弟子列传》："太史公曰：学者多称七十子之徒，誉者或过其实，毁者或损其真，钧之未睹厥容貌，则论言弟子籍，出孔氏古文近是。余以弟子名姓文字悉取《论语》弟子问并次为篇，疑者阙焉。"

《殷本纪》："伊尹名阿衡。阿衡欲奸汤而无由，乃为有莘氏媵臣，负鼎俎，以滋味说汤，致于王道。或曰，伊尹处士，汤使人聘迎之，五反，然后肯往从汤，言素王及九主之事。"④《老子韩非列传》："或曰儋即老子，或曰非也，世莫知其然否。老子，隐君子也。"⑤《孟子荀卿列传》："盖墨翟，宋之大夫，善守御，为节用。或曰并孔子时，或曰在其后。"⑥

《吴太伯世家》："初，楚边邑卑梁氏之处女与吴边邑之女争桑，二女家怒相灭，两国边邑长闻之，怒而相攻，灭吴之边邑。吴王怒，故遂伐楚，取两都而去。"⑦《十二诸侯年表》："（楚表）吴卑梁人争桑，伐取我钟离。"⑧《楚世家》："初，吴之边邑卑梁与楚边邑钟离小童争桑，两家交怒相攻，灭卑梁人。卑梁大夫怒，发邑兵攻钟离。楚王闻之怒，发国兵灭卑梁。吴王闻之大怒，亦发兵，

① 司马迁：《史记》卷一《五帝本纪》，中华书局 1982 年版，第 54—55 页。
② 司马迁：《史记》卷一三《三代世表》，中华书局 1982 年版，第 624 页。
③ 司马迁：《史记》卷四《周本纪》，中华书局 1982 年版，第 212—213 页。
④ 司马迁：《史记》卷三《殷本纪》，中华书局 1982 年版，第 2703 页。
⑤ 司马迁：《史记》卷六三《老子韩非列传》，中华书局 1982 年版，第 122 页。
⑥ 司马迁：《史记》卷七四《孟子荀卿列传》，中华书局 1982 年版，第 2007 页。
⑦ 司马迁：《史记》卷三一《吴太伯世家》，中华书局 1982 年版，第 2855 页。
⑧ 司马迁：《史记》一四《十二诸侯年表》，中华书局 1982 年版，第 1766 页。

使公子光因建母家攻楚，遂灭钟离、居巢。" ①《伍子胥列传》："久之，楚平王以其边邑钟离与吴边邑卑梁氏俱蚕，两女子争桑相攻，乃大怒，至于两国举兵相伐。吴使公子光伐楚，拔其钟离、居巢而归。" ②《吴太伯世家》说卑梁是楚邑，与诸篇记载不同。梁玉绳曰："卑梁是吴邑，当依《十二侯表》及《楚世家》《伍子胥传》为是。然此乃误承《吕氏春秋·察微篇》来。宜云'吴边邑卑梁氏之处女与楚边邑之女争桑'，《贾子·退让篇》《新序四》载'梁边亭人为楚亭灌瓜，而梁、楚交欢'，何事之相反也！" ③《吕氏春秋·察微》："楚之边邑曰卑梁，其处女与吴之边邑处女桑于境上，戏而伤卑梁之处女。卑梁人操其伤子以让吴人，吴人应之不恭，怒杀而去之。吴人往报之，尽屠其家。卑梁公怒，曰：'吴人焉敢攻吾邑？'举兵反攻之，老弱尽杀之矣。吴王夷昧闻之怒，使人举兵侵楚之边邑，克夷而后去之。"

三、《史记》与传世文献

《史记》与传世文献的关系，并不是简单的一一对应的关系，这是一个根本的前提。

《汉书·艺文志》："昔仲尼没而微言绝，七十子丧而大义乖。故《春秋》分为五，《诗》分为四，《易》有数家之传。战国从衡，真伪分争，诸子之言纷然淆乱。"《艺文志》："《尚书古文经》四十六卷。（自注：为五十七篇。）《经》二十九卷。（自注：大、小夏侯二家。）……武帝末，鲁共王坏孔子宅，欲以广其宫，而得《古文尚书》及《礼记》《论语》《孝经》凡数十篇，皆古字也。共王往入其宅，闻鼓琴瑟钟磬之音，于是惧，乃止不坏。孔安国者，孔子后也，悉得其书，以考二十九篇，得多十六篇。安国献之。遭巫蛊事，未列于学官。《欧阳经》三十二卷。刘向以中古文校欧阳、大小夏侯三家经文，《酒诰》脱简一，《召诰》脱简二。率简二十五字者，脱亦二十五字，简二十二字者，脱亦二十二字，文字异者七百有余，脱字数十。" ④

另外，还要考虑到刘向、刘歆校书对文献的加工处理。《晏子书录》："外书无有三十六章，中书无有七十一章，中外皆有以相定。"《列子书录》："中书多，外书少。章乱布在诸篇中。"

总的说来，经过刘向、刘歆校勘的古书，一般是比较完善的，但也不能一

---

① 司马迁：《史记》卷四〇《楚世家》，中华书局1982年版，第796页。
② 司马迁：《史记》卷六六《伍子胥列传》，中华书局1982年版，第2066页。
③ 梁玉绳：《史记志疑》卷十七，中华书局1981年版，第839页。
④ 班固：《汉书》卷三〇《艺文志》，中华书局1962年版，第1701—1706页。

概而论。

《史记·管晏列传》："太史公曰：吾读管氏《牧民》《山高》《乘马》《轻重》《九府》及《晏子春秋》，详哉其言之也。既见其著书，欲观其行事，故次其传。至其书，世多有之，是以不论，论其轶事。"①

根据赞语，《管晏列传》载晏婴赎越石父与载御者感妻言而自抑二事，皆为《晏子春秋》所无者。今本《晏子春秋·内篇杂上》有"晏子之晋睹齐累越石父解左骖赎与之归"一章，所载与《史记》略同而较详，又有"晏子之御感妻言而自抑晏子荐以为大夫"一章，所载与《史记》全同。《晏子春秋》载此二事，似乎与《管晏列传》赞语相矛盾，后人因此生出种种误解。

金德建说："司马迁当时是曾经看见过《晏子春秋》这部书的……司马迁是看到了原书，采录了其中的几条轶事，才写成了这篇《管晏列传》的。"② 梁玉绳曰："《晏子春秋·杂篇》载此事，谓越石父为中牟之仆，不言在缧绁，故《正义》云'与此文小异'。但下文曰'其书不论，论其轶事'，则赎石父事不在《晏子春秋》中，乃后人集录而异其词也。"③

刘师培论越石父一章曰："此节与下晏子为齐相节，均非《晏子春秋》本书也。此二事载于《史记·管晏列传》，传赞曰：'至其书，世多有之，是以不论，论其轶事。'则凡载于《晏子春秋》者，史公均弗录，此二事者，乃见于他书者也。越石父事《吕氏春秋·观世篇》载之，或史公即本于彼书，后人据他籍及《史记》所载补入此二节。"④

管同说："汉人所言《晏子春秋》不传久矣，世所有者，后人伪为者耳。何以言之？太史公为《管晏传》赞曰：'其书世多有，是以不论，论其轶事。'仲之传载仲言交鲍叔事独详悉，此仲之轶事，《管子》所无。以是推之，荐御者为大夫，脱越石父于缧绁，此亦婴之轶事，而《晏子春秋》所无也。假令当时书有是文，如今《晏子》，太史公安得称曰轶事哉？吾故知非其本也……然则孰为之？曰：其文浅薄过甚，其诸六朝后人为之者与？"⑤

梁氏等人皆以为《管晏列传》所载晏婴事迹不本于《晏子春秋》，当无疑义。但谓《晏子春秋》中此二事为后人补入，则不免有误。管氏又据此推衍，断定《晏子春秋》全书皆伪，则更是大谬。刘向《晏子书录》列《晏子春秋》篇章云：

内篇谏上第一，凡二十五章。

---

① 司马迁：《史记》卷六二《管晏列传》，中华书局1982年版，第2599页。
② 金德建：《司马迁所见书考》，上海人民出版社1963年版，第209页。
③ 梁玉绳：《史记志疑》卷二七，中华书局1981年版，第1185页。
④ 刘师培：《刘申叔遗书》，江苏古籍出版社1997年版，第869页。
⑤ 管同：《因寄轩文初集》卷三，光绪五年刻本。

内篇谏下第二，凡二十五章。

内篇问上第三，凡三十章。

内篇问下第四，凡三十章。

内篇杂上第五，凡三十章。

内篇杂下第六，凡三十章。

外篇重而异者第七，凡二十七章。

外篇不合经术者第八，凡十八章。

右《晏子》凡内外八篇，总二百十五章。

今本《晏子春秋》篇章与《晏子书录》所列全同，则古之书犹今之书，赎越石父、荐御者二章当为原文而非后人所补。二事既为《晏子春秋》所有，司马迁却认为是"轶事"，又当如何理解？《史记》与《晏子春秋》关系究竟如何？

黄以周云："（刘）向之言曰：'所校中书《晏子》十一篇，臣向谨与长社尉臣参校雠太史书五篇，臣向书一篇，参书十三篇，凡中外书三十篇。'中书者，所谓禁中之秘书也，言中者，以别于外；向书一篇，参书十三篇，所谓外书也。'凡中外书三十篇，除复重者二十二篇，定著八篇'，是中书十一篇，外书十四篇，皆有复重也。汉太史亦藏书，所藏《晏子》五篇，盖最初之本，其书无复重，又不及荐御者脱越石父诸事，太史公之所见者，太史书之五篇也，故作《晏婴传》详叙二事，以补太史书之轶，而刘向校书遂附此事于五篇之末。然则世所行之《晏子》，即刘向校定之本，而刘向所校定之八篇，其文虽增，而前五篇之章节大判仍太史书最初之本也。"①

黄氏注意到司马迁所见《晏子春秋》与刘向校书所用诸本篇名多寡不同，诚为有识。唯未能畅所欲言，尚不足以释后人之惑。又言刘向校书时据《史记》附二事于太史书五篇之末，则未免混淆了校书与编书之区别。《晏子书录》云："所校中书《晏子》十一篇，臣向谨与长社尉臣参校雠，太史书五篇，臣向书一篇，臣参书十三篇，凡中外书三十篇，为八百三十八章。除复重二十二篇六百三十八章，定著八篇二百一十五章。外书无有三十六章，中书无有七十一章，中外皆有以相定。"②

据此可知，刘向校定的《晏子春秋》系将多个版本参校合并而成，而他当时据以校雠的各个本子，均非足本。司马迁作《史记》时所见的《晏子春秋》，可能是其中的一个或数个本子，也有可能是另有所本，但肯定没有囊括今本《晏子春秋》的全部内容。也就是说，司马迁所见到的《晏子春秋》与刘向校定之本，主

---

① 黄以周：《儆季文抄》卷一，光绪二十年江苏南菁讲舍刻本。

② 张舜徽选编：《文献学论著辑要》，中国人民大学出版社2011年版，第6页。

名虽同，而内容则有多寡完缺之别。因此，《管晏列传》赞语称赎越石父、荐御者二事为轶事，与今本《晏子春秋》载列其事，其实并不矛盾，不能据此谓《晏子春秋》此二事为后人所补。

又，据《史记》和《晏子书录》，《晏子春秋》在刘向之前早已成书流传，各本篇章大同小异，大量重复，故各本凡三十八篇八百三十八章，而重复被删者二十二篇六百余章，刘向定著之八篇二百一十五章，即是删除各本重复后所得，此外别无所取。黄氏以为《晏子春秋》赎越石父、荐御者二章，据《史记》附益，犹有未当。检《吕氏春秋·观世》《新序·节士》皆载越石父事，而文字各不相同，当是各有所本。《晏子春秋》之文，几乎多出《史记》二倍，必非据《史记》载录可知。晏婴荐御者一事，《史记》与《晏子春秋》记载相同，盖所据资料同出一源，而二者之间也未必有直接承袭关系。

《管晏列传》："太史公曰：吾读管氏《牧民》《山高》《乘马》《轻重》《九府》及《晏子春秋》，详哉其言之也。"[1] 刘向《管子书录》曰："《九府》书民间无有。《山高》一名《形势》。"[2] 司马贞《索隐》曰："九府，盖钱之府藏，其书论铸钱之轻重，故云《轻重》《九府》。"[3] 司马贞将《轻重》《九府》两篇牵混为一，与诸家将司马迁所见《晏子春秋》等同于刘向所校之篇，如出一辙。据《管子书录》，知司马迁所见《管子》，亦与今本不全相同，且有今本所无之内容。此与《晏子春秋》之情形，可以互相发明。

《史记》与《战国策》的关系，历来为学者所关注。班固以为《史记》采《世本》《战国策》。明邓以赞、清吴见思、方苞、牛运震、李慈铭、吴汝纶则分别怀疑或断定《战国策》割取《史记》成文。当代学者亦有持此论者。前面已经提到，刘向校《战国策》是利用诸种版本校勘而不是编书。应劭《风俗通》引刘向《别录》称当时校书的情形是"一人读书校其上下，得谬误为校，一人持本，一人读书，若怨家相对为雠"。可见《战国策》采《史记》的说法不能成立。《史记》所载与《战国策》相关者九十余事，也存在种种差异：叙事不同、详略不同、文辞不同、国名不同、人名不同等。在司马迁采取的战国史料中，也有类似的情形，有一部分和刘向校书时所用的材料相同（司马迁取之在前而刘向用之在后），这是《史记》《战国策》两书部分篇章惊人相似的原因。同时，《史记》所依据的大部分资料又与《战国策》存在着差别，这便是两书记言叙事有着诸多不同的答案。

---

① 司马迁：《史记》卷六二《管晏列传》，中华书局 1982 年版，第 2599 页。
② 张舜徽选编：《文献学论著辑要》，中国人民大学出版社 2011 年版，第 5 页。
③ 司马迁：《史记》卷六二《管晏列传》，中华书局 1982 年版，第 2599 页。

四、《史记》与出土文献

出土文献因其保持了原始面貌，历来受到人们重视。但是，这并不代表出土文献一定优于传世文献，具体情况应作具体分析。长沙马王堆三号汉墓出土的帛书《战国纵横家书》曾引起学界高度关注。帛书共二十七章，其中有十六章《史记》和《战国策》未载。根据帛书，苏秦、张仪二人是张在苏前，与传世文献正好相反。唐兰、马雍、杨宽先生分别发表文章，肯定帛书的记载，认为《苏秦列传》所载"既有弄错的，又有假造的"，"可凭信者十无一二"。① 其实，真正有误的不是《史记》，也不是《战国策》，而是《战国纵横家书》。司马迁、刘向都认定苏秦在前、张仪在后。司马迁作出判断的依据是《秦记》、诸侯史记、各种纵横家资料许多都有时间顺序甚至编年；刘向校《战国策》时，苏秦、张仪二人著作俱在。帛书中被认为是苏秦的资料，主名并不可信，而无主名的资料，多与苏秦无关。这些材料被误认为与苏秦有关，也有特殊的原因：苏秦之后，苏代、苏厉继起，他们兄弟三人都主张合纵；其活动地点都是在燕、齐两国；对于燕齐两国的态度，三人都更倾向于为燕谋齐。他们谋划的出发点高度相似，加上帛书多无主名，所以极其容易混淆。《史记》《国策》中也有类似的资料。《苏秦列传》赞语说："苏秦被反间以死，天下共笑之，讳学其术。然世言苏秦多异，异时事有类之者皆附之苏秦……吾故列其行事，次其时序，毋令独蒙恶声焉。"② 由此可见，司马迁见到的类似资料是很多的，他写这篇传记也是要为苏秦辩诬。与帛书相似的资料，正是司马迁经过考辨认为不可信的部分。帛书的出土，不能否定《史记》的史料价值，反倒又一次证明了作者的判断："异时事有类之者皆附之苏秦"。因此，出土文献亦须甄别鉴定。

---

① 马雍：《帛书〈别本战国策〉各篇的年代和历史背景》，《文物》1975 年第 4 期，第 28 页。
② 司马迁：《史记》卷六九《苏秦列传》，中华书局 1982 年版，第 2763 页。

以道德主体为中心的道德实在论之困境

——浅谈黄勇对朱熹道德实在论的建构

刘纪璐 *

在《以主体为中心的道德实在论：朱熹的美德伦理学方法（Agent-Focused Moral Realism: ZHU Xi's Virtue Ethics Approach to Meta-Ethics）》一文中，黄勇提出了一种对道德实在论的新颖解释，他称其以主体为中心的道德实在论。他将朱熹的美德伦理学描述为以主体为中心的道德实在论，此外，他认为这是一种自然主义的道德实在论。黄勇对朱熹的道德实在论进行了辩护，认为朱熹的道德实在论可以接受其他形式的道德实在论难以化解的四大挑战：休谟的实然、应然之挑战，摩尔的开放问题之挑战，麦基的怪异性论证之挑战以及相对论论证之挑战。

在这篇文章中，我将介绍黄勇对以主体为中心的道德实在论的定义以及他的论证，考察这种形式的道德实在论是否真的能够成为一种自然主义的道德实在论。我在本文中的目的不是对朱熹进行文本解释，而是要探讨朱熹的美德伦理学，在黄勇的构造诠释下，是否能够应对其他版本的道德实在论的现有挑战，从而成为一种可行的道德实在论形式。

一、以行动为中心的道德实在论与以行为主体为中心的道德实在论之比较

首先，黄勇对道德实在论进行了一般性的描述："道德实在论通常被认为有主要两个论点：一是道德命题具有真假值，其中至少有一些道德命题是真的；二是道德命题的真值是不依赖人心思想的道德属性或事实。"黄勇这个描述补充了"道德实在论"的教科书定义——道德实在论是一种"关于道德以及道德意见之性质和地位的形而上学论点"，道德实在论"强调道德事实和道德真理具有某种意义上的客观性存在"。① 这里值得深究的术语是"客观性"。在何种意义上我们

＊ 刘纪璐，美国加州州立大学富乐顿分校哲学系教授。

① Brink, David O. (1989). *Moral Realism and the Foundations of Ethics*. Cambridge University Press.

可以说事实是客观的？一般人普遍认为自然科学的事实是"客观"的，"这些学科研究真实的物体和事件，而这些物体与事件的存在和其性质在很大程度上是独立于我们对它们的理论的。这些学科可以在历史发展中表现出进步，逐渐统合，而且它们至少会达到建立一些知识的可信度"。[①]这种看法是大多数认知主义道德实在论者"相信伦理学确实具有或可以拥有这些客观性的标志"。[②]然而，即使是最坚定的道德实在论者也很难声称道德事实可以用类似自然科学的方式来鉴定，或是会希望使用与自然学科相同的标准来确定道德事实的客观性。黄勇把对"客观性"的要求理解为对"在相关意义上独立于人心思想"的要求。因此，在他对朱熹的道德实在论的阐述上，他认为道德事实和道德属性不依赖于人心思想的建构。

黄勇的独特见识在于他对道德实在论所讨论的道德属性之不同类型给予分开考量。根据他的看法，如果道德实在论所讨论的相关道德属性与"行动是对是错的道德属性"有关，那么它就是一种"以行动为中心的"道德实在论。如果道德实在论将"行动主体是善是恶的道德属性作为其主要的关注点"，那么它就是一种"以行动主体为中心的"道德实在论。后者是黄勇本人很有独创性的理论。他进一步对以行动为中心和以主体为中心的道德实在论区分出"自然主义"和"非自然主义"的阵营："在道德实在论中……有自然主义的道德实在论，认为道德属性和事实是自然的属性和事实，另外也有非自然主义的道德实在论，认为它们是非自然的属性和事实。"根据黄勇的说法，朱熹的道德实在论属于自然主义派的"以行动主体为中心的"道德实在论之阵营。

我们先来研究这种"以主体为中心的道德实在论"可以给元伦理学的辩论带来什么新的议题。我们来考虑以下四个命题：

 （1）种族残杀是邪恶的。

 （2）希特勒是一个邪恶的人。

 （3）帮助有需要的人是一种善良的行为。

 （4）特蕾莎修女是个善良的人。

为了论证方便，我在此预设道德实在论者会认为以上所有四个命题都是无可争议的道德真理。然而，哪些相关的道德属性或事实可以使这些陈述为真？陈述（1）和（3）涉及行为或事态的道德属性；陈述（2）和（4）涉及行动主体的道德属性。为了建立（1）或（3）的真理，我们在各种人类的行为中分出"是

① Brink, David O. (1989). *Moral Realism and the Foundations of Ethics*. Cambridge University Press.

② Brink, David O. (1989). *Moral Realism and the Foundations of Ethics*. Cambridge University Press.

邪恶的"或"是善良的"之道德属性，为了建立（2）或（4）的真理，我们在人类的行动主体中分出"是邪恶的人"或"是善良的人"之道德属性。黄勇区分"以行动为中心"和"以主体为中心"的道德实在论，并且提倡后者而非前者，由此可见他似乎认为一个"由善人组成的道德现实"会比一个"由有德行为组成的道德现实"有更清晰、更客观的分界线。我们从黄勇对"以行动主体为中心的"道德实在论的辩护中，可以看到他的说法似乎确实支持我们这种解释："当约翰·麦基声称道德属性是怪异的时，他的批评主要是指向以行动为中心的道德实在论，其关注是在于行为是对是错的道德属性是否具有客观性。我在这里探讨的问题并不是这类型的道德实在论者是否能够证明这些属性不是怪异的。事实上，我认为他们很难做到这一点，这也是我在本文中转向以行动主体为中心的道德实在论的主要原因。这种道德实在论所关注的道德属性是行动主体的良恶属性，或者更确切地说，是有关个人的良恶属性。从形而上学的角度来看，这两个属性的确是自然的属性，因此它们不是怪异的"。[1] 换句话说，黄勇认为在判断一个行为是对还是错的时候我们会有真正的道德分歧，因而无法建立判断的"客观性"，但是在判断一个行动主体是善是恶的时候，我们的确是有普遍的、客观的认识。

黄勇把注意力从有关行为对错的道德属性转移到有关人们善恶的道德属性，对道德实在论的客观性议题于事无补。首先，这种形式的道德实在论对解决真正的道德争端没有任何帮助。让我们试着从义务论者或结果论者的角度来考虑以下这些更具争议性的道德命题：

（1）堕胎是不道德的。

（2）杀死动物来吃它们的肉是不道德的。

（3）对敌人施以酷刑以提取有用的军事信息是可行的。

（4）轰炸一座里面有危险的恐怖分子和一小撮被绑架之无辜者的建筑物在道义上是可以接受的。

在自然界的客观分界上，没有所谓"道德现实"和"不道德现实"之间的自然界限可供我们来判断以上这些命题所表达的是道德真理还是道德谬误。正如黄勇所说，道德分歧仍将是棘手的问题，道德实在论者认为他们的道德真理命题是客观正确的信念会不断地接受挑战。黄勇用约翰·麦基的相对论论证和吉尔伯特·哈曼对反道德实在论的挑战来描述这种困难："在他们看来，道德判断中的

---

[1] Huang, Yong（2022）. "Agent—Focused Moral Realism: Zhu Xi's Virtue Ethics Approach to Meta—Ethics."

种种分歧意见'使得我们很难将这些判断视为对客观真理的掌握'"。①黄勇很乐意在这点上认同麦基的批判，因为这正是他放弃以行动为中心的自然主义道德实在论的原因。黄勇认为美德伦理学家只能够接受道德两难的不可避免性："一个有道德的人，就像其他人一样，在道德两难的困境中只能选择其中一个出路，而且两个同样有德的人可能会做出两种不同的抉择。在此时一个有德的人之所以有德，并不是因为她采取了什么行动，而是因为在他们采取行动时会有罗莎琳德·赫斯特豪斯所谓的道德存迹：他们的行动伴随着遗憾、内疚、懊悔或其他负面情绪，希望在其能力可及的条件下为受到伤害或他们无法帮助的一方做出一些补偿。"②但是，黄勇的这种反应是将一个有关如何评估道德命题的客观真理的"元伦理"问题，变成了一个关于道德主体应该如何行动的"规范伦理"问题。这两种是不同的问题。因此黄勇关于有德之人的心理分析，对道德命题的客观真理的"元伦理"问题毫无帮助。我们仍然没有办法评估我们道德信念的客观性。

进一步来说，这种道德两难困境下道德和不道德的含混区别并不会仅止于对道德行为的抉择与判断。如果在道德主体和不道德主体之间确实有一个明确的自然分界，我们是否要把道德主体所做的每一个行为都放到道德的领域，而把不道德的主体所做的每一个行为都放到不道德的领域？如果我们不能如此截然划分，那么我们就不能平白忽视对行为本身需要进行客观道德判断的呼吁。如果一个有德的行动主体偶尔会做出错误的道德判断或采取错误的行动，那么我们难道不需要用逐个行动来判断它们吗？由此可见，黄勇将"善"确立为"行动主体的道德属性"，并不能够免除道德实在论者不断去寻求如何确定以行动为中心的道德主张是否具有客观性的压力。因此，他所提倡的"以行动主体为中心"的道德实在论根本无助于原有的争论。

黄勇以行动主体为中心的道德实在论遇到的另一个难题是这个理论如何能满足黄勇第二个"道德实在论"的标准。"道德命题的真值决定于在相关意义下是不依赖人心思想的道德属性或事实"。在何种意义下这些道德属性与事实会是独立于人心思想的？对传统的道德实在论者来说，"独立于人心思想"意味着"独立于人类的反馈"：道德属性不依赖于我们的思维与判断。先前我们已经将行为是对是错的道德属性和行动主体是善是恶的道德属性分开。诚然，黄勇的重点是后者，他为朱熹的道德实在论做了论证，提倡这些道德属性是独立于人

①　Huang, Yong（2022）. "Agent—Focused Moral Realism: Zhu Xi's Virtue Ethics Approach to Meta—Ethics."
②　Hursthouse, Rosalind（1999）. *On Virtue Ethics*. Oxford University Press.

心思想的。但在这里我们的重点是第一组的道德属性——行为是对是错的道德属性。在我看来，黄勇有两种选择，一种是他可以放弃道德实在论的立场，宣称道德判断对行为的对错没有客观性。因此，当涉及行为或事态的道德判断时，他以行动主体为中心的道德实在论者并不是道德实在论者。但是这种道德实在论很难令人满意。黄勇的第二个选择是将"以行动为中心的道德实在论"建立在"以主体为中心的道德实在论"之上，也就是说，他可以主张一个行为是对是错是由道德主体的观点来决定的。黄勇可以声称有德的行动主体，即使他们有稍许分歧的意见，最终都会做出类似的道德判断。正如美德伦理学将行为的"善"和"道德"定义为"一个有德的行动主体在当下情况下会如何行动"一样，黄勇这种美德元伦理学也可以将道德判断的"正确性"和"真值性"定义为"传达在给定的情境下，道德主体会认可为道德属性"之命题。然而，这里出现一个问题，如果道德判断的真值性或是使这些命题为真的道德属性是从有德行动主体的认可中得出的，那么它们就是依赖于这些道德主体的反馈。我们或许可以把"客观性"的意义建立在一种主体间性上，也就是说，当道德主体之间对什么是道德属性达成共识，这就是客观性。但是即使如此，我们也很难声称这些属性是"独立于人心思想的"或是"自然主义的"。如果道德属性依赖于人类的道德敏感性和有德行动主体的实际反馈，那么这些属性并不真正存在于人类之外的自然界本身，就如同洛克所提出的第二属性，如颜色、味道、嗅觉，部分地依赖于我们的视觉结构和其他感官的敏感性，而并不真正存在于物体本身中一样。因此，我们很难接受黄勇的说法，即这种以行动主体为中心的元伦理仍然属于自然主义的阵营。

接下来我要探讨黄勇对朱熹以道德主体为中心的美德伦理道德实在论的具体辩护。

二、道德属性"人之善"的客观性

黄勇写道："朱熹也是一个道德实在论者，他也对道德实在论采取美德伦理学的方法。换句话说，他主要关心的是一个人的良善，而不是行动的正确性。因此，美德伦理学的核心问题是如何确定一个人的良善性，而基于美德伦理学的道德实在论的核心问题是如何确定"善"作为道德品质的客观性。"[1] 黄勇将朱熹的观点解释为他把评价性术语"善"与规范性术语"所当然者"视为等同。此

---

[1] Huang, Yong（2022）. "Agent—Focused Moral Realism: Zhu Xi's Virtue Ethics Approach to Meta—Ethics."

外，黄勇解释"善人即人之所当然"，是以"一个呈现人之所当然具有客观性的方法，就是要表明人之所以然者的客观性"。简而言之，我们可以按如下方式来表述这些关系：

（1）善人 = 人之所当然

（2）人之所当然 = 人之所以然者

从这两者中我们可以推导出

（3）善人 = 人之所以然者

在以上三种语境中，朱熹都是用"理"这个词，黄勇认为这就是朱熹建立人之善的客观性的方法。黄勇接下来为朱熹的立场找出他的论证。

三、朱熹对"性善"知识之客观性的两个论证

黄勇说："如果朱熹是一个道德实在论者，他就必须提供论证来表明他对人性的概念既具有客观性也具有规范性。事实上，朱熹的确提供了两个相互关联而且相互支持的论证。"黄勇提出了两个推论来作为朱熹对我们认知人之性善具有客观性的论据。第一个论证是刘述先根据朱熹的以下引文所称的"由流溯源"之论证："朱子一贯以为性是未发，性即无形，故不可以直接的方法掌握，必由已发倒溯回去，始可以见性之本然。"①

"凡物必有本根，性之理虽无形，而端的之发最可验。故由其恻隐所以必知其有仁，由其羞恶所以必知其有义，由其恭敬所以必知其有礼，由其是非所以必知其有智。使其本无是理于内，则何以有是端于外？由其有是端于外，所以必知有是理于内而不可诬也。"② 在此，我们首先要注意到朱熹对人性的看法与性善论创始人孟子的不同之处。尽管朱熹的出发点与孟子的经验性假设相似，人人皆有恻隐之心、羞恶之心、恭敬辞让之心、是非之心，但是朱熹对人性的主张其实与孟子的立场截然不同。孟子声称人性是善的，而善在于这些情感本身，孟子称之为德的四端。对于孟子来说，道德主体的进路是将这四端扩充为四德，并将这些情感（恻隐之心）从亲人推及陌生人。孟子从来没有说过人性本身已经俱全四德。如果说孟子是从萌芽扩充至树木和枝干，朱熹则是从萌芽溯回至树根，从观察人有这些情感，朱熹推断出这些情感的根源一定已经存在于人性中。也就是说，朱熹不是在重申孟子关于人心的经验性主张，而是在对人类的道德本质提出形而上学的主张，仁义礼智之四德已经是人性所固有的，作为人

① 刘述先：《朱子哲学思想的发展与完成》，台湾学生书局 1984 年版，第 217 页。
② 朱熹：《晦庵先生朱文公文集》卷五八，文渊阁四库全书本。

性之理。由于理是形而上，是人性中所固有的，我们只能从它在人类感情中的合理表现（情之发而中节），来回溯理的存在。

我将以下面的论证模式重新表述黄勇对朱熹演绎的解释，从而检验这一论证的有效性：

（1）我们无法觉知人性，因为它超出了感官之觉知。

（2）人心的四端之情是从人性的四德仁义礼智中衍生出来的。

（3）我们可以从经验上观察这四端之情。

（4）如果我们能够观察到水流，那么我们就可以追溯并间接地得知它们的起源。

（5）我们对人性拥有四德有了间接的认识。

（6）我们对人性拥有四德有了客观的认识。

黄勇以朱熹的"感应"概念来解释四端之情是"从人性中衍生出来的"。但是，这些譬喻完全没有厘清人性与四端之间的关联。在逻辑关系上，如果 x 在逻辑上得出 y，那么没有 y 就没有 x；然而有了 y，并不一定就有 x。如果"衍发出"是一种因果关系，这个演绎同样很薄弱：如果 x 导致 y，那么 y 在没有 x 的情况下仍然可能发生，因为 y 可能是由其他东西引起的。黄勇对朱熹的"感应"的诉求似乎使这种关联更加微弱："当有外物刺激时，就会有来自内部的反应"。换句话说，人情是人性和外部刺激的共同因素所带起的。在这种情况下，即使 x 导致 y，如果外部刺激 z 不同或是不存在，也可能有 x 发生。黄勇声称"从上面我们可以得出一个结论，当朱熹说人性具有仁义礼智之美德时，他不仅是在做一个规范性的论述，声称人类应该具有这些美德，而且他所提供的是对如是人性之存在做出客观的论述"。但是我不认为朱熹这种由流溯源的演绎为人的性善提供了任何坚实的证据，更不用说是种具有客观性的论述了。

黄勇介绍的第二个朱熹论证旨在捍卫"人性全善或是性具美德"这一议题，以化解世上多恶人的现实情况。"在朱熹看来，虽然所有人类生来就具有仁、义、礼、智的美德，但由于两个原因，他们仍然可能变得不道德或恶毒。一是他们被赋予了浑浊的气，二是他们有自私的欲望。不过即使如此，他们仍然可以成为有德的人"。黄勇在这里指出的两种可能的解释在性质上非常不同，一种是关于人们天生的浊气禀赋，另一种是人们日后发展出来的私欲。黄勇为这两种解释提供了文本的佐证。他引用朱熹的话说："天道流行，发育万物，而人物之生，莫不得其所以生者以为一生之主。但其所以为此身者，则又不能无所资乎阴阳五行之气。而气之为物，有偏有正，有通有塞，有清有浊，有纯有驳。以生之类而言之，得其正且通者为人，得其偏且塞者为物。以人之类而言之，则得其清且纯者为圣为贤，得其浊且驳者为愚不肖。"黄勇认为朱熹对善人和恶人之间的区别提供了令人满意的解释，因为即使是恶人，他们还是"可以变得有德"，不像其他动物，如鸟兽之群，永远无法获得人类的美德。我们可以将黄勇所诠释的朱熹论证整理如下：

（1）即使是最恶毒的人也可以变得有德，而动物却不能。

（2）在人类与禽兽的比较上，只有人类在道德上是我们可以称赞或是可以指责的。

（3）因此，人类和禽兽在道德上是本质性的不同，而不是只有在程度上的区别。

（4）人与禽兽不同之处就在于人类具有仁义礼智之美德。

（5）即使极恶之人也有可能变成善人，但是禽兽则不可能成善。

（6）如果极恶的人永远不会成善，那么他们就和禽兽没有什么不同。

（7）即使是罪大恶极之人，他们的本性也必须有美德。

然而，这个论证在我看来是一个循环性论证，或是犯了"乞题"的谬误。前提1与前提6，前提2与前提3，似乎都是相互印证的命题。前提4只是一个独断的形而上学主张，而没有任何论证支持。整体来看，朱熹这个论证的结论不是从前提演绎出来的，因此不是一个有效的论证。此外，我也不认为朱熹这个论点有经验性的说服力。在"人性普善"的议题下，我们如何能完满解释有些人天生具有道德缺陷而完全无法理解善恶对错之分别这样一个事实？

更进一步来说，我认为朱熹对人与生俱来的道德不平等特质的看法非常有问题。即使朱熹承认每个人都具有全善的本性，如果有些人生来就有清明纯洁的气，因此是有德的，而另一些人生来就有愚蠢暴戾的气，因此是邪恶的，那么"人之性善"又算什么呢？在道德上我们是否因为禀赋而受影响？如果恶人出生后可以成善，那么本质为善的人在出生后是否也可能成恶？在人出生时所具有的美德以及人消除私情私欲后获得的美德之间，难道我们不应该做出一些道德上的区分吗？在此我将尝试做这种区分，看看它会把我们引向何处。

我们先区分朱熹的"自然本性美德"和"后天发展性美德"如下：

[美德 -N]——是人性中固有的仁义礼智这四种与生俱来的美德。它们对人类来说是普遍存在的。每个人都有这些与生俱来的美德，没有人需要为它们着力培养。

[美德 -D]——是一个人在行为中整体表现的美德，其中包含仁义礼智，是个人通过自己的努力和外界影响而获得的美德。

在这两种美德中，难道我们不应该赞扬后者而非前者吗？换言之，一个有道德的行动主体难道不是因为他们的后天美德 –D，而不是因为他们与生俱来的美德 –N，而受到称赞吗？一个邪恶的行动主体难道不应该是因为他们未能培养他们的后天美德 –D，而不是因为他们缺乏先天的美德 –N，而受到指责吗？如果我们对这两个问题的答案都是肯定的，那么我就会认为美德 –N 的概念只是一个空洞的概念，而"人之性善"的道德属性就会被证明是一个空洞的属性，而不应该在元伦理学的语境中占据任何地位。因此，我认定朱熹关于"情有善恶，性则全善"的论断仅仅是一个空洞的说法。

最后，我将转向以主体为中心的道德属性是否可以具有客观约束性，亦即它们是否可以既具有客观性又具有规范约束性。黄勇认为他能否证明朱熹是一个以行动主体为中心的自然主义道德实在论者，就在于他能否证明这些属性确实是客观性的和规范性的。我认为他没有证明道德属性具有客观约束性。

四、休谟的实然、应然挑战以及道德属性的客观约束性

黄勇声称有关道德主体的属性（比如"为善""为恶"）可以使关涉道德主体的评估性命题为真，因为它们既是"客观的"，也是"规范的"。他认为休谟之所以质疑伦理学家如何从实然的陈述中推导出一个应然的陈述，是因为休谟"假设所有事实都是纯粹的事实，而且关于事实的命题纯粹是描述性的命题，然而没有任何涉及价值观的规范性命题是基于事实的"。换句话说，黄勇指责休谟将事实、价值二分。不过，休谟本人的话语如下：

在我迄今为止遇到的每一个道德体系中，我总是看到作者以一般的推理方式进行了一段时间，建立上帝的存在，或者对人类的事务进行经验性（实然）的观察，然而突然间我很惊讶底发现我遇到的命题不是普通的有关实然或是非实然的命题，反而没有一个命题与应该或不应然无关。这种变化是不可察觉的……既然这"应然"或"不应然"所表达的是某种新的关系或新的断言，我们有必要去观察和解释它，同时要给应然命题提出一个辩证，因为这种新关系如何能够从其他完全不同的（实然命题）中推导出来是非常不可思议的。①

休谟在这里所要求的是伦理学家能够对如何从有关事态的非道德、描述性陈述，推演到有关具有规范性质的道德事实的陈述，提供一个逻辑上有效的推论。我们进一步检查黄勇是否能够提供这样一个有效的演绎。

为了证明善作为行动主体的道德属性既是客观性的也是规范性的，黄勇将

① ［英］休谟：《人性论》，商务印书馆 2016 年版。

医生向患者宣称"你生病了"或"你很健康"与道德裁判对道德行动主体说"你是一个坏人"或"你是一个好人"的判决进行了类比。黄勇认为从医生的角度来看病人的健康状况，和从道德裁判的角度来看行动主体的道德状况，都是"规范性的事实"，它们同时具有描述性和规范性特征的事实。医生在描述病人的健康或生病情况时心中有一个隐含的健康标准，道德裁判在描述行动主体的人格状态时是以行动主体的自然善作为规范。但是这是一个好的类比吗？如果是，那么医生或道德裁判是否为从实然至应然提供了任何逻辑上有效的推论？

我们来比较以下几个语句：

（1）你的身体健康（医生在阅读患者的体检结果后所宣称）。

（2）你生病了（医生在阅读患者的体检结果后所宣称）。

（3）你是一个好人（道德裁判的宣言）。

（4）你是一个恶人（道德裁判的宣言）。

在我看来这两套评估性陈述显然不具有类比性。医生可以诉诸健康标准和体检结果的客观标准来评估患者的健康状况。医生是这些问题的专家，而（1）和（2）被视为科学性的陈述，可以用外部的客观证据来验证为真假。即使专家们对这些结论的真值性可能会有争议，但是通过进一步的证据和考察，分歧最终可以得到解决。

在（3）和（4）的命题上，黄勇认为我们就是道德裁判，可以对道德主体进行道德评估。对于命题（3），黄勇说，"如果我们发现一个人总是有适当的恻隐之心、羞恶之心、恭敬辞让之心、是非之心，而且我们推断他的仁、义、礼、智之美德没有被其私欲所掩盖，我们就可以说这个人是善人"。对于命题（4），黄勇说："同理推之，如果我们发现一个人从来没有或是几乎从来没有恻隐之心、羞恶之心、恭敬辞让之心、是非之心，或者在这种情况下甚至有相反的感觉，而且我们推断他的仁、义、礼、智之美德已经被其私欲所掩盖，我们就可以说这个人是恶人"。然而，在此就可见他这个类比失败之处：我们无法对道德主体是否具有这些道德情感进行任何标准化的测试，此外，我们也无法像医生是人类健康的专家那样成为人类道德的专家。除非我们是全知全能的神，我们也不可能根据一个行动主体是否"总是有"或"从来没有"这些恻隐之心、羞恶之心、恭敬辞让之心、是非之心来对另一个人的善恶好坏做出任何客观的评估。

当然，黄勇可能会反驳这不是他的重点。他不是想要比较这些声明的可信度，而是要关注这些声明的本质。他认为像这样的陈述描绘了"规范性事实"，用他的话来说，这些陈述是"同时具有描述性和规范性的"。黄勇似乎认为一旦我们看到这些描述性的陈述同时是规范性的陈述，就不再需要休谟从实然至应然的逻辑演绎。

根据黄勇的诠释，在医生的推理中隐含了以下的推论：

（1）一个人的健康等于这个人的身体状态，同时也是其所应然维持的状态（第 28 页）。

（1.1）你的身体状态处于其所当然，同时也是其所应然维持的状态。

（1.2）因此，你是健康的。

在黄勇看来，（1）描绘了一个人身体健康的规范性状态。医生可以有一个客观的标准来验证这个人的身体是否符合这个标准，因此，医生可以做出一个既具有描述性也具有规范性的客观陈述。

同理推之，黄勇认为朱熹可以对一个人的道德品质给出以下的逻辑演绎：

（3）一个人是好人等于这个人总是有适当的恻隐之心、羞恶之心、恭敬辞让之心与是非之心，因而他的仁义礼智之美德不会被其私欲所掩盖（第 28 页）。

（3.1）你总是有适当的恻隐之心、羞恶之心、恭敬辞让之心与是非之心，你的仁义礼智之美德没有被你的私欲所掩盖。

（3.2）因此，你是一个好人。

（3）给出了"作为一个好人"的定义。如果我们接受这个定义，那么我们可以通过验证（3.1）来建立（3.2）的客观性。但这种客观性并没有使（3.2）具有规范性，至少不是在休谟所期望的意义上。黄勇把"规范性"理解为"有关乎价值"的。他说："这显然是一个关于价值的规范性命题，但它也是一个关于事实的描述性命题，是一个可以通过我们在人身上找到的道德属性、善的属性来验证的命题"。但是休谟所质疑的不是一些描述性命题是否可以同时描述一个理想状态、给出一个规范或者给予一个评估。我们想想日常这样的说法："这是我吃过最好的比萨。""这幅画的构图是最好的。""那个护士有最好的临床态度"。我们经常做出这样的陈述，而这些陈述既是描述性的，又是带有隐含标准的评价性的申述。休谟所质疑的是伦理学家如何在逻辑上从描述性的陈述推演出规范性的伦理命题。换句话说，我们所要质问的是医生或伦理学家如何能给出以下约束性的陈述：

（1.3）因此，你应该始终保持身体健康，亦即保持其处于理想的健康状态。

（3.3）因此，你应该是善良的，亦即总是有适当的恻隐之心、羞恶之心、恭敬辞让之心与是非之心，这样你的仁义礼智之美德就不会被你的私欲所掩盖。

在第一个关于健康的演绎中，医生是用现有的健康标准来评估患者的健康状况。我们可以姑且接受黄勇的说法，人类的健康是有规范的。然而我没有看到任何规范的约束力。病人可能不健康，但他没有理由应该健康。有人可以自愿选择过不健康的生活，甚至医生也不能命令他们不要这样做。同理可证，我们可以接受朱熹对"好人"的定义，但我们不需要接受一个人"应该成为一个好人"的道德律令。不过，我与黄勇的不同看法或许只是在于我们在"规范性"这个概念上的语义歧见。在我的理解中，"规范性"是指"建立模范或是衍生自某些行为的标准与模范"，"约束性"则是"有关服从法则或是执行某种规则"的管束。在某些情况下，约束性源于规范性，例如在英国我们应该在道路的左侧行驶。但是在黄勇提出的案例中，我没有看到他有任何从一个属性的规范性到其约束性的有效推论，例如从"健康意味着 x"到"一个人应该是 x"，或者从"做一个好人意味着 y"到"一个人应该是 y"的推演。

五、结　语

黄勇将朱熹的美德伦理学解释为一种以主体为中心的自然主义道德实在论形式是不成功的。我并不质疑黄勇对朱熹作为道德实在论者的解释。在我讨论朱熹的道德实在论一文中，我把朱熹的道德实在论理解为"规范性实在论"和"内在性道德实在论"，这两者之间的联结就是朱熹的理。我提出"朱熹在同一个理的概念下将这两种内涵结合在一起，代表了他试图消除事实与价值之间所谓的鸿沟"。对于朱熹的规范性实在论，我认为"个殊事物之理所代表的事物之存在以及人类与事物相互回应中的一种规范"对于朱熹内在性道德实在论，我提出"对于朱熹来说，我们人类必须接受为绝对而且客观真实存在的道德真理已然内在于我们，理是上天赋予我们的本性。朱熹之把天理放入人性可以见证他对道德实在论拥护的坚定立场，他不仅肯定道德真理的存在，也肯定人类可能实现天理的可能性"[①] 这表明我基本上同意黄勇的观点，认为朱熹是一个道德实在论者，是一个致力于论证人性为善，而且拒绝事实与价值二分法的哲学家。

然而，我所质疑的是"以主体为中心的道德实在论"这种理论的可能性。道德实在论者想要表明的是道德陈述可以有真值也可以有假值，它们的真假可以客观地建立起来，而不仅仅基于个人的主观意见。道德实在论与反实在论之争

[①] Liu, JeeLoo（2020）. "Zhu Xi's Normative Realism and Internal Moral Realism." In Yong Huang, et al（eds.）*Dao Companion to ZHU Xi's Philosophy*.(Chapter 36: 857—872)

议的中心是有关行为和事态的道德陈述，而关于行动主体是好是坏的道德判断并不那么有趣或重要。朱熹的美德伦理是以主体为中心的规范性伦理，而且朱熹的美德伦理对于个人应该培养什么样的美德或者个人应该效仿和成为什么样的道德主体等等问题，的确建立了一个完整连贯的体系。我只是不认为他的美德伦理可以被解释为以行动主体为中心的元伦理。

黄勇的论文既具有挑战性又充满新意。在学海浩荡之中要写一篇关于宋明理学而具有哲学启发性的文章并不是一件容易的事，因为我们需要分析的敏锐度来定位真正的问题所在，并引入新颖的解决方案，才不会老调重弹。多年来，我一直在研究同样的问题。儒家道德实在论的本质，儒家道德实在论中实然 / 应然关系的纠缠，以及朱熹作为道德实在论者的解释。然而，我从来不觉得这个探索已经结束或者我的分析是完全令人满意的。因此，我非常高兴看到黄勇这篇论文，并觉得它发人深省。尽管我不认为黄勇试图创立一种新的道德实在论形式是成功的，但我还是赞赏他将朱熹的美德伦理重塑进入元伦理学语境的努力。

陆游诗歌与日本江户文学

——以市河宽斋为中心考察

郝润华 *

在日本文学史上，宋代诗人陆游有着巨大的影响力，他的诗歌从主题到语言、从内容到形式，无不引起江户文人的高度评价和多方面的研究与效法。尤其是市河宽斋，他不仅有《陆诗考实》与《陆诗意注》六卷，而且在文学创作方面也积极效法陆游，对陆诗在日本的传播与推广做出了贡献。本文即以市河宽斋为中心，考察日本江户文人对陆游诗歌的接受和传承。

一

江户幕府（1603—1867）时代，随着经济文化的发展，在对外贸易上，由中国商船运往日本的图书大量增加，在这些图书中就有许多文学书籍，包括唐、宋、元、明各代的文人别集及文学理论著作，因此，江户文人可以感受到与中国文人类似的文学气息，而明清时代的文学创作与文学理论又十分丰富，这大大开阔了江户文人的眼界。市河宽斋就是其中较为典型的代表人物。

市河宽斋（1749—1820），名世宁，字子静、嘉祥，号西野、半江、宽斋，自称小左卫门，以字行，上野人。江户时代后期著名汉学家。日本宽延二年（1749）生于江户（今东京）。原名山濑新平。父山濑兰台，曾任川越藩士，以文雅见称，好儒学及书法，宝历十三年（1763）卒。市河自幼受父亲教诲，喜读儒家经典。明和四年（1767），出任川越藩，二十八岁到江户，在那里结交了许多儒者、名士，学识也有了进一步提高。宽政三年（1791），市河任富山藩校教授，以传授儒学为务。文化八年（1811），结束富山藩校教授生涯回到江户。文化十年（1813），赴长崎，文化十一年（1814）底复返江户，文政三年（1820）卒，享年七十二。其子市河米庵（1779—1858）是江户时代后期著名书法家，崇尚宋代米芾与明代董其昌书法，以楷、隶见长，主要著作有《米庵墨谈》等。

市河一生著述颇为丰富，据日本学者揖斐高《市河宽斋略年谱》，主要著作

---

* 郝润华，西北大学文学院教授，中国历史文献研究会副会长。

有《诗家法语》《北里歌》《古五绝》《日本诗纪》《全唐诗逸》《三家妙绝》《谈唐诗选》《随园诗钞》《宽斋先生遗稿》等，可见其著述之富。市河为日本汉文学事业做出了巨大贡献，首先，他搜集文武天皇至平安朝（公元七世纪至十二世纪）的汉诗作品，编成《日本诗纪》五十三卷，于天明六年（1786）刊行，成为研究日本汉诗的成果之一。此书收入《词华集日本汉诗》第三卷。鉴于清代《全唐诗》编录有所遗漏，市河于文化元年（1804），搜集《全唐诗》未收作品编成《全唐诗逸》三卷，据《千载佳句》《文镜秘府论》《游仙窟》等文献所录唐诗补进七十二首作品及二百七十九个句子。《全唐诗逸》约于清嘉庆间传入我国，鲍廷博将其收入《知不足斋丛书》，日本大正九年（1920）所刊《日本诗话丛书》也收录了《全唐诗逸》全文。这不仅是市河辛勤研究唐诗的结晶，也是对我国唐诗学的贡献。除唐诗外，市河的另一个成就集中在宋代诗人陆游身上。

陆游一生创作诗歌最为丰富。宋嘉泰元年（1201），陆游七十七岁时曾自称："六十年间万首诗"（《小饮梅花下作》）。据今人统计，陆游现存诗歌作品九千二百三十九首。然而，如此丰富的诗歌，甚少人为之做注，国内仅存的只有几种，日本铃木虎雄《陆放翁诗解》的时间又比较晚，市河宽斋的《陆诗意注》就成为海内外重要的陆诗注本。此书完成于江户时代文化六年（1809），早于铃木虎雄《陆放翁诗解》一百四十五年。然而，《陆诗意注》的知名度却远远不及《陆放翁诗解》，为此，有必要对其进行介绍评述。

《陆诗意注》，又名《剑南诗醇意注》，六卷，共选录陆游诗歌作品五百二十五首，体例以编年为序，篇次、作品全依明毛晋汲古阁刻《剑南诗稿》。此书名为《陆诗意注》，顾名思义重在诗意的诠释，全书共分三部分内容，第一部分是"注"，即对诗中人物、典故、地名、背景等做简要注释。第二部分是"说"，即每句诗诗意的简单解说。第三部分是"评"，即对整首诗或某一句的评论，包括市河宽斋本人的评语和集评，集评中引用自宋至清文人刘克庄、方回、钟惺、潘问奇、卢世漼、王士禛等对陆游诗的评论。在第一部分的注解中，不仅对诗中地名、人物、典故及引用前人诗句等做了简要注解，而且还有题解，对作品写作时间、地点、历史背景及题中涉及人物进行简要介绍。

由于《陆诗意注》是为日本人阅读欣赏陆诗之用，所以注解和评论都极简单明了，这是此书的一大特点。不过，清朝以来的诗歌选注本，其评注大都比较简明扼要，如沈德潜《唐诗别裁集》、乾隆时编《唐宋诗醇》等也以此为特色，《陆诗意注》无疑受到这些选本的影响，此书又名《剑南诗醇意注》，显然承《唐宋诗醇》之名。从这个角度讲，《陆诗意注》也体现了一种时代学术风气，都是想通过较通俗的诗歌注释达到宣传陆游、发扬文学主张的目的。此书通晓易懂，译注者能够引经据典、面面俱到，极见评注功力。

市河宽斋编选此书的用意，是想通过向日本读者介绍、宣传他所酷爱的陆游诗歌，进而宣扬自己的文学见解，这都体现在其《陆诗意注》的评语之中。

陆游诗歌以七言成就最高，其七律为历代学者推许，清姚鼐认为："七律固为南渡后一人。"[①]赵翼也称："放翁以律诗见长，名章俊句，层见叠出，令人应接不暇；使事必切，属对必工；无意不搜，而不落纤巧；无语不新，而不事涂泽；实古来诗家所未见也。"[②]市河宽斋同样感到陆游七律的成就不可低估，故而，在选录时偏重七言律诗的篇目，整部诗注中收陆游七言律诗一百八十二首，占三分之一强，不仅如此，在评论陆游诗歌艺术性及思想内容时也极力对其七言律诗加以推崇。如对《新夏感事》诗评曰：

> 风调清苍，立言得体，直是通达治理，非寻常嘲风弄月者比。王士禛曰："刘公戏论诗云，七律较五律多二字耳，其难什倍，譬开硬弩，只到七分，若到十分满，古今亦罕矣。"予因思唐宋以来为此体者，何翅千百人，求其十分满者，唯杜甫、李欣、李商隐、陆游及明之空同、沧溟二李数家耳。（卷一）

又对《江村》诗引陈吁评曰：

> 放翁一生精力，尽于七律，故全集所载，最多最佳。古诗稍有松处，然至其精彩发露，自斑驳可爱。（卷六）

借旁人之评论抒发个人见解，可见，市河宽斋极为称赏陆游七言律诗的艺术成就，体现了评注者的审美能力及文学批评观。

在对陆诗风格特点的评价方面，市河似乎表现出注重以质朴、自然、雅致、清新为风格的作品，据笔者统计，在《陆诗意注》中有关"风""清"二字的词汇最多，且使用频繁，举例说明：

> 《大醉梅花下走笔赋此》："风流清兴，如在目前。"（卷三）
>
> 《长安道》："言抵药石，体合风雅。"（卷四）
>
> 《临安春雨初霁》："三、四有唐人风韵。"（卷四）
>
> 《岁暮感怀》："意指宏深，大家风力。"（卷五）
>
> 《丰岁》："点缀妩媚，煞有风致。"（卷五）
>
> 《地僻》："何其风秀。"（卷六）
>
> 《新夏感事》："风调清苍。"（卷一）
>
> 《送金州赵都曹》："发端清妙。"（卷一）

---

① 姚鼐：《古诗选》附《今体诗钞序目》，载《惜抱轩全集》，民国三年上海会文堂石印本。

② 赵翼：《瓯北诗话》卷六，《清诗话续编》本。

《玻璃江》："清便宛转，别成风调。"（卷一）

《月下作》："清丽寄意处，妙无迹相。"（卷二）

《听琴》："泠泠清音，欲满人耳。"（卷二）

《探梅》："趣极自然，调亦清婉。"（卷四）

《舟中咏落景余清晖轻桡弄溪渚之句，盖孟浩然耶溪泛舟诗也，因以其句为韵赋诗》："胸情清真。"（卷五）

《雪夜感旧》："调极清和，颔联斫句，工致可爱。"（卷五）

《小舟过吉泽效王右丞》："不必似王，自饶清致。"（卷五）

《道室》："铿然清响，殊有仙灵之气。"（卷六）

显然，市河使用"风"的概念，内涵是不一样的：一是在诗歌体裁层面上使用，如"风雅""风调"，即是评论杜诗体裁符合《诗经》中的风雅体制。二是在语言审美艺术特征上使用，如"风秀""风致"等，形容的是杜诗的语言艺术风韵。市河将有关"风"的词汇大量运用于评价陆诗，是肯定陆诗的内容和雅俗共赏的艺术表现手法，正如其所评论"直是通达治理，非寻常嘲风弄月者比"。至于"清"，自然是指诗的审美特征，将清作为文学理论概念使用于作品，可以上溯到陆机，他的《文赋》中七次出现"清"字，六次作为文章的审美概念来使用 [1]。论文体则曰"箴顿挫而清壮"，论辞意之美则曰"藻思绮合，清丽千眠"，"或沿浊而更清"，论文辞之简洁则曰"或清虚以婉约"，而"含清唱而靡应""同朱弦之清汜"，则用音乐来比喻文章。到《文心雕龙》，"清"作为文学批评审美概念的意义凸显起来，刘勰所指出的文章美的核心概念"风骨"，基本含义就是"风清骨峻"，由此形成一连串以"清"为骨干的派生概念，如清典、清铄、清采、清允、轻清、清省、清要、清新、清切、清英、清和、清气、清辩、清绮、清越、清靡、清畅、清通等，使"清"逐步作为文学批评的审美概念。稍后钟嵘在《诗品》中十七次用"清"字，构成的词有"清刚""清远""清捷""清拔""清靡""清浅""清雅""清便""清怨""清上""清润"，表现南朝诗学以"清"为主导的审美倾向。于是，唐司空图《二十四诗品》中就有了"清奇"境界，曰："娟娟群松，下有漪流。晴雪满汀，隔溪渔舟。可人如玉，步屟寻幽。载瞻载止，空碧悠悠。神出古异，淡不可收。如月之曙，如气之秋。" [2] 司空图以这些鲜明的诗句构成所谓"清奇"、清丽的诗歌境界绝非偶然，因为唐诗中本有这种作品的代言人，那就是以王维、韦应物为代表的诗人，他们的作品以描写自然景物著称，语言明晰、趣味淡远，司空图甚为推重这一流派，并给予极高评

---

[1] 参见蒋寅：《古典诗学中"清"的概念》，《中国社会科学》2000年第1期。

[2] 孙连奎、杨廷之：《司空图〈诗品〉解说二种》，山东人民出版社1962年版。

価。明胡应麟《诗薮》外编卷四做了更加明确的阐释，他说："清者，超凡绝俗之谓。""绝涧孤峰，长松怪石，竹篱茅舍，老鹤疏梅，一种清气，固自迥绝尘嚣。至于龙宫海藏，万宝具陈，钧天帝廷，百乐偕奏，金关玉楼，群真毕集；入其中，使人神骨冷然，脏腑变易，不谓之清可乎！"①他的解说着眼于境界，将"清"定义为一种超凡绝俗、远离尘世的气质，得到明清文人的认同。至清初，王士祯在创作中更加追求一种清远、冲淡、超脱尘俗的悠然艺术境界。他在《渔洋诗话》中引萧子显自序说："若乃登高目极，临水送归，风动春潮，月明秋夜，早雁初莺，开花落叶，有来斯应，每不能已也。"②这就是所谓"超凡绝俗之谓"了。具备了"清"，诗歌便有了神韵，"清"与"神韵"是一脉相承的，这正是王士祯所向往和毕生追求的艺术境界。可见，"清"不仅集中体现了中国古代文人生活情趣和审美倾向，而且成为一种古典诗歌的审美概念，这一点恰恰被日本江户文人所看重，我们从市河评陆诗时所用有关"清"的词汇中，不难发现他深受这种中国古代传统审美思想的影响，"清丽""清空""清和""清婉"等表现出的既是他对一种恬淡、悠远生活情趣的向往，又是对自然、明晰、清新、淡雅的诗歌艺术境界的追求。这种超俗的情怀一般要通过山水田园来表现，因此，市河在对陆游那些模山范水、吟咏风月及通过田舍农耕表现个人情怀的作品进行研究评论时频频使用以上词汇，可见，他的文学观实际来源于王士祯在"清"的审美理想上产生的"神韵说"。这从他对其他作品评论中也能看出一些，比如他对《郊行》一诗中"斜日半竿羌笛怨，西陵寂寞又潮生"两句评曰："结有神韵。"又于《南定楼遇急雨》评道："属对之妙，神韵自然，不可凑泊。"在许多地方使用"神韵"一词作为评语，明显与王士祯所提倡的"神韵说"有直接关系。

市河还强调诗歌的传承性，在其评论中，他反复指出陆游诗对杜甫、李白、王维、韩愈、李商隐等唐代诗人的继承和发展。如下所举几例：

《塞上曲》："蟠奇气于简古，著鲜华于老健，不徒作悲凉语，气体绝似太白。"（卷二）

《游三井观》："因画生慨，妙得子美家法，笔力朴坚，亦复相近。"（卷二）

《系舟下牢溪，游三游洞二十八韵》："语奇句老，颇近昌黎，视南山，盖具体而微尔。"（卷一）

《闻猿》："排宕开阖，波澜无限，格调自李商隐得之，故自青出于蓝。"（卷一）

① 胡应麟：《诗薮》，上海古籍出版社1962年版。
② 王士祯：《渔洋诗话》卷一，文渊阁四库全书本。

《东吴女儿曲》："绝似皮、陆。"（卷四）

此外，市河还注意将陆游诗与同时代人的作品进行对照，通过比较他们诗歌的内容、风格等，把握陆诗的特点和旨趣。如：

《晚晴闻角有感》："游尝与范成大论东坡'遥知叔孙子，已致鲁书生'名，谓为'意深语缓'，此诗结意虽显，亦有不尽之致。"（卷一）

《东津》："深情老笔，视少陵二作，虽未敢旗鼓中原，亦当雁行。同时诸子，岂敢望其项背。"（卷一）

《听琴》："于韩、欧、苏、黄诸家外自树一帜。"（卷二）

《陆诗意注》主要侧重于评，本不以考据见长，但由于市河宽斋本人在汉学方面的功底，亦能用中国传统的"知人论世"与"以意逆志"方法寻幽探微，发掘陆诗的旨意。如《送曾学士赴行在》（卷一）中有："向来酷吏横，至今有遗螫"二句，注曰："秦桧擅政之弊。"即点明此诗本事。又《雨夜书感》诗：

> 宦游四十年，归逐桑榆暖。皇恩念黎老，一官犹置散。春残桃李尽，风雨闭空馆。有怀无与陈，万事付酒碗。近代固多贤，吾意终不满。可怜杜拾遗，冒死明房琯。慷慨讵非奇，经纶恨才短。群胡穴中原，令人叹微管。（卷五）

笺曰：

> 以古喻今，当为张浚而发。《本传》云，言者论游力说张浚用兵免归，则浚之罢，游未必不为之言，故以甫之救琯自比也。浚之与琯，偾事如一，富平再败，与陈涛、青坂何以异，诗深叹其才短，固不诬也。

这种诗史互证的方法或许是受了明末清初以来杜诗笺释方法的启发，钱牧斋注杜诗使此种方法得以确立，清朝诗歌笺释方法大都受其影响。

然而，作为一部陆游诗歌的选注本，《陆诗意注》也有一些不足之处。首先，他在注解中引证材料过少，且大部分是唐以后的材料，比如注地名仅用《大明一统志》，而很少用宋代地理文献。其次，注释也有遗漏之处，比如《寄张真父舍人》（卷一）诗，《剑南诗稿》共有二首，注者选录了其中之一，但却未加注明，使不明真相之人误以为陆诗仅有一首。在评诗方面，也过于简略，且引用别人评语甚多，自己的见解似嫌不足。不过，评注者能抓住陆诗特色，结合个人文学理论，做出许多精辟的分析、判断，融注了市河自身的汉学修养及艺术审美经验，将直接有助于陆诗的研究。它既体现了市河的文学观，又显示出日本学者整理研究陆诗的成就。

《陆诗意注》书后附录市河所辑陆游佚诗数首，他的《剑南诗稿补逸序》，对补逸情况略作了说明：

《剑南诗稿》八十五卷，为诗一万一千余首，可称富矣……余每检诸书，有得公诗，必比校本集，除有收无，又得古诗三首、律诗五首、绝句三首及句一。虽不足别刻传之，实是昆仑遗珠，不忍弃掷也，因附刻《意注》之后，以见景仰之意云。

市河在毛晋汲古阁刻《剑南诗稿》八十五卷本及毛氏后人《剑南逸稿》《续添》的基础上，据各类文献搜集陆游佚诗，"古诗三首，律诗五首，绝句三首，及句一"，附于《陆诗意注》卷末，是对陆游诗歌创作的又一成就。《陆诗意注》对于中国和日本的诗学发展都极有价值。

二

江户时代的日本文人在崇尚中国儒学的同时，极为重视汉诗创作。天明七年（1789），市河宽斋发起成立了"江湖诗社"，招来当时众多诗人参加并积极进行汉诗创作活动，其中不乏著名诗人。他们之中如菊池五山、柏木如亭、小岛梅外、大窪诗佛等作为市河宽斋的弟子，也都有作品传世。尤其是市河本人，毕生从事汉诗创作。他去世后的文政四年（1821），其子市河米庵将其创作于天明七年（1787）以后的汉诗六百九十二首收集起来，编成《宽斋先生遗稿》刊刻行世。《宽斋摘草》《北里歌》《宽斋百绝》等也收入宽斋诗作数百首，可见其创作之富。大窪诗佛《诗圣堂诗话》云："余常摘近人之句录之，时一出观之，足以慰一日三秋之思矣。"其评市河宽斋云："市河宽斋先生为一代诗匠，与其盟者如舒亭、梅外、伯美、娱庵辈，皆各成一家。海蠹斋序先生《百绝》云：'江湖诗社得人，于斯为盛。如先生《题东坡游赤壁图》云"孤舟月上水云长，崖树秋寒古战场。一自风流属坡老，功名不复画周郎"，可谓绝调'"。在市河的作品中，可以看出他的创作风格大部分取法陆游、杨万里及范成大，尤其推崇陆游，他喜欢陆游诗的雅健、淡远及对人间万物的热爱。他的诗歌创作也深受陆诗影响。在其作品中，可以发现他几乎是在陆游的作品中漫游、徘徊。阅读市河宽斋的作品，他对陆诗的继承主要表现在以下三个方面。

（一）化用陆游诗句或诗中用语

市河宽斋读书广博，知识丰富，又受到陆游诗歌的熏陶，所以，他喜欢化用陆游的诗句，考察其所创作的汉诗，他化用陆游诗句的地方比比皆是，如"面面夏云生"（《夏日仲温邀饮海亭》），化用陆游"江近时时吹白雨，楼高面面看青山"（《登楼》）。"草堂风雨暗江干"（《得宫田子亮书，有荐余某藩之言，赋谢》），由陆诗"萧萧风雨暗江干"（《秋晚雨中作》）而来。"烟波近处占幽情"

（《矢仓新居作》），取法陆游《烟波即事》中的"烟波深处卧孤篷"。"荞花烂漫野田秋"（《雨夜上尾道中》），则自陆游"荞花漫漫连山路"（《九月初郊行》）变化而成。"世味老来淡如水"（《南窗》），源自陆游《临安春雨初霁》中的"世味年来薄似纱"一句。"我性奈迂疏"（《城居》），直接来自"我性本迂疏"（《书嬾》）一句。"人生四十奈头颅"（《夏夜枕上作》），化用《自解》诗中"四十头颅已可知"。"女儿闻有京华客"（《青陵至自京师》），取法"谁令骑马客京华"（《临安春雨初霁》）。"雷公车辗万山颠，风伯雨师又赫然"（《九月廿七日雷雨终日，不能出门，作短歌》），化用"雷车隆隆南山阳，电光煜煜北斗傍"（《喜雨》）而来。取自"唤回四十三年梦"（《余年二十时，尝作＜菊枕诗＞，颇传于人，今秋偶复采菊缝枕囊，凄然有感》）。"耳聋齿豁少乐事"（《岁杪纵笔》），则又化用"齿豁头童只自伤"（《新凉》）。此类都能说明市河对陆诗佳句的喜爱与倾心。市河宽斋十分注意将陆诗的佳句融入自己的作品，并有所创新。

（二）创作有与陆游同题之作

在市河宽斋的诗中还有一些与陆游同题的作品，如陆游有《观村童戏溪上》一首，曰："雨余溪水掠堤平，闲看村童戏晚晴。竹马蹦跳冲淖去，纸鸢跋扈挟风鸣。三冬暂就儒生学，千耦还从父老耕。识字粗堪供赋役，不须辛苦慕公卿。"他也有一首以此为题的作品，诗曰："四五村童聚野桥，东西相趁漉鱼苗。一儿忽走柳边去，承得秋蜩独自骄。"内容都是描写村童在溪中嬉戏的情景，只是陆诗是一首七言律诗，在表现村童的可爱之余略有感慨，而市河则是一首纯粹写意的七言绝句，细心体会自然景物的生机和情趣，咀嚼日常生活里的滋味，因而此诗也写得极有情致。还有一首以《南窗》为题的诗，陆游所作为五言律诗，市河所作属七言律诗，虽形式不同，但他们所表达的内涵却一致，陆诗有"金丹奈老何"，市河则有"世味老来淡如水"，都发出岁月易逝、不知老之将至的感叹。在市河的作品中有许多诗作与陆游同题，如《书事》《偶作》《秋夜》《雨凉》等，这些作品有内容、诗体均相同者，有内容相同、诗体不同者。以同题创作同样内容的作品，这进一步反映出陆游对市河宽斋创作的巨大影响。

（三）意境取法陆诗

市河宽斋的有些诗作尽管看不出有意模仿陆诗的痕迹，但在诗歌意境上已经构成对陆诗的化用，如下面这首《发江户》诗，全然不脱陆诗痕迹，全诗如下：

> 一杖飘然似御风，都门早发晓烟中。归来解印陶彭泽，强健还乡陆放翁。野旷虫声偏饱露，云晴雁影自横空。此行已免人间险，不畏深山途欲穷。

此诗作于文化八年（1811），时诗人已六十三岁。诗中不仅化用陆游《野兴》诗"自惊七十犹强健，采药归来见暮鸦"，而且与陆游晚年一样，表现出不畏艰险、勇于追求的坚强意志。作品风格也颇似陆游，尤其五、六两句的"野旷虫声偏饱露，云晴雁影自横空"，既可看出陆游闲适诗的影子，呈现出清新、自然、幽雅、空灵的特色，同时也反映出诗人超妙的构思和悠然的情怀。陆游的山水闲适之作，融注着诗人的万千情绪，在秀丽的意境中表现赤子情怀，于活泼的图画里追求澄澈之美。如"闲云不成雨，故傍碧山飞""白鹭立清滩，与我俱得意""吾行本无定，随意入空蒙""拂窗新柳色，最忆锦江头"。市河的诗，如"柳暗无端惊睡鹭，一团风絮舞新晴""晴江秋静远涵天，夹岸霜枫烧晚烟。渔唱樵歌都去尽，思诗人在夕阳船""芭蕉叶重风无力，竹树枝低月有情""露倾知叶侧，雾罩听花开""尤爱烟村春欲尽，风香千点乱飘飘"等等，显得平淡幽雅，既表现了自然万物的清新空灵，反映了对人生的达观与悟境，也传达出了诗人求真向善的心境，实与陆游有异曲同工之妙。

市河宽斋在创作中师法陆游，广泛吸收陆诗的营养，在文学理论方面也为我们留下一些膜拜陆游的蛛丝马迹。这里不妨对其文学思想及构成做一些探寻。市河宽斋年轻时曾崇拜过明代李攀龙、李梦阳、王世贞等"前后七子"，后来他感到前后七子的作品大多是模仿唐诗而成，于是转而将兴趣移至白居易、杜牧、李商隐等中、晚唐诗人身上，对于白诗的温厚平和、晚唐诸家的纤巧绮丽推崇备至。晚年，随着江湖诗社影响的逐渐减弱及江户时代诗风革新的潮流，市河又将其视线推向宋代诗人，特别是陆游、范成大及杨万里的作品。这个倾向的转变过程记载于市河宽斋编于宽政二年（1790）的《宽斋百绝》一书中，他说：

> 予之于七言小诗，初刻意李济南，李北地及王吴郡。久之自觉千篇一格、陈陈无味，时欲为破格明末旧习之锢所，竟能超然。昌平辞职后，闲居闷闷，读过《香山集》，于温厚平和之旨稍自有悟。又爱晚唐诸子之纤巧，时时出入樊川、义山，又降而为宋。

市河七言绝句的创作倾向说明他的诗学所经历的不同阶段，从中可窥见其文学主张的转移经过。市河将自己的思想贯穿于研究实践之中，文化四年（1807），市河宽斋选录陆游、范成大、杨万里三家诗，编成并刊印《三家妙绝》一书，这完全是由于当时江户时代诗风已由浪漫、雅致的唐诗转向写实性较强的宋诗。那些描述自然景物及田园风光的南宋诗歌得到了江户诗人们的青睐，《三家妙绝》即以此为选取标准，代表了当时江户诗坛的诗歌风尚，也作为市河宽斋江湖诗社的宗旨性选本通行于当时。他又从当时流行的明毛晋汲古阁刻《剑南诗稿》中摘录出陆游田园诗作六十首，集成《续田园杂兴》，以对应范成大的

《四时田园杂兴》，宣扬陆游的田园诗作，此书刊行于文化五年（1808）。之后不久，市河宽斋即相继完成《陆诗意注》《陆诗考实》二书，全面反映了市河宽斋对陆游诗歌的体认与研究。

不仅市河宽斋本人，同是"江湖诗社"成员的大洼诗佛，在其汉诗创作中也深受陆诗的影响，经常化用陆游的诗句、语词及意境，比如大洼《春寒》写道："春寒酿雪力不足，却向黄昏作雨来"，其句法即是由陆诗"酿雪经旬竟不成，一霜却作十分晴"（《累日浓云作雪不成遂有春意》）而来。在大洼的诗中随处可见其化用陆诗的地方，尤其是语词的引用十分普遍，如"华岳飞仙试睡方"（《睡蝶》），来自陆游的"华山处士如容见，不觅仙方觅睡方"（《午梦》）。"春葩秋蕊细平章"（《樱》），则取法陆诗的"平章春韭秋菘味"（《自笑》）。由此可见陆游在江户诗人中的地位。

陆游诗歌对江户文人造成影响的原因，首先是陆诗有着鲜明的艺术特色，陆诗平淡、质朴，流露出对自然生命的最大关怀，他的诗语言明快流畅，浅易自然，接近口语，经过了精心锤炼，却看不出斧凿之痕，正如刘熙载所总结："放翁诗明白如话，然浅中有深，平中有奇，故足令人咀味。"[①] 此外，陆诗题材广泛，任何人都可以在陆诗中找到自己所喜爱的作品，特别是陆游晚年描写山水田园的闲适之作，表现出诗人独特的艺术体验及丰富的生活实践与心路历程。陆游晚年回到故乡山阴，生活宁静散淡，这种无拘无束的生活给他亲近自然山水提供了客观条件。他的山水诗开始有意避开尘世的污染，回到人生单纯的起点。如"荷锸庭中破嫩苔，清沟一派引泉来。剪刀草长浮萍合，无数游鱼去复回"（《小池》）。漫步庭中，随处可见绿苔；侧耳清沟，时时可闻泉鸣。那院里的萋萋芳草与池中的款款游鱼，在陆游的眼里，都有一种盎然的生机与意趣。此境此情，既可洗去尘世的污染，又能让人的心灵得到净化，使之清明。如此的恬淡、静谧，人性的天真也表露无遗。这种对自然山水的亲近与描绘，足以激起传统文人的共鸣，因为在中国文化的大背景中，自然山水一直扮演着重要的角色，中国历代文人的修养，始终都没有离开这一角色。无独有偶，这种文化传统似乎也引起了日本文人的兴趣。由此可以推知陆游的诗容易被日本江户诗人所接受的真正原因。其次，就中国古代陆游接受史来看，陆游诗歌在提倡"诗必盛唐"的明朝并不被时人看中，而从清朝初年开始他的诗歌却得到当时文人的极力称赏，尤其钱谦益、汪琬、王士禛、查慎行等人对陆游乃至宋诗推崇备至，影响了当时的诗歌创作与理论，并形成一时风气，正如清代有人所说：

---

① 刘熙载：《艺概》卷二，上海古籍出版社1978年版。

"今三十年多，天下之诗皆宋人之诗，天下之家诵户习皆东坡、放翁之句也。"①
不仅如此，这种文学思潮以及文学理论也随着中日交流的频繁而东渡扶桑，使
当时的日本江户文人也深受其熏染，这不得不归结于彼邦文人对中华优秀文化
的认同感以及审美情趣的一致。

综上，由市河宽斋对陆游的评注研究及其文学创作过程，即可看出日本江
户文人对陆游诗歌成就的认识与仰慕，进一步证明陆游与江户文学有着密不可
分的关系，而造成这种关系的原因又是多方面的，除陆游诗歌本身所具有的特
色之外，受清初文学思潮影响也是重要因素之一。市河宽斋以及江户其他诗人
的汉诗创作，表明他们对陆游诗歌乃至中国古典诗歌的欣赏与推崇绝不停留在
表面，而是属于更深层次的追求。这为陆游研究史增添了丰富的内容，对于中
国古代文学实践来说颇具重要意义。

---

① 张世炜:《宋十五家诗删序》，载《秀野山房二集》，道光二年重刊本。

黄宗羲与清代浙东史学

黄爱平[*]

　　浙东史学是中国传统地域学派中浙学的重要分支，清代浙东史学则是这一分支学派的发展总结阶段。在浙东史学传承、发展的过程中，明末清初著名思想家、学者黄宗羲无疑起到了极为重要的作用。他不仅继承了南宋以来以吕祖谦为代表的金华学派经史并重的思想主张，大力倡导经世致用，而且发扬光大其"中原文献之传"[①]的传统，强调读书，重视文献，爬梳史事，总结学术，从而为清代浙东史学的发展奠定了深厚的文献基础，赋予了自觉的传承意识，当之无愧地成为清代浙东史学第一人。因此，由黄宗羲的学术实践和学术理念入手，探讨其中所体现的文献特色和传承意识，对把握浙东史学的传承发展，推进清代学术以及地域文化的研究，不无有益。

　　明清之际是中国社会发展变化的重要历史时期，也是传统学术发展演变的重要转折阶段。在王朝更替、天崩地裂的社会大变动中，占据思想界统治地位数百年之久的宋明理学迅速走向衰颓，以经世致用为宗旨，以挽救社会危机为目的，以朴实考经证史为方法的实学思潮勃然兴起。置身于社会变化和学术转型的时代潮流中，黄宗羲的思想学术也经历了从心学到实学的演进。

　　黄宗羲师承刘宗周，本为心学派别中人，但在明清之际社会大动荡、大变化的特殊历史条件下，他的思想学术发生了很大的变化，不仅逾越了心性之学的藩篱，而且对心学乃至理学的空疏学风予以了深刻的批判。他批评明末空言讲学之风，认为"明人讲学，袭语录之糟粕，不以六经为根柢，束书而从事于游谈"[②]。正是这种清谈空疏的学术风气，造成了晚明儒学的变异与堕落。黄宗羲对此痛心疾首，他说："奈何今之言心学者，则无事乎读书穷理；言理学者，其所读之书不过经生之章句，其所穷之理不过字义之从违。薄文苑为词章，惜儒林于皓首，封己守残，摘索不出一卷之内。其规为措注，与纤儿细士不见长短。天崩地解，落然无与吾事，犹且说同道异，自附于所谓道学者，岂非逃之者之

＊　黄爱平，中国人民大学清史研究所教授，中国历史文献研究会副会长。

① 脱脱等：《宋史》卷四三四，中华书局 1977 年版，第 12872 页。

② 全祖望：《鲒埼亭集》卷一一《梨洲先生神道碑文》，朱铸禹汇校集注《全祖望集汇校集注》上册，上海古籍出版社 2000 年版，第 219 页。

愈巧乎？"①又严厉指责理学末流"以《语录》为究竟，仅附答问一二条于伊洛门下，便厕儒者之列，假其名以欺世。治财赋者，则目为聚敛；开阃扞边者，则目为粗材；读书作文者，则目为玩物丧志；留心政事者，则目为俗吏。徒以生民立极、天地立心、万世开太平之阔论钤束天下。一旦有大夫之忧，当报国之日，则蒙然张口，如坐云雾。世道以是潦倒泥腐"②。这些鞭辟入里的批评，深刻揭露了理学末流空谈心性、不切实务、误国误民的弊害，为转变明末空疏的学风起到了重要作用。

在批评心学末流空疏学风的同时，黄宗羲大力倡导经世致用，他以东南儒宗的气魄，豪迈地宣称："儒者之学，经纬天地。"③在他看来，"孔子之道，非一家之学也，非一世之学也，天地赖以常运而不息，人纪赖以接续而不坠。世治，则巷吏门儿莫不知仁义之为美，无一物之不得其生，不遂其性；世乱，则学士大夫风节凛然，必不肯以刀锯鼎镬损立身之清格。盖非刊注《四书》，衍辑《语录》，及建立书院，聚集生徒之足以了事也。"④换言之，真正的圣人之道并不在于空言，而是与天地人伦、治乱风俗密切相关，故而黄宗羲反复强调"经术所以经世"，主张学者应当以天下为己任，究心实务，建立功业，达到"学道"与"事功"二者的统一。

为讲求经世实学，黄宗羲极力提倡经史之学，尤有志于史学研究。在他看来："二十一史所载，凡经世之业亦无不备矣。"⑤故而他明确主张："学必原本于经术，而后不为蹈虚；必证明于史籍，而后足以应务。元元本本，可据可依。"⑥其后全祖望也说："公谓明人讲学，袭语录之糟粕，不以六经为根柢，束书而从事于游谈，故受业者必先穷经，经术所以经世，方不为迂儒之学，故兼令读史。又谓读书不多，无以证斯理之变化，多而不求于心，则为俗学，故凡受公之教者，不堕讲学之流弊。"⑦可见，黄宗羲推重史学，并直接把经史二者并列，主张读经必兼读史，才能学有根柢，经世致用，不致流于"迂儒之学"。亦因如此，

---

① 黄宗羲：《留别海昌同学序》，吴光执行主编：《黄宗羲全集》第10册，浙江古籍出版社2005年版，第645—646页。
② 黄宗羲：《赠编修弁玉吴君墓志铭》，《黄宗羲全集》第10册，浙江古籍出版社2005年版，第433页。
③ 黄宗羲：《赠编修弁玉吴君墓志铭》，《黄宗羲全集》第10册，浙江古籍出版社2005年版，第433页。
④ 黄宗羲：《破邪论·从祀》，《黄宗羲全集》第1册，浙江古籍出版社2005年版，第193页。
⑤ 黄宗羲：《补历代史表序》，《黄宗羲全集》第10册，浙江古籍出版社2005年版，第81页。
⑥ 全祖望：《鲒埼亭集外编》卷一六《甬上证人书院记》，《全祖望集汇校集注》中册，上海古籍出版社2000年版，第1059页。
⑦ 全祖望：《鲒埼亭集》卷一一《梨洲先生神道碑文》，《全祖望集汇校集注》上册，上海古籍出版社2000年版，第219页。

黄宗羲的学术实践尤其是史学研究，具有十分鲜明的文献特色和传承意识。

一、重视读书、抄书、聚书

鉴于明末以来学术界"束书不观，游谈无根"的空疏学风，黄宗羲极力强调读书，倡导实学。由此出发，他极为重视文献典籍的搜求。早在青年时期，黄宗羲即遵其父黄尊素之嘱致力于读史，"自明十三朝实录上溯二十一史，靡不究心，而归宿于诸经"，又"旁求之九流百家，于书无所不窥"，不仅"尽发家藏书读之"，而且"钞之同里世学楼钮氏、澹生堂祁氏，南中则千顷斋黄氏，吴中则绛云楼钱氏。穷年搜讨，游屐所至，遍历通衢委巷，搜鬻故书，薄暮，一童肩负而返，乘夜丹铅，次日复出，率以为常"①。其后师从刘宗周，秉承其"慎独"宗旨，更"日夕读书，十三经、二十一史及百家九流、天文历算、道藏佛藏，靡弗究心焉"②。即便易代之际，投笔从戎，于颠沛流离、艰难困苦之时，仍将"身心性命一托于残编断简之中，故颠发种种，寒以当裘，饥以当食，忘忧而忘寐者，惟赖是书耳"。虽"其间鼠残蠹啮，雨浥梅蒸，而又经此兵火流离之余，盖十不能存其四五，而存者亦复残腐败缺，错杂零星"③，但他始终安之若素，初心不改。直至晚年，黄宗羲"益好聚书，所钞自鄞之天一阁范氏，歙之丛桂堂郑氏，禾中倦圃曹氏，最后则吴之传是楼徐氏"④，聚经、史、子、集各类典籍，并选文、选诗、志考、经济、性理、语录、天文、地理、兵刑、礼乐、农圃、医卜、律吕、数算、小说、杂技、野史等书上万卷，其中尤以"野史遗集、绝学奇经"一类典籍为多，皆藏于续钞堂。据其子黄百家记载："家大人方将旁搜遍采，不尽得不止。则是目所未见、世所绝传之书，数百年来沉没于故家大族而将绝者，于今悉得集于续钞，使之复得见于世……而我二三兄弟，出而耕樵，入而诵读，从家大人保此残帙，优游于续钞之中，采其华而咀其实，穷其道以隆其学"⑤。而黄宗羲讲学授徒，"诲后进年少，辄专以读书为第一义，谓学者不穷究

---

① 全祖望：《鲒埼亭集》卷一一《梨洲先生神道碑文》，《全祖望集汇校集注》上册，上海古籍出版社 2000 年版，第 214 页。

② 黄嗣艾：《南雷学案》卷一《南雷公本传》，《黄宗羲全集》第 12 册，浙江古籍出版社 2005 年版，第 95 页。

③ 黄百家：《学箕初稿》卷一《续钞堂藏书目序》，《四库全书存目丛书》集部第 257 册，第 753 页。

④ 全祖望：《鲒埼亭集》卷一一《梨洲先生神道碑文》，《全祖望集汇校集注》上册，上海古籍出版社 2000 年版，第 224 页。

⑤ 黄百家：《学箕初稿》卷一《续钞堂藏书目序》，《四库全书存目丛书》集部第 257 册，第 753—754 页。

经术，则几无立身余地。"① 可以说，读书、搜书、抄书和聚书，既是黄宗羲用以纠正明末空疏学风的重要举措，也是他一生致力于学术研究的坚实基础。

二、致力于搜集整理前代文献史料

明末清初，随着以经世致用为宗旨的实学思潮兴起，史学受到学者的普遍重视。其中，对明代历史的记述和研究，对明代文献的搜集和整理，成为有识之士从事文字著述和资料编纂的首要选择。黄宗羲即为其中的佼佼者，他竭尽其力，多方搜集整理各种前代文献史料，以存一代人物、典制、史事之原貌。

如《明文案》二百十七卷、《明文海》四百八十卷，两部大书均系有明一代三百年文章之分类汇编。黄宗羲认为，有明一代"三百年人士之精神，专注于场屋之业，割其余以为古文，其不能尽如前代之盛者，无足怪也"。尽管如此，"三百年来，集之行世藏家者不下千家，每家少者数卷，多者至于百卷，其间岂无一二情至之语"？在黄宗羲看来，"凡情之至者，其文未有不至者也"②，故而他广搜博采，汇聚明人文集一千余家，手自披览，采择编选，编成《明文案》二百零七卷，后其子黄百家增补为二百十七卷。《明文案》成书后，黄宗羲有机会得阅昆山徐乾学传是楼所藏明人文集，其中前所未见者达三百余家。据徐乾学之弟徐秉义记载："先生惊喜过望，侵晨彻夜，拔粹摭尤，余亦手钞目勘，遥为勷理，于是增益《文案》而成《文海》"③，凡四百八十卷。对自己殚精竭虑、披沙拣金，几经寒暑而后编成的这部明文选本，黄宗羲本人极为自信，他说："有某兹选，彼千家之文集庞然无物，即尽投之水火不为过矣。"④ 后世学者也评论说，黄宗羲"欲使一代典章人物，俱借以考见大凡，故虽游戏小说家言，亦为兼收并采，不免失之泛滥。然其搜罗极富，所阅明人集几至二千余家，如桑悦《北都》《南都》二赋，朱彝尊著《日下旧闻》时，搜讨未见，而宗羲得之以冠兹选。其他散失零落，赖此以传者，尚复不少，亦可谓一代文章之渊薮。考明人著作者，当必以是编为极备矣。"⑤

又如《明史案》二百四十四卷，据全祖望记载，是书内容包括《赣州失事》一卷、《绍武争立纪》一卷、《四明山寨纪》一卷、《海外恸哭纪》一卷、《日本乞师纪》一卷、《舟山兴废》一卷、《沙定洲纪乱》一卷、《赐姓始末》一卷，又《汰

① 黄嗣艾：《南雷学案》卷一《南雷公本传》，见《黄宗羲全集》第 12 册，浙江古籍出版社 2005 年版，第 100 页。
② 黄宗羲：《明文案序上》，《黄宗羲全集》第 10 册，浙江古籍出版社 2005 年版，第 19 页。
③ 黄宗羲编：《明文授读·徐秉义序》，《四库全书存目丛书》集部第 400 册，第 203 页。
④ 黄宗羲：《明文案序上》，《黄宗羲全集》第 10 册，浙江古籍出版社 2005 年版，第 19 页。
⑤ 永瑢等：《四库全书总目》卷一九〇，中华书局 1981 年版，第 1730 页。

存录》一卷等①。后世学者则称其书"条举一代之事，供采摭，备参定也"②。

对乡邦文献，黄宗羲也非常关注。浙江本为人文渊薮之地，而"文献之盛，莫如姚江"③。然"数百年以来，海内文集，列屋兼辆，而姚江独少。即有成刻者，问之子孙，间供茶铛药灶之用，亦有诵咏已落四方之口，邑中反无知之者"。黄宗羲认为："士生后世，凭虚而观盛衰之故，彼富贵利达，蝇翔萤腐，没于晷刻之间，复令其性情深浅，无所附丽，文责谁归？是为忍人。"故而他"见诸家文集，凡关涉姚江者，必为记别，其有盛名于前者，亦必就其后裔而求之，如是者数十年矣"④，终于辑成《姚江逸诗》十五卷，收录"余姚一邑之诗，自南齐迄明，以时代为叙，其方外、闺秀、仙鬼则总汇于末卷，每人各为小传，颇足以补史事之阙"⑤。自黄宗羲开启风气之后，倪继宗踵而继之，不仅为之搜罗散失，"补刻其全，以传不朽"⑥，而且续辑明末清初迄于康熙末年士子诗作，"断自南雷，而下辑本朝之能诗者六十余家"⑦，纂成《续姚江逸诗》十二卷。至乾隆中叶，张廷枚又续"录本朝余姚诗人诗，搜采幽微，稽其爵系而载之，缀以诗话"⑧，辑《国朝姚江诗存》十二卷。三者后先相继，使余姚地方历代文献得以略备，得到学者高度称赞。

其他如《明文授读》六十二卷、《剡源文钞》四卷、《黄氏攟残集》七卷、《宋诗钞》九十四卷，以及《续宋文鉴》《元文钞》《宋元集略》《宋元文案》《姚江文略》《东浙文统》等，均为黄宗羲搜集整理编纂的诗文资料汇集，足见其用力之勤，搜罗之广。

三、努力发掘记载明末人物史事

黄宗羲亲身经历了明清之际的社会巨变，也亲身参与了艰苦卓绝的抗清斗争，先后经历"起军、乞师、从亡诸大案"，其间"陵谷崎岖"，九死一生。自身经历和闻见所及，无不使他深切感到"明之为治，未尝逊于汉、唐也，则明之人

① 全祖望：《鲒埼亭集》卷一一，《梨洲先生神道碑文》，《全祖望集汇校集注》上册，上海古籍出版社 2000 年版，第 222 页。
② 钱林：《文献征存录》卷三《黄宗羲传》，《黄宗羲全集》第 12 册，浙江古籍出版社 2005 年版，第 85 页。
③ 裘琏：《续姚江逸诗·裘琏序》，《四库全书存目丛书》集部第 410 册，第 675 页。
④ 黄宗羲：《姚江逸诗·自序》，《四库全书存目丛书》集部第 400 册，第 71—72 页。
⑤ 永瑢等：《四库全书总目》卷一九四，中华书局 1981 年版，第 1772 页。
⑥ 黄宗羲：《姚江逸诗·倪继宗跋》，《四库全书存目丛书》集部第 400 册，第 72 页。
⑦ 裘琏：《续姚江逸诗·裘琏序》，《四库全书存目丛书》集部第 410 册，第 675 页。
⑧ 邵晋涵：《南江文钞》卷六，《国朝姚江诗存序》，续修四库全书本。

物，其不逊于汉、唐明矣"。① 尤其是"桑海之交，士之慕义强仁者，一往不顾，其姓名隐显，以俟后人之掇拾，然而泯灭者多矣，此志士之所痛也"②。故而他据其所见所闻，在广泛搜集史料的基础上，为当时殉国死难、气节凛然的忠臣志士以及草泽遗民撰写了大量碑传状志之文。诸如刘宗周、徐石麒、孙嘉绩、熊汝霖、钱肃乐、张煌言、朱天麟、王正中、冯元飏以及谈迁、谢泰阶、谢泰臻、陆宇燝、沈寿民、李邺嗣等人，均有记述。诚如其自言："太史遁荒，石渠萧瑟。茫茫来者，谁稽故实？藉此铭章，有如皎日。"③ 因此，黄宗羲慨然以发幽阐微，存故国之人物史事为己任，自谓"余多叙事之文。尝读姚牧庵、元明善集，宋元之兴废，有史书所未详者，于此可考见。然牧庵、明善皆在廊庙，所载多战功。余草野穷民，不得名公钜卿之事以述之，所载多亡国之大夫，地位不同耳，其有裨于史氏之缺文一也"④。在发掘明末志士仁人生平行迹的同时，黄宗羲大力表彰忠义，阐扬正气。在他看来，"天地之所以不毁，名教之所以仅存者，多在亡国之人物"⑤，"故遗民者，天地之元气也"⑥。尽管他们"皆吹冷焰于灰烬之中，无尺地一民可据，止凭此一线未死之人心以为鼓荡"，甚而知其不可而为之，但其"扶危定倾之心，吾身一日可以未死，吾力一丝有所未尽，不容但已。古今成败利钝有尽，而此不容已者，长留于天地之间。愚公移山，精卫填海，常人藐为说铃，圣贤指为血路也"。其于"险阻艰难，百挫千折"中所体现的忠肝义胆和高尚节操，惊天地而泣鬼神，"虽与日月争光可也"⑦。因此，黄宗羲多方表彰"亡国之人物"，不遗余力地为之树碑立传，既保存了一代人物史事，又彰显了天地正气。他如《弘光实录钞》《行朝录》《海外恸哭记》等著述，也多记载南明弘光小朝廷以及隆武帝、永历帝、监国鲁王时期的人物、史事，具有极高的史料价值。

---

① 黄宗羲：《明名臣言行录序》，《黄宗羲全集》第 10 册，浙江古籍出版社 2005 年版，第 53 页。
② 黄宗羲：《南雷诗文集》，《都督袠君墓志铭》，《黄宗羲全集》第 10 册，浙江古籍出版社 2005 年版，第 496 页。
③ 黄宗羲：《南雷诗文集》，《旌表节孝冯母郑太安人墓志铭》，《黄宗羲全集》第 10 册，浙江古籍出版社 2005 年版，第 339 页。
④ 黄宗羲：《南雷文定凡例四则》，《黄宗羲全集》第 11 册，浙江古籍出版社 2005 年版，第 83 页。
⑤ 黄宗羲：《南雷诗文集》，《万履安先生诗序》，《黄宗羲全集》第 10 册，浙江古籍出版社 2005 年版，第 49 页。
⑥ 黄宗羲：《南雷诗文集》，《谢时符先生墓志铭》，《黄宗羲全集》第 10 册，浙江古籍出版社 2005 年版，第 422 页。
⑦ 黄宗羲：《南雷诗文集》，《兵部左侍郎苍水张公墓志铭》，《黄宗羲全集》第 10 册，浙江古籍出版社 2005 年版，第 294、288 页。

四、重视学术史梳理与总结

黄宗羲对明代学术极为重视，在他看来："有明文章事功，皆不及前代，独于理学，前代之所不及也，牛毛茧丝，无不辨析，真能发先儒之所未发。"① 然自王阳明之后，弟子支分派别，宗旨不一，论说各异。即如刘宗周门下，既有忠义之士，"其学行之不愧师门者"②，甚至"身殉国难，皋比凝尘"③；亦有"文章之士，阔远于学，故能知先生之学者鲜矣"④。康熙初年，刘宗周弟子恽日初撰《刘子节要》，撮述师门学术，请黄宗羲作序，曾"执手谓羲曰：'知先师之学者，今无人矣，吾二人宗旨不可不同。但于先师言意所在，当稍浑融耳。'"但黄宗羲以"日初亦便未知先师之学也"⑤，终未应承。同门弟子尚且如此，何况有明一代学术？因而黄宗羲毅然决然担负起梳理总结明代学术的重任，撰《明儒学案》六十二卷，此书成为中国古代第一部系统的学案体裁的断代学术史专著。

是书首列《师说》，辑录其师刘宗周关于明代理学家的论述二十余则，以明全书立论宗旨和师承所自。以下"以有所授受者，分为各案；其特起者，后之学者，不甚著者，总列诸儒之案"⑥，即以学术宗尚、师承渊源区分类聚，分为十七学案：《崇仁》《白沙》《河东》《三原》《姚江》《浙中王门》《江右王门》《南中王门》《楚中王门》《北方王门》《粤闽王门》《止修》《泰州》《甘泉》《诸儒》《东林》《蕺山》。后附《附案》一卷。凡收录学者二百余人。从其编排来看，从《崇仁学案》至《三原学案》，大体上反映明初以程朱学派为主的理学各家派别。自明代中叶王阳明心学兴起，学术为之一变，故专立《姚江学案》。以下分述王门各家，凡属正宗流派者径标"王门学案"，出于王学，但另立宗旨者，如李材、王艮等则不标以王学，而直称《止修学案》《泰州学案》；至于宗旨异于王学，但与王学有关的湛若水则单立《甘泉学案》。王学之外，各家派别亦有相颉颃者，故立《诸儒学案》，收录上起明初方孝孺，下迄明末孙奇逢等学者。晚明则立《东林学案》，而以其师《蕺山学案》为有明一代学术的终结。全书脉络清晰，排列有序，既贯穿一代学术，又大体反映了各家概貌。

《明儒学案》不仅在编排上独具匠心，而且在编纂体例上颇有特色。大体说来，每一学案基本上都由三部分组成，首以总论，次以案主传略，继之以案主

---

① 黄宗羲：《明儒学案发凡》，中华书局 1985 年版，第 17 页。
② 全祖望：《鲒埼亭集》卷二四《子刘子祠堂配享碑》，《全祖望集汇校集注》上册，上海古籍出版社 2000 年版，第 443 页。
③ 黄宗羲：《先师蕺山先生文集序》，《黄宗羲全集》第 10 册，浙江古籍出版社 2005 年版，第 53 页。
④ 黄宗羲：《思旧录·刘宗周》，《黄宗羲全集》第 1 册，浙江古籍出版社 2005 年版，第 342 页。
⑤ 黄宗羲：《明儒学案》卷六二，《蕺山学案》，中华书局 1985 年版，第 1507、1508 页。
⑥ 黄宗羲：《明儒学案发凡》，中华书局 1985 年版，第 18 页。

学术资料选编。黄宗羲极为重视论学宗旨，他说："大凡学有宗旨，是其人之得力处，亦是学者之入门处。天下之义理无穷，苟非定以一二字，如何约之，使其在我。故讲学而无宗旨，即有嘉言，是无头绪之乱丝也。学者而不能得其人之宗旨，即读其书，亦犹张骞初至大夏，不能得月氏要领也。"① 因此，在各学案的总论部分，黄宗羲都提纲挈领，简要介绍其学术源流和论学宗旨。总论之后，即分列该案各学者，每一学者均立一传略，分别叙述其生平、著作情形，介绍其师承授受，并评析其学术观点和学术特色。各学者传略之下，又分别辑录本人文集、语录中最能反映其思想、学术的资料。黄宗羲洞观前代理学之书的弊端，认为它们大多"钞先儒语录者，荟撮数条，不知去取之意谓何。其人一生之精神未尝透露，如何是其学术"②，因此，他特别注意从个人著述，尤其是全集中"纂要钩玄"，精心选择，尽可能完整、准确地反映该学者的学术全貌。

以《姚江学案》为例。王阳明心学的崛起，是明代学术变化的关键，故而黄宗羲在总论中开宗明义，直接指出："有明学术，从前习熟先儒之成说，未尝反身理会，推见至隐，所谓'此亦一述朱，彼亦一述朱'耳。高忠宪云：'薛敬轩、吕泾野《语录》中，皆无甚透悟。'亦为是也。自姚江指点出'良知人人现在，一反观而自得'，便人人有个作圣之路。故无姚江，则古来之学脉绝矣。"③ 继而黄宗羲又对王学的"致良知"之说以及"王门四句教"提出了自己的看法。总论之后，即为案主王阳明的小传。在简要介绍其生平事略的同时，黄宗羲着力阐述了案主学术的变化情形及其要旨所在，大要谓："先生之学，始泛滥于词章，继而遍读考亭之书，循序格物，顾物理吾心终判为二，无所得入。于是出入于佛、老者久之。及至居夷处困，动心忍性，因念圣人处此更有何道？忽悟格物致知之旨，圣人之道，吾性自足，不假外求。其学凡三变而始得其门。自此以后，尽去枝叶，一意本原，以默坐澄心为学的。有未发之中，使能有发而中节之和，视听言动，大率以收敛为主，发散是不得已。江右以后，专提'致良知'三字，默不假坐，心不待澄，不习不虑，出之自有天则。盖良知即是未发之中，此知之前更无未发；良知即是中节之和，此知之后更无已发。此知自能收敛，不须更主于收敛；此知自能发散，不须更期于发散。收敛者，感之体，静而动也；发散者，寂之用，动而静也。知之真切笃实处即是行，行之明觉精察处即是知，无有二也。居越以后，所操益熟，所得益化，时时知是知非，时时无是无非，开口即得本心，更无假借凑泊，如赤日当空而万象毕照。是学成之后又有此三变

---

① 黄宗羲：《明儒学案发凡》，中华书局 1985 年版，第 17 页。
② 黄宗羲：《明儒学案发凡》，中华书局 1985 年版，第 17 页。
③ 黄宗羲：《明儒学案》卷一〇，《姚江学案》，中华书局 1985 年版，第 179 页。

也。"① 在第三部分，黄宗羲收录其师刘宗周从王阳明文集著述中辑录摘要的《阳明传信录》，并附以刘宗周原作按语。其中的资料辑要既将王阳明学术精要囊括无遗，而刘氏所作按语也起到了提要钩玄的点睛作用。这样，总论、传主传略、文献资料三者相辅相成，系统全面地反映了一个学者、一个学派学术的全貌。

《明儒学案》所采用的总论、传略、资料三者结合的编纂方式，构成了一个完整的三段式编纂体例，被后世称为"学案体"，从而把中国古代学术史的编纂推向了新的高度。梁启超说："中国有完善的学术史，自梨洲之著《学案》始。"② 这一评价，绝非虚语。就学术史而言，其萌芽最早见于先秦诸子。诸如《庄子·天下篇》《荀子·非十二子》《韩非子·显学篇》等，都对当时的学术、诸子各家分派等作了初步的概括叙述。其后，历代史籍中的《儒林传》《艺文志》也述及学术源流，但它们都不是真正意义上的学术史。直至南宋朱熹撰《伊洛渊源录》，将史籍中的《儒林传》加以变通，合本传及相关资料为一体，记述周敦颐以下及程颢、程颐等数十位理学家的生平言行、师承授受，以明洛学源流，才初步形成专门的学术史编纂体裁。此后，明末周汝登的《圣学宗传》，清初孙奇逢的《理学宗传》、费密的《中传正纪》、魏裔介的《圣学知统录》、汤斌的《洛学编》、熊赐履的《学统》等相继出现，形成了学术史编纂的风气。但它们的体例、观点多有不尽人意之处，诸如《圣学宗传》出于一己之见而"扰金银铜铁为一器"，《理学宗传》则杂收兼采而"不复甄别"③，都不免疏略的弊端。只有黄宗羲的《明儒学案》，体例谨严，资料丰富，钩玄提要，自成一家，不仅以严格的三段式结构来反映某一学者、某一学派的学术风貌，而且全面论列各个学派的学说精义和源流分合，力图客观地展现一代学术的渊源流变和整体面貌。黄宗羲认为："道非一家之私，圣贤之血路，散殊于百家，求之愈艰，则得之愈真。虽其得之有至有不至，要不可谓无与于道者也。"④ 尽管各家学说所得有深有浅，各个学派成就有高有低，但都对圣贤之道作出了自己独特的贡献，在学术史上都应占有一席之地。故而"此编所列，有一偏之见，有相反之论，学者于其不同处，正宜着眼理会，所谓一本而万殊也。"⑤ 因此说，黄宗羲集学案体学术史之大成，实际上真正创立了一种新的能够反映一个时代各个学派的学术渊源、学术宗旨和学术风貌的学术思想史体裁，使之担负起了学术思想史和学术思想史料

---

① 黄宗羲：《明儒学案》卷一○《姚江学案》，中华书局 1985 年版，第 181 页。
② 梁启超：《中国近三百年学术史》，东方出版社 2003 年版，第 55 页。
③ 黄宗羲：《明儒学案发凡》，中华书局 1985 年版，第 17 页。
④ 黄宗羲：《朝议大夫奉敕提督山东学政布政司右参议兼按察司佥事清溪钱先生墓志铭》，《黄宗羲全集》第 10 册，浙江古籍出版社 2005 年版，第 351 页。
⑤ 黄宗羲：《明儒学案发凡》，中华书局 1985 年版，第 18 页。

选编的双重任务。梁启超说："著学术史有四个必要的条件。第一，叙一个时代的学术，须把那时代重要各学派全数网罗，不可以爱憎为去取。第二，叙某家学说，须将其特点提挈出来，令读者有很明晰的观念。第三，要忠实传写各家真相，勿以主观上下其手。第四，要把各人的时代和他一生经历大概叙述，看出那人的全人格。梨洲的《明儒学案》，总算具备这四个条件。"① 这一评价，是恰如其分的。其后，全祖望继承黄宗羲未竟遗志，续编《宋元学案》，民国初年徐世昌主持纂辑《清儒学案》，均承袭了黄宗羲厘定的规制。学案体遂成为记载和反映中国古代学术史的独特体裁，一直延续至今。

黄宗羲之学，博大精深，气象宏阔，于宋代以来各家学术，无不会通。他在给其弟黄宗会所作墓志中有言："自濂、洛至今日，儒者百十家，余与泽望，皆能知其宗旨离合是非之故。"② 全祖望也推崇说："公以濂洛之统，综会诸家，横渠之礼教，康节之数学，东莱之文献，艮斋、止斋之经制，水心之文章，莫不旁推交通，连珠合璧，自来儒林所未有也。"③ 在会通各家、总结前代的基础上，黄宗羲尤为重视史学，他曾批评说："自科举之学盛，而史学遂废。昔蔡京、蔡卞当国，欲绝灭史学，即《资治通鉴》版亦议毁之，然而不能。今未尝有史学之禁，而读史者顾无其人，由是而叹人才之日下也。"④ 因此他大力倡导读史，身体力行治史。而浙东地区自宋代以来学术文化就十分发达，尤其是吕祖谦开启的浙东史学流派以及"中原文献之传"的传统，对后世颇有影响，黄宗羲对此十分了解，他曾在一首诗中简要梳理南宋以来浙东史学的发展脉络，并表达了对前代史学大家的敬仰之情。诗曰："昔也宋金华，文章莫与俦。后此三百年，玉峰为介丘。元明二代史，属之以阐幽。推琴起讲堂，束帛多英俦。直不让南董，于以赞《春秋》。"⑤ 前代学者既已为浙东史学奠定基础，黄宗羲生当易代之际，怀抱故国之思，更毅然以保存一代文献史事为己任，在他看来，明朝虽亡，但一代文章绝不可废弃，一代史事绝不可湮没，一代人物绝不可泯灭，一代学术也绝不可阙略。所谓"国可灭，史不可灭"⑥ 者，历史研究本身即为存亡继绝之业，可备朝章国故之缺文，可明治乱兴亡之理道，可存天地宇宙之正气，可抒

① 梁启超：《中国近三百年学术史》，东方出版社2003年版，第55页。
② 黄宗羲：《前乡进士泽望黄君圹志》，《黄宗羲全集》第10册，浙江古籍出版社2005年版，第302页。
③ 全祖望：《鲒埼亭集》卷一一《梨洲先生神道碑文》，《全祖望集汇校集注》上册，上海古籍出版社2000年版，第220页。
④ 黄宗羲：《补历代史表序》，《黄宗羲全集》第10册，浙江古籍出版社2005年版，第80页。
⑤ 黄宗羲：《南雷诗历》卷四《次徐立斋先生见赠》，《黄宗羲全集》第11册，浙江古籍出版社2005年版，第323页。
⑥ 黄宗羲：《户部贵州清吏司主事兼经筵日讲官次公董公墓志铭》，《黄宗羲全集》第10册，浙江古籍出版社2005年版，第309页。

慷慨激昂之性情，故而他不辞辛苦，下大功夫，费大力气，整理编选明人文章，记述留存明代史事，发掘表彰忠臣志士，梳理论列学术源流，借以保存一代文献，阐扬精神气节，彰显学术脉络，总结历史经验。这种以保存文献、传承文化、赓续文脉为己任的自觉意识，堪称黄宗羲学术尤其是其史学的显著特色，也是黄宗羲在明清之际学术转型中起到承上启下作用、开启浙东史学崭新局面的重要原因。而浙江地区历来被誉之为"文献名邦"，其流风余韵绵延至今，无疑离不开以黄宗羲为代表的诸多先贤的杰出贡献。

宋人官场过呼三例

顾宏义[*]

　　"过呼"亦称"过称"，即在官场上以超过对方实际身份之官衔来称呼官员。《汉书》卷八三《薛宣朱博传》云："宣考绩功课，简在两府，不敢过称，以奸欺诬之罪。"颜师古注曰："过称，谓逾其实而妄称誉之也。"至宋代，官场中过呼官衔乃属普遍现象，如吕祖谦《少仪外传》卷上所云："官职以本实之称为简慢，而例从过"。周辉《清波杂志》卷十二亦载："自昔直秘阁例过称龙图，盖直阁之名旧才有二，集英即集贤也。"宋廷亦尝下令予以规范，《职官分纪》卷四九《检校兼官》曰："《元祐令》：诸官员不得容人过称官号，有检校、兼官者，听从高称。"注曰："曾任职事者许称职事官。"其间亦有官员嫌憎此现象者，如《却扫编》卷下载：北宋后期"钱龙图昂性刚介，最恶人过称官秩，曰：'近岁士大夫例福薄。'或疑而问之，答曰：'自己有官，不自以为称，而妄取他人官而称之，岂非福薄邪？'"然习以成俗，其风气愈演愈烈。据赵彦卫《云麓漫抄》卷四载："宣和以前，士大夫辈行相等皆称字，虽通上官，亦不过呼，若大夫以上，只云运判大夫之类。秦忠献与人简尺多云丈，世俗傚之，虽贻晚进书，亦云丈，知州以上则称朝议，以下皆学士。秦薨，臣寮论列。未几，昔日之朝议，进而为太中，学士进而为朝议。近年尤甚，知州而上，皆有太中、通奉之称矣。"洪迈《容斋三笔》卷五《过称官品》云："士大夫僭妄相尊，日以益甚。予向昔所记文官学士、武官大夫之谚，今又不然。天圣职制，内外文武官不得容人过称官品，诸节度、观察，虽检校官未至太傅者，许称太傅；防御使至横行使，许称太保；诸司使，许称司徒；幕职官等称本官，录事参军称都曹，县令称长官，判司簿尉许称评事。其太傅、太保、司徒皆一时本等检校所带之官也。自后法令不复有此一项，以是其风愈炽，不容整革矣。"对此，今学者也颇有论述者，然因宋人过呼现象甚为普遍，其中同一官称过呼之名目，有随时代而其含义有所演进变化者，尚未见有论著述及，故本文特举相公、知府、状元三例，以辨析宋代官称过呼之含义变化等问题。

---

　　* 顾宏义，华东师范大学古籍研究所教授、中国历史文献研究会副会长。

一、相公

相公，起初作为当朝宰相之尊称。吴曾《能改斋漫录》卷二《丞相称相公》曰："丞相称相公，自魏已然矣。王仲宣《从军诗》曰：'相公征关右，赫怒震天威。'注：'曹操为丞相，故曰相公。'谢灵运《拟陈琳诗》曰：'永怀恋故国，相公实勤王。'亦谓曹操也。"顾炎武《日知录》卷二四释曰："前代拜相者必封公，故称之曰相公。"

此后对已罢免或致仕之前宰相，亦可称呼曰"相公"。如北宋魏野《东观集》卷一有《上知府寇相公》，曰："文武禀全才，何人更可陪。有官居鼎鼐，无地起楼台。圣主诗方和，亲王状始回。镇临来二陕，调燮辍三台。凤阁须重去，龙旌暂拥来。下车三度雨，上事数声雷。未暇瞻珪璧，先蒙访草莱。几思趋相府，恐惧复徘徊。"时寇准已罢宰相出知陕西。曾巩《元丰类稿》卷三七有《与定州韩相公启》《贺韩相公赴许州启》，皆称出知定州、许州之前宰相韩琦为"判府相公"。又如宋祁《景文集》卷十三有《寄献南京致政杜相公》，胡宿《文恭集》卷四有《和承旨给事寄酬南京致政杜相公》，其杜相公指杜衍，尝拜宰相，时已致仕退居南京应天府里。

北宋前期，以中书门下平章事、同中书门下平章事为宰相之官衔，但平章事、同平章事亦可授予节度使、枢密使，前者俗称"使相"，后者俗称"枢相"。如北宋蔡襄《端明集》卷三〇有《贺文相公枢使启》，强至《祠部集》卷十七有《枢密富相公加户部尚书状》，分别以枢相称呼官拜枢密使、同平章事之文彦博、富弼。又如《王荆公诗注》卷二八有《和吴相公东府偶成》，注曰："吴时为枢密使。"吴指吴充。此乃以相公称枢相之例。

欧阳修《文忠集》卷九五有《上随州钱相公启》，注曰："明道二年初，惟演以使相判河南府，后落平章事，以崇信军节度使归本镇。"即钱惟演于仁宗明道二年（1033）初以节度使、同平章事衔出判府，待仁宗亲政以后，落平章事之衔，而自判河南府以"崇信军节度使归本镇"。此乃称使相为相公之例。

至迟于徽宗后期，枢密使、参知政事亦被过称作相公。如两宋之际李纲《梁溪集》卷八三《奉迎录》载靖康元年二月初十日，知枢密院事李纲奉命迎接太上皇徽宗归京师，有奏言，宁德宫官"因入白之，复传教旨：'相公所论甚有理，但既居宁德宫，后欲到禁中神御前烧香，可否？'……且奖谕曰：'都城守御，宗社再安，相公之力为多。'……道君慰劳再四，因曰：'相公顷为史官，缘何事去？'"《梁溪集》卷一七二《靖康传信录》所载略同："余拜辞登岸，因呼内侍杨修、李俅等三人坐幄次，与再道前语，三人者皆巨珰也，以余言为然，因入白之。复传教旨曰：'相公所论甚有理，但既居宁德宫，后欲一到禁中神御前烧香，可否？但奏来。'……余起居讫，升殿奏事，具道上圣孝思慕，欲以天下养之意。道君泣数行下，曰：'皇帝仁孝，四方所知。'且奖谕曰：'都城守御，宗社再安，相公之力为多。'……道君慰劳再四，因曰：'相公顷为史官，缘何事去？'"《梁溪集》附《行状》所载略同。可证北宋末知枢密院事亦已过称"相公"矣。曹勋《松隐集》卷三四有《故知院枢密相公叶公挽章》，王之望《汉滨集》卷十《上叶枢密书》有云："东望再拜，走一介献于枢密相公阁下。……某比得行朝相知书，报枢密知院相公初秋对扬，力加论荐，遂忝赐环之命。"皆属知枢密院事过称"相公"之例。

参知政事，被过称曰"相公"之时似稍晚于知枢密院事。李纲《梁溪集》卷七一《乞差使臣管押吕直等军马依旧付本司使唤奏状》中称福州承福建等路宣抚使孟参政孟庾作宣抚参相公。又南宋岳珂《宝真斋法书赞》卷二八所载鄂忠武王书简帖中亦有参政相公之称呼。苏籀《双溪集》卷十二有《贺谢参政启》《贺翟参政启》《贺张参政启》，称谢、翟、张三参政皆曰参政相公。张孝祥《于湖集》卷三九《代总得居士与叶参政》中更直接称叶氏曰："某仰惟相公昨者登贰西府，有识之士固已相庆，知相公非苟富贵者，得时而行，必大有以慰中外之心。"其后称知院、参政曰相公者颇为普遍。

约至孝宗朝，同知枢密院事亦可过称相公。陈亮《龙川集》卷十七《谢赵同知启》有云："敬惟同知相公，夤以文墨自结主知。"同上书卷十八《谢陈同知启》称陈同知曰枢密相公。至此，大抵宰执皆可过呼相公。

叶绍翁《四朝闻见录》卷三《注脚端明》曰："嘉定李大性伯和以吏部尚书除端明殿学士，今俗谓无注脚；若有注脚，则降旨云'某人除端明殿学士，恩例并同执政'。危公积尝居著庭，倩绍翁草札送之，因命书史写'判府端明相公'，危以笔涂去二字，谓：'此岂可轻以称谓？'"所谓"此岂可轻以称谓"而"以笔涂去二字"者，即涂去相公二字耳。然由此亦可证至宁宗嘉定年间，端明殿学士也已过称曰相公。故方逢辰《蛟峰文集》卷二《荐王新班》内有端明相公云云，《与赵端明》《回赵端明》内皆称赵端明曰判宗端明相公。

至南宋后期，吴龙翰《古梅遗稿》卷六《上刘后村书》有云"某谨斋沐裁书百拜，献于龙图大学士尚书相公阁下"。据林希逸《竹溪鬳斋十一稿续集》卷二三宋《宋龙图阁学士赠银青光禄大夫侍读尚书后村刘公状》有云刘于"壬戌三月除权工部尚书，升兼侍读"，至"甲子秋，以目蒙谢事，除焕章阁学士、守本官致仕"。则至宋末，尚书亦可过称曰相公。

又，两宋之际佚名撰《道山清话》中载陈莹中语云："岭南之人见逐客，不问官高卑，皆呼为相公，想是见相公常来也。"此虽戏谑，然亦说明"相公"称呼之泛化。此后渐成为民间用于官吏、秀才乃至丈夫之称呼。

二、知府

宋代州府长官称知州、知府，若官衔高者为州府长吏，则称之曰判。《朝野类要》卷二《判府》曰："宰相、三公、三少、真王出镇，方谓之判，其余乃过呼。"虽然宋制州、府平级，然府稍尊于州，故知州亦有过呼作知府者。如：

北宋前期潘阆《逍遥集》有《送孙学士两浙转运使兼简杭州知府张侍郎》《呈钱塘知府薛谏议》，即称知杭州为知府，乃属过呼。又宋祁《景文集》卷五二《上陈州晏尚书启》有"恭惟知府尚书"云云，韩琦《安阳集》卷三八有《洪州知府学士》《相州知府学士》《寿州知府学士》；石介《徂徕集》卷十五《上范青州书》有"郓州观察推官、将仕郎、试秘书省校书郎石介谨直书悃愊于青州知府待制阁下"，卷十六《徐州张刑部书》有"知府刑部阁下"，卷十七《上徐州扈谏议》有"知府谏议阁下"，卷二十《谢益州张密学启》有"恭惟知府密学"云云；蔡襄《端明集》卷三十有《回秦州知府钱端明启》《回知瀛州知府待制启》；强至《祠部集》卷十八有《谢越州知府待制状》《上知苏州蒋密谏状》有"恭以知府密学谏议"云云，卷十九有《代上扬州知府学士状》，卷二十有《上越州知府待制状》，卷二一《答耀州知府乐少卿状》有"恭惟知府少卿"，卷二四《代回知邢州史大卿启》有"恭惟知府大卿"，卷二七《上益州赵龙图书》有"恭惟知府龙图"，卷二八《回滋州晁大卿书》有"伏惟知府大卿"、有《回徐州知府赵尚书书》，卷二九有《谢永兴军知府王龙图书》有"伏遇知府安抚龙图"、《回恩州知州刘留后书》有"恭惟知府留后"云云，卷三十《贺渭州蔡待制书》有"恭惟知府经略待制"云云，卷三一《上杭州知府沈谏议书》有"恭惟知府大谏"云云。上述知府皆为州之长吏，故属过呼。然值得注意者，此类被过呼为知府之州，大都属节度州。

南宋洪迈《容斋三笔》卷十四《判府知府》有云："吾乡彭公器资有遗墨一帖，不知与何人，其辞曰'某顿首知郡相公阁下'，是必知州者，故亦不以'府'字借称。今世蕞尔小垒，区区一朝官承乏作守，吏民称为判府，彼固偃然居之不疑，风俗淳浇之异，一至于此。"则南宋时，知州普遍过称作知府。

又，欧阳修《与吕正献公》一四末"修再拜知府侍读侍郎执事"句，洪本健笺注云吕公著于"熙宁初以礼部侍郎知开封府，熙宁三年以翰林侍读学士知颍州，故称其'知府侍读侍郎'"。①按，此注不确。据《宋史·吕公著传》，其于熙宁初知开封府后，于熙宁二年（1069）改任御史中丞，至熙宁三年（1070）方出知颍州。此时，欧阳修若因吕公著此前尝知开封府而称其知府，则宋时实未见其例。此处欧阳修所称，实属过呼而已。

三、状元

世人称呼进士科及第第一人为状元，宋人亦然。但约于南宋初年，其状元一名，已出现过呼现象。如葛胜仲《丹阳集》卷四有《回第一人董状元启》，又王庭珪《卢溪文集》卷二三《董仲仪来夜郎访死生》云"我识君家董状元，草莱崛起跳天门"句。此董状元即董德元，后官至参知政事。据《绍兴十八年同年小录》："初奏德元第一，孺次之，佐又次之。揭榜之日，朝典以有官逊，王佐居首，而恩例有加特敕。……时称恩榜状元。"董德元虽以有官人而退居第二人，然此制早在北宋前期已施行，其甲科试第一人因有官人身份而退居次名及第亦非仅董德元一人，但从未见有以状元相称者。

殿试前三人分称状元、榜眼、探花，然据现见史料，至迟高宗朝末年已经过呼榜眼、探花曰状元。南宋初周麟之《海陵集》卷九有《回状元启》《回第二人启》《回状元梁先辈》《回状元许先辈》《回第三人丁先辈》诸文。王十朋《梅溪后集》卷二二有《答梁状元》《答许状元克昌》《答丁状元时发》三篇。梁状元即绍兴三十年（1160）甲科第一人梁克家。许克昌，据《建炎以来系年要录》卷一八四，当年高宗策试礼部举人"得右迪功郎许克昌为首，用故事降为第二，遂赐晋江梁克家等四百十二人及第、出身、同出身"。丁时发当为是科第三人。可见周麟之称许克昌状元，乃用董德元例，然称第三人丁时发为状元，当属过呼之新变。此后称甲科三人为状元者渐为普遍。如隆兴元年（1163）殿试前三人分别为木待问、黄洽、丘崈，王十朋《梅溪后集》卷二三乃有《答木状元待问》《答黄状元洽》《答丘状元崈》三文。淳熙五年（1178）殿试前三名，周必大《文忠集》卷二五有《回姚状元颖启》《回第二人叶状元适启》《回第三人李状元寅仲启》。魏了翁《鹤山集》卷六七有《回蒋状元重珍启》《回蔡状元仲龙启》《回赵状元发启》等。

又韩元吉《南涧甲乙稿》卷十二有《回殿试第一人启》《贺第二人启》《贺第三人启》，皆称呼"举首状元学士"，且后人有案曰："案此贺启三首，中间但易数语，前后皆相复，盖一时应用之文，宋人集中多有此种。"而杨万里《诚斋集》卷

---

① ［日］东英寿考校：《新见欧阳修九十六篇书简笺注》，洪本健笺注，上海古籍出版社2014年版，第38—39页。

五四有《回余复状元启》《答第二人曾渐殿元启》《答第三人王介殿元启》。余复等三人，于绍熙元年（1190）及第，而殿元亦状元别称。其过呼皆同上例。故刘一清《钱塘遗事》卷十《置状元局》载宋末科举发榜，"状元一出，都人争看如麻。第二、第三名亦呼状元。是日迎出便入局，局以别试所为之，谓之'三状元局'"。

特奏名第一人称之曰特奏状元或特奏名状元，当亦出现南宋初年。刘一止《苕溪集》卷二一有《答特奏名状元启》。吕祖谦《东莱集》卷四有《答特奏赵状元启》。周必大《文忠集》卷一七八《王十李三》云："绍兴二十七年御试进士四百三十六人，温州王十朋为之首，其乡人吴己正末缀，特奏状元则福州李三英，例赐出身，附名正奏之后。己正有诗：'举头不忍看王十，回首犹欣见李三。'"又卷一八二《曾少监梦》云："徐汉英宫教云：今军器曾少监乙卯省试，梦汪二状元，遂改名汪以应之。是年汪洋作魁，而特奏名第一人乃汪乔年也。二汪皆信州人。"汪洋绍兴五年（1135）及第后改名汪应辰。又，赵德麟《侯鲭录》卷七云"崇宁中，特奏名状元徐遁琼林宴罢，作诗曰：'白发青衫晚得官，琼林顿觉酒肠宽。平康夜过无人问，留得宫花醒后看。'亦二十年前进士也"。此"特奏名状元"似当出自南宋时人追呼。

南宋时，又有"武举状元""释褐状元"等称呼。王炎《双溪类稿》卷十七有《回武举李状元》。据《文献通考》卷三四《选举考七》，孝宗于乾道五年（1169）廷试武举进士，"始依文举给黄牒，同正奏名三十三人，榜首赐武举及第，余并赐武举出身"。又云："上垂意武科，以授官与文士不类，诏自今第一人补秉义郎，堂除诸司计议官，序位在机宜之上；第二、第三人保义郎，诸路帅司准备将领，代还转忠翊郎；第四、第五人承节郎，诸路兵马监押，代还将保义郎，皆仿进士甲科恩例。四年，又以文举状元代还例除馆职，亦召武举榜首为阁门舍人。"此后武举状元之称呼始多见。

释褐状元，《建炎以来朝野杂记》甲集卷十三《释褐状元恩例》曰："旧制，太学生舍生积校以优，而舍试又入优等者，就化原堂释褐，号释元，例补承事郎、太学正录。淳熙初，郑自明由此选，不数年而为著作郎补郡。"此后稍抑，据《建炎以来朝野杂记》乙集卷十六《太学生校定新制》云"诏与殿试第二人恩例"，然则其初"恩数与进士第一人等"。故姚勉《雪坡集》卷四九《菊坪朝奉致政圹志》有云菊坪先生姚氏"高大父曰特奏状元进贤府君，曾大父曰释褐状元黄州府君"。

此外，宋人有状元授官以后不宜再称呼"状元"之说，然宋人视状元及第荣耀如拜宰相，故时人多有将状元、官爵同称者。如刘弇《龙云集》卷十三有《贺彭状元除中书舍人启》，华镇《云溪居士集》卷十一有《送越州金判徐状元赴阙》等。

试论朱子对《孟子》"求放心"句的诠释

高海波*

　　《孟子》"求放心"句，见于《孟子·告子上》。朱子对此句的注解，加上引用的程子语录，共计一百多字，着墨不算太多，且文辞隐约。但是在《朱子语类》中，却一共载有三十六条语录讨论此句。朱子在《答郑子上》中曾说："孟子'求放心'一条，寻常亦草草看过了，以今观之，真是学问之要，不可不留意也。"[1]可见，"求放心"在朱子的思想中，占据重要的位置。本文尝试将《朱子语类》与《四书章句集注》结合起来，以探讨朱子对此句的诠释，揭示朱子注文背后所包含的哲学意蕴。

一、《孟子·告子上》的主旨及"求放心"句的本意

　　在考察朱子对《孟子》"求放心"一段的诠释之前，我们有必要考察一下这段话原来的语境，看看在《孟子》原文的语境中，这句话应该如何理解。《孟子》"求放心"一段见于《告子上》。《告子上》开始即记载孟子与告子仁义内外之辨，表明仁义的内在性，次即由当时三种人性论引出孟子性善论的主张，接下来则说明不善来自外在环境，然后言仁义是人心之同然。"牛山之木"章，开始主要说人皆有良心，却因梏之反覆而良心不足以存，紧接着论述心之操存舍亡，意在教导人时刻操存本心。"鱼我所欲"章则通过论述人在面对道义时，宁选择道义而不避利害为出自"秉彝之良心"。相反，不选择道义而贪生徇利，则为"失其本心"；"仁人心也"章直接点明仁义就是人的本心，是人所必须遵守的道德原则，并承接上几章，悲叹人所以为恶皆为"放其心而不知求"，此后就转入对求放心的论述。"人之于身"章、"公都子问均是人也"两章都是论述心是人的大体，人应该先立乎其大。"有天爵"章、"欲贵者人之同心"章主要说明道德价值是人身上"良贵"。"仁之胜不仁也"章、"五谷种之美者"章论述人应该努力去战胜私欲，实现道德的完善，该篇最后部分论述学者为学应该确立目标与典范。从《告子上》整篇的内容来看，虽然它由若干独立的章构成，但其主题明确、意思连

*　高海波，清华大学哲学系副教授，中华朱子学会秘书长。
① 朱熹：《晦庵先生朱文公文集》卷五十六，载朱杰人、严佐之、刘永翔主编《朱子全书》，上海古籍出版社、安徽教育出版社 2002 年版，第 2767 页。

贯，主要目的是要让人认识道德本心。唐文治曾经总结《告子上》的大义曰：

> 至孟子而性学始大阐。《告子》首六章发明性善，后数章发明本心。本心何以失？由于陷溺，由于失其养，由于不专心致志，由于不辨礼义，由于放心，故特示人以求放心之学。心之官则思，思则得之。先立乎其大，则能作圣矣。求也，养也，皆所以为立之之基也。曷为继以天爵、良贵之说？盖要人爵欲贵之念，憧憧往来，心性之所以迷惑也。然而持一杯水，无济也。不如荑稗，亦无益也。学者必志于彀，必以规矩者何？尧舜是也。道性善必称尧舜也。①

唐文治也认为孟子首六章之后的内容皆是"发明本心"，激励人自觉保守本心，令其勿陷溺。钱穆也说"求放心，即求其所失仁义之本心也。"② 陆象山在《与舒西美》中也说：

> 古人教人，不过存心、养心、求放心。此心之良，人所固有，人惟不知保养而反戕贼放失之耳。苟知其如此而防闲其戕贼放失之端，日夕保养灌溉，使之畅茂条达，如手足之捍头面，则岂有艰难支离之事？③

象山此段话颇可概括孟子心学的大体，用来说明《告子上》的主旨也非常恰当。我们也应该结合上述主题来理解"求放心"一句的意义：按照上面的分析，孟子所说的"学问之道无他，求其放心而已矣"应该就是指示我们自觉保存并发展道德本心，他认为这就是学问的根本方法。这一点从上面"失其本心""放其心而不知求"的论述也可以推导出来。孟子意谓，正是因为存在"失其本心"、"放其心不知求"的情况，所以我们才要"求放心"，求放心就是学问的唯一方法。

二、朱子对心的看法

在讨论朱子对此句的注解之前，还有必要考察一下朱子对心的看法。朱子对心持有经验性的看法。他很重视气禀、物欲的影响，认为其中的负面因素会反映在人心的感性欲求之中，影响至善的性理的表现，因此朱子只承认性即理，基本不说心即理。换句话说，朱子认为心是个表示意识活动总体的概念，其中既包括道德意识，又包括感性私欲。《朱子语类》载：

> 问："心之为物，众理具足。所发之善，固出于心。至所发不善，皆气

---

① 唐文治：《孟子大义》，上海交通大学出版社 2016 年版，第 838—839 页。
② 钱穆：《朱子新学案》第 2 册，九州出版社 2011 年版，第 366 页。
③ 陆九渊：《陆九渊集》，中华书局 1980 年版，第 64 页。

禀物欲之私，亦出于心否？"曰："固非心之本体，然亦是出于心也。"又问："此所谓人心否？"曰："是。"子升因问："人心亦兼善恶否？"曰："亦兼说。"

所以在《大学章句》中，在注解"明明德"时，朱子特别说："明德者，人之所得乎天，而虚灵不昧，以具众理而应万事者也。但为气禀所拘，人欲所蔽，则有时而昏。"① 朱子此处所说的明德其实也可以说就是心，他在《大学或问》中对此有更明确的解释，朱子认为人由理气二者共同形成，理构成了人之性，气构成了人之形。从理上说，由理构成的人性皆善。但就现实而言，由于构成人的气的先天偶然性，所以人的现实气禀会存在清浊美恶的不同，会对人心造成影响，使得人心有所偏蔽。朱子认为我们每个人都有肉体感官，这些肉体感官都有相应的生理欲求，受外界欲求对象所影响，如果对之不加节制，也会妨碍我们道德本性的表达，使得我们最终成为个体情欲的奴隶，从而丧失人之为人的道德性，沦为禽兽。

正是由于对人的气禀、物欲所持的消极看法，朱子认为，要想成就理想人格，就必须消除气禀、物欲的影响，从而使人心本具的性理被认识、觉悟，最终上升为自觉、自律的道德行动，实现心理合一，即"当先尊此理，先有自去其气禀、物欲之杂之工夫，方能达于心与理一。"② 也就是说，道德心灵的充分提升，道德意识的纯化离不开主体对于感性欲望的克服以及对内在道德原理的认识。从根本上来说，对性理的认识是道德心灵纯化、扩展的前提，即"知性"才能"尽心"。"心包万理，万理具于一心……不能穷得理，不能尽其心。"③ 尽管朱子认为心具众理，但由于对禅学的警惕，仍反对脱离具体的事物，向内求心、向内求理。"格物，不说穷理，却言格物。盖言理，则无可捉摸，物有时而离；言物，则理自在，自是离不得。释氏只说见性，下梢寻得一个空洞无稽底性，亦由他说，于事上更动不得。"④ 朱子认为主体对性理的认识不应局限自身心理意识的反省，应该广泛地接触事物，格物穷理。从终极目的上说，朱子所说的格物穷理要认识外在事物之理，并通过对外物之理的认识来实现对自身性理的自觉。"人心皆自有许多道理……圣人立许多节目，只要人剔刮得自家心里许多道理出来而已。"⑤ 格物穷理的过程，实际上就是使内在的性理被心所自觉的过程，

---

① 朱熹：《朱子全书》，第 6 册，朱杰人、严佐之、刘永翔主编，上海古籍出版社、安徽教育出版社 2002 年版，第 16 页。
② 唐君毅：《中国哲学原论·原性篇》，中国社会科学出版社 2005 年版，第 349 页。
③ 黎靖德编：《朱子语类》卷九，中华书局 1986 年版，第 155 页
④ 黎靖德编：《朱子语类》卷十五，中华书局 1986 年版，第 288 页。
⑤ 黎靖德编：《朱子语类》卷二十三，中华书局 1986 年版，第 558 页。

故而在《大学章句序》中，朱子强调大学之教的目的就是复其性。

然此理之显，必待于心之有其所向所知之物而显。故即其物以致其知、穷其理，即所以更显示吾人之心体所原具之理，亦所以显吾人之性，而使吾人更知此性者……故此即物穷理之事，如以粗俗之言喻之，实似人之心知之向于外之物理，以拉出其心之性理之事，如船上之一卷绳索，将一头栓在岸上，则船移，而绳索皆自出。如以较文雅之言述之，即"求诸外而明诸内"之事。此乃实为一合内外之事，固不可专视为求诸外，或外在之事也。①

总的来说，朱子关于心性的观点可以概括如下：首先，性即理，性是人之为人的道德本质，它来自天理在人身上的落实。其次，心具众理，但由于气禀、物欲的原因，心所具的众理并不一定能现实地为心所自觉，心也不一定完全依照性理活动。道德实践的目的就是要去除气禀、物欲的干扰，使心所具有的众理被充分自觉并落实到实践中，从而实现心的全体大用，至此才可以说是尽心。当然，尽心不能仅仅通过内向的反求自心实现，而必须广泛地格物。格物的目的是要穷理，穷理并非求理于心外，而是要去除气禀、物欲对性理的遮蔽，最终实现对性理的认识，此即知性。只有知性，才能对心的全部道德内涵有充分的自觉，这就是所谓的尽心。这一点从朱子对孟子尽心、知性的诠释就可以看得很清楚："性则具仁义礼智之端，实而易察。知此实理，则心无不尽，尽亦只是尽晓得耳。如云尽晓得此心者，由知其性也。"②

三、朱子对孟子"求放心"的诠释

在分析完孟子此句的原意并阐明朱子对心的看法之后，下面让我们来看看朱子的《孟子集注》是如何注解这句话的：

学问之事，固非一端，然其道则在于求其放心而已。盖能如是，则志气清明，义理昭著，而可以上达；不然，则昏昧放逸，虽曰从事于学，而终不能有所发明矣。故程子曰："圣贤千言万语，只是欲人将已放之心约之，使反复入身来，自能寻向上去，下学而上达也。"此乃孟子开示切要之言，程子又发明之，曲尽其指，学者宜服膺而勿失也。③

从注文看，首先，朱子注释的重心似乎偏向学问上，他似乎意指所有学问的目的在于求放心。另外，在孟子的原文中"无他"是个全称命题，而朱子此处

---

① 唐君毅：《中国哲学原论·原教篇》，中国社会科学出版社 2005 年版，175 页。
② 黎靖德编：《朱子语类》卷五，中华书局 1986 年版，第 90 页。
③ 《朱子全书》第 6 册，朱杰人、严佐之、刘永翔主编，上海古籍出版社、安徽教育出版社 2002 年版，第 405 页。

的注则语气缓和，没有体现"无他"的意思。如果朱子将"则在于"的"则"字改为"皆"字，可能更加贴近原文的意思。《朱子语类》中有两段语录则将此意表达得更为清楚："'学问之道无他，求其放心而已矣。'不是学问之道只有求放心一事，乃是学问之道皆所以求放心。""前夜方思量得出，学问之道，皆所以求放心；不是学问只有求放心一事。"① 从朱子的表达来看，"无他"应该是指示后面的内容，即学问没有别的目的，"皆所以求其放心"。关于此点，朱子弟子陈淳说得更为清楚："所贵于学问者，为此也。故孟子曰：'学问之道无他，求其放心而已矣。'"② "求放心"是所有学问的目的。而根据我们上面的分析，在《孟子》原文中，"无他"似指称前面的内容，即没有别的"学问之道"，"只有求放心一事"。也就是说，"求放心"是唯一的"学问之道"。

此外，在朱子的注文中，还特别加入了"学问之事"四字，以与"学问之道"区别，似乎大有深意。朱子似是要突出所有的学问之事目的都是为了"求放心"，而不是说"求放心"是学问的唯一之事。"上有学问二字，不只是求放心便休。"这样，朱子就在《孟子》"发明本心"为主题的语境中，融入了更为广泛的"学问"内容，而不局限在求心上。有关这一点，朱子在另一处也说得很明白："如洒扫应对，博学、审问、慎思、明辨，皆所以求放心。"

另外，"盖能如是"后面的内容，则属于朱子对原文所作的引申。朱子的表达似乎包含这样一层意思，即"求放心"是学问的根本前提，"求放心"志气清明，如此道德原理才能被主体清晰地意识到。有关这一点，朱子也说："学须以求放心为本。致知是他去致，格物是他去格，正心是他去正……诚意是他自省悟……修身是他为之主。"可见，朱子并不认为"求放心"就是学问修养的全部，而是认为"求放心"只是一切学问修养的基础。在此基础上，还需要其他学问修养的工夫，如此才真正"求得放心"。

> "学问之道无他，求其放心而已。"诸公为学，且须于此著切用工夫。且学问固亦多端矣，而孟子直以为无他。盖身如一屋子，心如一家主。有此家主，然后能洒扫门户，整顿事务。若是无主，则此屋不过一荒屋尔，实何用焉？且如《中庸》言学、问、思、辨四者甚切，然而放心不收，则以何者而学、问、思、辨哉！此事甚要。诸公每日若有文字思量未透，即可存著此事。若无文字思量，即收敛此心，不容一物，乃是用功也。

> 学问之道，孟子断然说在求放心。学者须先收拾这放心，不然，此心

---

① 黎靖德编：《朱子语类》卷五十九，中华书局 1986 年版，第 1409、1413 页。
② 陈淳：《北溪字义》，中华书局 1983 年版，第 12 页。

放了，博学也是闲，审问也是闲，如何而明辨！如何而笃行！①

在朱子看来，"求放心"只是确立此心的主宰，有了这个主宰才可以处理各种事务、从事学问。朱子认为，《中庸》所说的学、问、思、辨、笃行也必须首先通过"收放心"确立一个主体才行。可见，在这里，朱子把"求放心"变成一个收敛自心，确立应事接物、学问思辨主体的工夫。朱子的这个解释与《孟子》原文只通过求放心就可以达到道德实践目的的说法明显存在差异。王夫之在《读四书大全说》中也看出了这一点：

> 朱子云：心如一家主。有此家主然后能洒扫门户，整顿事务。使放心不收，则何者为学、问、思、辨？又云：存得此心，方可做去。凡此皆谓求放心为学问之先务，须求放心而后能学问。若非勉斋、双峰为之发明，则是学问之外别有求放心一段工夫，既与孟子之言显相矛盾，而直将此昭昭灵灵、能学知问之心为当求之心，则于圣贤之学，其差远矣。②

王夫之也认为朱子的上述说法，似是将"求放心"作为学问的先决条件，他认为这实际上是将"学问"与"求放心"分别开来，与孟子的原意"显相矛盾"。朱子在学问工夫之前来理解求放心，似是将当求之心仅仅视为一种昭明的认知能力，这种理解与圣贤之学相差甚远。朱子对"求放心"的理解是否如此呢？我们后面还会进一步讨论。

另外，王夫之所言"勉斋、双峰之发明"，其内容如下：

> 双峰饶氏曰：上文"说仁人心也"，是把心作义理之心，不应下文心字又别是一意，若把求放心做收摄精神，不令昏放，则只说从知觉上去，恐与"仁人心也"不相接了。襄尝以此质之勉斋，勉斋云：此章首言仁义之心，是言仁乃人之心，次言"放其心而不知求"，末言"学问之道无他，求其放心而已矣"。言学问之道，非止一端，如讲习讨论，玩索涵养，持守践行，充广克治，皆是。其所以如此者，非有他也，不过求吾所失之仁而已，此乃"学问之道"也。三个心字，脉络连贯，皆是指仁而言，今读者不以仁言心非矣。③

饶鲁也怀疑朱子将求放心理解为"收摄精神，不令昏放"，似与上文"仁人心"的说法不一致，有将所收之心解释为"知觉"的倾向。当然，黄榦的解释似乎可以解决饶鲁的疑惑，又可以弥补朱子上述说法的不足，所以王夫之认为他

---

① 黎靖德编：《朱子语类》卷五十九，中华书局 1986 年版，第 1409 页。
② 王夫之：《读四书大全说》，《船山全书》第 6 册，岳麓书社 2011 年版，第 1086 页。
③ 胡广、杨荣、金幼孜等纂修：《四书大全校注》下，周群、王玉琴校注，武汉大学出版社 2015 年版，第 999 页。

们二人的发明很有意义。

当然，朱子同时也认为，"放心"意味着心对道德原则的偏离，即人欲的形成，故"收放心"也意味着对人欲的克服，从而确立道德主宰。如何做到这一点？朱子认为持敬就可以"收放心"。"孟子言'求放心'，你今只理会这物事常常在时，私欲自无着处。且须持敬。""故孟子又说：'学问之道无他，求其放心而已矣。'求放心，非是心放出去，又讨一个心去求他。如人睡着觉来，睡是他自睡，觉是他自觉，只是要常惺惺。""敬字前辈都轻说过了，唯程子看得重。人只要求放心。何者为心？只是个敬。人才敬时，这心便在身上。"

也就是说，在这些地方，朱子是将"求放心"理解为确立应事接物、学问思辨主体的工夫，在他的持敬、致知的工夫体系当中，"求放心"与持敬相当。"求放心"所得到的心理状态就是"志气清明"。在此基础上，才能进行穷理致知、应事接物、学问思辨的工夫。"求其放心亦只是说日用之间收敛整齐不使心念向外走作，庶几其中许多合做底道理渐次分明。""所谓守得定方可以致知穷理，此说甚当，孟子云'学问之道无他，求其放心而已'，岂是此事之外更无他事？只是此本不立，即无可下手处。""此是求其放心，乃为学根本田地，既能如此，向上须更做穷理功夫。""无事则专一严整，以求自己之放心，读书的虚心玩理，以求圣贤之本意。"① 可以看出，朱子是将孟子的"收放心"置于其持敬、致知的工夫体系中来理解其意义。根据朱子的理论，持敬是致知的前提，其目的是培养道德认识的主体，但道德主体的培养又不能仅仅局限在持敬上，还需要通过穷理致知来促进，这是一个相互促进的过程。在这一工夫系统中来看"收放心"，一方面可以说"收放心"是学问思辨的前提，另一方面，欲真正求得放心，又要进一步穷理致知。同时，又不能将二者割裂开来，区分先后，如先求放心，然后再穷理。在《朱子语类》中，郑可学曾经论述自己对"求放心"的理解，朱子对他的理解表示了肯定：

> 又问：旧看放心一段，第一次看，谓不过求放心而已。第二次看，谓放心既求，仅当穷理。今闻此说，乃知前日第二说已是隔作两段。须是穷理而后求得放心，不是求放心而后穷理。曰：然。②

也就是说，穷理之后，就可以使得内心义理昭著。可以看出，朱子是放在其持敬、致知的工夫框架下来理解"求放心"的。这也许就是朱子在注文中一方面强调"学问皆所以求放心"，同时又强调"盖能如是，则志气清明，义理昭著"

---

① 朱熹：《朱子全书》第 22 册，朱杰人、严佐之、刘永翔主编，上海古籍出版社、安徽教育出版社 2002 年版，第 2238 页。

② 黎靖德编：《朱子语类》卷五十九，中华书局 1986 年版，第 1410 页。

说法的深意所在。朱子意谓"志气清明，义理昭著"可以体现通过学问所达到的心灵境界，在这种境界中，不仅心气、意志清通、明澈，而且其中本具的义理也为心灵清楚地自觉。朱子同时认为，"求放心"实际上是一个无限的过程，只有通过持续不断，才可以上达。朱子注中可以上达的说法应该是吸收了明道的说法，因为在后面的注文中，朱子引用了明道的说法，其中即有"下学而上达"之语。在《朱子语类》中，朱子又特别对明道的这段话进行了阐发：

> 明道云："圣贤千言万语，只要人将已放之心，反复入身来，自能寻向上去，下学而上达也。"……惟明道语未明白，故或者错看，谓是收拾放心，遂如释氏守个空寂。不知其意谓收放心只存得善端，渐能充广，非如释氏徒守空寂，有体无用。（同上）①

朱子将明道的说法理解为圣贤的一切言论皆是教导人"收放心"，有了"收放心"的工夫，自然就可以"下学上达"。具体来说，"收放心"只是存得善端，但是此后仍需要"渐能充广"，"渐能充广"即可以解释注文中的"可以上达"。在《答郑子上》中，朱子一方面指出孟子的求放心工夫是学问的基础、根本、下手处，但另一方面他又指出圣学工夫不止于此，需要在此基础上不断发展、进步，即"进进不已"。

> 所谓守得定方可以致知穷理，此说甚当。孟子云"学问之道无他，求其放心而已"。岂是此事之外更无他事？只是此本不立，即无可下手处。此本既立，即自然寻得路径，进进不已耳。

> 盖窃尝谓今之人知求鸡犬而不知求其放心，固为大惑，然苟知其放而欲求之，则即此之求之处一念悚然，是亦不待求人处，而此心体用之全已在是矣。由是而持敬以存其体、穷理以致其用，则其日增月益，自将有欲罢不能者。

> 遗书云："先立根本，后立趋向"，即所谓"未有致知而不在敬"者。又云"收得放心后，然后自能寻向上去"，亦此意也。②

由此，我们或许可以进一步理解朱子在注文中所说"程子又发明之，曲尽其指"的意义。按照朱子的理解，程子的说法一方面阐发了孟子的"求放心"的重要性，另一方面又指出求放心的工夫是一个"下学而上达"的动态过程。朱子的注解表明，"求放心"既是学问的目的，又是学问的基础，是一个动态的发展过程，最终指向"上达"的境界。所以朱子在另一处说："心包万理，万理具于一

---

① 黎靖德编：《朱子语类》卷五十九，中华书局1986年版，第1413页。
② 朱熹：《朱子全书》第32册，朱杰人、严佐之、刘永翔主编，上海古籍出版社、安徽教育出版社2002年版，第2833页。

心。不能存得心，不能穷得理；不能穷得理，不能尽得心。"这里的"存心"其实就是"求放心"，在朱子看来，"存心"既是穷理致知的前提工夫，同时又是功夫的终极目标，即通过穷理致知的工夫，最终才能"尽心"，实现心的全副义理，达到终极意义的"存心"。

另外，从上面朱子对程子语录的阐发还可以看出朱子之所以费劲心力对"求放心"做如上阐述，其中一个重要原因是他认为仅仅诉诸内向反求，容易落入佛教的空寂，导致有体无用，所以朱子反复说不能将学问理解为只有"求放心一事"。故而在有的场合，朱子甚至不再曲折地为孟子辩护，而直接表达了对孟子这一说法的不满，认为孟子"说得宽"，"所以不及孔子"。

> 孟子说："学问之道无他，求其放心而已矣。"可然是说得切。子细看来，却反是说得宽了。孔子只云："居处恭，执事敬，与人忠。""出门如见大宾，使民如承大祭。"若能如此，则此心自无去处，自不容不存，此孟子所以不及孔子。①

朱子反对孟子过分注重"求放心"，他认为不能脱离日常的实践将"求放心"视为一项孤立的工夫。孔子并没有单独说心的工夫，只是教导人们在日常生活中遵循道德规范，自然会达到"收放心"的目的。言外之意，单独将"求放心"作为一项工夫，却未必能使人真正做到"收放心"，正是在这一意义上，朱子认为孟子不及孔子。

此外，在朱子看来，如果脱离广泛的学问工夫，只以求心为唯一的学问方法，可能会堕入"以心求心"的歧路。"求放心，非以一心求一心，只求底便是已收之心。""心求心说，易入谢氏有物之说。"朱子对谢上蔡和湖湘学派察识本心的说法非常不满，认为那种做法可能流为禅学的观心之法。

> 盖程子之意亦谓自作主宰，不使其散漫走作耳，如孟子云操则存，云求放心，皆是此类，岂以此使彼之谓邪？但今人著个"察识"字，便有个防求捕捉之意，与圣贤所云操存主宰之味不同，此毫厘间须看得破，不尔则流于释氏之说矣。②

对于湖湘学派"以心求心""以心使心"的错误及流弊，朱子中年曾经专门写了一篇《观心说》，从理论上对之进行了深入的批判。朱子认为心是身之主宰，在心物关系上是主不是客，心可以认识外在事物的物理，但却不能同时以心作为反思的对象，那样可能堕入二心的谬误。对于儒家文献中很多被湖湘学派解

---

① 黎靖德编：《朱子语类》卷五十九，中华书局 1986 年版，第 1410 页。
② （宋）朱熹：《答石子重》，曾枣庄、刘琳主编：《全宋文》第 246 册，上海辞书出版社、安徽教育出版社 2006 年版，第 235 页。

读为向内求心的内容，朱子皆给予重新解释。最终朱子指出，湖湘学"以心求心"的说法，与佛教观心的方法实有混同的危险。总之，朱子认为孟子的"求放心"只是要让人时刻确立主宰，既不是要人向内空守此心，从而流为佛教的空寂，也不是要人察识本心，从而导致"以心求心"的谬误。

朱子对"求放心"的解释，融入了他持敬、致知、力行的工夫体系。如朱子有时说"求放心"就是"收敛自心"，其实也就是"持敬"；有时他又说真正"求得放心"又需要穷理、明理；有时又说力行"无非只是要收放心"。可以说，朱子一生的工夫体系，主要得力于《大学》，故而他在解释《孟子》"求放心"时，实际上是透过《大学》的框架来理解《孟子》"求放心"的意义。"学问之道无他，求其放心而已矣。……此可见此处乃与《大学》致知、格物、正心、诚意相表里。""学须先以求放心为本。致知是他去致，格物是他去格，正心是他去正，无忿懥等事。诚意是他自省悟，勿夹带虚伪；修身是他为之主，不使好恶有偏。"

四、结　论

总的来说，朱子对"学问之道无他，求其放心而已矣"一句的注解，虽然文辞简约，但其中却包含丰富的意蕴。这些意蕴体现在朱子的一些论学书信和语录中。由于对人的气禀、物欲的深刻体认，朱子基本不说"心即理"。反映在心性工夫上，朱子认为心虽然本具性理，但是由于气禀、物欲的影响，这些性理并不能在内心完全呈现。因此，对心理意识的道德纯化，一方面要做消除气禀、物欲影响的工夫，另一方面又要通过格物穷理的工夫，"求诸外以明诸内"，使得内心潜在的性理为心所自觉，所以"尽心"必须以"复性"为前提。朱子对心性的这些看法就构成了其《大学》诠释的重要内容。朱子在诠释《孟子》的"求放心"一段文字时，实际上就以上述看法为背景。鉴于他对程门后学、象山心学、湖湘学派向内求心的"本心"倾向的警惕及对佛教观心工夫的排斥，他努力避免将孟子的"求放心"解释为学问的唯一。从孟子的原文语境来看，《告子上》的主题是指示人们如何避免陷溺其心、失其本心，从而"发明本心"。故在这一语境下，将"学问之道无他，求其放心而已"理解为求放心是学问的唯一要事也是合乎孟子原意的。朱子似乎有意避免这样解释《孟子》此句。朱子努力将诠释的重心转移到"学问"上，他区分"学问之事"与"学问之道"，反对学问"只有求心一事"，认为学问的内容非常广泛，应包含读书讲学、学问思辨笃行、格物穷理致知诚意修身、应事接物等丰富的内容，这些活动"皆所以求放心"。这样他就为孟子的这句话注入了丰富的学问内容，避免了仅求本心可能带来的心学化倾向。在此基础上，他又从学问的基础、学问的过程、学问的境界、学问的终极目标等多个方面阐发了求放心的内涵。从他持敬、致知的工夫框架来看，求放心可以被视为持敬的工夫。但求放心又不止于仅仅收敛自心的持敬，它也包含穷理的内涵。故而朱子在注文中使用了"盖能如此则志气清明，义理昭著"的说法，"志气清明"似乎就可以表示持敬所达到的心境，"义理昭著"则可以表明穷理所达到的结果。另外，朱子还吸收了明道"下学而上达"的说法，认为"收放心"是一个发展的过程，"收放心"是工夫的基础、下手处，是一个"进进不已"的过程，最终指向"上达"的境界。这样就可以保证"求放心"并非一劳永逸的工夫，而是一个无限发展的过程。另外，朱子所以对"求放心"作如上的诠释，是为了避免将"求放心"理解为追求空寂的心体，朱子认为那样就会流为释氏有体无用的结局。同时，他也批评谢上蔡、湖湘学者将求放心理解为"以心求心""以心使心"，他认为这些工夫容易与佛教的观心说混淆。这与他中年对湖湘学派察识本心的批评是出于同样的考虑。关于朱子此处注文的用意，朱子后学蔡觉对此有很好的总结：

> 或者但见孟子有"无他""而已矣"之语，便立为不必读书，不必穷理，只要存本心之说，所以卒流于异学。《集注》"学问之事，固非一端，然其道则在于求放心而已"，正所以发明孟子之本意以救异学之失，学者且宜字字玩味，不可容易放过也。①

朱子对孟子"求放心"句的解释，实际上是受了《大学》诠释的影响，他自觉地用他所理解的《大学》工夫框架来诠释孟子的这句话。因此，他才会说孟子的"求放心""与《大学》致知、格物、正心、诚意相表里"。

---

① 赵顺孙:《孟子纂疏》下，文史哲出版社1975年版，第2162页。

左图右书，学而有功

——读《新定三礼图》

王　锷*

《周礼》《仪礼》《礼记》合称《三礼》，《三礼》是记录周代礼仪制度的原始文献，是记载儒家礼乐文明的经典古籍。《三礼》记述的周代礼仪制度，涉及众多先秦名物，诸如冕弁冠服、宫室钟磬、射侯弓矢、旌旗瑞玉、匏爵鼎俎、簠簋豆笾、尊彝圭瓒、丧葬服制等。时移世易，阅读文献，看到名物，令人目眩。

赵商是东汉郑玄高足，郑玄称其"博学有秀才，能讲难而口吃，不能剧谈"。《周礼注疏》"屦人"贾公彦疏记载，赵商对《周礼·天官·内司服》之王后六服不解，请老师绘图解释。郑玄谓先秦服制，上衣下裳，鞋复底曰舄，单底曰屦。祎、翟是野鸡，把缯帛剪成野鸡之形缀于衣裳，可为装饰。服有冕服、弁服、冠服之别，周天子之大裘、衮衣、鷩衣、毳衣、希衣、玄衣称六冕服，是祭祀吉服，缥裳赤舄。弁服有爵弁、皮弁、韦弁之异，另有冠弁，是玄冠上加皮弁，周天子打猎服之，韦弁衣、皮弁衣是素裳白舄，冠弁服是黑衣裳、黑舄。周天子王后六礼服是祎衣、揄翟、阙翟、鞠衣、襢衣、褖衣六种，衣裳相连，祎衣是王后专服，祎衣以下五种，诸侯、卿大夫之妻可服，祎衣配玄舄，揄翟配青舄，阙翟配赤舄，鞠衣配黄屦，襢衣配白屦，褖衣配黑屦。王后六服中祎衣、揄翟、阙翟三等，装饰野鸡图案，三舄是玄、青、赤色，鞠衣以下三屦黄、白、黑色。郑玄解说六服，说明颜色搭配、装饰功用，但其所绘图，未见流传。由赵商之问可知，服制难明，自古已然。

图对于理解名物，非常重要。宋郑樵《通志·图谱略》说："图，经也。书，纬也。一经一纬，相错而成文……见书不见图，闻其声不见其形；见图不见书，见其人不闻其语。图至约也，书至博也，即图而求易，即书而求难。"[1] 治学有要，左图右书，索象于图，寻理于书，容易为学，学而有功；离图即书，尚辞务说，胸有千章万卷，茫然不知所向。《三礼》阅读，前人深知此理，故多绘图，《隋书·经籍志》《旧唐书·经籍志》《新唐书·艺文志》记载郑玄、阮谌《三礼图》九卷、隋夏侯伏朗《三礼图》十二卷、唐张镒《三礼图》九卷。北宋之前，有郑

★　王锷，南京师范大学文学院教授。
[1]　郑樵：《通志二十略》，中华书局1995年版，第

玄、阮谌、夏侯伏朗、张镒、梁正及隋开皇时所撰《三礼图》流传，为聂崇义编纂《三礼图》奠定了基础。

聂崇义，北宋河南洛阳人，少举《三礼》，善于礼学，精通经旨。后汉乾祐（948—950）中，累官至国子《礼记》博士，校定《公羊春秋》，刊版于国学。后周显德（954—960）中，累迁国子司业兼太常博士，周世宗柴荣因郊庙祭器相承制造，年代久远，无所规式，命令聂氏检讨摹画，显德四年（957），聂氏奏上所绘郊庙祭器图，下诏有司依样仿制。又令聂氏参定郊庙祭玉，聂氏取前代旧图，比勘考证，编纂《三礼图》二十卷，谓"名数虽殊，制度不别，则存其名而略其制者，瑚簋、车辂之类是也。其名义多而旧图略，振其纲而目不举者，则就而增之，射侯、丧服之类是也。有其名而无其制者，亦略而不图。凡所集注，皆周公正经，仲尼所定，康成所注，傍依疏义，事有未达，则引汉法以况之，或图有未周，则于目录内详证以补其阙。案详近礼，周知沿革"①。

聂氏于北宋建隆三年（962）四月上《三礼图》，宋太祖览而嘉之，诏曰："礼器礼图，相承传用，寝历年祀，宁免差违。聂崇义典事国庠，服膺儒业，讨寻故实，刊正疑讹，奉职效官，有足嘉者。崇义宜量与酬奖。所进《三礼图》，宜令太子詹事尹拙集儒学三五人更同参议，所冀精详，苟有异同，善为商確。"②五月，宋太祖赐聂氏紫袍、犀带、银器、缯帛，以示嘉奖。尹拙对聂氏《三礼图》有驳正，聂氏引经解释，宋太祖下诏工部尚书窦仪俾之裁定。窦仪说，圣人制礼，垂之无穷，儒者据经，所传或异，年祀寝远，绘图缺然，踌驳弥深，丹青靡据，聂氏研求师说，耽味《礼经》，较之旧图，良有新意。尹拙秉承圣旨，能罄所闻。窦仪对聂氏著作和尹拙驳议，多有表扬，得到宋太祖肯定。

尹拙、聂崇义又上奏祭祀用玉鼎釜异同之说，诏下中书省集议。吏部尚书张昭认为祭祀玉器尺寸当依据《白虎通》和崔灵恩《三礼义宗》，釜、镬二器，见于礼书，可以并存，画镬图于鼎下，得上准许。因聂氏的突出表现，其《三礼图》遂行于世，并画于国子监讲堂墙壁，供学子观摩。窦仪之弟窦俨作《三礼图序》，称赞聂氏于垂髫之岁笃志于礼，礼经之内，游刃其间。宋初创制彝器，迨于车服，聂氏究其轨量，亲自规模，举之措之，或沿或革，从理以变，惟适其本，时之学者，晓然服义，又博采《三礼》旧图六种，"钻研寻绎，推较详求，原始以要终，体本以正末，躬命缋素，不差毫厘……遵其文，译其器，文象推合，略无差较，作程立制，昭示无穷，《礼图》至此，能事尽焉"③。

① 聂崇义：《新定三礼图》，中华书局 2022 年版，第 594 页。
② 脱脱等：《宋史》，中华书局 1985 年版，第 12793 页。
③ 聂崇义：《新定三礼图》，中华书局 2022 年版，第 2 页。

聂氏是国子司业兼太常博士，以学官兼掌礼二十年，世人推其赅博。郭忠恕尝以其姓嘲之曰："近贵全为聩，攀龙即作聋。虽然三个耳，其奈不成聪。"聂崇义说："仆不能为诗，聊以一联奉达，即云：'勿笑有三耳，全胜畜二心。'"因郭名"忠恕"而回应，郭氏大惭，人谓聂氏"机捷而不失正"。

聂氏《三礼图》二十卷，又名《新定三礼图》《三礼图集注》《新定三礼图集注》，卷一至卷十九依次是冕服图、后服图、冠冕图、宫室图、投壶图、射侯图上、射侯图下、弓矢图、旌旗图、玉瑞图、祭玉图、匏爵图、鼎俎图、尊彝图、丧服图上、丧服图下、袭敛图、丧器图上、丧器图下，卷二十是原书目录。全书对《三礼》涉及的名物礼器，归纳为冕服、后服、冠冕、宫室、投壶、射侯、弓矢、旌旗、玉瑞、祭玉、匏爵、鼎俎、尊彝、丧服、袭敛、丧器等十六类，每类细分，引经据典，标注说明，或标新增，或为注音，或存异文，或释尺寸。正文于每种名物解说外，皆绘一图，图文相辅，清晰明了。如"爵弁"条，聂氏据《仪礼·士冠礼》及郑注贾疏，谓爵弁以赤而微黑布为之，如爵头色，形制如冕无旒，次于冕。爵弁服是爵弁配黑色丝衣和大带、缥色丝裳、赤黄色蔽膝，是大夫祭祀家庙、士助祭国君之服，士冠礼三加、士昏礼亲迎亦服之。爵弁图绘一人，身着爵弁服，图文并茂，它皆类此。

聂氏《三礼图》始刻于蜀中，今存国家图书馆藏南宋淳熙二年（1175）镇江府学本、蒙古定宗二年（1247）本、《通志堂经解》本、《四库全书》本、清光绪钟谦钧刻本和日本宝历十一年（1761）崇文堂前川六左卫门本、日本宽政四年（1792）青霞堂本等，《四库全书》本源自内府藏钱曾也是园影宋抄本，《四部丛刊三编》影印蒙古定宗二年本，宋淳熙本有上海古籍出版社和《中华再造善本》影印本。

2003年，丁鼎先生以上海古籍影印宋淳熙本为底本，以《四部丛刊三编》本、文渊阁《四库全书》为参校本，点校解说聂氏《三礼图》，书前有刘晓东先生序，书尾附录宋陈伯广《新定三礼图跋》、清钱谦益《新定三礼图跋》《宋史·聂崇义传》、文渊阁《四库全书》本《三礼图集注》提要，2006年11月，清华大学出版社出版（下简称"清华本"）。此书是正讹谬，释词通义，深入浅出，津逮来学，诚为有裨，早已售罄。十多年后，丁鼎先生与孙蕴女史合作，再次校释《三礼图》，以上海古籍影印宋淳熙本为底本，通校《四库全书》本和《四部丛刊三编》本，修改清华本注释百余条，增加校记数百处，将清华本之"注释"改为"校释"，修改校记，补写注释，更正标点，全面修订，2022年8月由中华书局出版（下简称"中华本"）。

中华本修订之处，兹举数例。卷二十"冕服第一"，清华本有注释七十七条，中华本增加十四条，多至九十一条。清华本"高山冠"之"高山冠一曰侧注。冠制如通天"，中华本改为"高山冠一曰侧注冠，制如通天"。"秦灭齐以其君冠赐近臣。谒者服之"，中华本改为"秦灭齐，以其君冠赐近臣。谒者服之"。"郦生谒高祖其'冠侧注'"，中华本改为"郦生谒高祖，其冠侧注"。"汉《旧仪》曰：'乘舆冠高山冠帻耳。赤丹纨里'"，中华本改为"《汉旧仪》曰：'乘舆冠高山冠，帻耳赤，丹纨里。'"裴骃《史记集解》引徐广曰："侧注冠一名高山冠，齐王所服，以赐谒者。"据而谠正，类似者多，中华本可谓后出转精。

礼学难治，《三礼》难读，名物礼器，尤为难矣！中华本仍有一些遗憾，如卷一"絺冕"条，"絺"当作繁体"絺"。"祭社稷五祀之服"，"社稷""五祀"之间当加顿号。校释"黹：缝纫"，"黹，缝纫，刺绣"，合并作"黹，或作紩，刺绣"，似乎更好。段玉裁《周礼汉读考》谓"希读为黹，或作絺，字之误也"，阮刻本《周礼注疏》卷二十一"司服"出有校记。又附录二题作"文渊阁四库全书总目提要"，不准确，清华本作"文渊阁《四库全书·三礼图集注》提要"，较为规范。

《三礼图》有图三百八十一幅，或袭旧图，或为新绘，对这些图，宋代学者沈括、欧阳修、赵彦卫、林光朝已指出其缺陷，谓簋图与古簋不同，"觳璧画觳，蒲璧画蒲，皆以意为之，不知觳璧止如今腰带上胯上粟文"，这些意见，已经被出土青铜礼器、玉器所证明。校释《三礼图》，若能利用出土礼器，对钟磬铎铙、圭璋璧琮、尊爵鼎镬、簠簋豆笾等拍摄实物图，附录于原图之下，解释说明，相得益彰，可纠正原图的错误，更加直观呈现《三礼》中的礼器名物。

北山学派"世嫡"说与宋元朱子学的师统崇拜现象

王 宇*

由何基开创的北山学派，从宋光宗嘉定元年（1208）何基师事黄榦至元顺帝后至元三年（1337）许谦去世，跨越宋元两代延续了将近一百三十年，许谦去世后，北山学派虽然没有再产生有影响力的学者，却被明代官方所修《元史》确认称为"朱学世嫡"，这在宋元朱子学各个传授分支中是绝无仅有的。本文无意对北山学派的学术成就做全面的梳理考察，[①] 主要考察两个问题：北山学派的"朱学世嫡"说是如何说萌芽、发酵、定型的；"世嫡"的本质含义到底何在，是否符合朱熹、黄榦的教诲。

一、理宗确认黄榦为朱熹嫡传

北山学派"世嫡"说的出现绝不是孤立的事件，而是宋元朱子学内部师统崇拜极端发展的一个缩影。早在朱熹去世不久，就出现了盲目崇拜以朱熹为中心的师徒授受关系的乱象。刘宰（1167—1240）说："朱氏书年来盛行，今立要津者多自谓尝登先生之门、承先生之教，而趋乡舛差尚多有之，使人叹息。"[②] 叶绍翁的《四朝闻见录》批评嘉定年间标榜朱学的官僚为"当路卖药绵"，意即"诵师说而失其本真"。[③] 嘉定十七年（1224），程颐的玄孙程源得授迪功郎，就是因为他迎合了在朝高官的需求，"著为《道学正统图》，自考亭之后剿入当路姓名"。[④] 到了理宗朝后期，一般士大夫标榜自己朱子学人士身份的必要条件就是与朱熹以来的亲传统绪发生联系。宋末的周密还记载，饶鲁门人罗椅原以文学著称，后立志从事朱子学："时方向程朱之学，于是尽弃旧习而学焉。然性理之学必须

★　王宇，浙江省社会科学院文化研究所研究员。

① 相关研究参见：程元敏《王柏之生平与学术》（华东师范大学出版社 2011 年版）；侯外庐、邱汉生、张岂之主编《宋明理学史》上册第二十三章《金华朱学的主要特点和历史影响》（人民出版社 1984 年版）；徐远和《理学与元代社会》第五章《北山学派》（人民出版社 1992 年版）；王锟《朱学正传：北山四先生理学》（上海三联书店 2010 年版）；周春健《元代四书学研究》第五章第二节《金履祥、许谦与北山学派的四书学》（华东师范大学出版社 2008 年版）。

② 刘宰：《漫塘集》卷六《回汤德远》，文渊阁四库全书本。

③ 叶绍翁：《四朝闻见录》丁集"庆元党"，中华书局 1989 年版，第 150 页。

④ 叶绍翁：《四朝闻见录》乙集"洛学"，中华书局 1989 年版，第 48 页。

有所授，然后名家，于是尊饶双峰为师。"① 罗椅尊饶鲁为师，并不以求学求知为第一目的，而以进入自朱熹以来的"亲传统绪"为第一目的。周密还批评饶鲁自吹自擂："自诡为黄勉斋门人，于晦庵为嫡孙行。""嫡孙行"之说已经非常接近北山"世嫡说"。因此，清代四库馆臣认为："盖宋末元初讲学者，门户最严，而新安诸儒于授受源流，辨别尤甚。"② 可见江西饶鲁一派、两浙北山学派、新安朱子学皆有此弊。

这种传道依据甚至影响了宋理宗。理宗端平三年（1236），朝廷赐谥黄榦"文肃"。根据王瓒《覆谥议》，理宗在读到黄榦等人编纂的《礼书》后，曾问大臣："朱某嫡传是黄某，黄某嫡传是为谁？又相与编《礼》门人为谁？"③ 王瓒的《覆谥议》是公开的官方文件，被黄榦门人收入《勉斋先生黄文肃公文集》，广为传播，相当于以官方名义承认了黄榦是朱熹的嫡传。可是，"嫡传"不是一个排他性的措辞，理宗问群臣："黄榦为朱熹嫡传，又问黄榦之嫡传为谁？"理宗没有否定其它朱子亲传门人也可能成为朱熹的嫡传，同理，黄榦之嫡传也未必只有一人，因为理宗的措辞是广义的"嫡传"而非"嫡子"。即便把"嫡传"理解为"嫡子传人"，那么，仍要考虑到嫡子、嫡孙有广义与狭义两种用法。就广义而言，正室所出诸子都是嫡子，而各嫡子正室所出皆为嫡孙。就狭义而言，在律令和礼制中，嫡子特指嫡长子，正室所出的次子则称"嫡子同母弟"，嫡孙特指嫡长子之嫡长子，即嫡长孙，嫡长子正室所出次子则称"嫡孙同母弟"。只有取狭义理解时，黄榦才是朱熹思想学术意义上的独一无二的嫡长子。

然而，黄榦的亲传门人何基从未宣称黄榦是朱熹嫡传，而且他对师徒关系兴趣也不大："好学之士次第汲引，而愿执经门下，先生劳谦固拒，虽后生小子，亦不肯受其北面之礼。"但是对前来请教的后生，"未尝不竭尽无余而与之言"。④ 他还认为："以为朱子之言备矣，学之者惟真实之心地与刻苦之工夫，能此者，虽不及吾门可也，又何有开门而受徒？"⑤ 何基认为只要遵循朱子学工夫的要领，不必口传面授，完全可以通过自修掌握朱子学的精蕴。

王柏对这个问题兴趣更加浓厚，但也没有明确主张黄榦独占了朱子学正统。王柏于端平二年（1235）冬拜入何基门下，此时理宗确认黄榦为朱熹嫡传一事应当已传播开来。但王柏对黄榦的评价是："邹鲁云远，天启濂洛，理一分殊，以觉后觉。龟山之南，宗旨是将。罗李授受，集于紫阳。……有的其传，鳌峰

---

① 周密：《癸辛杂识》，中华书局 1988 年版，第 115 页。
② 纪昀：《四库全书总目提要》卷四《胡一桂易本义附录纂疏十五卷》。
③ 王瓒：《覆谥议》，元刻本。
④ 王瓒：《覆谥议》，元刻本。
⑤ 金履祥：《仁山文集》卷四《祭北山先生文》，文渊阁四库全书本。

翼翼。孰探其源，遂通其释。"① 王柏只称"鳌峰"即黄榦是朱熹之学的"有的其传"。景定四年（1263）王柏如此评价朱熹弟子赵师夏："诵理一分殊之跋，得龟山以来一脉宗旨为甚的，未尝不注心景仰也。"② 所谓"甚的"即是"甚正"，黄榦、赵师夏都是"的传"，则"的传"并无排他性之义。王柏评价何基时称："公独凝然，精思不忘。莘莘学子，孰定其力？公独屹然，坚守不失。衣锦尚绲，世莫我知。发挥师言，以会于归。"③ 黄榦之后，只有何基"孰嗣而芳"，所谓"芳"是一个形容词，即优秀之义，并非独占黄榦正统。王柏任上蔡书院堂长时（景定三年，1262），时任临海县令是饶鲁的门人，王柏说："云山后卒业饶双峰讳鲁之门……即以同门见称，意甚勤笃。"④ 王柏欣然接受对方称自己为"同门"，这显然不是一种独占正统的姿态。

王柏还以"理一分殊"的模型解释朱子学传授统绪中的分派问题："理一分殊之旨，每于宗谱见得尤分明，人之宗族盛大繁衍，千支万派，其实一气之流行。知其分之殊，固不能无亲疏之别，知其理之一，则不可忘敦睦之义。"⑤ 王柏所说的宗法模型是"盛大繁衍，千支万派"，假如说北山学派的道统观是宗法性的话，⑥ 那么王柏所称的宗法制度绝不是儒家理想的西周时代嫡长子世代相承的宗子之法，在宗子之法中，每一代都只有一个宗子，从而延续嫡传正统自始祖以来一线而下，虽历百代，正统尤能清晰辨识。其余诸子，即使也是嫡子，只能称为别子，就不可能存在自始祖以来一线而下的正统。而王柏所说的"理一"，应理解为由同一个始祖所出，而"分殊"则是亲疏之分，这个亲疏之分也是指在高祖以下的范围内与自己的关系亲疏，而不是相对于嫡嫡相承的宗子统绪的距离而产生的亲疏之别。对王柏来说，何基以下的门人弟子于他而言为亲、为近，黄榦系统的门人弟子则相对较疏、较远，朱熹以下的门人弟子则更疏、更远了。

不过，可能是因为王柏祖父王师愈曾向杨时问学，他肯定了由杨时开创以至朱熹的道南一脉中，都具有传道者的地位："自龟山之复南，开太宗之世运。绎分殊之一语，极精析而莫浑。……此紫阳之学之为无弊，所以绍龙门之嫡孙，合万殊而一统。"⑦ "龟山之复南"代表了理学的正统南渡，朱熹通过李侗、罗从彦、杨时成为二程"嫡孙"，遂为程颐开创的"大宗"之四传，此一"嫡孙"当指狭义的嫡长子世代相承的"宗子"，意指道南一脉对道统的独占。

---

① 王柏：《鲁斋集》卷十九《同祭北山何先生》，文渊阁四库全书本。
② 王柏：《鲁斋集》卷十二《跋赵远庵帖》，文渊阁四库全书本。
③ 王柏：《鲁斋集》卷十九《同祭北山何先生》，文渊阁四库全书本。
④ 王柏：《鲁斋集》卷十二《跋蜀帖》，文渊阁四库全书本。
⑤ 王柏：《鲁斋集》卷十一《跋董氏族谱遗迹》，文渊阁四库全书本。
⑥ 侯外庐、邱汉生、张岂之主编：《宋明理学史》，人民出版社1984年版，第655—658页。
⑦ 王柏：《鲁斋集》卷一《宋文书院赋》，文渊阁四库全书本。

王柏只敢说朱熹是二程之嫡孙，但不敢倡言黄榦是朱熹之嫡孙，是因为王柏祖父是杨时门人、朱熹之友，王柏之父又是朱子门人，在三十八岁拜入何基门下前，王柏已经认识了很多朱熹的亲传弟子，[①] 也可以说与何基同辈。因此，若使用排他性的、狭义的嫡子称号尊崇黄榦、何基，不合情理。

二、金履祥的"世嫡"意识和元前期"北许南吴"的压力

与王柏不同，金履祥与朱熹亲传门人、何基以外的再传门人毫无瓜葛，倡扬北山学脉独占朱子学正统。

金履祥评价何基："道自朱黄逝，人多名利趋。独传真统绪，惟下实工夫。粹德两朝慕，清风四海孤。斯文端未丧，千古起廉隅。"[②] "朱黄"即朱熹、黄榦，"真统绪"之说大致等于王柏所谓"的传"，但"独传真统绪"，已经有强烈的独占性和排他性意味。在《北山之高寿北山先生》中金履祥说："昔在理宗，维道之崇。既表程朱，亦跻吕张。谓尔夫子，缵程朱绪。""缵绪"的说法，出自《诗·鲁颂·閟宫》："奄有下土，缵禹之绪。"《礼记·中庸》云："武王缵太王、王季、文王之绪。"太王、王季、文王分别为武王的曾祖、祖、父，许慎《说文解字》云："缵，继也。"即君主之位代代继承之意。可见"缵绪"是一线而下的正统。

金履祥对王柏也有类似的赞美。如云："然自朱黄之日遐，属北山其浸远，岿灵光之独存，耿神杓其明峻，天若以为斯文之殿。"[③] "灵光独存"自然反映了一种嫡传正统的独占意识。金履祥的《奉复鲁斋先生上蔡书院图诗二首》第一首中有"此地先生开道脉，尚迟从往我非夫"一联，第二首有"王谢后前传正印，东南邹鲁定同符"一联，当时何基健在，金氏已称赞王柏在台州上蔡书院的讲学是"开道脉""传正印"。

最典型地反映金履祥这种独占性的师统意识的，莫过于《濂洛风雅》中的《濂洛诗派图》。[④] 此图以粗线与细线区分嫡派与庶出。被粗线串联起来的嫡传一共九代：第一代周敦颐，第二代二程、张载、邵雍，第三代杨时，第四代罗从彦，第五代李侗，第六代朱熹，第七代黄榦，第八代何基，第九代王柏。其中，只有在第二代出现了四位学者，这四个人与周敦颐合称"北宋五子"，可见一代之中不是不能出现多个嫡传正统。但是，其它世代仅有一人。杨时那一代

---

① 程元敏：《王柏之生平与学术》，华东师范大学出版社 2011 年版，第 1005—1006 页。
② 金履祥：《仁山文集》卷二《挽北山子何子三首》，文渊阁四库全书本。
③ 金履祥：《仁山文集》卷四《又率诸生祭文》，文渊阁四库全书本。
④ 金履祥：《濂洛风雅》，雍正间刻本。

人中，谢显道、尹焞两个曾受王柏、金履祥赞誉的程颐门人，也未被粗线贯穿。在朱熹那一代人中，张栻、吕祖谦虽然也出现在图中，但未被粗线贯穿，被排除于嫡传正统之外。在何基以下分出了王柏、王佖两支，前者粗线而后者细线，显示王柏为嫡、王佖为庶。显然，金履祥大大强化了北山学派一脉相传的嫡传观念。

可是，金履祥是由宋入元的文化遗民，入元后隐居不仕，北山一系作为朱子学嫡传的地位并未受到公认。与金履祥同时代的南宋遗民方回（1227—1307）评价王柏："平生著述精确峻洁，钻研文公诸书良苦，足为勉斋嫡孙无忝也。"①方回与金履祥同为南宋遗民，称王柏为"勉斋嫡孙"，而不是"朱子嫡孙"，暗示方回并不认为勉斋一系可以独占朱子学传授的正统。

而且，蒙元政权又推出了"北许南吴"为标志的朱子学新正统，"北许"即许衡（1209—1281），"南吴"即吴澄（1249—1333）。许、吴二人政治地位崇高，对于推动朱子学在元代的官学化厥功至伟，而且吴澄是饶鲁之再传，与北山学派一样，同为黄榦的分支。极力推崇金华学术传统的王祎称赞许衡："呜呼！使圣贤之学大被于斯世而至于今，学术以正而人心以一者，伊谁之功也？是其继往圣开来学功，殆不在朱氏下，况乎程氏。朱氏未尝得君以行其道，而衡则盖遇圣君居相位，而有以尧舜其君民矣。呜呼盛哉！"②王祎承认，从"得君行道"的角度说，许衡在元代推广程朱理学之功，不下于从未"得君行道"的二程、朱熹本人。宋濂也说："北许南吴，先后合符，人文之数。"③在"北许南吴两文正"的阴影之下，北山学派的影响力是有限的。许谦为了推广金履祥《资治通鉴前编》，曾向刘庭直请序："先生绍鲁斋先生许子之的传，而许子之学亦出于朱子，则先师未尝不同其原也。先生于文章，今之退之也，得一品题之冠乎篇端，则是书可行于今，传之于后，必矣。"④许谦称呼刘庭直是许衡"的传"，刘氏当为许衡再传或三传，又称许衡之学"出于朱子"，许衡是通过研读理学经典信仰朱子学的，与朱熹没有师徒授受关系，许谦只能说他与金履祥"未尝不同其原"，而北山一系学派独占朱子学正统也就无从说起了。

许谦去世于顺帝后至元三年（1337），他终身未仕，致力讲学授徒，社会影响力较大，《元史》本传说北山一脉"至谦而其道益著"。⑤即便如此，朱子学的其他支派并不认可北山一支是"世嫡"。许谦去世后，其子委托张率性邀请诗文

① 方回：《可言集考》，文渊阁四库全书本。
② 王祎：《王祎集》卷十四，浙江古籍出版社 2016 年版，第 413 页。
③ 宋濂：《宋学士全集》卷三十，文渊阁四库全书本。
④ 许谦：《许白云先生文集》卷三《上刘约斋书》，四部丛刊续编本。
⑤ 宋濂等：《元史》卷一百八十九，中华书局 1976 年版，第 4320 页。

大家虞集（1272—1348）为许谦撰写墓志铭，并送上了许谦门人张枢所撰的行状，却遭到了拒绝。虞集首先表示自己与许谦从无交往："至其门人，颇见一二，问其授受之要，多所未解。及求所著之书，但略见其《诗集传名物抄》，而愚陋又不足以尽知其为学之所至也。"① 虞集在收到行状后，与门人弟子讨论了许谦的学术，感到实在不能理解其要旨所在："而行状所述，多所未谕。数月之间尝与友生门人细读而详阅，终莫得其统绪之会归，以观其成德之始终。"请张率性向许谦的门人转达自己的疑问，"则虽不作铭亦可辨为学之体要矣"②。最为要害的是，虞集在拒绝撰写许谦墓志铭的同时，向张率性寄去了自己当年为吴澄撰写的《行状》。作为吴澄门人，虞集并不认为金履祥、许谦所代表的金华朱子学有什么过人之处，而朱子学的正统无疑应归于吴澄代表的江西朱子学。③

在"北许南吴两文正"的重压之下，北山学派不仅要在民间扩大影响，还要积极争取官方的认同，南宋遗民金履祥、布衣终身的许谦显然无法完成这一历史使命。这一工作就历史性地落在了柳贯、吴师道、黄溍、宋濂等金华文人的肩上。

三、元明之际"的传"向"世嫡"的转型

进入元中期，由于婺州籍贯的文人相继登科入仕，出于区域文化的自豪感和具体的人际关系，首先是吴师道（1283—1344）；然后是黄溍（1277—1357），最后是宋濂（1310—1381）、王祎（1322—1374），推动官方承认北山学派为朱学世嫡的努力跨越元明两代，最终取得了巨大的进展。

吴师道，字正传，婺州路兰溪人，至治元年（1321）进士，曾向许谦问学，尽管如此，在评价北山学派时，他谨慎地采用诸如"的传""正传"这样比较宽泛的措辞。譬如，吴师道建议创设北山书院纪念何基，理由是："窃惟先生，学绍紫阳之传，道著金华之望。……或谓，昔双峰饶鲁亦勉斋门人，前代奉祀有石洞书院，何子之学不下饶公，北山之名岂愧石洞？谓宜即其所居，建立书院，彰示褒宠，以补遗阙。"④ 所谓何基之学"不下于饶公"，则何基、饶鲁两大勉斋支派起码地位是平等的，北山一脉不可能独占正统。吴师道还积极推动婺州路

---

① 虞集：《道园类稿》卷二十一《答张率性书》，天津古籍出版社 2007 年版，第 394 页。
② 虞集：《道园类稿》卷二十一《答张率性书》，天津古籍出版社 2007 年版，第 395 页。
③ 虞集此信应该撰于至正八年（1348）前。据黄溍为许谦所撰铭文称，许谦下葬十年后，其子许元持张枢行状求铭，许谦下葬于后至元四年（1338），则黄溍撰铭当在至正八年（1348），（黄溍：《金华黄先生文集》卷三十二《白云许先生墓志铭》，元刻本）。而虞集卒于本年，故如此推定。
④ 吴师道：《吴师道集》卷二十《代立北山书院文》，浙江古籍出版社 2012 年版，第 721 页。

儒学出资刊刻何基《近思录发挥》、许谦所著《读四书丛说》和《诗集传名物抄》，理由是："窃谓传道受业必以正学为宗。……获闻北山何文定公基，亲学于勉斋黄氏，得朱子的传。"① 所谓"的传"即正传、正学，而不是排他性的嫡传。至正元年（1341），吴师道任国子博士，积极地在国子监推广由许谦重新点抹、订正的朱熹、蔡沈的著作，关于许谦的学术渊源，吴氏称："逮宋季年，北山何文定公基传朱子之学于勉斋黄公。"② 连"的传""正学"这样的措辞都没有使用。

吴师道对推广北山学派最大的贡献，是向当时的《宋史》史官提供了何基、王柏传的素材。

至正三年（1343）三月，朝廷正式下诏设局纂修宋、辽、金三史，至正五年（1345）告竣。至正三年（1343）开修三史时，吴师道正在国子博士任上，但该年二月底，因母亲去世丁内忧离开了大都。回乡居丧期间，吴师道将《节录何王二先生行实寄史局诸公》一文寄给《宋史》分局的史官，此文是北山学派代表人物何基、王柏的合传，吴师道显然希望《宋史》为何、王二人立传。比较今本《宋史》卷四百三十八《儒林八》的何基、王柏传与《节录何王二先生行实寄史局诸公》下称"《节录》"，可以看出前者是在后者的基础上删节、改写而成。而《宋史·何基传》全传六百六十字，全部沿袭了《节录》的语句。史官在修纂《宋史·王柏传》时可能参考了其他史料，内容调整较大，只有两处是完全抄录了《节录》。第一处是："王柏……兄弟皆及熹、祖谦之门。"第二处是："夙兴见庙……又割田予之。"这两段完全抄自《节录》。《节录》中被《宋史》史官删去的最重要的一句话是："传其学者，仁山金履祥、导江张𡊮也。"吴师道希望北山一脉在元代的传承脉络能在《宋史》中留下痕迹，但史官可能觉得金、张已属元人，其名入《宋史》不妥，因此删去了。

《宋史》成书后，朝廷于至正六年（1346）下令在杭州刊刻，③ 吴师道《节录》中被《宋史》史官保留下来的内容，交代了黄榦如何授学何基、何基的学术成就、王柏师事何基这三个关键的传授环节，从而为北山学派在至正年间转型为朱学世嫡以及金履祥、许谦进入《元史》，作了聊胜于无的舆论准备。

至正八年（1348），黄溍为许谦撰《白云许先生墓志铭》，正式提出了朱学世嫡的说法：

> 由是师道大备，文定何公既得朱子之传于其高弟文肃黄公，而文宪王

---

① 吴师道：《吴师道集》卷二十《代孙干卿御史请刊近思录发挥等书公文》，浙江古籍出版社 2012 年版，第 725 页。

② 吴师道：《吴师道集》卷二十《请传习许益之先生点书公文》，浙江古籍出版社 2012 年版，第 723 页。

③ 脱脱等：《宋史》附录《中书省咨文》，中华书局 1985 年版，第 14261 页。

公于文定则师友之。金先生又学于文宪，而及登文定之门者也。三先生皆婺人，学者推原统绪，必以三先生为朱子之世嫡。先生出于三先生之乡，而克任其承传之重，遭逢圣代，治教休明，三先生之学卒以大显于世。然则程子之道得朱子而复明，朱子之道至先生益尊，先生之功大矣。①

所谓"世嫡"，即每一代都是嫡长子，嫡嫡相承，那么无论是那一代人中，北山四先生都是同时代朱子学独一无二的"嫡长子"。而在黄溍之前，柳贯在为金履祥所撰的《行状》中只敢称黄榦"独得其传"，②吴师道只敢说北山师徒为朱子"的传"，黄溍则强调了独占性和排他性，从而在对北山学派历史地位的评价上取得了历史性的突破。

"世嫡"说出现后，金履祥、许谦的谥号问题也就呼之欲出了。据黄溍《许谦墓志铭》，许谦卒后（后至元三年，1337），婺州路地方官曾向朝廷请求赐予谥号和赠官，没有得到同意。③迟至至正八年（1348），金履祥、许谦仍未得谥。④到了至正九年（1349），黄溍在《叶审言墓志铭》中称呼许谦为"许文懿公谦"。⑤尽管文中没有提到金履祥，但金履祥作为许谦的老师，二人同时得到赐谥的可能性是很大的。可见，金履祥、许谦得谥的时间当在至正八年（1348）到至正九年（1349）之间。而黄溍从至正七年（1347）起到至正十年（1350）夏为止，都在大都任职，官至侍讲学士、知制诰、同修国史、同知经筵事，他应该参与了为金履祥、许谦争取赐谥一事。

作为婺州文人群体中的后起之秀，宋濂、王祎对黄溍首倡的朱学世嫡论心领神会，大力宣传。至正十八年（1358），宋濂为许谦门人朱震亨撰写墓志铭，称："天开文运，濂洛奋兴。……至其相传，唯考亭集厥大成，而考亭之传，又唯金华之四贤续其世胤之正，如印印泥，不差毫末，此所以辉连景接，而芳猷允著也。"⑥"又唯"云云，意即北山一系独占正统，"世胤之正"即是世嫡之意。宋濂还认为，北山一系为"世嫡"的证据是他们完整、全面地继承朱子学，不敢稍有修正，"如印印泥，不差毫末"。王祎的《宋太史传》也说："初，宋南渡后，新安朱文公、东莱吕成公并时而作，皆以斯道为己任……朱氏一再传为何基氏、

---

① 黄溍：《金华黄先生文集》卷三十二《白云许先生墓志铭》，元刻本。
② 《待制集》卷二十《故宋迪功郎史馆编校仁山先生金公行状》。柳贯在金履祥的行状文末自称"前太常博士"，柳贯任太常博士在泰定元年（1324），则此行状成文不早于此年。
③ 撰于《金华黄先生文集》卷三十二《白云许先生墓志铭》对黄榦、王柏、何基都以谥号相称，无金、许之谥，由此可以推断二人未得谥。
④ 王祎《王忠文集》卷十四《元儒林传》的金履祥传、许谦传，称二人得谥于至正七年（1347），但今本《元史》金、许二人本传都改为"至正中"，可能在审定时，宋濂等史官认为王祎记述的这一时间未必准确，最后定稿时如此修改。
⑤ 黄溍：《金华黄先生文集》卷三十二《叶审言墓志铭》，元刻本。
⑥ 宋濂：《黄誉刻宋学士先生文集辑补》，浙江古籍出版社 2014 年版，第 2334—2335 页

王柏氏，又传之金履祥氏、许谦氏，皆婺人，而其传遂为朱学之世嫡。"① 王祎认为北山世嫡延续到了宋濂这里。

元亡明兴，婺州地区的文化精英大量进入朱元璋政权，政治上的短暂得势刺激了朱学世嫡论的持续发酵。宋濂在洪武九年（1376）写道："有如婺郡许文懿公，为武夷之世嫡。"② 洪武十四年（1381，即宋濂自尽之年），他写道："考亭拓之，夷其榛荒。亦有车马，有驾而行，可尽天下。彼悟不由，狭径是趋。殚其智能，陷于泥涂。惟婺有传，考亭之嫡，先生是承，孔武且力。"③ 宋濂称吴师道为婺州"考亭之嫡"，但未明确其为下一代嫡传。

"朱学世嫡"进入《元史》金履祥、许谦本传，是其发展的历史性标志。洪武二年（1369）至洪武三年（1370）之间，朱元璋下诏修《元史》，宋濂、王祎同任总裁官，修纂官中胡翰、朱廉、张孟兼也是婺州人士。④ 这样一个编纂班子，自然对《儒学传》中的婺州人士倍加重视。总裁官之一的王祎亲自起草金履祥、许谦的本传，其初稿即王祎《王忠文集》卷十四中的《元儒林传》两篇。王祎为二人的传稿合写了一段"赞曰"：

> 朱氏之徒亦众矣，得其宗者惟黄榦氏。榦传何基氏，基传王柏氏，柏之传为履祥，为谦，其授受之渊源，如御一车以行大逵，如执一钥以节众音，推原统绪，必以四氏为朱学之世嫡，亦何其一出于正，粹然如此也。程氏之道至朱氏而始明，朱氏之道至金氏许氏而益尊。用使百年以来，学者有所宗乡，不为异说所迁，而道术必出于一，可谓有功于斯道者矣。⑤

比较今本《元史》卷一百八十九《儒学一》，可以看出二者互有详略，但前者的主要内容都被《元史》吸收了。尽管《元史》儒学传没有"赞曰"的设置，《元史·许谦传》中仍保留了这样一句话："先是，何基、王柏及金履祥殁，其学犹未大显，至谦而其道益著，故学者推原统绪，以为朱熹之世嫡。"于是，王祎的"赞曰"中最为要害的结论"朱学世嫡"被巧妙地嵌进了一代正史之中。

世嫡说从萌芽、酝酿到定型经历一个半世纪之久。在金履祥之前，理宗称赞黄榦为朱熹之嫡传，王柏则谨慎地赞美黄榦是朱子之真传、的传、正传，都不是是独占性的"嫡长子、嫡长孙"。直到金履祥才以黄榦为朱熹唯一的正统，何基为黄榦唯一正统传人，是为世嫡说之雏形。受到"北许南吴两文正"的压力，许谦谨慎地回避了金履祥式的师统表述。进入至正年间，婺州籍贯的知识

---

① 王祎：《王祎集》卷二十一，浙江古籍出版社 2016 年版，第 627 页。
② 宋濂：《翰苑别集》卷四《送许存礼赴北平教授任序》，浙江古籍出版社 2014 年版，第 1194 页。
③ 宋濂：《芝园续集》卷三《吴先生碑》，浙江古籍出版社 2014 年版，第 1704 页。
④ 徐永明：《元代至明初婺州作家群研究》，中国社会科学出版社 2005 年版，第 42—43 页。
⑤ 王祎：《王祎集》卷十四，浙江古籍出版社 2016 年版，第 429 页。

分子密集地活跃于官场，至正三年（1343）吴师道推动何基、王柏进入《宋史》，至正八年（1348）黄溍正式提出北山学派为"朱学世嫡"，入明后，宋濂、王袆编纂的《元史》将世嫡说载入《许谦传》，从而达到顶峰，获得了广泛的影响。

四、对北山世嫡说的评价

北山学派世嫡说的本质是"世世皆嫡"，其要点有二：第一，所谓"嫡"是独一无二的嫡长子、嫡长孙，世嫡说认为师承传授统绪中的每一代中有且只有唯一的传道者，杨时、罗从彦、李侗、朱熹、黄榦、何基、王柏、金履祥、许谦是他们各自所处的时代的唯一的传道者，同时代的二程、朱熹的其他门人被排除到正统之外。第二，世嫡说否认了师徒授受关系之外传道的可能性。《孟子》中提出的"私淑"历来被解释为没有师徒关系，如朱熹《孟子集注》云："人或不能及门受业，但闻君子之道于人，而窃以善治其身，是亦君子教诲之所及，若孔孟之于陈亢、夷之是也。"[①] 陈亢并未及孔子之门受业，夷之则是墨家，故"私淑"是独立于师徒授受关系之外的。《朱子语类》更说："私淑艾者，未尝亲见面授，只是或闻其风而师慕之，或私窃传其善言善行，学之以善于其身，是亦君子之教诲也。"[②] "闻其风而师慕之"，即读其书，而未亲炙其传人。再看许谦的解释："私淑者，私善于人。孟子不得为孔子之徒，而私善于再传之子思；朱子不得为程子之徒，而私善于三传之李氏，此私淑字最切。"[③] 如果无缘直接师承第一代学者，那么就通过师从第二代传人，使自己成为第三代传人，这样，"私淑"完全是在师徒授受统绪内展开的。可见许谦所理解的"私淑"与朱熹几乎完全相反。

因此，世嫡说和其他形式的极端师统崇拜，背离了朱熹、黄榦的道统论及他们对理学发展史的论述。朱熹《中庸章句序》、黄榦《圣贤道统传授总叙说》都详细阐述了道在千余年间，有时是在师徒授受系统中传承的，有时又是在师徒授受系统外传承的。追溯到北宋理学的源头周敦颐，便是无所师承，即朱熹所谓："不由师傅，默契道体。"[④] 朱熹还称赞他："心传道统，为世先觉。"[⑤] 黄榦在《圣贤道统传授总叙说》一文中，也称周敦颐："此又周子继孔孟不传之绪者

① 朱熹：《四书章句集注·孟子集注》卷十三，中华书局1986年版，第362页。
② 黎靖德编：《朱子语类》卷六十，中华书局1986年版，第1453页。
③ 许谦：《读四书丛说·读大学丛说》，四部丛刊续编本。
④ 朱熹：《晦庵集》卷七十八《江州重建濂溪先生书堂记》，朱杰人、严佐之、刘永翔主编《朱子全书》第二十四册，上海古籍出版社、安徽教育出版社2002年版，第3740页。
⑤ "心传道统"语出《晦庵集》卷九十九《移知南康榜文·又牒》"濂溪先生虞部周公，心传道统，为世先觉。"

也。"① 周敦颐、二程发明道之后，二程门人已不能传道："未及百年，蹉跎尤甚。先生出，而自周以来圣贤相传之道一旦豁然。"② 由于包括杨时在内的二程门人不足以传道，故在黄榦的道统谱系中，朱熹跳过道南一脉直接二程。黄榦总结道："窃闻道之正统待人而后传。"决定道能否得到传承的核心是"心"是否能够发现"道"，师徒关系虽然重要，但不是决定性的因素。

揆之思想史的事实，可以看到元明之际朱子学的师统崇拜处于持续衰落的过程中，明前期所有重要的朱子学学者都与宋元朱子学的师徒授受系统没有瓜葛。首先是曹端（1376—1434），刘宗周说："先生之学，不由师傅，特从古册中翻出古人公案。……虽谓先生为今之濂溪可也。"③ 这就很容易让人联想起朱熹对周敦颐的评价："不由师傅，默契道体。"刘宗周指出曹端对道的体认完全是从古册中来的。然后是薛瑄。薛瑄卒后到成化初年，一直有人建议薛瑄从祀孔庙，结果都告失败，反对者的主要理由就是薛瑄没有师承。吴与弼也是如此，黄宗羲指其："先生上无所传，而闻道最早。"④ 反过来，宋濂作为北山学派的传人，却不被明代学者视为明代理学的开端，方孝孺明明是宋濂弟子，却被《明儒学案》确认为'有明之学祖'。到了明中叶，阳明学崛起后，更提出："颜子没而圣学亡。"颜回早亡，未能发展出师徒授受系统，但对圣学的把握较曾子至孟子一系师徒授受系统更为完整。相比之下，世嫡说认为道统被某些人或某些学派占为己有，当作一种私有物私相传授。这种立场被当作宋明理学道统论的典型代表，吴震指出从阳明心学的立场看，其"颜子没而圣学亡"的道统论恰恰反对这一立场。⑤

总之，分析思想逻辑的内在理路和宋元明朱子学史的实际情形，北山学派的世嫡说不是朱熹、黄榦所主张的。北山学派的世嫡在许谦之后就无法找到公认的传道者，随之在洪武一朝后归于沉寂，便证明了这一点。

---

① 黄榦：《勉斋先生黄文肃公文集》卷26《圣贤道统传授总叙说》，元延祐二年刻本。
② 黄榦：《勉斋先生黄文肃公文集》卷34《朝奉大夫华文阁待制赠宝谟阁直学士通议大夫谥文朱先生行状》，元延祐二年刻本。
③ 黄宗羲：《明儒学案·师说·曹月川端》，文渊阁四库全书本。
④ 黄宗羲：《明儒学案》卷一《崇仁学案》，文渊阁四库全书本。
⑤ 吴震：《心学道统论——以"颜子没而圣学亡"为中心》，《浙江大学学报》（人文社会科学版）2017年第3期。

试论三代王官之学

董恩林 *

王官之学是指夏商周三代及其以前，王室官府所掌握所应用的百科知识、学术思想文化与典籍。本文以《周礼》《尚书》《礼记》等典籍为依据，从三代王官系统的教育教化职能、专门的教育文化部门和教材、学科知识体系三个方面论证了王官之学的客观存在和具体学术内容。指出王官系统的教育教化功能通过掌握书契档案资料、观象、读法三种方式体现，专门的教育文化部门则以《诗》《书》《礼》《乐》为核心教材，《周礼》《尚书》《礼记》等典籍不仅记载了系统的王官体系，还附带记载了许多专门的系统的学科专业知识，这是三代王官学术的最好体现。但过去，我们只注意到了这些先秦典籍的制度记载、礼乐教化内容的记载而忽略了其中的专业知识体系和学术思想内容。

一、问题的提起

讲到中华传统学术，清末以前，人们提得最多的自然是经学，毕竟经史子集、四书五经几千年来深入人心。二十世纪以来，一般民众知道得最多的是孔子、儒学等名词，如果再往前追溯：中华传统学术的源头在哪里？经学之前还有没有更早的学术形态？关心或知道的人恐怕就不多了。

其实，中华民族有五千多年文明发展史，按照现在最不保守的估计，经学最早出现于距今三千年前的西周。而《尚书·多士》早就明确记载："惟殷先人有册有典。"这就是说，早在西周前五百年的商代，就有了成型的文献、书籍，有了文献、书籍，就意味着有了文化与学术，已出土的大量甲骨文献也充分证明了这一历史事实。研究表明，甲骨文字已是一种相当成熟的表意文字，单字已达五千多个，甲骨文献比较系统地记载了殷人王室世系、日常生活、经济与文化活动。可见，那时已有比较成熟的文化与学术。

那么，如何界定经学之前的中华文化与学术呢？先秦典籍大多以"道""道术""术道""学"来形容。道、术、学三字在我们所知最早的甲骨文献中已出现和使用。《韩诗外传》卷六："问者曰：'古之谓知道者曰先生，何也？'""犹言

---

* 董恩林，华中师范大学历史文化学院二级教授。

先醒也。不闻道术之人，则冥于得失，不知乱之所由，眊眊乎其犹醉也。"①古代人们把懂得道术的人称作"先生"，觉得他们是人类中的先知先觉者，而没有知识、不懂道术的人犹如醉酒者整天昏昏然不知社会治乱的缘由。《庄子·天下篇》更指出："古之所谓道术者，果恶乎在？曰：无乎不在。""其明而在数度者，旧法世传之史尚多有之。其在于《诗》《书》《礼》《乐》者，邹鲁之士、搢绅先生多能明之。其数散于天下而设于中国者，百家之学时或称而道之。"这里，庄子首先肯定古代学术的存在，其次把当时的学术分为三大类：一是史传旧法等，是泛指档案文书之类文献；二是《诗》《书》《礼》《乐》等，是当时官方认可的专门教材；三是诸子百家。《汉书·艺文志》则根据刘向、刘歆父子《别录》《七略》资料，把诸子学术渊源归结于三代王官系统，指出儒家者流盖出于司徒之官，道家者流盖出于史官，阴阳家者流盖出于羲和之官，法家者流盖出于理官，名家者流盖出于礼官，墨家者流盖出于清庙之守，纵横家者流盖出于行人之官，杂家者流盖出于议官，农家者流盖出于农稷之官，小说家者流盖出于稗官，兵家者，盖出于司马之职，王官之武备也。"数术者，皆明堂羲和史卜之职也。""方技者，皆生生之具，王官之一守也。"从此，中国历代学者都遵信这一定论。

直到二十世纪二十年代，胡适发表《诸子不出于王官论》一文，导致"诸子出于王官说"受到极大否定，至今仍有许多学者支持这一论点。胡氏所论仅四千余字，提出了四点否定理由：一谓刘歆以前之论周末诸子者，如《庄子·天下篇》《荀子·非十二子篇》、司马谈《论六家要旨》《淮南子·要略》等皆无此说；二谓九流无出于王官之理；三谓《艺文志》所分九流乃汉儒陋说，未得诸家派别之实；四谓章太炎论诸子出于王官之说不能成立。其第一点所论显然毫无道理，因为《庄子·天下篇》《荀子·非十二子篇》、司马谈《论六家要旨》《淮南子·要略》论及诸子皆因时事之需而生，涉及诸子之目标，并未追溯其源，用"前无所承"来否定"诸子出于王官说"，同样可以用来否定胡氏前无所承的"诸子不出于王官说"；其第二点仅证墨子一家不出于"清庙之守"以例其他；其第三点以"古无九流之说"为理由而直接判定为汉儒陋说，手法同于第一点。前面这三点共约二千字，既无史实论证，亦不作文字考据，以大学者面目强词夺理和臆断的成分居多。其第四点专门反驳章太炎所论"诸子不出王官说"，大约因章太炎是当时的大学问家，胡氏不敢轻敌，驳论至二千余字，不外两点依据，一谓《周礼》为伪书不可信，二谓王官无学术可言。谓《周礼》为伪书已被近几十年的出土文献正误，谓王官无学术可言，无异于说秦汉以来的中华学术为无本之木、无源之水，

---

① 韩婴：《韩诗外传》卷六，上海书店出版社2012年版，第87页。

亦难成立。

特别是胡氏及当今支持者所津津乐道的论调"诸子之学皆起于救世之弊，应时而生"，实际上《汉书艺文志》在讲诸子出于王官的同时早就说过："诸子十家，其可观者九家而已。皆起于王道既微，诸侯力政，时君世主，好恶殊方，是以九家之术蜂出并作，各引一端，崇其所善，以此驰说，取合诸侯。"

可见，《汉书·艺文志》作者的观点很明确。从源头来看，诸子学术可以追溯到学在官府的三代王官文化；从目的来讲，诸子学术都是为了应时救弊、符合诸侯需要。因此，《汉书·艺文志》作者不仅把诸子之源追溯到三代王官系统，也把经学之源归到了王官，明确肯定《周易》为周文王亲自编定，将《诗》之起源系于"古有采诗之官，王者所以观风俗，知得失，自考正也。"把《礼》的起源推到西周以前，以为"帝王质文，世有损益，至周曲为之防，事为之制，故曰：礼经三百，威仪三千。"把《乐》的起源推到"自黄帝下至三代，乐各有名"。更详细说明："古之王者世有史官，君举必书，所以慎言行，昭法式也。左史记言，右史记事，事为《春秋》，言为《尚书》，帝王靡不同之。周室既微，载籍残缺。""至孔子纂焉，上断于尧，下讫于秦，凡百篇，而为之序，言其作意。"把《尚书》和《春秋》的起源追溯到三代史官，孔子只是对六经重新加以整理而已。

《汉书·艺文志》作者的结论是对的。不管春秋战国私学兴起而催生的诸子之学有多少具体的缘起，只要承认三代及其以前学在官府的历史事实，就相当于认同其总源头来自三代王官文化。

二、王官之学的客观存在

关于王官之学，目前的研究相当少，[①] 这既是由于资料缺乏，也是因为一百多年来人们批判传统学术特别是经学、轻视传世经典。如果我们对传世经典文献秉持基本信任的态度，可以找到王官之学客观存在的依据。

首先，我们中华民族的祖先特别重视将教化之法、治世经验等书之竹帛，故中华古文献产生较早，这是王官学术出现的证据之一。正如《易·系辞下》所言："上古结绳而治，后世圣人易之以书契，百官以治，万民以察。"先秦时期，百官治国，万民处世，都要以书契为教材、处事依据，十分重视典籍的作用。章学诚总结这种王官之学的架构是："有官斯有法，故法具于官；有法斯有书，故官

---

① 可参阅张富祥《从王官文化到儒家学说》，《孔子研究》1997 年第 1 期。另沈文倬先生《宗周礼乐文明考论》专著中有《略论王官之学》一文，但似乎把王官之学理解成了王官设置之学，即三代王官是如何设置的、每一官职掌如何等。

守其书；有书斯有学，故师传其学；有学斯有业，故弟子习其业。"①《墨子》很多篇章也都讲到这些经典之所以产生的原委，指出："古之圣王，欲传其道于后世，是故书之竹帛，镂之金石，传遗后世子孙，欲后世子孙法之也。"②甲骨文也有"作册""称册""教""学""师"等字，不仅证实了殷人有册有典，也昭示出殷人有教有学有师。我们略作统计，见之于先秦经典中的书名即有《三坟》《五典》《八索》《九丘》《易》《诗》《礼》《乐》《夏书》《商书》《周书》《书》《乘》《梼杌》《春秋》《楚书》《黄帝书》《山书》《时》《行》《卜》《世》《令》《语》《故志》《训典》《图》《法》《数》《夏时》《坤乾》《记》《中候》《夏训》《周志》《前志》《军志》《郑书》等等。《尚书》载："孔子求书，得黄帝玄孙帝魁之书，迄于秦穆公，凡三千二百四十篇，断远取近，定可以为世法者百二十篇，以百二篇为《尚书》，十八篇为《中候》。"这虽然是纬书，所说事实应有据。由此可知，孔子在整理古代典籍时，曾大量搜集古书，所得和所整理者不仅是六经而已。

其次，华夏民族很早就懂得了教育的重要性，早在夏商时代就设立学校来教育子弟。有了教育，自然就有了学术体系。《礼记》对学校机制、王官教育职掌等作了详细记载。《礼记·王制》"天子命之教，然后为学。小学在公宫南之左，大学在郊。天子曰辟雍，诸侯曰泮宫。"天子出征"受成于学，出征执有罪，反释奠于学。"可见当时的学校不仅仅是受教育的地方，同时也是举行重大仪式的场所，这彰显了学校在国家政治中的重要性。《礼记·明堂位》："米廪，有虞氏之庠也；序，夏后氏之序也；瞽宗，殷学也；泮宫，周学也。"《礼记·学记》则对教育的类型、内容、原则、方法等作了详细叙述，指出："古之教者，家有塾，党有庠，术有序，国有学。"《大戴礼记·保傅》也记载了上古东学、南学、北学、西学、太学五学的分工："此五义者既成于上，则百姓黎民化辑于下矣，学成治就，此殷周之所以长有道也。""古者年八岁而出就外舍，学小艺焉，履小节焉；束发而就大学，学大艺焉，履大节焉。"《孟子·滕文公上》："由此观之，虽周亦助也，设为庠序学校以教之：庠者，养也；校者，教也；序者，射也。夏曰校，殷曰序，周曰庠，学则三代共之，皆所以明人伦也。"这些说明三代官府学校是有体系的。

为什么要重视教育呢？《大戴礼记·保傅》有个答案："天下之命悬于天子，天子之善，在于早谕教与选左右；心未疑而先教谕，则化易成也。夫开于道术，知义理之指，则教之功也。……故曰选左右、早谕教最急。"这已隐含内圣外王之旨。

---

① 章学诚：《校雠通义》卷一，中华书局 1985 年版，第 951 页。
② 《墨子》，中华书局 2015 年版，第 418 页。

其三，在现存先秦典籍中，教、学、法、道、术等概念的记载相当普遍，强烈地体现出华夏民族重视礼乐教化、国民教育的特点，这也能说明官方学术的存在。什么是教？什么是学？《说文·教部》："教，上所施、下所效也。""敩，觉悟也。学，篆文敩省。"段玉裁注曰："《兑命》曰'学学半。'上学字谓教，言教人乃益己之学半；教人谓之学者，学所以自觉，下之效也；教人所以觉人，上之施也，故古统谓之学也。"可见，在古人看来，教与学是一个事物的两个侧面，教人亦所以觉己，学习亦所以自省悟，故《礼记·学记》有"教学相长"的归纳。如《周易·临卦·象传》："君子以教思无穷。"言国君当时刻以教化为无穷思念，以保安其民。《周易·观卦·象传》："圣人以神道设教而天下服矣。"《象传》："先王以省方观民设教。"《尚书·舜典》："扑作教刑。"即师儒教训学生之刑。"帝曰：汝作司徒，敬敷五教在宽。""帝曰：夔，命汝典乐，教胄子。"这表明早在尧舜时代，司徒之官即负有礼乐五教之责。《尚书·酒诰》："文王诰教小子。""尚克用文王教。"《尚书·说命下》对学的记载最具典型："学于古训，乃有获。""惟教学半，念终始典于学。"意即学习古人的遗训才能有收获，教学相长，要始终不忘教与学。《诗经》也有很多这方面的记载，如《国风》："子衿，刺学校废也。乱世则学校不修焉。"后来"教"的意义进一步发展，便有了"修道之谓教"。所以，王官之学的首要内容便是"修道"。

其四，《春秋左传》等典籍记载，西周衰落后，王官文化精英纷纷离开王城，散走各地。这个事实，孔子早就说过："吾闻之，天子失官，学在四夷。"我们现在虽然难以找到大量王官文化精英离开王城散走各地的文献资料，但老子离开宗周入关的历史事实足以说明这一点，《史记·老子韩非列传》载老子"周守藏室之史也"，"修道德，其学以自隐无名为务。居周久之，见周之衰，乃遂去"。可见，老子原为西周王室守藏史，居于西周都城很久，后来看到西周王室越来越衰落，便离开西周都城，西入潼关隐居起来。又如《吕氏春秋·当染》载："鲁惠公使宰让请郊庙之礼于天子，桓王使史角往，惠公止之，其后在于鲁，墨子学焉。"周桓王时，鲁惠公之所以能把周王室的史角留下来，是周衰的表现；史角留下后，播散文化，墨子学而成一家之言，既是墨学出于清庙的确证，也是学在王府的证据。《论语·微子》所载鲁国三桓僭妄之时，"大师挚适齐，亚饭干适楚，三饭缭适蔡，四饭缺适秦。鼓方叔入于河，播鼗武入于汉，少师阳、击磬襄入于海"的状况，完全可以用来推测西周衰落之后王官四散的情景。

此外，三代巫史掌握着文化学术资料，《周礼》"史"职出现二百七十次，所记五官之史，总计一千余人。清人龚自珍指出："周之世官大者史，史之外无有语言焉，史之外无有文字焉，史之外无人伦品目焉。史存而周存，史亡而周亡。""六经者，周史之大宗也"，"诸子者，周史之小宗也。"①

显然，在经学之前，王官之学实际存在，而且内容丰富。

三、王官之学的主要内容

就传世文献而言，《尚书》《周礼》《礼记》《汉书·艺文志》即足以勾勒三代王官之学的基本轮廓。我们不妨以这几种古文献为例分析王官之学的内容与体系。

《周礼》是系统记载周代政治制度的经典，全书分天官冢宰、地官司徒、春官宗伯、夏官司马、秋官司寇、冬官考工记六部分。《周礼》的王官文化集中体现在三个方面：一是详细记载了周王室和各级官府的事务文化和教育职责，即各王官机构所负文书制作、档案保管与研究之责；二是详细记载了王室专门的学校教育系统与职责，即司徒、司马、乐正、师氏、保氏等所负专门学校教育之责；三是详细记载了生物学、农学、艺术学、天文学等方面的理论。

先看《周礼》记载的周王室和各级官府的文化教育职责。《周礼·天官冢宰》载太宰之职"掌建邦之六典"，即掌握治理国家六大方面的法典、文献，其中之一就是"教典"，即教育教化之典，"以安邦国，以教官府，以扰万民"，"扰"就是教训之意。其属"师以贤得民""儒以道得民"，郑玄注："师，诸侯师氏有德行以教民者；儒，诸侯保氏有六艺以教民者。"可见，在太宰之属中，有专门负责教育之事的师、儒，这是国家层面负责教育与文化的官员。每年正月朔日，太宰将一年的主要政务文书颁布到"邦国都鄙"，同时书写成布告张贴在都城阙门，以便民众观看。小宰也率各部门官吏到场观看并向民众解释这些文告，强调以六典、八法、八则分别处理城市与郊野事务，官民都要共同遵守。

在小宰之职中，更具体化了政府部门的教化职责所在。其中地官之属六十，即地官司徒所掌各部门，全部是涉及民生、民政的范围，均负有邦教之职、教职之责。在官府具体办事程序中，有所谓"八成"，即八种办事程序，"二曰听师田以简稽，三曰听闾里以版图，四曰听称责以傅别，五曰听禄位以礼命，六曰听取予以书契，七曰听卖买以质剂，八曰听出入以要会"。依郑玄注，这些都是指通过相关簿书图册来检查和处理事务，这意味着中央各级部门掌握着大量书契图册，意味着各级部门吏员既需要识文断字，又负有传播文化、进行教化之责。每月终，小宰接受各部门官吏报来主要簿书数据，年终则将这些簿书上报太宰。小宰之属中，"宰夫"之职专门掌管"官法""官成""官治""官书""官

---

① 龚自珍：《古史钩沉论二》，上海人民出版社 1975 年版。

契""官常""官叙"等，月终、旬终、岁终，如有官府官吏没有及时上报相关簿书数据，则提出警告。"宫正"掌握宫廷相关法令簿册，并负有"会其什伍而教之道艺"的职责，即组织卒伍集体学习"师氏"所教"三德""三行"，以及"保氏"所教礼、乐、射、御、书、数六艺。医师"掌医之政令"，"岁终，则稽其医事"，即将一年医案汇总成册，分类保存，这应该是后世医书的滥觞。"司会掌邦之六典、八法、八则之贰。""凡在书契、版图者之贰，以逆群吏之治而听其会计。以参互考日成，以月要考月成，以岁会考岁成"。这是说"司会"掌管六典、八法、八则以及簿书、户籍、图册的副本，参与月终、岁终的各种稽核。"司书掌邦之六典、八法、八则、九职、九正、九事，邦中之版，土地之图，以周知入出百物"，"及事成，则入要贰焉"。这是说司书掌管六典、八法、八则等相关簿书图版的正本，记录各种稽核结果和百物财用的余额等。"职内"掌管"邦之赋入"总数，"凡受财者，受其贰令而书之"，随时记录财赋收支情况，汇档保存。"内宰掌书版图之法……以阴礼教六宫，以阴礼教九嫔，以妇职之法教九御，使各有属"。可见内宰的职责有二：一是掌管宫廷档案，二是负责教育后宫妃嫔使女事宜。教育内容则是九嫔所掌妇学之法，即妇德、妇言、妇容、妇功四个方面，妇德指品行贞顺，妇言指辞令得体，妇容指仪表端庄，妇功指女红技艺。

负教育文化之责最全最重的是地官司徒。《周礼·地官司徒》开宗明义："立地官司徒，使帅其属而掌邦教"，邦教就是邦国之教。证之《尚书·舜典》："舜曰：契，百姓不亲，五品不驯，汝作司徒，敬敷五教，在宽。"可见，司徒之设，职在教化，且始于尧舜时代。《左传》文公十八年称"舜臣尧，举八元，使布五教于四方：父义，母慈，兄友，弟恭，子孝。"这就是所谓五品、五教。所以，《周礼》中司徒的属下都称"教官"，人人负有教化之责。如大司徒之职有二，一是"掌建邦之土地之图与其人民之数"。具体来说，就是"以天下土地之图，周知九州之地域广轮之数，辨其山林、川泽、丘陵、坟衍原隰之名物。而辨其邦国都鄙之数，制其畿疆而沟封之，设其社稷之壝，而树之田主，各以其野之所宜木，遂以名其社与其野。"同时，"以土会之法，辨五地之物生：一曰山林，其动物宜毛物，其植物宜皂鳞，其民毛而方；二曰川泽，其动物宜鳞物，其植物宜膏物，其民黑而津；三曰丘陵，其动物宜羽物，其植物宜核物，其民专而长；四曰坟衍，其动物宜介物，其植物宜荚物，其民皙而瘠；五曰原隰，其动物宜臝物，其植物宜丛物，其民丰肉而庳。"一句话，大司徒要通过汇集各地土地、物产、人口等情况汇报，掌握有关邦国各地地理、物产和人口等等方面的文书档案及相关知识体系，二是运用这种知识体系对百姓民众"施十有二教"：教敬、教让、教亲、教和、辨等、教安、教中、教恤、教节、教能、制爵、制禄。敬、让、亲、和、中、安、恤、节等属德性修养教化，辨等指社会等级秩序，教能指生存技艺，爵、禄指政治管理与利禄制度。后面则更具体地指出，要教民众"相民宅而知其利害，以阜人民，以蕃鸟兽，以毓草木，以任土事。辨十有二壤之物而知其种，以教稼穑树艺"，"辨五物九等，制天下之地征，以作民职，以令地贡，以敛财赋，以均齐天下之政"。大司徒之职中还包括城市建设、居民养老、行政管理、赋税制度等方面的知识与制度。每年"正月之吉始和，布教于邦国都鄙，乃悬教象之法于象魏，使万民观教象，挟日而敛之，乃施教法于邦国都鄙，使之各以教其所治民"。也就是说，大司徒每年正月将政事、教化等事务布告天下，让所属百官以此为准教万民德性修养、生产技艺等。具体而言就是两大方面：一是稼穑（农业）、树艺（园林）、作材（林业）、阜藩（畜牧业）、饬材（百工手艺）、通财（商贾）、化材（纺织缝补技艺）、敛材（聚财之道）、生材（谋生之道）、学艺（学习六艺）、世事（日常应对能力）、服事（公益能力）等十二个方面的技艺、事务；二是教以六德（知、仁、圣、义、忠、和）、六行（孝、友、睦、姻、任、恤）、六艺（礼、乐、射、御、书、数）。"以五礼防万民之伪而教之中，以六乐防万民之情而教之和"。"万民之不服教而有狱讼者，与有地治者听而断之"，即将不服教化而导致狱讼者交由地方官员裁判发落。到了年末，大司徒则命所有"教官"将一年档案文书汇总上交，并提出总结报告，对文书档案不齐全、不规范者给予警告和处罚。当然，大司徒不可能包揽上述众多事务，而是通过其下属部门与官吏具体实施。如"小司徒"之职，"掌建邦之教法"，即掌管教化的方法、程序，"掌其政教"，"治其政教"。"正岁则帅其属而观教法之象，徇以木铎"。"乡师"之职"各掌其所治乡之教而听其治"，即掌握各自所在乡村的教化工作及所需文书档案，处理日常事务。"乡大夫"之职"各掌其乡之政教禁令，正月之吉，受教法于司徒，退而颁之于其乡吏，使各以教其所治"，即掌握各乡文书档案，每逢正月初，从司徒那里接受教化所需文件、程序等，转而传授给乡吏，使之分头执行教化工作。并在教化过程中考察贤能之人，年终将考察结果写成报告文书附上原始档案材料上报国王，国王将这些文书档案的正本存入天府，副本则由内史掌管。此外还有"党正各掌其党之政令教治"，"教其礼事"；"遂人掌邦之野，以土地之图，经田野"，"教之稼穑"；"遂大夫各掌其遂之政令，以教稼穑"。

再看《春官宗伯》所载"大卜掌三兆之法"，一是玉兆，二是瓦兆，三是原兆，这是用火灼龟甲使其现裂纹的卜兆之法，玉兆即似玉石裂纹之兆，瓦兆即似瓦片裂纹之兆，原兆即似高原梯田裂纹之兆。每一兆有经体一百二十类，每类又各有颂谣一千二百条。太卜还"掌三易之法"，一曰连山，二曰归藏，三曰周易。各有经卦八种，各别为六十四卦。太卜还"掌三梦之法"，一是夏代制作的"致梦"之法，二是商代制作的"觭梦"之法，三是周代制作的"咸陟"之法。这三法"其经运十，其别九十"，尽管其法早在汉代已失传，汉代学者已无法详解，但每经十类，每类再分九十，可见其法同样是完整而复杂的。太卜用"邦事作龟之八命，一曰征，二曰象，三曰与，四曰谋，五曰果，六曰至，七曰雨，八曰瘳"，即归纳出需要依靠龟蓍方法作出决策的八种国家大事。"以八命者赞三兆、三易、三梦之占"，通过三兆、三易、三梦之法来观察、研究这八种国家大事的吉凶，以便决定国家大政方针。这显然是一种远比现在所看到的《周易》占筮体系更为复杂丰富的预测未来的方法与理论体系，除了占筮之外，还有龟兆之法、解梦之法，并积累了大量验证案例，撰写了大量判断命辞，其知识性、理论性、系统性不言而喻。今天我们所看到的《周易》卦爻辞体系极有可能是太卜所掌握的这些知识体系的理论化、系统化。

太史"掌建邦之六典，以逆邦国之治。掌法，以逆官府之治；掌则，以逆都鄙之治。"我们知道，太宰也"掌建邦之六典"，那是一种建设、制定和掌控，这里太史之掌是一种具体的保存与收藏。掌法即保藏八法文件，掌则即保藏八则文件。小史"掌邦国之志，奠系世，辨昭穆；大祭祀，读礼法，史以书叙昭穆之俎篹"。外史"掌书外令，掌四方之志，掌三皇五帝之书，掌达书名于四方；若以书使于四方，则书其令。"小史保管地方志和家谱等，职在辨别世系，安排祭祀名位等；外史则掌管邦外各国方志和远古三皇五帝图籍，起草外交文书并保管之。

再看《夏官司马》所载：大司马"中春，教振旅"，"以教坐作进退疾徐疏数之节"，"中夏，教茇舍"，"中秋，教治兵"，"中冬，教大阅"。职方氏"掌天下之图，以掌天下之地，辨其邦国、都鄙、四夷、八蛮、七闽、九貉、五戎、六狄之人民，与其财用九谷、六畜之数要，周知其利害，乃辨九州之国，使同贯利"。一个"辨"字包含职方氏职责中的研究成分。职方氏要通过掌管天下地理版图等档案资料，来研究和积累天下地理、城郊建筑、民族构成、人口数量、粮食作物种类、牲畜养殖等知识与利害关系。又如"量人掌建国之法。以分国为九州，营国城郭，营后宫，量市朝道巷门渠，造都邑亦如之，营军之垒舍，量其市朝州涂军社之所里，邦国之地，与天下之涂数，皆书而藏之"。可以想见，王官的各种知识体系、学术思想正是在这种"皆书而藏之"的过程中逐渐积累而形成的。

再看《秋官司寇》载大司寇掌管"轻典""中典""重典"，负有"以圜土聚教罢民"的职责。具体负责服刑犯教育的还有"司圜"之官，专门"掌收教罢民"，"任之以事而收教之"，即通过劳役磨炼使犯人得到教育。此外，凡是国家有大型盟会、盟约，大司寇要"莅其盟书，而登之于天府，大史、内史、司会及六官，皆受其贰而藏之"。从这一条中可以看出，太史、内史、司会及六卿都负有保管相关档案文件的责任。

大司寇下面"小行人"之职"掌邦国宾客之礼籍"。"及其万民之利害为一书，其礼俗政事教治刑禁之逆顺为一书，其悖逆暴乱作慝犹犯令者为一书，其札丧凶荒厄贫为一书，其康乐和亲安平为一书。凡此五物者，每国辨异之，以反命于王。"可见小行人之职，就是出使四方，深入基层进行国情民情调查。小行人把民众利害情况写成一篇报告，礼俗法律执行情况写成一篇报告，犯罪情况写成一篇报告，贫困灾害情况写成一篇报告，幸福安康情况也写成一篇报告，并进行比较、分析，总结其善恶、利害、逆顺等情况，然后都送交国王。这条记载具体说明了王官之学的形成路径：王官之学及其典籍（包括六经）的形成正是王官在执行政务、推行教化的过程中累积、保管和分析研究天下各地、王室各部门汇集而来的档案文书，从而形成知识体系、理论框架，并升华为初步的学术思想。章学诚总结这种王官之学的架构是："有官斯有法，故法具于官；有法斯有书，故官守其书；有书斯有学，故师传其学；有学斯有业，故弟子习其业。"[1] 中华民族的学术正是这样发轫的。

《周礼》所记王官系统在各自积累和保管档案文书的同时，对官吏和民众进行教育教化的方式，主要有两种：一是对城邦内官民的观象，二是对效野地区民众的读法。所谓观象，即参观治象之法，这是针对城邦内百官民众的教育方式。《周礼》天官冢宰、地官司徒、夏官司马、秋官司寇之职中都有记载。《周礼·天官冢宰》："正月之吉始和，布治于邦国都鄙，乃悬治象之法于象魏，使万民观治象，挟日而敛之。"《地官司徒》："正月之吉始和，布教于邦国都鄙，乃悬教象之法于象魏，使万民观教象，挟日而敛之。"《夏官司马》："正月之吉始和，布政于邦国都鄙，乃悬政象之法于象魏，使万民观政象，挟日而敛之。"《秋官司寇》："正月之吉始和，布刑于邦国、都鄙乃县刑象之法于象魏，使万民观刑象，挟日而敛之。"意思就是每年正月初一开始调和汇集治政、刑法和教育法令等文书，颁布于邦国都城和郊野，同时将这些法令文书悬挂张贴于都城魏阙之上，让百官率各自所属民众前往观看学习，十天后即收藏于邦国图书馆，这昭示出"学在官府"的机制。

---

[1] 章学诚：《文史通义》，中华书局1985年版，第951页。

关于读法，《周礼·地官》有四段记载："州长各掌其州之教治政令之法，正月之吉，各属其州之民而读法，以考其德行、道艺而劝之，以纠其过恶而戒之。若以岁时祭祀州社，则属其民而读法，亦如之。""正岁，则读教法如初。""党正各掌其党之政令教治。及四时之孟月吉日，则属民而读邦法，以纠戒之。""正岁，属民读法而书其德行、道艺。以岁时莅校比，及大比，亦如之。""族师各掌其族之戒令政事。月吉，则属民而读邦法，书其孝弟睦姻有学者。春秋祭酺，亦如之。""闾胥各掌其闾之征令，以岁时各数其闾之众寡，辨其施舍。凡春秋之祭祀、役政、丧纪之数，聚众庶。既比，则读法，书其敬敏任恤者。"这几段文字告诉我们四个事实。一是如同大小司徒及其直属机构，州长、党正、族师、闾胥等地县乡村四级机构主管都负有教育之责，读法、检查、考核民众德行、道艺效果，并将过程、结论及优异者记录在案，保存备查。二是读法、读邦法，即面对民众宣读一年来的政令及十二教内容，使民熟知。由于学在官府，只有通过这种方式才能让民众接受政教与文化，体现了以王官为师的文化模式。三是四级机构读法时间既因时如每逢月吉读法，也因事如逢祭祀读法，相当频繁。州长一年四次读法，党正一年七次读法，族师一年每月一次读法外加春秋祭两次读法共十四次，闾胥则每逢春秋祭祀、役政、丧纪之数，都要聚众庶读法。四是读法不仅仅是读，更重要的是"劝戒""校比"，落实在"德行道艺"的行动上，读法过程、效果和优异者都要记录在案，以备查和上报国王。这必然形成大量新的档案、新的知识与思想积累，王官文化正是在这种模式下积累和发展起来的。可见，读法是当时对民众进行教化的一种常用方式，最能体现当时文化为王官所垄断、民众以王官为师的文化特点。

再看《周礼》所记专门的教育系统以及教育官员的教育文化职责。

三代的学校设置情况已见上文第二部分所述。这里专门就大小司徒之下的"师氏""保氏"，以及春官宗伯之下的"大司乐""乐师"、夏官司马中的"诸子"职等，对其学校教育职责进行分析。《周礼》使用"教"字达九十七次之多，有"政教""教法""教化""五教""七教""教官"等概念；"法"字一百五十一次，有"法则""官法""式法""八法""邦法""国法""礼法""法令""射法""军法""兵法"等。特别是其中《周礼·地官司徒》载：师氏"掌以媺诏王。以三德教国子：一曰至德，以为道本；二曰敏德，以为行本；三曰孝德，以知逆恶。教三行：一曰孝行，以亲父母；二曰友行，以尊贤良；三曰顺行，以事师长。"媺，即美善之道，诏王就是劝导和提醒。这就是《周礼·天官冢宰》中"师以贤得民"者，对上劝王以善道，对下教民以三德三行。

保氏"掌谏王恶，而养国子以道。乃教之六艺，一曰五礼，二曰六乐，三曰五射，四曰五驭，五曰六书，六曰九数。乃教之六仪，一曰祭祀之容，二曰宾客之容，三曰朝廷之容，四曰丧纪之容，五曰军旅之容，六曰车马之容。"保氏即《周礼·天官冢宰》中"儒以道得民"者，对上劝谏王之过恶，对下教民以六艺六仪，即知识与技能。

《周礼·春官宗伯》：大司乐"掌成均之法，以治建国之学政"，"凡有道者、有德者，使教焉"，即责成上述"师""儒"负责具体学校的教育工作。"以乐德教国子：中、和、祗、庸、孝、友；以乐语教国子：兴、道、讽、诵、言、语；以乐舞教国子，舞云门、大卷、大咸、大磬、大夏、大濩、大武"。据郑注，成均即五帝时代的大学，成均之法即大学之法。"乐师掌国学之政，以教国子小舞"，"教乐仪"，"教恺歌"。据郑注和孙诒让《周礼正义》，此"国学"为成均旁之小学，太学教大舞，小学则教小舞。太师"教六诗，曰风，曰赋，曰比，曰兴，曰雅，曰颂"。这已经具备了后来中华民族古典文学理论发展的基本框架。大胥"掌学士之版，以待致诸子。春入学，舍采，合舞；秋颁学，合声"。小胥"掌学士之征令而比之"，小师"掌教鼓鼗、柷、敔、埙、箫、管、弦、歌"。由此推知，大司徒、小司徒等掌管的是全民教化之责，真正的学校教育则由大司乐及其部下的乐师、太师等官员掌管。《礼记·王制》也详细记载了当时教育的主要内容："司徒修六礼以节民性，明七教以兴民德。"乐正则"崇四术，立四教，顺先王《诗》《书》《礼》《乐》以造士，春秋教以《礼》《乐》，冬夏教以《诗》《书》"。学生毕业时，小胥、大胥、小乐正等教育官员要将不服教育、成绩不合格者造册向大乐正汇报，大乐正再向国王报告。国王先让三公、九卿、大夫、元士到学校对这些人进行教育，如果没有效果，国王亲自到学校进行训导，如果还没有效果，则"屏之远方"，"终身不齿"。可见，司徒负有两种具体事务。一是每年要命各地考核和上报不服教化者，然后率领部下对这些不服教化者进行教育训导，如果经过教育训导仍然没有改变，则要"屏之远方，终身不齿"；二是负责选拔人才，并对学校生员的学习进行考核。"命乡论秀士，升之司徒，曰选士。司徒论选士之秀者，而升之学，曰俊士。升于司徒者不征于乡，升于学者不征于司徒，曰造士。"学校教育内容则有德行、语言、音乐舞蹈等。《礼记·文王世子》也谓："凡学，世子及学士，必时，春夏学干戈，秋冬学羽籥，皆于东序。""秋学礼，执礼者诏之；冬读书，典书者诏之；礼在瞽宗，书在上庠。""凡学，春官释奠于其先师。秋冬亦如之。"（郑注云："官，谓《诗》《书》《礼》《乐》之官也。"）"凡三王教世子，必以礼乐，乐所以修内也，礼所以修外也。""入则有保，出则有师，是以教喻而德成也。师也者，教之以事而喻诸德者也；保也者，慎其身以辅翼之而归诸道者也。《记》曰：虞、夏、商、周，

有师保，有疑丞。"《大戴礼记·主言》："孔子曰：是故昔者明主内修七教，外行
三至（至礼、至赏、至乐）。""曾子曰：'敢问：何谓七教？'"孔子曰："上敬老
则下益孝，上顺齿则下益悌，上乐施则下益谅，上亲贤则下择友，上好德则下
不隐，上恶贪则下耻争，上强果则下廉耻，民皆有别，则贞、则正，亦不劳矣，
此谓七教。七教者，治民之本也，教定是正矣。"《周礼·夏官司马》载：诸子之
职为掌管国中诸侯卿大夫庶子的教育，"掌其戒令与其教治，辨其等，正其位"。
"凡国之政事，国子存游倅，使之修德学道。春合诸学，秋合诸射，以考其艺而
进退之"。"修德"即德性修养，"学道"即技艺学习。春天到学校学习礼乐知识，
秋天则进行礼乐射御等实际技艺练习。

　　章学诚认为：周官旧典"《易》掌太卜，《书》藏外史，《礼》在宗伯，《乐》隶
司乐，《诗》领于太师，《春秋》存乎国史。"[1] 根据就在于此。可见，各级王官的
教育职责都有详细记录在案，明确昭示出学在官府的历史事实和王官之学的基
本内容。

　　第三，看《周礼》等典籍记载的各学科知识体系。

　　过去，我们通常把《周礼》单纯看成记载周代礼制的经典。实际上，如果我
们从学科知识体系、学术思想角度来审视《周礼》，就不难看出其中所包含的丰
富的学术思想内容。如《天官冢宰》膳夫、庖人、内饔、外饔等部分记载了王室
饮食谱系，"凡王之馈，食用六谷，膳用六牲，饮用六清，羞用百有二十品，珍
用八物，酱用百有二十瓮。""六清"即包括水在内的六种饮品。百有二十品即
菜系种类，八珍即八种烹饪方法，"酱用百有二十瓮"指酱、醋、醢、醯等烹饪
佐料种类。《礼记·内则》对"八珍"烹制技艺有详细记载，包括主辅料配备、油
盐酱醋比例、饮具与火候、制作程序与工艺等，非常具有操作性："淳熬：煎醢
加于陆稻上，沃之以膏，曰淳熬。淳母：煎醢加于黍食上，沃之以膏，曰淳母。
炮：取豚若将，刲之刳之，实枣于其腹中，编萑以苴之，涂之以谨涂。炮之，涂
皆干，擘之，濯手以摩之，去其皽，为稻、粉、糔溲之以为酏，以付豚。煎诸
膏，膏必灭之。钜镬汤，以小鼎芗脯于其中，使其汤毋灭鼎，三日三夜毋绝火，
而后调之以醯醢。捣珍：取牛、羊、麋、鹿、麕之肉，必脄，每物与牛若一，
捶，反侧之，去其饵，孰，出之，去其皽，柔其肉。渍：取牛肉，必新杀者，薄
切之，必绝其理，湛诸美酒，期朝而食之以醢若醯、醷。为熬：捶之，去其皽，
编萑，布牛肉焉，屑桂与姜，以洒诸上而盐之，干而食之。施羊亦如之，施麋、
施鹿、施麕，皆如牛羊。欲濡肉，则释而煎之以醢。欲干肉，则捶而食之。糁：

① 章学诚：《校雠通义》，中华书局 1985 年版，第 951 页。

取牛、羊、豕之肉，三如一，小切之，与稻米，稻米二，肉一，合以为饵煎之。肝膋：取狗肝一，幪之以其膋，濡炙之，举燋其膋，不蓼。取稻米，举糔溲之，小切狼臅膏，以与稻米为酏。"这些操作方法程序较为复杂，需要掌握相当技巧才能操作。又如"春行羔豚膳膏香，夏行腒鱐膳膏臊，秋行犊麛膳膏腥，冬行鲜羽膳膏膻"，即春天宜食羔豚，夏天宜食干雉干鱼，秋天宜食牛、鹿之嫩者，冬天宜食鱼雁之肥者。又如记载如何辨别"腥臊膻香之不可食者"："牛夜鸣则庮；羊泠毛而毳，膻；犬赤股而躁，臊；鸟麃色而沙鸣，狸；豕盲眂而交睫，腥；马黑脊而般臂，蝼"。这些是指一年四季各宜食用什么样的禽兽牲畜和有关烹饪技艺，用今天的话说就是，凡夜鸣之牛其肉必恶臭，毛长而聚结的羊其肉必膻，屁股无毛而躁跳的狗其肉必臊，鸟毛失色而鸣声沙哑其肉必臭，眼睫毛交结在一起而视力差的豕其肉必腥，黑脊背而前脚有斑的马其肉必如蝼蛄般臭。又如"凡食齐视春时，羹齐视夏时，酱齐视秋时，饮齐视冬时。"这是说主食宜温，汤羹宜热，酱食宜凉，饮料宜寒，可见今日西方人及年轻人冬夏皆冷饮是有来历有根据的。"凡和，春多酸，夏多苦，秋多辛，冬多咸，调以滑甘。"就是说凡是多种食物调和之味，则春天偏酸一点，夏天偏苦一点，秋天偏辛辣一点，冬天偏咸一点。上述记载，不管是否科学、是否实用，可以肯定的是经过前辈甚至是几代人的体验与总结得出来的知识经验，绝不会是《周礼》最后的编撰者凭空杜撰出来的。

又如医药学知识："四时皆有疠疾。春时有痟首疾，夏时有痒疥疾，秋时有疟寒疾，冬时有漱上气疾。以五味、五谷、五药养其病，以五气、五声、五色视其死生。两之以九窍之变，参之以九藏之动。"这里说明了一年四季的季节性疾病，春天易患头疾，夏天易患皮肤病，秋天易患疟疾，冬天易患呼吸道疾病，要以五味、五谷、五药综合辨证施治，要从患者的五气、五声、五色去观察其疾病医治的成败效果，并从其九窍、九藏的脉象变化中推断病情发展。"凡民之有疾病者，分而治之，死终则各书其所以，而入于医师。"这是一条非常值得重视的医学史料记载。它说明早在远古时代，我们的祖先就总结出疾病要根据情况分科治疗，凡病人不治身亡者都要详记其疾病状况、治疗过程和死亡原因等，并交由医师存档备查。它表明王官学术中的医学知识与理论正是在这样的日积月累下构成和发展起来的。又如"凡疗疡，以五毒攻之，以五气养之，以五药疗之，以五味节之。凡药，以酸养骨，以辛养筋，以咸养脉，以苦养气，以甘养肉，以滑养窍"。这又说明治病的原则既要以毒攻毒，以药治疗，又要养气节味，治养结合，以酸味药调养骨病，以辛味药调养筋络，以咸味调养气色，以甘味调养皮肉，以滑古之味调养五官科疾病。这些知识性记载，如果没有长时间的观察与实践，没有世代相传的积累，是不可能出现的。

又如《地官司徒》记载的天文知识："日南则影短，多暑；日北则影长，多寒；日东则影夕，多风；日西则影朝，多阴"。农耕知识："凡粪种，骍刚用牛，赤缇用羊，坟壤用麋，渴泽用鹿，碱潟用貆，勃壤用狐，埴垆用豕，彊㯺用蕡，轻㼒用犬。"这是讲根据不同土壤使用不同牲畜的肥料，这是至今部分农村仍然使用的有效方法。《管子·地员篇》将九州土地细分为各种类型，详解各地适宜种植的农作物。又如"以潴畜水，以防止水，以沟荡水，以遂均水，以列舍水，以浍写水，以涉扬其芟作田。凡稼泽，夏以水殄草而芟荑之，泽草所生，种之芒种"。这是讲农业灌溉与除草方法。

又如《春官宗伯》记载的音乐知识："阳声：黄钟、大簇、姑洗、蕤宾、夷则、无射。阴声：大吕、应钟、南吕、函钟、小吕、夹钟。皆文之以五声：宫、商、角、徵、羽；皆播之以八音：金、石、土、革、丝、木、匏、竹。""凡声，高声硍，正声缓，下声肆，陂声散，险声敛，达声赢，微声韽，回声衍，侈声筰，弇声郁，薄声甄，厚声石。"这些表明，我们的祖先很早就对阳声、阴声、声调、音阶及乐器制作理论有了相当深入的研究和实践。这种音乐声律与乐器理论在西周后的两千多年中传承不辍，证明它是成熟的知识体系。

又如《夏官司马》所载弓弩知识："凡弩，夹、庾利攻守，唐、大利车战、野战。凡矢，枉矢、絜矢利火射，用诸守城、车战，杀矢、鍭矢用诸近射、田猎，矰矢、茀矢用诸弋射，恒矢、庳矢用诸散射。"又如《秋官司寇》所载杀灭害虫毒草的方法等。

《周礼·考工记》记载各种科学思想与知识，充分反映了中国古代科学技术知识与思想理论的成熟。尽管学者们定《周礼·考工记》为春秋时代齐国官书，但其所记载的知识体系与思想理论体系肯定不是一朝一夕能够形成的，应该是三代以来中华民族知识积累与科学探索的产物。《周礼·考工记》是王官之学的代表作之一。《大戴礼记·夏小正》《礼记·月令》所记载的系统而丰富的天文历法与地理物候等知识与理论，更昭示了中华民族先祖很早就开始认识并基本掌握了天地万物的根本运行规律。《国语·楚语下》也记载了祝官和宗官的职掌和知识体系，即作为祝官和宗官应该学些什么、做些什么，祝官"使制神之处、位、次、主，而为之牲、器、时服"，"而能知山川之号、高祖之主、宗庙之事、昭穆之世、齐敬之勤、礼节之宜、威仪之则、容貌之崇、忠信之质、禋絜之服"，宗官要"能知四时之生、牺牲之物、玉帛之类、采服之仪、彝器之量、次主之度、屏摄之位、坛场之所、上下之神、氏姓之出，而心率旧典者"。还有上面所述保氏、师氏、大司乐的"三德""三行""六艺""六诗"等内容，如果没有这方面成熟的系统知识和思想理论，就不可能实际运用。

我们在探讨王官之学时，要充分注意《尚书·洪范》篇所展示的中国古代最早的政治文化纲领《洪范九畴》："初一曰五行（构成天地的五种元素：水、火、木、金、土），次二曰敬用五事（人类生存的五个方面：貌、言、视、听、思），次三曰农用八政（管理社会的八种政务：一曰食，二曰货，三曰祭，四曰司空，五曰司徒，六曰司寇，七曰宾，八曰师），次四曰协用五纪（五种观察天地自然现象的方法：岁、月、日、星辰、历数），次五曰建用皇极（建立社会正义的基本原则：无偏无党，王道荡荡，无反无侧，王道正直），次六曰乂用三德（人类三种品德：正直、刚克、柔克），次七曰明用稽疑（通过观察天象、占卜吉凶和征询臣民来解决疑难问题，注意谋及乃心，谋及卿士，谋及庶人，谋及卜筮的解释），次八曰念用庶征（注意天地自然的吉凶征兆），次九曰向用五福（寿、富、康宁、攸好德、考终命），威用六极（一曰凶、短、折，二曰疾，三曰忧，四曰贫，五曰恶，六曰弱）。"这九个方面，可以说把人类物质文化、精神文化的要素都包括在内了。五行、八政、五纪、庶征、五福、六极属于物质文化，五事、皇极、三德、稽疑属于精神文化。箕子在这里所提出的王道论，可以用《尚书·大禹谟》中的"正德、利用、厚生、惟和"来理解。这种系统的政治文化理论，没有成熟的学术思想文化体系为基础，是不可想象的。故仅从《尚书洪范》篇，我们就可以看出中国最晚在夏、商时代，学术思想文化体系已经成熟。

《国语·楚语》载："申叔时曰：教之《春秋》（大事记之类典籍），而为之耸善而抑恶焉，以戒劝其心；教之《世》（《世系》之类典籍），而为之昭明德而废幽昏焉，以休惧其动；教之《诗》，而为之道广显德，以耀明其志；教之《礼》，使知上下之则；教之《乐》，以疏其秽而镇其浮；教之《令》（官府法令之类典籍），使访物官；教之《语》（语录之类典籍），使明其德而知先王之务用明德于民也；教之《故志》（史书），使知废兴者而戒惧焉；教之《训典》（《尚书》之类典籍），使知族类行比义焉。"这里除了我们熟知的五经外，还有语录、法令、故志、训典等，可见王官掌握的典籍也不仅仅是后世所知六经而已。

总之，三代既有教有学有师，又有册有书有盘有铭为之传遗后世，显示出王官之学不仅存在，而且包罗广泛，既包括人文哲学思想体系，又包括各种实用技术，基础深厚、范围广大。归纳起来，有如下内容：一是礼乐德教，二是《尚书》之类行政文献，三是《春秋》类历史书，四是《诗》《语》等文学文献，五是易类文献，六是实用技能，如射、御、书法、算术。

"高墙大屋坐称神"的楼异

楼胆群　楼　诚[*]

万斯同《鄞西竹枝词》有"何事还留丰惠庙？高墙大屋坐称神"[①]的诗句，虽是对北宋末期明州知州楼异的诋毁之词，但亦反映了楼异在宁波民间的崇高地位和广泛影响。实际上，楼异是一名有功社稷、造福地方的干吏和能臣，是一位风流儒雅、才学优异的诗人和学者。

祖居奉化　世代积德

楼异家族原居奉化，世代积德。六世祖楼绍宗曾为奉化州判，自东阳迁居奉化，"世以财雄于乡"[②]。高祖楼承皓在宋真宗咸平（998—1003）中，捐资成为录事，"有阴德及人"[③]。楼承皓"一意奉佛"，楼异之孙楼钥《为赵晦之书金刚经口诀题其后》云："某七世祖……一意奉佛，邑之告成、明化等塔庙多所营建。时杭州新印《华严经》，赎十部以归。又刊《法华经》，板造百部，皆以分施邑下诸寺，至今犹有存者。"[④]

《鄞塘楼氏宗谱》有楼异所撰《铜像观音记》，叙述楼承皓发现和赎回铜像观音的经过。其文载："余高祖大录，家藏铜像观音，逮今仅百年。刻制精妙，色相端绝，虽善塑者不能及。昔大录公乘马过奉川桥，北望净慧院，江溪中隐隐有光。如是数过数见。认其所以，凿数寸乃得之。今火焰微揖，盖当时始凿之伤。始舍于明化院，累年为人所质城中一老姬家。其家斋素，以饭食日供，几三年。一夕，梦美妇人告别。黎明，大录公以钱三万并息来赎。复舍于明化院。今院之不振二十余年矣！余方居庐龙潭，日以经佛为事，乃取铜像观音归而藏之。此余家旧菩萨也。因叙本末之异，书遗住持僧法诠，伺院之兴，当申美高祖之志愿。庶不失吾家之旧物。时政和五年，岁在乙未中秋日。"[⑤]

这尊铜像观音与楼氏家族产生了深厚因缘，某种意义上成为其家族的精神

---

[*]　楼胆群，台州学院纪委书记，监察专员；楼诚，中国人民大学国际关系学院硕士研究生。
[①]　徐兆昺：《四明谈助》卷三十四，宁波出版社 2000 年版，第 1088—1089 页。
[②]　楼钥：《楼钥集》第四册，浙江古籍出版社 2010 年版，第 1168 页。
[③]　楼钥：《楼钥集》第四册，浙江古籍出版社 2010 年版，第 1168 页。
[④]　楼钥：《楼钥集》第四册，浙江古籍出版社 2010 年版，第 1288—1289 页。
[⑤]　楼孝谦等：《鄞塘楼氏宗谱》卷六，光绪十九年塘楼氏家刻本。

图腾。楼钥撰有《题铜像观音记后》："吾家铜像观音，最为殊胜。祖父少师作记甚详。后以归湖心寺。靖康兵毁，不知所在。绍兴壬子，安抚百七伯卧疾感梦，若有妇人求归者。觉而悟前事，捐数十万钱，以零丁试访之。时去靖康又三十七年矣！有吴氏居城之南，与吾家相望踵门，日奉香火已久。不知门下旧物，一金不愿得也。遂取归于我，以其钱作水陆斋于湖心而退。明化至今不振，龙潭亦复颓靡。今奉安于先庙之侧。伯父旁参释典，盖亦孝感致此。吴氏几善人哉！又谋有以尊阁之匠。施氏尝为人雕造小殿及猊座，甚工。既成，而买者不至，藏其家殆一纪。因以来献，高下适称，若为此而作者。从弟钧，从兄之子渊、源、洪、深、浚、泽等求记其实。谨书于少师旧记之末，使后来者敬事之。时在淳熙十四年中元日。"①

少年科第　登封知县

楼异生于诗书仕宦之家，家学渊源有自。其祖父楼郁（1008—1077）为庆历五先生之一，宋仁宗皇祐五年（1053）进士，"以儒学师表乡曲"②，"一时英俊皆在席下"③。父亲楼常（1033—1113）宋英宗治平二年（1065）进士，哲宗绍圣间知兴化军，元符三年（1100）七月至崇宁元年（1102）以朝奉大夫知台州，官至朝议大夫，累赠金紫光禄大夫、太师。楼常多地为官，善诗文，《宋元学案》将其列入楼郁"西湖家学"④。北宋时期，楼郁和三子楼常、楼光、楼肖及两孙楼弅、楼异皆为进士，诗礼传家，一门书种。

楼异生于嘉祐七年壬寅正月十四日（1062 年 2 月 25 日），字试可，里人称为墨庄先生。少时聪颖，勤奋好学，元丰八年（1085）进士及第，年仅二十三岁。楼钥《攻愧集》卷六十八《跋元丰八年进士小录》云："先祖少师以是年登科，为三等第十人。"⑤楼异登第后，先在基层历练，"调汾州司理参军，徙永兴虞策幕府"。⑥建中靖国初（1101），楼异知河南登封。关于楼异在登封知县任内的事迹，现存有关资料如下。

清叶封等撰《嵩山志》卷十五："楼异，字试可，四明人。雅有文学，性爱山水。建中靖国初，知登封县，甫下车，即延见耆旧，问民间所便苦，次第兴除。

---

① 楼孝谦等：《鄞塘楼氏宗谱》卷六，光绪十九年塘楼氏家刻本。
② 楼钥：《楼钥集》第三册，浙江古籍出版社 2010 年版，第 930 页。
③ 王应麟：《四明文献集（外二种）》，中华书局 2010 年版，第 277 页。
④ 黄宗羲：《黄宗羲全集》第三册，浙江古籍出版社 2002 年版，第 331 页。
⑤ 楼钥：《楼钥集》第四册，浙江古籍出版社 2010 年版，第 1210 页。
⑥ 脱脱等：《宋史》卷一百一十三，中华书局 1985 年版，第 11163 页。

暇则躬行阡陌，劝课农桑，讼者谕令和解，不傅爱书，久之图圄虚寂。芟废圃，筑揖仙台，凿芙蓉、菡萏二池。又命工图画二室诸峰于仰嵩堂，朝夕吟咏。所著有《二十四峰诗》《三十六峰赋》，至今传诵焉。"①

《嵩山志》卷四形胜二有楼异《嵩山二十四咏序》。"封按：太室二十四峰，旧传其名，至宋楼异始识其出道藏《吴天师灵迹记》，详右方矣。"②卷五另有《少室三十六峰赋并叙》。卷八："揖仙台，在县治内，宋县令楼异筑，并凿芙蓉、菡萏二池。""仰嵩堂，在县治内，楼异建，图太室二十四峰于壁。已上俱见异《二十四峰诗序》。今皆废。""封按：登邑令长留心古迹者，在宋楼试可，在明傅元鼎。仰嵩、揖仙、芙蓉、菡萏诸台池，既无一存"③。

《嵩书》卷三"池井十五"有芙蓉池、菡萏池，云二池俱宋登封令楼异所凿，在县衙中。异有小序。详见《韵始篇》。卷十四有楼异《嵩山二十四咏并序》。楼异《嵩山二十四咏并序》尾有跋："宋四明楼异，建中靖国初令登封。志称其有惠政，而不详其状。今观其诗若赋，固非俗吏辈也。惟是按籍求所谓芙蓉、菡萏池，及揖仙台、仰嵩堂，尽皆化为乌有矣。""所可仿佛遗躅百一者，仅此残碑断简耳。千古风流不绝如线。"④

《嵩阳石刻集记》卷下有楼异《少室山三十六峰赋》并序，注曰："建中靖国元年九月廿三日，武林僧昙潜参寥书，住持少林禅寺传法沙门清江上石，洛阳张士宁刊。""右少室《三十六峰赋》，楼异撰，僧昙潜书。"⑤明陆柬撰《嵩岳文选》，亦收楼异《少室山三十六峰赋》（卷一）、《太室二十四峰诗》（卷五）。

（5）《嵩山志》卷四、《嵩岳文志》卷五有楼异《嵩山二十四咏并序》："仆性嗜山水，几成癖，所至虽假馆僦舍，莫不聚拳石、环斗池，终日玩观，殆忘寝食。一旦来令嵩阳，正在清泉白石窟中。始至数月，讼庭清暇。乃芟废圃，凿芙蓉、菡萏二池。取馀土筑台，高可丈许，名之揖仙。北面嵩岳，西顾少室，南望许由，自馀诸峰环拥轩槛。于是，居高远眺，尽山川之形势。暇日既作《三十六峰赋》以自广。然仆旧闻，嵩山二十四峰图经传记所不载。求之土人，亦莫知也。一日，观明太师李得柔胜之自京师来访，乃得其名出道藏《吴天师

---

① 郑州市图书馆文献编辑委员会编：《嵩岳文献丛刊》第二册，中州古籍出版社2003年版，第314页。

② 郑州市图书馆文献编辑委员会编：《嵩岳文献丛刊》第二册，中州古籍出版社2003年版，第54页。

③ 郑州市图书馆文献编辑委员会编：《嵩岳文献丛刊》第二册，中州古籍出版社2003年版，第130—131页。

④ 郑州市图书馆文献编辑委员会编：《嵩岳文献丛刊》第一册，中州古籍出版社2003年版，第303页。

⑤ 郑州市图书馆文献编辑委员会编：《嵩岳文献丛刊》第二册，中州古籍出版社2003年版，第63页。

灵迹记》，历东而西，一一可指。遂命画史图诸峰于仰嵩堂，以识其名。仆谓胜之曰：'二十四峰之名湮没久矣。今自吾二人者发之，不可无述也。'乃作《嵩山二十四咏》，并命胜之作焉。"①

以上可见，楼异在登封知县任上虽仅三年左右，但勤政爱民，政绩斐然，"固非俗吏"，深受地方好评。同时，"雅有文学，性爱山水"，"凿芙蓉、菡萏二池"，筑揖仙台，建仰嵩堂，考证出二十四峰之名称来历并赋诗以记。楼异对嵩山的最大贡献是建了初祖庵。1102 年，朝廷修治永泰陵，时任登封知县的楼异把握时机，请建菩提达摩的"面壁兰若"。朝廷允准后，少林寺住持广庆主持修建了初祖庵。宋志磐撰《佛祖统纪》卷四十六详载其事。初祖庵大殿是河南省现存最早的木结构建筑，2010 年与嵩山其它古代建筑被列为世界文化遗产。义乌香山有东汉楼重玉墓，该地尝为达摩驻锡处，相传梁常侍楼偃庐墓于此，与达摩相识。楼异为乌伤楼氏后裔，此亦一大因缘。楼钥《跋先大父嵩岳图》称其祖"文气政术过人远甚"，并记载"元符庚辰，大父又于少室山达磨面壁处，作庵其上。后山先生陈无己为记"②。

以才侍从　再牧乡邦

登封任满后，楼异进京任职。据《续资治通鉴》，宋徽宗崇宁三年（1104）"三月辛巳，置文绣院"。③《宋史》职官志五："文绣院，掌纂绣，以供乘舆服御及宾客祭祀之用。"④楼异三年任满后去开封担任了新设立的属于少府监的监文绣院一职。之后，"知大宗正丞，迁度支员外郎。以养亲求知泗州，复为吏部右司员外郎、左司郎中、太府鸿胪卿，除直秘阁、知秀州"⑤。楼异知秀州，时为政和三年（1113），嘉兴志称其"以善理闻"⑥。他在京任职时间总计十年左右。

政和七年（1117），楼异衣锦还乡知明州。《宝庆四明志》卷一"郡守"："楼异，徽猷阁待制，政和七年知。"⑦《鄞塘楼氏宗谱》卷六有楼异《知明州谢表》："臣异准敕差知明州，已于四月十六日到任。"临行时，宋徽宗对他"玉音丁宁，每至于谆谆，寄托时深乎"，并"锡三品以宠其行"。⑧《宋会要辑稿》选举三三

① 郑州市图书馆文献编辑委员会编：《嵩岳文献丛刊》第二册，中州古籍出版社 2003 年版，第 47 页。
② 万湘容：《宁波科举录·宋元卷》，浙江大学出版社 2017 年版，第 71—75 页。
③ 毕沅：《续资治通鉴》，中华书局 1957 年版，第 2266 页。
④ 脱脱等：《宋史》卷一百一十八，中华书局 1985 年版，第 3918 页。
⑤ 脱脱等：《宋史》卷一百一十三，中华书局 1998 年版，第 11163 页。
⑥ 吴永芳修：《康熙嘉兴府志》卷十五，康熙六十年刻本。
⑦ 方万里、罗濬撰：《宝庆四明志》卷一，宋刻本。
⑧ 楼孝谦等：《鄞塘楼氏宗谱》卷六，光绪十九年鄞塘楼氏家刻本。

载宣和元年（1119）"二月九日，诏：知明州楼异职事修举，应奉有劳，可特除秘阁修撰，令再任"①。《宋史》对楼异知登封和知秀州皆无叙述，但对知明州始末记载甚详。其文如下："政和末，知随州，入辞，请于明州置高丽一司，创百舟，应使者之须，以遵元丰旧制。州有广德湖，垦而为田，收其租可以给用。徽宗纳其说。改知明州，赐金紫。出内帑缗钱六万为造舟费，治湖田七百二十顷，岁得谷三万六千。加直龙图阁、秘阁修撰，至徽猷阁待制。郡资湖水灌溉，为利甚广，往者为民包侵，异令尽泄之垦田。自是苦旱，乡人怨之。在郡五年，既请温之船官自隶以便役，又请越、台之盐以佐费，诏责之曰：'郡自有盐策不能兴，而欲东取诸台，西取诸越，斯乃以邻国为壑也。'睦寇起，善理城戍有绩，进徽猷阁直学士、知平江府，卒。"②

从传记可见，楼异在明州知州任上的主要作为：一是"置高丽一司，创百舟，应使者之须"；二是"州有广德湖，垦而为田，收其租可以给用"；三是取得宋徽宗支持，"出内帑缗钱六万为造舟费"；四是"睦寇起，善理城戍有绩"。

高丽使馆现为宁波市级文保单位，有楼异像，藏宋徽宗御碑两通。联络高丽，牵制金国，大概是当时宋朝的国家战略，也是宋徽宗如此重视楼异的政治原因。为此目的，不惜填广德湖为田，并出内帑造船。《四明谈助》卷二十"高丽使馆"条载："楼楚公异建，后为史氏宝奎精舍。"③又有"宝奎庙"："考《市舶记》云楼异创高丽使行馆，今宝奎精舍即其地。则知宝奎先以徽宗批允楼异废广德湖田宸翰得名，后因馆中土地神立庙，今里中题为'奎宿之神'，是以奎画相尊也。"④全祖望有《宝奎庙碑记》。《四明谈助》卷十九"西湖楼氏"条虽未将楼异列入楼氏七望，但有"太师楼楚公异"条目⑤。

废广德湖为田是把双刃剑，是非功过，聚讼纷纭。据《海曙简史》，早在唐大中元年（847），就有湖民上书请求填湖造田。宋太宗以后，要求废湖的呼声越来越多，不断有湖民围湖造田。北宋咸平年间（998—1003），因分配给官吏的职田不足，官府开始放排湖水以造田补缺，自此废湖的规模越来越大。《宁波历代碑碣墓志汇编（唐五代宋元卷）》有《省降御笔敕付楼异石刻》"政和七年六月，奏乞置高丽司、兴修广德湖田措画事件，于当年八月十八日准尚书省劄子。七月二十六日，奉御笔，依所奏施行"⑥。《四明谈助》卷三十四"广德湖"条

① 徐松：《宋会要辑稿》选举三三，上海古籍出版社2014年版，第18405页。
② 脱脱等：《宋史》卷一百一十三，中华书局1998年版，第11163页。
③ 徐兆昺：《四明谈助》卷二十，宁波出版社2000年版，第671页。
④ 徐兆昺：《四明谈助》卷二十，宁波出版社2000年版，第672—673页。
⑤ 徐兆昺：《四明谈助》卷十九，宁波出版社2000年版，第592页。
⑥ 章国庆编：《宁波历代碑碣墓志汇编（唐五代宋元卷）》，上海古籍出版社2012年版，第128页。

引《乾道图经》云："湖之兴已数百年，而民之请为田、危于废者屡矣。至政和七年，知州事楼异奏请，奉御笔开垦为田。今岁收其米，以给甬东之水军焉。"又云："舒亶《水利记》、王庭秀《水利记》、王正己《废湖辨》，载《宝庆志》，亦见《敬止录》。"王正己是"楼异之婿，故辨湖之宜废"，"以婿于楼氏，故迁居广德湖上"，是废湖的坚定拥护者。甚至被人讥评："大府亦自佳，少年立名氏。可惜为妇翁，废湖分余荫。"① 楼异废广德湖时，于上游多筑堤堰蓄水，并导水入江，并无大害。久后堤堰废弃，始成大患，因而饱受诟詈。

楼异在造船方面有重大贡献。《四明谈助》卷四十六"候涛门·水操"条引全祖望《招宝山铁符》云："按况逵《丰惠庙记》，政和七年四月，楼异造画舫百舵置海口，专备高丽使臣之用。又造二乘舟，锦帆朱鬐，威耀如神，投铁符于招宝山之海中以镇之……然则当时所制'凌虚致远''凌飞顺济'神舟之属，皆在是山下也。"② 宣和间出使高丽副使徐兢，在其《宣和奉使高丽图经》一书中说："自崇宁以迄于今，荐使抚绥，恩隆礼厚。仍诏有司更造二舟，大其制而增其名，一曰鼎新利涉怀远康济神舟，二曰循流安逸通济神舟，巍如山岳，浮动波上；锦帆鹢首，屈服蛟螭。所以晖赫皇华，震慑海外，超冠古今。是宜高丽人迎诏之日，倾国耸观而欢呼嘉叹也。"③ 康济、通济两巨舶制图建造，当始于楼异知明州时期。1129 年，宋高宗被金兵追杀，亦是从明州乘坐大船入海。

至于楼异组织军队备御方腊义军，确为保境安民之大功。楼钥《攻愧集》卷七十一《跋先大父徽猷阁直学士告》对此有具体记载："时先祖备御甚严，保全郡境。适召赴阙下，不敢遽去，奏乞候代，以安人心。事定奏闻，遂升学士，纶告即登之石，足为家宝。惟是词臣不知其详，褒词既简，外祖汪公所记，钥实知之……先祖经画大略，如汪公之记，神道碑云：'台、越二城虽全，而外境皆残破。惟明六邑秋毫无犯。'为得其实矣。"④《乾道四明志》卷一"贤守事实"条载："政和间太守楼异，明人也。被命再任，继而睦寇猖獗，蹂践邻郡，公备御有方，六邑无犯。"⑤

平江知府　宣和遗恨

楼异知平江府（今江苏苏州）在宣和三年（1121）七月，宣和五年（1123）

① 徐兆昺：《四明谈助》卷三十四，宁波出版社 2000 年版，第 1085—1089 页。
② 徐兆昺：《四明谈助》卷三十四，宁波出版社 2000 年版，第 1566 页。
③ 董贻安编：《浙东文化论丛（第二辑）》，上海古籍出版社 2004 年版，第 485—486 页。
④ 楼钥：《楼钥集》第四册，浙江古籍出版社 2010 年版，第 1275 页。
⑤ 万湘容：《宁波科举录·宋元卷》，浙江大学出版社 2017 年版，第 74 页。

去世。据明王鏊《姑苏志》卷三："宣和三年七月乙丑，以徽猷阁待制自知明州徙平江府。乙酉升直学士，五年丐祠。"① 楼钥《攻愧集》卷七十四《跋先大父嵩岳图》："大父薨于宣和五年甲辰。"② 卷五十二《平江府瞻仪堂画像记》："钥祖父宣和中尝以徽猷阁直学士为守，遗像在诸公间。虑其久或失真，谨以家藏写照，因托公是正之。"③ 因为后人贵显，楼异累赠太师，封齐国公、楚国公，鄞县人尊之为墨庄先生。《宝庆四明志》："积官至朝议大夫，赠太师，封楚国公。"按照杨成鉴先生分析，楼异从明州调任苏州，主要任务可能是督造战船。1130 年宋金黄天荡之战，明州、苏州所造战舰发挥了极大威力，金军几乎全军覆灭，金兀术狼狈而逃。关于其生平事迹，《鄞塘楼氏宗谱》卷六有黄裳《墨庄先生传》《国史院楚公传》，楼钥则有《跋先大父徽猷阁直学士告》等文。

楼异在苏州，有仿范仲淹立义庄之意，以疾辞归不果。次子楼𤲬以淮东安抚使兼知扬州，在明州置田五百亩设立义庄，以养宗族。这一义举带动了明州义庄，《雍正浙江通志》卷四十三楼钥《义田庄记》："四明乡谊最重，齐国公（楼异）以列卿领画绣，义襟素高，恤孤济急。厥后外祖少师汪公、太师史文惠王、舅氏尚书，暨乡先达与我诸父相继主盟，此风不坠。"④ 楼钥与范氏后人多有往还，并撰《范文正公年谱》《范氏复义宅记》《范忠宣公文集序》等。楼钥表兄陈居仁知福州，"命诸子斥田二顷，略用范文正公义庄规矩"，"亲故有急，无不周恤"。⑤ 陈居仁之子陈卓，绍定间官吏部尚书，端平二年（1235）同签书枢密院事。《四明谈助》卷四十一有"梅墟陈氏"条。⑥

楼异人如其名，为政风格奇异，颇有新党气象。楼郁学生、与楼常同榜会试第一的新党骨干舒亶（1041—1103），曾和楼异同游阿育王寺，赋诗《和楼试可游育王》云："参天松柏绿阴阴，古佛岩前一路深。猿鸟不惊如有旧，云山相对自无心。数泓寒水云藏雨，十里轻沙地布金。仗履更知非世境，上方日日海潮音。"⑦ 从舒氏的和诗中，可见新党同志的默契之处。《四明谈助》卷十六载舒氏宅第嬾堂在锦里桥之南，里人呼之曰吞底，以其岛屿之尽境也。实与楼楚公昼锦堂、紫翠亭、墨庄相望。至今居民尚呼舒官人巷。《句余土音·西湖舒中丞园》云："丰清敏公与中丞同学于楼氏，及入朝，尝荐中丞。自新法行，而趋向异。然归里后，与之倡和不废。四休周公亦然。可以见其大雅。而洛蜀诸公，

① 王鏊：《姑苏志》卷三，嘉靖间刻本。
② 楼钥：《楼钥集》第四册，浙江古籍出版社 2010 年版，第 1335 页。
③ 楼钥：《楼钥集》第三册，浙江古籍出版社 2010 年版，第 973 页。
④ 楼钥：《楼钥集》第六册，浙江古籍出版社 2010 年版，第 2138 页。
⑤ 楼钥：《楼钥集》第五册，浙江古籍出版社 2010 年版，第 1639 页。
⑥ 徐兆昺：《四明谈助》卷四十一，宁波出版社 2000 年版，第 1376 页。
⑦ 袁桷：《延祐四明志》卷二十，文渊阁四库全书本。

自相矛盾，以启旷林之争，可嗤也已。"全祖望《西湖嬾堂记》论舒亶："中丞为楼正议公高弟，本属正学。特以附丽荆公，遂为吕、蔡一流，力与坡翁为难，良可惜！虽然，中丞之文采则不可掩。"①

有论者认为楼异作叶氏墓志铭结好史氏，纯属无稽之谈。《四明谈助》卷三十九"上水·下水"条载："下水岙长乐里山有冀国夫人墓，楼异墓志言：冀国公史简，先六十二年卒，以火葬，子诏刻像于穴之东以附。故世惟称叶氏夫人墓。"上水保安院，丞相史弥远请为功德寺，赐名"辩利"。下水岙大慈山，史弥远与其母俱葬于此。此地有大慈禅寺，嘉定十三年（1220）史弥远请为功德寺，赐"教忠报国"额。②叶氏为史简之妻、史诏之母（遗腹子）。史诏受学于楼郁，其事迹见《四明谈助》卷二十"西湖史氏"条之"赠越国公八行先生史诏"。楼异知明州时，史氏尚籍籍无名，史诏之子史才政和八年（1118）方中进士。为叶氏作铭系出于两家渊源，当属应史氏恳请而撰。其后，楼钥为史氏《六老图》作序、撰史浩神道碑等，史浩为楼璩撰墓志铭（参见陈傅良《挽楼朝奉》诗③），皆出于两大家族之亲缘。嘉定更化，史弥远倚重楼钥等元老大臣，"召林大中、楼钥等十五人入朝"。事见《四明谈助》卷十七"史丞相府"条。

楼异在明州任上，除重建高丽使馆，还修筑私第昼锦坊。《宝庆四明志》："政和中，楼楚公守郡五年，所居号昼锦坊。南门内有锦照桥，与正堂相直。宅之后有锦照堂，宅之左有堂曰继绣，以继王之后也。"《湖语》云："前王后楼，昼锦之府。双阙相仍，群公之祖。"原注："楼楚公昼锦堂乃王司封（周）之故址，四明守乡郡者自王始。"又注："昼锦坊在西湖之南首，其东有锦照桥，则南湖之交也；其西有锦照堂，则竹洲也。堂与桥相隔远。"④《四明谈助》卷十八有"正议楼公讲舍""锦照堂"之记载。"正议楼公讲舍"今为宁波市第二中学，"竹洲先为正议楼公讲舍，正议之孙墨庄所建昼锦堂、紫翠亭皆在焉。后归史越王，遂称洞天。""西湖旧有十洲三岛之胜，最南一洲与楼氏故庐密迩。楼楚公守乡郡，筑锦照堂、怀绶轩，刻祐陵御制其上。中毁于兵……宣献执政日，请以私钱自葺之，求奎书'锦照'、东宫书'怀绶'以为赐"。楼钥还建仰嵩楼、登封阁，纪念其祖，事见《四明谈助》卷十九⑤。

关于楼异的墓址，《雍正浙江通志》载："楼异墓在奉化金钟山。"《嘉靖宁波府志》卷十七载："楼异墓在县北五里金钟山。"楼郁、楼常皆归葬奉化龙潭，《鄞塘楼氏宗谱》卷六有楼异《龙潭法海院碑记》。前文引楼异《铜像观音记》云："余方居庐龙潭，日以经佛为事。"楼郁子孙甚多，楼异去世时，估计龙潭已经空间局促，只能择地另葬。楼钥《长汀庵记》详叙经过："晚岁，有闽人上官仲恩献金钟山图，得于舒氏，尤喜之。知平江日，病中语诸父曰：'我死，当葬金钟。'……少师龙虎二山，皆平正如画，至江而止。龙山之前，俯临沙洲，相传下有金钟，曾见光景，今神龙居之。亦圣迹也。俗谓江水一段为一汀，近金钟一汀最长。弥勒每浴其中，号长汀子。故地名金钟，而庵名长汀。少师薨于宣和五年。至七年，岁在丙午而葬，今且八十年矣。先君银青卜寿藏于庵之后，荷诸院相从，尝买邻山以葬亡弟馆。……先君以淳熙九年十二月十七日卒于仲兄严州郡治，以次年九月二十日大葬庵之右。"① 可见，楼璩、楼錧父子亦葬于此。楼璩逝于严州，次子楼锡时任知州。②《四明谈助》卷四十三"岳林禅寺"有"金钟山"条，古长汀庵疑即今之岳林禅寺或长汀寺。

楼异在明州祠庙甚多。楼异废广德湖，民众感恩戴德，为之立生祠。楼钥《望春山蓬莱观记》："岁得谷亡虑四十万斛，父老以为德，生立祠其中。又得道士何思远居之。"③ 蓬莱观今为戚浦庙，已修复一新。《四明谈助》卷三十四有"蓬莱观""桃源王氏居湖上"之记载。后有"丰惠庙"条云："宋政和七年，楼异守乡郡，垦湖为田，人为立祠。其孙钥参知政事，追封太师。嘉定二年，府以士民之请上于朝，赐庙额。旧祀于望春山之灵波庙中。后又别建庙于十字港之东，俗呼楼太师庙。"④ 现宁波市海曙区集士港镇丰惠庙有楹联，以之形容楼异生平事功，十分贴切："天下事，了犹未了，何妨以不了了之；世间人，法无定法，然后知非法法也。"

① 楼钥：《楼钥集》第三册，浙江古籍出版社 2010 年版，第 1023 页。
② 楼钥：《楼钥集》第五册，浙江古籍出版社 2010 年版，第 1574 页。
③ 楼钥：《楼钥集》第三册，浙江古籍出版社 2010 年版，第 990 页。
④ 徐兆昺：《四明谈助》卷三十四，宁波出版社 2000 年版，第 1090 页。

理性的浪漫

——朱子理学的诗酒情怀

朱人求　和　溪[*]

　　朱子是中国思想史中最具理性精神的思想家之一。朱子理学不仅体大思精，而且条分缕析，细致入微，颇具冷静的理性精神。朱子爱诗亦爱酒，留下了许多关于酒的诗篇、故事与体悟，其对道的境界之领悟亦与诗酒结下了不解之缘。在朱子理学中，礼与酒、诗与酒、道与诗酒的关系反复碰撞，经过激情、诗性、醉狂、想象与生命的交融，最终形成既具理性精神，又富有浪漫主义的诗酒情怀。

一、礼与酒

　　朱子治经学最重礼经^①，其所定《四书》中的《大学》《中庸》均出自《礼记》，朱子晚年尤其重视对礼仪的系统整理及教化实践，著有《仪礼经传通解》《朱子家礼》等书。在其诸多的礼学著述中，《朱子家礼》影响最大、传播最广。在传统中国社会，家是社会文化的根基，齐家是连接修身和治国平天下的桥梁与纽带。朱子将原属上层社会的儒家礼仪时代化、世俗化、庶民化，编成《朱子家礼》，规定了日常生活的方方面面（包含通礼、冠礼、婚礼、丧礼、祭礼等），成为后世最简明的居家礼仪实用手册。《朱子家礼》在元代被引为国礼，成为宋元以降中国及东亚社会的基本礼仪规范，对整个东亚世界产生了深远影响。《朱子家礼》作为朱子"全体大用"思想的现实体现，使朱子学真正应用于庶民，落实到民间^②，并且深入到社会的最基本细胞——家庭，落实为一种普遍的生活方式。

　　有子云："礼之用，和为贵。"朱子注云："礼者，天理之节文，人事之仪则

＊　朱人求，厦门大学哲学系教授，中华朱子学会副会长；和溪，浙江财经大学人文与传播学院教授，中华朱子学会副秘书长。

① 钱穆先生云："朱子旷代大儒，不仅集北宋一代理学之大成，同时亦集汉晋以下经学之大成。使经学理学会归一贯，尤为朱子论学最大贡献所在。……朱子于经学中，于礼特所重视。"参见钱穆：《朱子新学案》第4册，九州出版社2011年版，第119页。

② 朱人求：《朱子文化的基本精神》，《朱子学刊》第27辑，黄山书社2017年版，第5页。

也。"① 此即朱子对于"礼"最完整的理解。"礼"为天理与人事的统一，体用兼备，本末一贯。所谓"节文"，"节谓等差，文谓文采。等差不同，必有文以行之。"② 可见，礼是天理的等级差别并加以文饰，是人事的仪礼规则。"礼"源于天地自然之"理"，"礼仪三百，威仪三千"，无论经礼、曲礼，其中种种繁文缛节，千头万绪均为"天理"之体现。"礼是那天地自然之理。理会得时，繁文末节皆在其中。'礼仪三百，威仪三千'，却只是这个道理。"③ 朱子提倡"以理释礼"，"盖言理则隐而无形，言礼则实而有据。礼者，理之显设而有节文者也，言礼则理在其中矣。故圣人之言，体用兼备，本末一贯。"④ 一方面赋予"礼"以"天理"的内涵，另一方面，又成功地将形而上的"理"融于可凭据的实践形态"礼"之中，使"礼"成为天理的外在表现形式与规范，从循"礼"进而循"理"，为沟通天人之际提供桥梁，实践天人合一。

礼是人事的礼仪规则，囊括了人生的方方面面。礼具有神圣性与超越性，因此无论是家礼、乡礼、学礼还是邦国礼、王朝礼，一切礼仪活动都离不开祭祀，祭祀的物品中都离不开酒。宋代朱翼中《北山酒经》曰："大哉，酒之于世也。礼天地，事鬼神，射乡之饮，鹿鸣之歌，宾主拜，左右秩秩，上至缙绅，下逮闾里，诗人墨客，渔夫樵妇，无一可以缺此。"⑤ 酒本身即为礼器，人用酒醴敬神谓之礼。据《周礼·天官·酒正》载："凡祭祀，以法共五齐三酒，以实八尊，大祭三贰，中祭再贰，小祭壹贰，皆有酌数。唯齐酒不贰，皆有器量。"这就是说，凡有祭祀，根据常法供五齐三酒，装在八个樽里。祭天地等大祭祀，可以增添三次酒；祭宗庙等中祭，可以增添二次酒；祭五祀等小祭，可以增添一次酒，用勺盛酒于樽，有一定数量。三酒（指的是事酒、昔酒、清酒三种，事酒是因有事而新酿的酒，昔酒是久酿而成的酒，清酒是更加久酿而成的酒）可以增添，但供祭祀的五齐（五种清浊厚薄不同的酒，指泛齐、醴齐、盎齐、缇齐、沉齐）不可以增添，用勺注洒于樽亦有一定的数量。

用酒祭祀，是因为酒不仅非常珍贵，而且能沟通人我、协畅众神。《礼记》言尧时有酒尊称为"泰"，可证明尧时已流行饮酒。饮酒既久，酒种遂多，周时已有酎、醪、醇、醴、醑、醹等。但当时之酒，基本上是酿造酒，以谷稷及蔬

① 朱熹：《四书章句集注·论语集注》，中华书局1983年版，第51页。
② 黎靖德编：《颜渊喟然叹章》，《朱子语类》卷三六，载朱杰人等主编《朱子全书》第15册，上海古籍出版社、安徽教育出版社2010年版，第1340页。
③ 黎靖德编：《颜渊问仁章》，《朱子语类》卷四一，载朱杰人等主编《朱子全书》第15册，上海古籍出版社、安徽教育出版社2010年版，第1456页。
④ 朱熹：《答赵致道》，《晦庵先生朱文公文集》卷五九，载朱杰人等主编《朱子全书》第23册，上海古籍出版社、安徽教育出版社2010年版，第2865页。
⑤ 朱肱等著、任仁仁整理校点：《北山酒经外十种》，上海书店出版社2016年版，第13页。

果制成。直至金元之间，才因道士炼丹，无意中发现了蒸馏酒。《朱子家礼》冠、昏、丧、祭四礼中醮子、合卺、礼妇、降神、送神等环节皆需用酒。酒的品种《仪礼》与《大唐开元礼》均记载为"醴"，冠礼中祝词亦云"甘醴维厚"。贾公彦曰："醴，则五齐之中醴齐之类也。"①醴即醴齐。陈选云："酒二宿熟者曰醴，醴酒味薄。"②朱子《仪礼经传通解》云："士冠礼、子昏礼、礼宾赞、礼妇、聘礼、礼宾，此等用醴，皆无幂是也。"③然而《家礼》中这些环节，皆只言用酒，不言用醴，《司马氏书仪》与《政和五礼新仪》中相关环节亦如是。司马光云："古者冠用醴，或用酒。醴则一献，酒则三醮。今私家无醴，以酒代之，但改醴辞'甘醴维厚'为'旨酒既清'耳，所以从简。"④由此可知，当时私家无醴，故以酒代醴，以从简便。而因何"私家无醴"，则与宋代的榷酒制度相关。

两宋时期国家对酒类实行专卖，禁止民间私自酿酒售卖，更禁止百姓私制酒曲。宋廷在中央设有法酒库和内酒坊专供官方之用。《续资治通鉴长编》载："戊午，太常寺言奉诏祠祭，以法酒库、内酒坊酒实诸尊罍，以代五齐三酒。今法酒库酒，曰供御、曰祠祭、曰常供；内酒坊酒，曰法糯、曰糯、曰常料，各三等。糯酒、常料酒，止给诸军、吏工、技人，以奉天地、宗庙、社稷，恐非致恭。尽物之义，乞止以三法酒及法糯酒奉祠祭，从之。"⑤可见当时国家祭祀用酒均出自法酒库与内酒坊，且古代祭祀所用之"五齐三酒"已为"法酒"所替代。此事《太常因革礼》中亦有记载："《通礼》：大祀、中祀、小祀皆用五齐三酒，今皆代以法酒。……然古之法式未可尽闻，本院寻据法酒库，称自来只造一色祀祭法酒，即不晓会五齐三酒伏缘郑康成，尚不知古酒法度兼汉法亦不传，难为出意创造。今乞依旧以法酒代五齐三酒，遍实坛殿上下樽罍。仰有司不得更依前只设空器，其合设明水、明酒者，并以井水代之。"⑥可知"五齐三酒"酿造之法至宋已不传，为不使祭器空置，朝廷令均以法酒代之，甚至用井水代之，又称为"玄酒"。

在《朱子家礼》祭礼中，祭祀之前要斋戒、禁酒，以示对先祖和神灵的敬畏及尊重。经过祭祀之酒称为"福酒"，"主妇还，监彻。酒之在盏、注、它器中者皆入于瓶，缄封之，所谓福酒。果蔬、肉食，并传于燕器。主妇监涤祭器而藏

---

① 郑玄注，孔颖达疏：《仪礼注疏》卷六，上海古籍出版社 2008 年版，第 146 页。
② 朱熹撰，陈选集注：《御定小学集注》卷五外篇，文渊阁四库全书本。
③ 朱熹：《仪礼经传通解》卷八，载朱杰人等主编《朱子全书》第 2 册，上海古籍出版社、安徽教育出版社 2010 年版，第 312 页。
④ 司马光：《司马氏书仪》卷二，《丛书集成初编》第 1039 册，商务印书馆 1936 年版，第 22—23 页。
⑤ 李焘：《续资治通鉴长编》卷二九九，中华书局 2004 年版，第 7287 页。
⑥ 欧阳修等撰：《太常因革礼》卷一三总例一三，续修四库全书本。

之。"①祭祀之后，可用福酒、果蔬、肉食礼敬宾客、使者。在婚礼纳币环节有
"羊酒"一说，"币用色缯，贫富随宜少，不过两多，不逾十，今人更用钗钏、羊
酒、果实之属亦可。"②"羊酒"指"羊"与"酒"，皆贵重之物，以示对婚姻的承诺
与敬重，纳币之后，婚姻即得到认可。《朱子家礼》对酒的规定，一方面沿袭了
传统婚姻对先祖对神灵的敬重；另一方面，祭祀之酒从"五齐三酒"到"醴"到
"法酒"到普通酒乃至"玄酒"的演变，迎合了儒家礼仪不断世俗化和庶民化的发
展趋势。

　　儒家之礼，关注日常生活的方方面面，其中的丧礼与祭礼，本就带有准宗
教的性质，冯友兰先生称其为"诗性的"。礼上承天道，下缘人情。"夫礼，先王
所以承天之道，以治人之情。""凡礼之大体……则阴阳顺人情。"在礼仪程序中
注入酒的元素，既是对天地、鬼神、祖先和礼仪的敬重，又是诗性的关怀、人
情的关切及生命情感的肯定。

二、诗与酒

　　诗酒情怀是诗与酒结缘后的产物，在中国文化史上，它几乎是文人的专利。
"听说诗人都解饮"③，"宜言'饮酒者莫如诗'，饮，诗人之通趣矣"④。中国古代文
人、艺术家、思想家总是与诗酒有一种不解之缘⑤，朱子一生，也充满诗酒情怀。
陈荣捷先生指出："朱子教学，是其最快乐处。闲情逸趣，则在旅游与诗酒之
兴。"⑥朱子一生酷爱山水，浪迹无数名山大川，《福建通志》卷十二《朱熹传》载：
"自号紫阳，箪瓢屡空，然天机活泼，常寄情于山水文字，南康之庐山、潭州衡
岳、建州之武夷云谷、福州之石鼓、乌石，莫不流连题咏。相传每经行处，闻有
佳深壑，虽迂途数里，必往游，携尊酒时饮一杯，竟日不倦。非徒效泥塑人以为
居敬者。"⑦钱穆先生曾别具慧眼地指出："综观朱子一生，出仕则志在邦国，著述

---

① 朱熹：《朱子家礼》卷五，载朱杰人等主编《朱子全书》第 7 册，上海古籍出版社、安徽教育
　　出版社 2010 年版，第 940 页。
② 朱熹：《朱子家礼》卷三，载朱杰人等主编《朱子全书》第 7 册，上海古籍出版社、安徽教育
　　出版社 2010 年版，第 897 页。
③ 陈声暨：《病酒吟》，参见陈衍编，冯永军、祝伊湄、束璧点校：《近代诗钞》下，上海：华东
　　师范大学出版社，2016 年版，第 2319 页。
④ 宋大樽：《茗香诗论》，《丛书集成初编》第 2599 册，商务印书馆 1936 年版，第 5 页。
⑤ 曹操"酾酒临江，横槊赋诗"，嵇康、阮籍在沉醉中留下了万言大作，李白"斗酒诗百篇"，
　　张旭乃"三杯草圣传"，戴叔伦"每因一樽酒，重和百篇诗"，显贵如晏殊，依然是"一曲新词
　　酒一杯"。
⑥ 陈荣捷：《朱熹》，台湾学生书局 1982 年版，第 151 页。
⑦ 刘超然：《（民国）崇安县新志》卷二二，民国三十年铅印本，第 541 页。

则意存千古，而其徜徉山水，俯仰溪云则俨如一隐士。其视洙泗伊洛又自成一风格。此亦可窥见朱子性情之一面。"① 钱穆先生指出，朱子不仅"志在邦国，意存千古"，而且"徜徉山水，俯仰溪云"，这便是传统儒家所特有的诗酒情怀。

朱子历游名山大川，与友携琴载酒，对月酬唱，豪气干云，留下过许多醉人诗篇。朱子《赵君泽携琴载酒见访分韵得琴字》诗云："喜兹烦抱舒，未觉杯酒深。一为尘外想，再抚丘中琴。余音殷雷动，爽籁悲龙吟。寄谢筝笛耳，宁知山水音。"② 诗人琴酒抒怀、寄情山水。"白酒频斟当啜茶，何妨一醉野人家。据鞍又向冈头望，落日天风雁字斜。"③"斗酒淋漓后，颠狂不作难。"④ 酒至酣时添狂性，在诗酒的作用下，朱子望河山而纵情，其诗云："我来万里驾长风，绝壑层云许荡胸。浊酒三杯豪气发，朗吟飞下祝融峰。"⑤"乘兴正须批鹤氅，瀹甘犹喜破龙图。无端酒思催吟笔，却恐长鲸吸海干。"⑥ 诗中的朱子，洒脱而睿智，他时而与友人月夜泛舟，对月而歌："扁舟转空阔，烟水浩将平。月色中流满，秋声两岸生。杯深同醉极，啸罢独魂惊。归去空山黑，西南河汉倾。""谁知方外客，亦爱酒中仙。共踏空林月，来寻野渡船。醉醒非各趣，心迹两忘缘。江海情何限，秋生蓬鬓边。"⑦ 时而与同道携酒而坐，相与讲论："我已中峰住，君从何处来？莫留岩底寺，径上月边台。浊酒团栾坐，高谈次第开。前贤渺安在？清酹寄余哀。"⑧"退观众山回，一酹千虑融。兴罢复来归，杳霭秋堂空。"⑨ 清酹遣兴、物我两忘。《次韵昼寒》更是纵情山水，一醉方休："行穿危磴尽，林表见孤亭。涧泻千寻白，峰回四面青。尘襟元落落，风腋自泠泠。一醉今何

---

① 钱穆：《朱子新学案》第五册，九州出版社 2011 年版，第 390 页。

② 朱熹：《赵君泽携琴载酒见访分韵得琴字》，《晦庵先生朱文公公集》卷四，载朱杰人等主编《朱子全书》第 20 册，上海古籍出版社、安徽教育出版社 2010 年版，第 351 页。

③ 朱熹：《次韵择之进贤道中漫成五首》，《晦庵先生朱文公公集》卷五，载朱杰人等主编《朱子全书》第 20 册，上海古籍出版社、安徽教育出版社 2010 年版，第 403 页。

④ 朱熹：《题祝生画呈裴丈二首》，《晦庵先生朱文公公集》卷三，载朱杰人等主编《朱子全书》第 20 册，上海古籍出版社、安徽教育出版社 2010 年版，第 307 页。

⑤ 朱熹：《醉下祝融峰作》，《晦庵先生朱文公公集》卷五，载朱杰人等主编《朱子全书》第 20 册，上海古籍出版社、安徽教育出版社 2010 年版，第 386 页。

⑥ 朱熹：《次秀野咏雪韵三首》，《晦庵先生朱文公公集》卷三，载朱杰人等主编《朱子全书》第 20 册，上海古籍出版社、安徽教育出版社 2010 年版，第 333 页。

⑦ 朱熹：《知郡傅丈载酒橷被过熹于九日山夜泛小舟弄月剧饮二首》，《晦庵先生朱文公公集》卷二，载朱杰人等主编《朱子全书》第 20 册，上海古籍出版社、安徽教育出版社 2010 年版，第 269 页。

⑧ 朱熹：《胡丈广仲与范伯崇自岳市来同登绝顶举酒极谈得闻比日讲论之乐》，《晦庵先生朱文公公集》卷五，载朱杰人等主编《朱子全书》第 20 册，上海古籍出版社、安徽教育出版社 2010 年版，第 386 页。

⑨ 朱熹：《奉和公济兄留周宾之句丙申九日》，《晦庵先生朱文公公集》卷六，载朱杰人等主编《朱子全书》第 20 册，上海古籍出版社、安徽教育出版社 2010 年版，第 432 页。

许，无心赋独醒。"①

朋友相聚，诗酒酬酢，不亦乐乎？然而，相聚何短、分离何长？分离的日子里，诗中留下的是无尽的别恨与相思。朱子《次圭父回文韵》云："客愁无胜集，集胜无客愁，醒似醉多情，情多醉似醒。"②《次判院丈昼寒亭韵有怀平父》"把酒怀人处，幽寻记往时。"③《寄诸同寮》："把酒江头烟雨时，遥知江树已芳菲。应怜倦客荒茅里，落尽梅花未得归。"④诗中怀人之时屡言把酒，可知彼时与友别后，离情难遣，只合潦倒一醉。朱子曾与张栻南岳唱和，其《次韵择之怀张敬夫》云："往时联骑向衡山，同赋新诗各据鞍。此夜相思一杯酒，回头犹记雪漫漫。"⑤《雪中与林择之祝弟登刘园之宴坐岩有怀南岳旧游赋此呈择之属和并寄敬夫兄》云："三酌不自温，倚杖空冥搜。悲歌动华薄，璀璨忽满裘。向来一杯酒，浩荡千里游。"⑥诗中回忆当日与好友张栻唱和之景，可见思念与惆怅之情。在《再次王宰韵》中，朱子回首往日朋友相聚，畅怀欢饮的景象："相随到处一羊裘，况有澄江散客愁。且看跳鱼并集鸟，莫思去马与来牛。欢情往日空回首，酒味今年不下喉。只待两公高宴罢，却携茶鼎上渔舟。"⑦

酒为欢会而饮，为离别而饮，亦为孤独而饮。朱子《茅舍独饮》云："出身从吏役，驱车涉穷山。日落阴景晦，天高风气寒。岂无斗酒资，独酌谁为欢？一杯且复醉，百念中阑干。"⑧《传舍见月》云："空堂寒夜月华清，独宿凄凉梦不成。欲向阶前舞凌乱，手持杯酒为谁倾？"⑨《奉酬子厚咏雪之作》云："凌晨饮一杯，竟日守空堂。伫立玩奇变，永言获新章。"⑩诗中处处可见孤独之意。然，朱子虽

① 《次韵昼寒》，《晦庵先生朱文公文集》卷六，《朱子全书》第20册，上海古籍出版社、安徽教育出版社2010年版，第420页。

② 朱熹：《次圭父回文韵》，《晦庵先生朱文公文集》卷十，载朱杰人等主编《朱子全书》第20册，上海古籍出版社、安徽教育出版社2010年版，第561—562页。

③ 朱熹：《次判院丈昼寒亭韵有怀平父》，《晦庵先生朱文公文集》卷六，载朱杰人等主编《朱子全书》第20册，第421页。

④ 朱熹：《寄诸同僚》，《晦庵先生朱文公文集》卷一，载朱杰人等主编《朱子全书》第20册，上海古籍出版社、安徽教育出版社2010年版，第259页。

⑤ 朱熹：《次韵择之怀张敬夫》，《晦庵先生朱文公文集》卷五，载朱杰人等主编《朱子全书》第20册，上海古籍出版社、安徽教育出版社2010年版，第395页。

⑥ 朱熹：《雪中与林择之祝弟登刘园之宴坐岩有怀南岳旧游赋此呈择之属和并寄敬夫兄》，《晦庵先生朱文公文集》卷五，载朱杰人等主编《朱子全书》第20册，上海古籍出版社、安徽教育出版社2010年版，第409页。

⑦ 朱熹：《再次王宰韵》，《晦庵先生朱文公文集》卷四，载朱杰人等主编《朱子全书》第20册，上海古籍出版社、安徽教育出版社2010年版，第355页。

⑧ 朱熹：《茅舍独饮》，《晦庵先生朱文公文集》卷一，载朱杰人等主编《朱子全书》第20册，上海古籍出版社、安徽教育出版社2010年版，第258页。

⑨ 朱熹：《传舍见月》，《晦庵先生朱文公文集》卷一，载朱杰人等主编《朱子全书》第20册，上海古籍出版社、安徽教育出版社2010年版，第259页。

⑩ 朱熹：《奉酬子厚咏雪之作》，《晦庵先生朱文公文集》卷二，载朱杰人等主编《朱子全书》第20册，上海古籍出版社、安徽教育出版社2010年版，第281页。

作独饮，却醉不颓废、悲不失志。

庆元党禁后，朱子之学被禁为伪学，其高足蔡元定贬谪道州。时"州县捕元定甚急，元定闻命，不辞家即就道。熹与从游者数百人饯别萧寺中，坐客兴叹有泣下者。熹微视元定不异平时，因喟然曰：'友朋相爱之情，季通不挫之志，可谓两得矣。'元定赋诗曰：执手笑相别，无为儿女悲。"[1] 朱子弟子贺孙记此事云："先生往净安寺候蔡。蔡自府乘舟就贬，过净安，先生出寺门接之。坐方丈寒暄外，无嗟劳语。以连日所读《参同契》所疑扣蔡，蔡应答洒然。少迟，诸人醸酒至，饮皆醉。先生间行，列坐寺前桥上饮，回寺又饮，先生醉睡。方坐饮桥上，詹元善即退去，先生曰：'此人富贵气。'"[2] 党禁之中，查捕甚严，蔡元定贬而不挫，众弟子百人相送，足可见朱门之学风，师生之情义。朱子别元定，酩酊醉睡，亦可见朱子之至情至性。

对于朱子，人们历来只关注他作为圣贤的一面，认为他阐述六经、折中礼典、接续道统、穷理行躬、守正俨恪，而很少看到他性情的一面。朱子一生酷爱天然，讲学撰著之余，历游崇山峻岭，尽赏雄奇风光。朱子在游历中，体悟生命与自然之趣，有大量诗篇传世。这些诗作立意深远、生机盎然、情景交融，且极具哲理内涵。诗中的朱子乐山水、好友朋、恋美酒、贪游兴，情感丰富、洒脱旷达。他常醉酒、多唱和，亦常酒醒之后忽觉诗酒害道而禁酒戒诗。朱熹留下了许多与酒相关的诗篇，足可见诗酒于他之不可离也。诗酒是浪漫的，经典是理性的；醉酒写诗的朱子是性情的，修典注经的朱子是理性的。然而没有浪漫谈何理性，不悟本真怎为哲人，在理性中浪漫，在浪漫中寻道，这大概就是朱子所特有的圣贤之境。

三、道与酒

把酒吟诗，乃文人之常，朱子性亦嗜酒。朱子诗中以酒为题者比比皆是，从其诗中可知，朱子闲暇之时，或揽壶独酌，或与友共饮，酒量不浅，酒风豪放，兴之所至时往往诗酒并兴、泼墨挥毫。据门人吴寿昌载："先生每观一水一石，一草一木，稍清阴处，竟日目不瞬。饮酒不过两三行，又移一处。大醉，则趺坐高拱。经史子集之余，虽记录杂说，举辄成诵。微醺，则吟哦古文，气调清壮。某所闻见，则先生每爱诵屈原《楚骚》、孔明《出师表》、渊明《归去来》

---

① （元）脱脱等撰：《宋史》卷四三三《蔡元定传》，中华书局1977年版，第12875页。
② 黎靖德编：《丙辰后》，《朱子语类》卷一〇七，载朱杰人等主编《朱子全书》第17册，上海古籍出版社、安徽教育出版社2010年版，第3500—3501页。

并诗、并杜子美数诗而已。"① 由此可知朱子饮酒时之行状。

朱子的诗歌中有许多是关于春天的，且多是描述携酒春游的场景。诗中的春天是多姿多彩、姹紫嫣红的。"胜日寻芳泗水滨，无边光景一时新。等闲识得东风面，万紫千红总是春。"② 春天的容颜明艳而绚烂，春光点染出万紫千红的景象，人们亦从这万紫千红中感受春的气息。"春至草木变，郊园犹掩扉。兹晨与心会，览物遍芳菲。桃萼破浅红，时禽悦朝晖。"③ 春暖花开，万物更新，天地间一片生机盎然、自然和乐之景。然而，在这和煦的春风里，万物的秩序又有谁来安排呢？朱子在《春日偶作》中言道："闻道西园春色深，急穿芒履去登临。千葩万蕊争红紫，谁识乾坤造化心。"④ 原来在朱子心中春天代表生机和仁德，他从东风轻舞、大地回春、万物欣欣向荣的景象中，体验到了天理流行的生生之仁。仁既是天地之心，也是人心中所体验的性理，它普及周遍万物，使天地间呈现出勃勃生机。朱子的春天充满了惊喜，充满了禅意。在众所周知的《观书有感二首》中，朱子也描述了他对春天的喜悦和感悟："半亩方塘一鉴开，天光云影共徘徊。问渠那得清如许，为有源头活水来。""昨夜江边春水生，蒙冲巨舰一毛轻。向来枉费推移力，此日中流自在行。"⑤ 在春日的阳光下，朱子体悟到学有根底，知有本源。在暴涨的春水中，朱子领悟到在渐进中穷理，日积月累，自然水到渠成。春天里的朱子不再是常人脑海中严肃的道学先生，而是寄意山水、流连草木的真君子。面对迷人的春景，他常常游兴大发，诗怀激荡，文思奔涌。"川原红绿一时新，暮雨朝晴更可人。书册埋头无了日，不如抛却去寻春。"⑥ "晚红飞尽春寒浅，浅寒春尽飞红晚。尊酒绿阴繁，繁阴绿酒尊。"⑦ 皆是朱子寻春之作。清人陈衍也说："晦翁登山临水，处处有诗，盖道学中之最活泼者。"⑧ 朱子酷爱山水，有着浓烈的山水情怀，但在吟风弄月、风乎舞雩之时又不免自警自

---

① 黎靖德编：《杂记言行》，《朱子语类》卷一〇七，载朱杰人等主编《朱子全书》第17册，上海古籍出版社、安徽教育出版社2010年版，第3505页。

② 朱熹：《春日》，《晦庵先生朱文公文集》卷二，载朱杰人等主编《朱子全书》第20册，上海古籍出版社、安徽教育出版社2010年版，第285页。

③ 朱熹：《春日言怀》，《晦庵先生朱文公文集》卷一，载朱杰人等主编《朱子全书》第20册，上海古籍出版社、安徽教育出版社2010年版，第241页。

④ 朱熹：《春日偶作》，《晦庵先生朱文公文集》卷二，载朱杰人等主编《朱子全书》第20册，上海古籍出版社、安徽教育出版社2010年版，第285页。

⑤ 朱熹：《观书有感二首》，《晦庵先生朱文公文集》卷二，载朱杰人等主编《朱子全书》第20册，上海古籍出版社、安徽教育出版社2010年版，第286页。

⑥ 朱熹：《出山道中口占》，《晦庵先生朱文公文集》卷九，载朱杰人等主编《朱子全书》第20册，上海古籍出版社、安徽教育出版社2010年版，第525页。

⑦ 朱熹：《回文》，《晦庵先生朱文公文集》卷十，载朱杰人等主编《朱子全书》第20册，上海古籍出版社、安徽教育出版社2010年版，第561页。

⑧ 朱熹：陈衍评点，曹中孚校注：《宋诗精华录》，巴蜀书社1992年版，上海古籍出版社、安徽教育出版社2010年版，第463页。

励，向往古圣先贤，期望"尧舜气象"。"春服初成丽景迟，步随流水玩晴漪。微吟缓节归来晚，一任轻风拂面吹。"① "咏归同与点，坐忘庶希颜。"② 朱子此诗对"曾点之志"的推崇，再次彰显了他心中崇尚的舒畅、安乐、自由之美，我们亦可从中感受到朱子天人一体的心境与情怀。

诗歌不仅能抒发情感，也能悟道。朱子每每于诗歌中体悟天地之心，体悟"道体"流行。朱子云："晚峰云散碧千寻，落日冲飚霜气深。雾色登临寒夜月，行藏只此验天心。"③ 朱子在山水中行走、赋诗，体验"天心"，亦于诗歌中得见"仁体"。"仁体难明君所疑，欲求直截转支离。圣言妙缉无穷意，涵泳从容只自知。"④ 同时还于诗歌中感悟仁者与天地万物为一体的情怀："我是溪山旧主人，归来鱼鸟便相亲。一杯与尔同生死，万事从渠更故新。"⑤ 根据朱子的哲学本体论，山水审美客体从本体上讲，仍是道体的流行发见："鸢飞鱼跃，道体随处发见，谓道体发见者，犹是人见得如此。若鸢鱼初不自知察，只是天地明察，亦是察也。"⑥ 从搏击长空的苍鹰到灵动飞跃的游鱼，天上、地下、水中，处处生机活泼，无非"道体"之"发见"，"道体"之流行。

朱子与好友张栻同游衡山，携琴载酒，词句唱和，一月间写诗一百三十余篇。其中不乏对乾坤、太极的讨论："昔我抱冰炭，从君识乾坤。始知太极蕴，要眇难名论。谓有宁有迹，谓无复何存？惟应酬酢处，特达见本根。万化自此流，千圣同兹源。"⑦ 太极即天理，是宇宙万物的最高本体，五行统一于阴阳，阴阳统一于太极，万物亦统一于太极。朱子说，山川草木，无非都是这个太极："五行一阴阳也，阴阳一太极也。二气交感，所以化生万物……那个满山青黄碧绿，无非是这太极。"⑧ "太极"为天地万物之理，是总的道体；天地之化则是神，神是气之精英、阴阳二气之良能、天地之化育。

① 朱熹：《曾点》，《晦庵先生朱文公文集》卷二，载朱杰人等主编《朱子全书》第20册，上海古籍出版社、安徽教育出版社2010年版，第285页。

② 朱熹：《教思堂作示诸同志》，《晦庵先生朱文公文集》卷二，载朱杰人等主编《朱子全书》第20册，上海古籍出版社、安徽教育出版社2010年版，第270页。

③ 朱熹：《登山有作次敬夫韵》，《晦庵先生朱文公文集》卷五，载朱杰人等主编《朱子全书》第20册，上海古籍出版社、安徽教育出版社2010年版，第377页。

④ 朱熹：《送林熙之诗五首》之二，《晦庵先生朱文公文集》卷六，载朱杰人等主编《朱子全书》第20册，上海古籍出版社、安徽教育出版社2010年版，第418页。

⑤ 朱熹：《用丘子服弟韵呈储行之明府伯玉卓丈及坐上诸友》，《晦庵先生朱文公文集》卷九，《朱子全书》第20册，上海古籍出版社、安徽教育出版社2010年版，第530页。

⑥ 黎靖德编：《中庸》第十一章，《朱子语类》卷六三，载朱杰人等主编《朱子全书》第16册，上海古籍出版社、安徽教育出版社2010年版，第2070页。

⑦ 朱熹：《二诗奉酬敬夫赠言并以为别》，《晦庵先生朱文公文集》卷五，载朱杰人等主编《朱子全书》第20册，上海古籍出版社、安徽教育出版社2010年版，第387页。

⑧ 朱熹：《太极图》，《朱子语类》卷九四，载朱杰人等主编《朱子全书》第17册，上海古籍出版社、安徽教育出版社2010年版，第3142页。

纵情山水，在山水中领略天道自然的奥妙，体悟天人合一之境，不仅需要"不作尘中思"这样脱俗绝尘的审美心态，还需要"悠然与神谋"这样的返璞归真之心，方可领略山水之自然意趣。朱子素慕陶元亮之趣，有《陶公醉石归去来馆》云："予生千载后，尚友千载前。每寻高士传，独叹渊明贤。及此逢醉石，谓言公所眠。况复岩壑古，缥缈藏风烟。仰看乔木阴，俯听横飞泉。景物自清绝，优游可忘年。结庐倚苍峭，举觞酹潺湲。临风一长啸，乱以归来篇。"① 朱子欣赏陶渊明高风绝尘的真隐士人格，认为唯有如此方能在山水审美中，领略山水之乐，悟得天人合一之境。朱子云："淡泊忘怀久，浑沦玩意深。箪瓢无改乐，山水自知音。"② "赏罢一惝然，淡泊忘所适。"③ 这些诗句虽为朱子早年所作，其间流露的心境固然不乏佛老之意趣，但其中回归自然、脱俗绝尘、天人合一的境界始终为朱子"一以贯之"的理想追求。

朱子是理性的朱子。朱子一生，为天地立心，体悟天理，建构理一元论；为生民立命，"存天理"之公，"灭人欲"之私；为往圣继绝学，读书明理，重建道统；为万世开太平，推明治道，回归三代。朱子尊德性而道问学，致广大而尽精微，集理学之大成，理性的精神乃其思想人生的根本精神。

朱子也是浪漫的朱子，朱子一生是浪漫的一生。朱子早年指点江山，激情澎湃，充满诗酒情怀；中年回归儒学，服膺天理，回归理性，仍不改浪漫情愫；晚年思想圆融，汇通三教，自成高峰，但朱子始终没有改变他好学深思、忧国忧民、纵情山水、积极达观的性格。正是在此意义上，理性与浪漫形成了朱子理学独特的思想个性。朱子生活在南宋时期，南宋王朝内忧外患，积贫积弱，外有辽金骚扰，内有奸臣当道，政治生态相对恶劣。朱子晚年，不幸卷入党争，朱子学被禁为伪学，学生或被流放或被遣散，道学成为政治斗争的牺牲品。朱子仍然乐观自信，不改其浪漫情怀。庆元党禁之初，朱子送别贬谪道州的得意门生蔡元定，曾写就著名的《水口行舟》一诗："郁郁层峦隔岸青，青山绿水去无声。烟波一棹知何许，鹧鸪两山相对鸣。"④ 诗中朱子借景抒情，描绘了大雨过后山水相映的美好景色，在逆境中充满浪漫主义精神。

理性与浪漫并非二元对立，二者好比阴阳，阴中有阳，阳中有阴，彼此是

---

① 朱熹：《陶公醉石归去来馆》，《晦庵先生朱文公文集》卷七，载朱杰人等主编《朱子全书》第20册，上海古籍出版社、安徽教育出版社2010年版，第487页。

② 朱熹：《挽籍溪胡先生三首》，《晦庵先生朱文公文集》卷二，载朱杰人等主编《朱子全书》第20册，上海古籍出版社、安徽教育出版社2010年版，第295页。

③ 朱熹：《秋怀》，《晦庵先生朱文公文集》卷一，载朱杰人等主编《朱子全书》第20册，上海古籍出版社、安徽教育出版社2010年版，第246页。

④ 朱熹：《水口行舟》，《晦庵先生朱文公文集》卷一〇，载朱杰人等主编《朱子全书》第20册，上海古籍出版社、安徽教育出版社2010年版，第553页。

统一互补的。理性与浪漫各有其用，不可替代。同理，在朱子的生活与精神世界里，理性精神与诗酒情怀亦是相辅相成、不可或缺的。若只有理性精神，人生将会了无意趣，甚至变得丑陋；若只沉醉于诗酒情怀，则未免又会陷入空想与癫狂。唯有理性而不刻板，浪漫而不癫狂，方可成就理学家丰富多彩、广博圆融的精神境界。朱子哲学的根本精神就是理性与诗性的相互交融。诗性是人生与艺术能够达到的最高境界，朱子的诗性存在于一切创造性的活动之中，存在于他理性的思考之中，徜徉于山水之乐中，荡漾于他与弟子的对话中。

思想史与哲学史视域下的"宋学"研究

刘　丰[*]

　　"宋学"本是一个传统经学史上的概念，主要有经学史上分期、分派的意义和经学史上方法论的意义上两种用法。这两种对"宋学"的不同理解，在学术史上都有回应。近代以来的学术研究中"宋学"有了新的含义，而且在近些年来引起了比较激烈的争论。"宋学"的内涵与外延，"宋学"所指称的学术范式和方法，以及与此相关的不同学科范式之间的讨论和争辩对于我们深入认识"宋学"，推动哲学史、思想史的研究，都有一定的参考意义。

一、"宋学"是一个史学概念

　　新史学建立以来首先提出"宋学"的应是陈寅恪。陈寅恪于 1943 年为邓广铭《宋史职官志考证》作序时指出："吾国近年之学术，如考古、历史、文艺及思想史等，以世局激荡及外缘熏习之故，咸有显著之变迁。将来所止之境，今固未敢断论。惟可一言蔽之曰，宋代学术之复兴，或新宋学之建立是已。华夏民族之文化，历数千载之演进，造极于赵宋之世。后渐衰微，终必复振。[①]"陈寅恪所谓的"新宋学"，首先是针对经学史上分期、分派意义上的"宋学"而言的。他所说的"新宋学"，已经超越了传统经学上的"宋学"，可以理解为新史学时代的"宋学"。简单来说，"新宋学"就是指宋代的文化。其次，也超越了清儒以义理为核心的"宋学"。陈寅恪所谓的"新宋学"其实是以"汉学"的方法讲宋人的义理，尤其重视用宋代史学长编考异的方法来将"宋学"的义理还原为史事。[②]这样来看，陈寅恪先生所说的"新宋学"，实际上就是用史学考据为主的方法来研究以儒学为主的宋代文化。

　　邓广铭于 1984 年发表《略谈宋学》一文，这是在"文革"之后，史学研究步入正途，宋史研究日益繁荣的背景之下，率先提出了"宋学"这个概念。按照邓广铭先生的理解，"宋学"就是宋代以儒学为主流的学术体系。"如果把萌兴于唐

---

[*]　刘丰，中国社会科学院哲学所研究员、中国哲学史学会秘书长。

[①]　陈寅恪：《邓广铭宋史职官志考证序》，《金明馆丛稿二编》，上海古籍出版社 1980 年版，第245 页。
[②]　桑兵：《民国学人宋代研究的取向及纠结》，《近代史研究》2011 年第 6 期。

代后期而大盛于北宋建国以后的那个新儒家学派称之为宋学，我以为是比较合适的。"^①显然邓先生呼吁学界重视的"宋学"，是接着陈寅恪先生而来的。

"宋学"是一个史学概念，首先当然是由于这个概念出自史学界，提出这个概念的陈寅恪是历史学家，尤其是距离陈先生提出"宋学"概念四十余年后再次提出"宋学"的邓广铭，更是现代宋史研究的开创者和奠基者。此后力主"宋学"研究的主要是邓先生的门生弟子，都是宋史研究领域的著名学者。学术界成立的以研究宋学为主的研究机构，其研究的主体也是以宋史为核心。

其次，也是最为重要的，"宋学"作为一个史学概念，是研究者从史学的角度，具体说是从思想史的角度对宋代儒学做的历史的研究，以哲学的方法研究理学。我们以陈寅恪提出"宋学"的学术背景及他对宋代新儒学产生的历史过程所做的研究为例来说明这个问题。

陈寅恪提出"宋学"的概念与他对儒学的整体理解有密切的关系。他在为冯友兰《中国哲学史》下册所作的审查报告中指出的佛教经典言："佛为一大事因缘出现于世。"中国自秦以后，迄于今日，其思想之演变历程，至繁至久。要之，只为一大事因缘，即新儒学之产生，及其传衍而已。陈寅恪将宋代新儒学的产生看作是秦汉之后中国思想文化发展演进过程中最为重要的一个事件。关于新儒学产生的背景、原因，以及发展演进的途径，各家有不同的解释。陈寅恪持史学的立场，从思想发展的动态演变着手阐明新儒学产生的历史进程。为了说明这一点，他首先指出，早期儒学关注的重点和主要特征在于人伦秩序和典章制度，而对于抽象的思辨则不甚关注，远不如后来的佛教和道教。宋代新儒学重点关注的天理性命问题，不是承自早期儒学，而是来源于道教以及以道教为中介的佛教。道教本来继承了道家的哲学，在理论思辨方面有特长，更为重要的是，道教是吸收佛教性理之学的思想中介。冯友兰先生的宋明理学研究，秉持哲学的立场和方法，认为道学（新儒学）的产生、演变，其主要原因在于儒学内部。按照冯著《中国哲学史》的框架，先秦时期为"子学时代"，秦以后直至近代之前都为"经学时代"。这个框架本身就说明，秦汉以后至晚清的中国哲学的变化都是在中国固有的思想传统之内的变化。冯友兰认为唐代的韩愈和李翱是宋代理学的先驱，他们的思想虽然受到佛教的影响，但更主要的还是继承了儒家的传统。在冯友兰看来，佛教与道教的思想融入儒学中而形成了新儒学，这些因素是构成新儒学之新成分，但总体来说，这些"新成分"的作用仅仅是外缘的、次生的，新儒

---

① 邓广铭：《略谈宋学》，《邓广铭治史丛稿》，北京大学出版社 2010 年版，130 页。据《邓广铭学术年表》，本文最早为邓广铭先生于 1984 年在杭州参加第三届宋史年会的讲话，原题作《略谈宋学——附说当前国内宋史研究情况》。参见《邓广铭治史丛稿》，第 573 页。

学产生的内因依然是儒学内部自身的演化。

据冯先生于 1946 年至 1947 年在美国宾夕法尼亚大学讲学时写成的《中国哲学简史》，宋代新儒学的产生有三个思想来源："第一，当然是儒家本身。第二，是佛家，包括以禅宗为中介的道家。因为在佛家各宗之中，禅宗在新儒家形成时期是最有影响的。在新儒家看来，禅与佛是同义语，前一章已经讲过，在某种意义上，可以说新儒家是禅宗的合乎逻辑的发展。第三是道教，道教有一个重要成分是阴阳家的宇宙发生论。"[①] 显然，冯先生所列的新儒学产生的三个原因当中，儒家本身的思想意义依然是最重要的。冯先生也承认佛教尤其是禅宗的影响，但他又对这样的看法有严格的限定，只是"在某种意义上"可以这样讲。

哲学是来自西方的一门学科和方法，按照这样的方法建构起来的中国哲学史，在形式上是全新的，但在其形式背后的实质脉络上，还是在很大程度上承袭了传统的经学叙事，尤其是道学的谱系。冯友兰的中国哲学史研究就很典型地体现了这个特点。

陈寅恪在冯友兰《中国哲学史》下册的审查报告中，委婉地表达了对冯先生的研究取径和立场的不同意见。这个不同，从立场上来说，其实正是史学和哲学的对峙，从方法上来看，是思想史和哲学史两种不同的研究方法的交锋。"宋学"是一个史学概念，"宋学"概念的提出，正是要通过对宋代新儒学产生的历史过程的揭示，尤其是强调佛道二教的影响，来重塑新儒学产生的历史过程及其义理内涵，通过这种历史的真实过程来消解传统道学家和当代哲学家关于新儒学义理前后一贯的"信念"。这也正是陈寅恪先生提出"宋学"的真实意图。

与此类似，八十年代以来"宋学"概念的提出也有同样的背景。邓广铭在《略论宋学》的开篇就指出，"应当把宋学和理学加以区别"，并澄清他在 1962 年出版的翦伯赞主编《中国史纲要》中"两宋的哲学思想"部分所说的，"支配两宋三百多年的哲学思想，是理学。两宋理学是佛教哲学和道家思想渗透到儒家哲学以后出现的一个新儒家学派"，这个论断是错误的。陈植锷通过大量的文献梳理，认为哲学史研究中常用的"道学"和"理学"这两个概念"其实均不免以偏概全之纰漏"[②]，因此还是"宋学"更为切合历史的实际。漆侠的宋学研究，也是针对近几十年来宋明理学研究以及中国哲学史的研究而发的。他指出过去的"宋学"研究主要存在两个偏向，其中第一个偏向就是"用理学代替宋学。"就宋学和理学这两个概念来说，"宋学可以包蕴理学，而理学则仅仅是宋学的一个支

---

① 冯友兰：《中国哲学简史》，涂又光译，北京大学出版社 1996 年版，第 229 页。
② 陈植锷：《北宋文化史述论》，中华书局 2019 年版，第 180—181 页。

派。"①漆侠《宋学的发展和演变》是一部未完成之作，漆先生去世前拟定的全书的序言，题目就是"中国哲学史研究走向何处"，漆侠是准备认真分析"当前中国哲学史研究所面临的困境"，并试图从思想史的角度为中国哲学史研究提供一条广阔道路的。由此可见，"宋学"的提出显然是针对哲学史家对理学的研究而发的。前些年余英时先生发表的关于宋代政治文化的研究，虽然他没有用"宋学"这个概念，但他所关注的宋代政治文化的内容和"宋学"基本是一致的。而且余英时先生批评的宋代儒学研究中的"两度抽离"，其实也是针对哲学史的研究而言的。

第三，"宋学"也是指一种新的史学研究方法。现代学术史上的"宋学"概念是陈寅恪在《邓广铭宋史职官志考证序》中提出的。在陈寅恪看来，《宋史》卷帙浩繁，问题也多。陈寅恪赞许邓广铭"始终殚力竭智，以建立新宋学为务"②，是因为邓广铭"夙治宋史，欲著《宋史校正》一书，先以《宋史职官志考证》一篇，刊布于世。"③陈寅恪所看重的，正是邓广铭以史学的路径，以考史的方法来研治《宋史》及宋代史事。如按照传统的理解，这样的方法有些类似汉学的方法，但其实这也正是陈寅恪所认为的建立新宋学的正确途径，因此他才说："他日新宋学之建立，先生当为最有功之一人"。④

陈寅恪先生治学，主要是要汇通各种文字、各种史料，最终的目的是揭示历史的真相。考证、实证是他所坚持的主要的方法。在他看来，即使治儒家经学，史学的考证之法依然是一条正确、坦荡的途径。他在1948年为杨树达《论语疏证》写的序中指出："夫圣人之言，必有为而发，若不取事实以证之，则成无的之矢矣。圣言简奥，若不采意旨相同之语以参之，则为不解之谜矣。既广搜群籍，以参证圣言，其言之矛盾疑滞者，若不考订解释，折中一是，则圣人之言行，终不可明矣。今先生汇集古籍中事实语言之与《论语》有关者，并间下己意，考订是非，解释疑滞。此司马君实、李仁甫长编考异之法，乃自来诂释《论语》者所未有，诚可为治经者辟一新途径，树一新楷模也。"⑤又说："故儒家经典，必用史学考据，即实事求是之法治之。"⑥

---

① 漆侠：《宋学的发展和演变》，河北人民出版社2002年版，第5页。
② 陈寅恪：《邓广铭宋史职官志考证序》，《金明馆丛稿二编》，上海古籍出版社1980年版，第246页。
③ 陈寅恪：《邓广铭宋史职官志考证序》，《金明馆丛稿二编》，上海古籍出版社1980年版，第245页。
④ 陈寅恪：《邓广铭宋史职官志考证序》，《金明馆丛稿二编》，上海古籍出版社1980年版，第245页。
⑤ 陈寅恪：《杨树达论语疏证序》，《金明馆丛稿二编》，上海古籍出版社1980年版，第232页。
⑥ 陈寅恪：《杨树达论语疏证序》，《金明馆丛稿二编》，上海古籍出版社1980年版，第233页。

其实，以史学的立场、方法来研究经学，解决经学上的问题，这也是二十世纪三十年代一种普遍的看法。钱穆于 1930 年发表的《刘向歆父子年谱》，1932年发表的《周官著作时代考》就是这样的作品。通过详实的史学考证的方法来解决经学上今古文之争的问题。钱先生后来将这几篇文章收在一起，以《两汉经学今古文平议》出版，他在 1958 年写的序中将他的观点和方法进一步总结说："经学上之问题，同时即为史学上之问题，自春秋以下，历战国，经秦迄汉，全据历史记载，就于史学立场，而为经学显真是。"① 除了经学之外，钱穆在研究宋明理学发展进程的时候，也是采取历史的路径，尤其突出了佛老思想在理学产生过程中所扮演的重要角色。

陈寅恪、钱穆等希望的以史学考证的方法来研究儒学，正是八十年代以来宋学研究所坚持的方法。陈植锷《北宋文化史述论》即是建立在翔实的文献梳理基础之上的一部北宋宋学发展史，探讨了宋学产生的时代背景、宋学的产生及其发展阶段、宋学的主题、精神，以及宋学与佛老等其他文化领域的关系。漆侠《宋学的发展和演变》更是秉持了史学界主流的思想史研究的方法，对宋学的发展和演变作了全面的梳理。这都是以史学的方法研究宋代儒学的代表作，同时也集中体现了宋学研究的方法论取向。

二、思想史视域下的"宋学第一人"

"宋学"是一个史学概念。二十世纪八十年代以来率先提出"宋学"并且亲自实践了"宋学"研究的，也主要是历史学家。他们所预设的前提甚至反对的目标，主要是中国哲学史研究领域对宋明理学的研究。在历史学家看来，哲学界研究宋明理学，在方法上采取哲学的方法，以概念的分析和义理的阐发为主，这样就使理学脱离了与当时社会的内在联系；在内容上以理学为主，窄化了宋学丰富的内涵。思想史和哲学史对于宋代儒学持不同的角度和立场，自然也就得出了不同的看法，正所谓"横看成岭侧成峰，远近高低各不同"。一般而言，本源决定性质。因此，谁才是宋代新儒学的真正开创者，谁在"宋学"的发展过程中居于核心的地位、起过最为关键的作用，在这两种不同方法的研究中就有了不同的结论。这个问题关涉宋代儒学的整体走向、宋代儒学的精神特质等宏观问题的理解和定位，我们以此为例，来说明两种不同的研究范式围绕"宋学第一人"展开的王安石、范仲淹之争，尤其是从哲学史的角度来看，从传统的以理学三先生、周敦颐为开端的叙事脉络，到重视范仲淹，对于哲学史研究带来的启

① 钱穆：《两汉经学今古文评议·自序》，商务印书馆 2001 年版，第 6 页。

发与意义。

邓广铭一生研究王安石，对王安石及熙宁新法评价颇高。正如学者所指出的，"最早运用唯物史观研究王安石变法并产生较大影响、成绩最卓著的学者，当推邓广铭和他的门人漆侠先生。"① 他们对王安石的研究"投入了极大的热情和精力，一直贯穿于他们五十余年的学术生涯，如此研究王安石及其变法在王安石变法研究史上可以说前无古人，恐怕也是后无来者。"② 就现代史学七十多年来的王安石研究史来看，也是几经起伏，各有时代特色，对王安石及其新法的评价来说，有肯定说，有否定说，有不完全肯定说；也有从完全肯定到"尊马抑王"的变化，鲜明地反映出史学界在这几十年来的变化。在这个史学潮流变化的过程中，邓广铭和漆侠属于旗帜鲜明的肯定派。

很大程度上，"宋学"的提倡者邓广铭和漆侠一生致力于王安石的研究，且对王安石评价非常高，因此他们研究"宋学"，自然就重王安石新学而贬低二程洛学。首先，他们坚定地认为，王安石才是"宋学"的开创者。邓广铭认为，王安石是"宋学"建立方面最为重要的人。从北宋儒学发展的整体进展来看，"从其对儒家学说的贡献及对北宋后期的影响来看，王安石应为北宋儒家学者中高居首位的人物。"③ 而一般哲学史、儒学史重点研究的理学，按照邓广铭的看法，北宋时期还没有形成一个流派，张载、二程等人尽管在北宋后期也都收徒讲学，但"还远远没有形成一个学术流派，自然更不能说它对整个北宋一代产生过什么支配作用了。"④

漆侠认为，"在宋学建立阶段，范仲淹有其不可磨灭的重大作用。范仲淹不仅是庆历新政的核心人物，而且也是宋学建立阶段的组织者和带头人"，⑤ 但是，漆侠又根据王安石的女婿蔡卞所写的《王安石传》中"（安石）初著《杂说》数万言，世谓其言与孟轲相上下。于是，天下之士，始原道德之意，窥性命之端云"认为，"由此看来，北宋一代的道德性命之理首先是由王安石开创的。"⑥ 比较而言，漆先生的观点是，范仲淹是宋学创立阶段的"带头人"，但就"宋学"的整体发展来看，还是王安石的作用更为重要。尤其是宋学的核心内容"道德性命之学"，就是由王安石所开创的。因此，漆先生的看法和邓先生也是一致的，并不矛盾。

① 李华瑞：《王安石变法研究史》，人民出版社 2004 年版，第 377 页。
② 李华瑞：《王安石变法研究史》，人民出版社 2004 年版，第 387 页。
③ 邓广铭：《王安石在北宋儒家学派中的地位——附说理学家的开山祖问题》，《邓广铭治史丛稿》，北京大学出版社 2010 年版，第 150 页。
④ 邓广铭：《略谈宋学》，《邓广铭治史丛稿》，北京大学出版社 2010 年版，第 130 页。
⑤ 漆侠：《宋学的发展和演变》，河北人民出版社 2002 年版，第 15 页。
⑥ 漆侠：《宋学的发展和演变》，河北人民出版社 2002 年版，第 391 页。

　　其次，荆公新学无论在当时还是在其身后，影响都是其他学派无法相比的。他们指出，"王氏学独行于世者六十年"，王安石新学在北宋后期长期居于官学地位，直至南宋孝宗乾、淳以后，随着道学的逐渐兴盛，王学在全国教育体系以及士人中的影响才逐渐褪去。而新学的被彻底否定则要到淳祐以后了。与新学相比，二程洛学在北宋时期只在民间传播，且影响不大。到了南宋时期，理学尽管独立成派，影响也逐渐扩大，并出现了像朱熹、陆九渊这样有影响的理学家，"然而理学家们的声势仍然未能笼盖了当时的学术界，与之并驾齐驱的，至少就可举出重视经世致用之学的浙东学派，以及专重史学的蜀中的李焘、李心传、王称、彭百川等人。"① 由此可见，他们不但要尽量淡化、弱化一般所认为的道学在南宋已是一枝独秀的印象，而且还认为新学和理学在南宋地位此起彼伏的变化，并不是二者理论本身交锋的结果，而是南宋时期在各种政治力量的交错变化之下，南宋时期社会结构和经济发展的变化才导致的结局。

　　既然树立了王安石为"宋学第一人"的看法，那么传统理学史上以周敦颐为"道学宗主"的地位就必须要加以评判。邓广铭考证了周敦颐的学术师承，认为："周敦颐的《太极图》和《通书》，都是他本人深造自得的著作，而绝非受之于穆修的。从他的著作的内容看，知其学术思想受道家的影响必甚大，但他与陈抟、种放等人之间也不存在直接或间接的传授关系。至于他究竟受学于何人，则于史无征。"邓先生承认了《太极图》为周敦颐所作，同时，他又通过详细的考证，说明二程也非周敦颐学术思想的传人。"在宋人的记载当中，也找不到周敦颐与其同时代的主要学人互相商讨、切磋学术问题的痕迹。"这样，通过溯源周敦颐思想的源与流，邓广铭认为，"周敦颐在其时代的儒家学派当中，是根本不曾占有什么地位的。"② 这一结论依然还是否定了周敦颐在宋代儒学复兴过程中的地位和贡献。漆侠的研究中根本就没有提及周敦颐。

三、哲学史视域下的"宋学第一人"

　　"宋学"研究者高度评价王安石变法，同时也都认为王安石是"宋学"的开创者，这样自然就贬低了理学。而这又是理学研究所不能接受的。从哲学史尤其是理学史的研究来看，一批学者有意识地抬高范仲淹的地位，以此来与史学界重视、表彰的王安石相抗衡。蒙培元在二十世纪八十年代出版的《理学的演变》

① 邓广铭：《略谈宋学》，《邓广铭治史丛稿》，北京大学出版社2010年版，第139页。
② 邓广铭：《关于周敦颐的师承和传授》，《邓广铭治史丛稿》，北京大学出版社2010年版，第168、169页。

虽然是一部研究理学发展史的著作，但这部书其实关注的不是理学发展的历史过程，而是哲学观念的演变，是一部严格意义上的哲学史著作。蒙先生一开篇就指出，理学作为一种哲学思潮是"由范仲淹、欧阳修以及胡瑗、孙复、石介等人开其端"的。① 在后来新版的绪论中，蒙先生更加明确地指出："北宋初年的儒学运动，是以'庆历新政'为背景而发展起来的。当时以社会改革家范仲淹为中心，团结了一批知识分子，为社会改革制造舆论，从经济、政治、教育、文学、史学、哲学等各方面掀起了一股改革思潮，为理学的形成扫清了道路，作了直接准备。"② 蒙先生还指出，范仲淹是"宋代理学的倡导者"，欧阳修也是"理学思潮的重要人物"③，由此可见，他对理学持一种广义的看法，将范仲淹、欧阳修等人都算作理学家。这里的理学其实也相当于宋代复兴的新儒学，也就是我们这里讨论的宋学。这也说明，在宋代儒学复兴的过程中，或者宋学的形成过程中，蒙培元充分肯定了范仲淹的作用。有必要指出的是，蒙先生将范仲淹、欧阳修甚至司马光等人都算作理学家，但他在谈及理学兴起这一阶段的时候，却没有提及王安石。这一对比也是很有意义的。

由汤一介、李中华主编，陈来、杨立华、杨柱才和方旭东执笔的《中国儒学史》宋元卷中，将三先生放在绪说，而以范仲淹为第一章。④ 这部儒学史既非宋学史，也非理学史，而且书中既没有范仲淹为宋儒第一人这样的讲法，也没有太多述及范仲淹对于宋代儒学的贡献与意义，将范仲淹排在宋代儒学的第一位置上，从这样的章节设计上也可以大体看出几位从事中国哲学史的研究者对于宋代儒学发展的看法，因为这部书还是带有很浓厚的哲学史的味道的。

在哲学史的研究范式中，李存山更是明确提出范仲淹才是"宋学第一人"。所谓"第一"，就是说范仲淹是宋代儒学复兴的开创者。李存山先生是从三个方面来论证这个看法的。

第一，从传统的学术思想史上说，《宋元学案》列于宋代儒学开创地位的三先生，曾先后游于范仲淹之门，受过范仲淹的激励、延聘和推荐。其中胡瑗在苏、湖讲学时开创的"明体达用"之学，在庆历新政时推广全国。"明体达用"之学成就了儒学的复兴之势，同时也成为"宋学"的核心精神。另外，范仲淹在皇祐元年（1049）徙知杭州时，还曾两次推荐李觏入太学，李觏遂被授太学助教。由此可见，"三先生"以及李觏都曾是范仲淹门下的贤士。如果没有范仲淹的激

---

① 蒙培元：《理学的演变——从朱熹到王夫之戴震》，福建人民出版社1984年版，第2页。
② 蒙培元：《理学的演变——从朱熹到王夫之戴震》，方志出版社2007年版，第4页。
③ 蒙培元：《理学的演变——从朱熹到王夫之戴震》，方志出版社2007年版，第7页。
④ 汤一介、李中华主编：《中国儒学史》，北京大学出版社2011年版。

励孙复，延聘和推荐胡瑗，三先生是没有后来的学术地位的。

第二，范仲淹和后来兴起的理学的关系，也有明确的线索可寻。范仲淹劝张载读《中庸》，"导横渠以入圣人之室"，这是理学史上为人所熟知的。程颐游太学时，胡瑗曾以《颜子所好何学论》试诸生，得程颐之作大为惊异。由于这层关系，胡瑗和二程洛学也建立起一种师承关系。程颐对胡瑗敬礼备至，非"安定先生"不称。但二程后来却很少提及范仲淹，这并不是二程不知道胡瑗与范仲淹之间的关系，也不是二程有意回避这一层师承关系。据李存山的研究，其中一个原因是二程与吕公著及其子吕希哲关系密切，而吕公著正是吕夷简之子。范仲淹与吕夷简由于政治主张的不同还曾引起了"景祐党争"。正是由于范、吕之间的复杂关系，导致二程后来很少提及范仲淹。[1]

第三，范仲淹与周敦颐的关系。周敦颐在南宋时期就被认为是道学的开创者，在理学史上一直有重要的位置，在《宋元学案》中被列为"高平讲友"。实际上，周比范小二十八岁，应该是晚一辈的学者。据李存山的考证，"周敦颐与范仲淹确实有着思想上的联系，且其早年当亦受到范仲淹的影响"。具体来说，周敦颐曾于景祐四年（1037）至康定元年（1040）的三年时间里在润州丹徒为其母服丧守墓。而范仲淹正好于景祐四年（1037）徙知润州，宝元元年（1038）冬十一月徙知越州。也就是说，"周敦颐有一年多的时间与范仲淹同在润州，就范仲淹在当时的地位、声望及其在润州建郡学而言，周敦颐是不可能不受其影响的。"[2] 此后二年，二程受教于周敦颐，周敦颐令寻"孔颜乐处"，从而又引发出宋明理学史上的一个重要问题。其实，"孔颜乐处"问题的发端处也在范仲淹。

这样看来，范仲淹影响了三先生、李觏、刘敞、刘牧等一批宋初儒学复兴时期的重要儒家学者，对于周敦颐、张载、二程等理学家也有程度不同的影响。同时，在他的周围还有韩琦、富弼等声气相通的同僚，有欧阳修与他共进退。这些人都是时代之精英，而范仲淹为其核心。通过这样的分析，就更加有力地证实了范仲淹是"宋学第一人"。尤其重要的是，李存山先生还揭开了范仲淹与周敦颐之间的隐秘的关系，这对于理学史和中国哲学史的研究来说具有重要意义。

既然确认了范仲淹"宋学第一人"的地位，就必须对王安石新学做出相应的评价。由于李存山对道学持基本肯定的态度，高度评价王安石新学"就会陷入思

---

[1] 参见李存山：《范仲淹与宋学之开端》，《范仲淹与宋学精神》，中国人民大学出版社2019年版，第80—85页。

[2] 李存山：《范仲淹与宋学之开端》，《范仲淹与宋学精神》，中国人民大学出版社2019年版，第76页。

想史评价的扞格难通。"① 李存山引用王夫之《宋论》中对熙宁变法的观点，认为宋政之乱，自熙宁变法始；而北宋之亡，则亡于章惇、蔡京等奸佞擅权。"章惇、蔡京等所为，虽然不是王安石所愿见，但王安石应任'引用小人'之咎。"② 王夫之还认为，宋政之乱虽然"自神宗始之"，但又"自仁宗开之"，把宋政之乱的根源追溯到范仲淹庆历新政，这是李存山不能同意的。他说："这就是说，宋政之乱源于庆历新政之后熙宁变法的转向，即其转向为汲汲于理财的'急政'。范仲淹和庆历新政不但不能担任其咎，恰恰相反，'使庆历之法尽行，则熙丰、元祐之法不变；使仲淹之言得用，则安石之口可塞。'如果庆历新政不致夭折，恰可以避免宋政之乱。"③ 作为一名现代学者，李存山先生自然不能完全同意传统史家所认为的北宋之亡在于熙宁变法，但经过深入的分析和多方论证之后，李存山认为王安石的新法和新学要为北宋的覆亡承担相应的责任。因此，他对王安石新法及新学基本是持否定的态度。

李存山的"宋学"研究的立论基础是钱穆所说的"宋学精神，厥有两端：一曰革新政令，二曰创通经义。"④ 邓广铭也指出宋学有两个基本的共同特点：第一，都力求突破前代儒家们寻章摘句的学风，向义理的纵深处进行探索；第二，都怀有经世致用的要求。⑤ 他们对宋学精神的概括是相同的。李存山认为，"创通经义"和"革新政令"也就是范仲淹开创的"明体达用"之学。从宋学精神这个角度来看，李认为范仲淹是宋学精神的开创者，而邓认为王安石是宋学精神的最高体现者。所谓"第一"，一人认为是最早，一人认为是最高。他们对"第一"的理解有一些偏差。

由此看来，思想史的宋学研究和哲学史的宋学研究，在跳出传统道学的叙事模式之后，关于"宋学第一人"的判断，有"尊王"还是"尊范"两种不同意见。从研究方法上来看，思想史的宋学研究，依然侧重于历史的发展，通过王安石的地位和影响、北宋时期新学和理学的对比等，重视从动态的历史过程中把握宋学的开端，从历史的对比中把握宋学精神的最高体现。而哲学史的宋学研究，重视义理的内在理路，从"学统四起"到后来的理学独大中整体把握宋学的开端。在"宋学"的开端这个问题上，依然明显地体现出两种不同的思路、不同的方法之间的区别和对立。

---

① 李存山：《王安石变法的再评价》，《汉代与宋明儒学新论》，华文出版社 2021 年版，第 159、160 页。
② 李存山：《宋学与〈宋论〉》，《范仲淹与宋学精神》，中国人民大学出版社 2019 年版，第 140—141 页。
③ 李存山：《宋学与〈宋论〉》，《范仲淹与宋学精神》，中国人民大学出版社 2019 年版，第 143 页。
④ 钱穆：《中国近三百年学术史》，商务印书馆 1997 年版，第 5—7 页。
⑤ 邓广铭：《略谈宋学》，《邓广铭治史丛稿》，北京大学出版社 2010 年版，第 130 页。

四、哲学史对宋学研究的启示

哲学史与思想史是两种不同的研究方法。近几十年来的宋学研究主要是采取思想史的史学路径。但是，当研究者从哲学史的角度进入宋学研究领域之后，对宋学研究作了一些批评和反思，对整体理解宋代儒学提供了一种新的角度。同时也为哲学史的研究提供了反思和深化的可能性。在这个方面李存山的研究依然是有借鉴意义的。李存山指出了庆历新政和熙宁新法之间的变化，王安石思想前后的转变。这是以往学者没有看到的。

李存山认为，以往对王安石变法的研究和评价，存在两个致命的缺陷：一是没有将范仲淹的庆历新政与王安石的熙宁新法作比较，二是没有对王安石本人思想的转向作分析。① 学者一般认为，熙宁变法与庆历新政是一脉相承的，"从庆历新政到熙丰新法，有着内在的本质的历史联系。"② 但在李存山看来，熙宁新法和庆历新政相比有一个转变，即从庆历新政的以敦本抑末为主导，以整饬吏治为首务，以砥砺士风、改革科举、兴办学校、培养人才为措施的改革，转向了以理财为急务。这个施政纲领的变化，与儒家的义利之辨相冲突，引起了士大夫的批评。他同时指出："司马光等旧党在与王安石的新党争论时亦有其缺陷，即他们受义利之辨的束缚，又受王安石新党的'挑激'，而讳言财利，没有向宋神宗陈明如何解决国家的财用问题。"③ 王安石的新法引起了熙宁年间的新旧党争，熙宁新法逐渐背离了庆历新政的本末并举的改革措施，这才是真正的"以浅末为急务"了。

李存山还指出，对王安石的思想要整体、全面地把握，要看到他的思想前后的变化。王安石在早期也肯定范仲淹为"一世之师"，"名节无疵"，而且也认同庆历新政的改革措施。王安石在仁宗嘉祐三年（1058）写的《上仁宗皇帝言事书》主张改革要从整饬吏治开始，这与庆历新政的精神是一致的。至于其中谈到的重视"理财"的主张，很多学者据此认为王安石在熙宁时期的改革措施早在嘉祐时期就已经有了，以此来说明王安石思想前后的一贯性。李存山指出，"理财"思想只是万言书中的枝节问题，并非他向仁宗坦言的主旨。后来当王安石调到中央工作之后，正是在神宗以"理财"为急务的旨意影响之下，王安石的改革思想才从以整顿吏治、培养人才为先，逐渐俯就、迎合神宗以"理财"为急务的看法。

---

① 李存山：《王安石变法的再评价》，《汉代与宋明儒学新论》，华文出版社 2021 年版，第 160—161 页。

② 漆侠：《范仲淹集团与庆历新政》，《历史研究》1992 年第 3 期。

③ 李存山：《宋学与〈宋论〉》，《范仲淹与宋学精神》，中国人民大学出版社 2019 年版，第 139 页。

李存山指出庆历新政和熙宁新法之间的不同，王安石思想前后的转变，这对于全面理解北宋儒学的发展，北宋儒学的精神实质，都有重要的意义。对于哲学史来说，指出庆历新政和熙宁新法之间的区别，然后确定范仲淹为宋学开端，在学理上就和后来的理学名正言顺地联系在一起，而不至于像以往学者那样有"扞格难通"之感。李存山指出王安石思想的变化，如实地说明了王安石也曾经是儒学复兴的时代氛围中的一分子，也深受儒学传统的影响，这样在王安石的思想和政治主张之间作出一个区别，有利于更加全面地理解王安石以及北宋中期儒学发展的复杂情景。这正是一个哲学史家对于宋学研究的重要贡献。

李存山还对哲学史自身的研究范式作了反思。李存山不仅在宋学研究中表彰范仲淹，同时也指出，理学史上范仲淹的地位被周敦颐所遮蔽了，以至于在中国哲学史的研究中范仲淹不受重视。按照李存山的看法，造成这一现象"固然与'中国哲学史'的学科范式有关，但在今日我们反思'中国哲学史'的学科范式或'合法性'时，如果不注重宋明理学史和哲学史同庆历新政之整饬吏治、砥砺士风、改革科举、兴办学校、认明经旨、确立'明体达用之学'的关系，那么范仲淹就仍与理学史和哲学史无关。我认为这是不正常的，也就是说，这不足以说明宋明理学和哲学同当时社会政治生活的关系，亦不能正确评价宋明理学和哲学的思想特质及其价值取向。"[1] 李存山重视范仲淹，正是他介入史学的宋学研究之后，从哲学史的视角为宋学提供的新答案；同时，他又在宋学思想史的研究理路影响之下，将史学的视角带入哲学史，为哲学史的研究提供新的生长点。在李老师看来，在坚持中国哲学史学科和哲学史研究范式的前提之下，哲学史研究者还有必要充分吸收史学研究的方法和成果。这样做无论对于廓清哲学史研究中的一些误区，还是对于更加全面地深化儒学研究，都是非常有必要的。

总之，笔者指出思想史和哲学史两种研究宋学范式的区别，并非有意将二者对立起来，而是要在清晰地认识到两种学科、两种研究范式的区别的前提下，尽量取长补短，相互吸收，以此来深化宋学、宋代儒学以及理学的研究。

---

[1] 李存山：《"庆历新政与熙宁变法"补说》，《汉代与宋明儒学新论》，华文出版社 2021 年版，第 138 页。

日本"《近思录》学"研究的新进展

龚　颖[*]

　　朱熹、吕祖谦合编的《近思录》正式刊行于南宋淳熙三年（1176），该书问世后产生了深刻广泛的影响。《近思录》在 1370 年以前就传至海外，后来也成为前近代朝鲜、日本等东亚地区人们学习、传授朱子学的必备书籍。[①]

　　东亚学者在学习、利用《近思录》的过程中留下了很多与《近思录》相关的著述，对于这些成果的缘起、形成过程、特色及其影响的梳理和研究，已构成一门内涵丰富的"《近思录》学"。自二十世纪中期以来，美国学者陈荣捷、日本学者山崎道夫率先开展《近思录》在东亚的接受史、流传史研究。1967 年，陈荣捷英译《近思录》在美国出版，同年，山崎道夫日文解说本《近思录》在日本出版，这些都成为《近思录》流传史上的标志性成果。在他们的带动下，又有研究者陆续参与到《近思录》相关研究中来，使这方面的工作不断推进。

　　1972 年、1977 年，山崎道夫发表论文讨论日本近世时期民间朱子学派崎门学派在传授朱子学过程中尊崇《近思录》的具体情况，深化了《近思录》东亚流传史的研究。1999 年，韩国宋熹准编《近思录注解丛编》出版，综合介绍了自高丽时代至近代，朝鲜半岛上自 1370 年刊行木刻本《近思录》以来的八十四种《近思录》及其注解本的出版情况，为《近思录》东亚流传史的研究增加了必不可少的重要一环。中国学者程水龙在整理出版专著《〈近思录〉版本与传播研究》此间还有多篇相关学术论文问世，展示出"《近思录》学"这一研究领域的蓬勃气象。

　　最近，有学者对日本近世时期接受和利用《近思录》的情况展开进一步调研，取得了一些相应的成果。下面介绍这方面的情况，供同仁参考。

[*]　龚颖，山东大学哲学与社会发展学院教授。
[①]　陈荣捷指出"《近思录》为我国第一本哲学选辑之书，亦为以往《性理大全》等书之典型。《性理大全》乃由 1415 年至 1905 年科举考试之根基，支配我国士人之精神思想凡五百年。谓此为《近思录》影响之扩大亦无不可"（《近思录引言摘要》，《人生杂志》第 354 期）。二十世纪中期开始，陈荣捷、山崎道夫等已开始研究《近思录》在东亚等地传播的情况。

一、崎门学派与《近思录》

崎门学派（也称暗斋学派）是在日本民间产生和发展起来的一个朱子学派，他们主张要严守朱子本人的思想学说，排斥后世对朱子学说的阐释、发挥。崎门学派的创始人是山崎暗斋（1619—1682），暗斋有三个重要弟子，称"崎门三杰"，他们是佐藤直方（1650—1719）、浅见䌹斋（1652—1711）和三宅尚斋（1662—1741）。后来，这三人又各成一派，以不同方式传承师说，在近世民间传授朱子学方面功不可没。

已有的研究表明，《近思录》传入日本后，最受崎门学派推崇。[①] 究其原因，一方面是因为此学派全面信奉朱子学，他们理当重视《近思录》这部程朱理学入门书，另一方面是因为日本近世时期学术界的主流是朱子学，而《近思录》将周张二程的道学精粹之言分十四卷编排，其分类方法、所选内容以及排列顺序等体现了朱子学精神与主张之处。自近世以来，该书就已在社会上广泛流传，具备了进一步研读《近思录》的条件。

在日本接受和利用《近思录》的历史上，崎门学派做出了两项重要贡献。一是山崎暗斋摒弃叶采集解、重新刊刻《近思录》，二是崎门学人留下了大量有价值的《近思录》相关注解或讲稿。

（一）山崎暗斋主持刊刻《近思录》

山崎暗斋十分重视《近思录》在学习和传授朱子学方面的作用，这首先体现在他主持了新的刻书计划。

山崎暗斋认为叶采集解对于朱子思想未能深有所发明，所以暗斋刻本《近思录》摒弃了当时在日本流行的叶采《近思录集解》本，将十四卷目复原为朱子自定卷目、去除叶采集解部分、叶本中被前置的朱吕后序也恢复原位。山崎暗斋力求恢复朱吕《近思录》原貌的想法早于清代江永编《近思录集注》（1742 年刊），二者思路多有暗合之处。

据《暗斋先生年谱》记载，山崎暗斋 38 岁在京师首开讲席，当时"四方游学之士，靡然响风，其讲经，先《小学》、次《近思录》、次《四书》、次《周易本义》及《程传》"。自此可看出山崎暗斋对《小学》《近思录》的重视程度。这种态度以及这一读书次第直接影响到崎门学派的其他门徒。暗斋还在担任政治家保科正之的宾师时积极为其讲解《近思录》。

---

① 以下论述参见山崎道夫著作《近思录讲本释义》（明德出版社，1967 年）、论文《崎門学派における近思录の尊重と若林强斋の近思录十四目讲义》（《国史馆大学文学部人文学会纪要》4 号，1972 年）。

（二）崎门学人留下大量《近思录》注解或讲稿

据统计，现存的山崎暗斋及其三大弟子编著的《近思录》讲稿多达二十余种。

1. 山崎暗斋（1619—1682）:《文会笔录》《近思录讲义》《冲漠无朕说》。

2. 佐藤直方（1650—1719）:《近思录笔记》《讲近思录为诸生记》《近思录道体讲义》《稻叶迁斋录近思录讲》。

3. 浅见𫄧斋（1652—1712）:《近思录讲义》《近思录师说》《近思录西铭师说》《近思录道体讲义》《近思录道体师说》《近思录道体笔记》《近思录道体篇附目录讲义》《近思录讲义目录为学》《近思录无极太极章讲义》。

4. 三宅尚斋（1662—1741）:《近思录讲义》《近思录天木氏说》《近思录笔记》《读近思录笔记》。

后来，还有其他崎门学派的弟子也编写过多种注解类著作，其中浅见𫄧斋弟子若林强斋（1679—1732）编写的《近思录十四目讲义》被认为是最好的。[①]

二、崎门以外的《近思录》注解书

2017 年以来，伍德·杰瑞米连续发表论文讨论日本近世时期对《近思录》的接受与利用情况，其成果可看成是日本学界近年来推进《近思录》学研究的新进展，现介绍相关要点如下。

首先，伍德利用多种手法，全面调查了日本各地收藏的《近思录》相关资料，确认由近世日本人撰写或编著的《近思录》相关资料有百余种，其中包括以往研究中未被论及的材料有二十余种。在这百余种相关资料中，有很多著述是崎门学派以外的近世儒者的著述。伍德在论文中一一列出四十九位日本近世儒者的姓名、《近思录》相关作品、卷册数、版本形式及现藏何处等信息。其中有伊藤仁斋《读近思录钞》、中村惕斋《近思录抄校正》《近思录钞说》《近思录示蒙句解》、贝原益轩《近思录备考》《慎思录（近思录说）》、宇都宫遯庵《龟头近思录》、室鸠巢《近思录讲义》《近思录图述》《近思录道体讲义》、游佐木斋《近思录讲义》等等。伍德在此之外还列出一些佚名的日本近世《近思录》相关著述。

伍德还利用文献资料对《近思录》在中、朝、日等东亚地区的藩校、私塾等教育机构中的使用情况进行了调查。

关于日本，伍德主要利用日本文部科学省编《日本教育史》中所记各藩校的学规、学则等材料，统计了近六十九所崎门派系藩校在教学活动中使用《近思

---

① 山崎道夫:《若林强斋的近思录十四目讲义》,《国史馆大学文学部人文学会纪要》9 号,1977 年。

录》的情况，得到的结论是明治维新前，十九所藩校未使用《近思录》，而在使用《近思录》且明确其读书次序的藩校中，有三十所学校是在读完《四书》之后始读《近思录》，另有二十所藩校四书和《近思录》的读书次第不清楚。没有按照"《近思录》→四书→五经"的顺序进行读书学习的情况占多数，其理由之一是"对于四书五经之原文尚未完全背熟者，《近思录》难以接受"，即《近思录》要在了解四书内容、熟悉其字句的基础上才容易学懂。

关于中国，伍德列举程端礼、吴与弼、陆世仪等人对读书次第的论述，认为中国儒者和日本近世时期的儒者一样，在入门级课程中也不太看重《近思录》。朝鲜和日本一样，也是将《近思录》置于四书之后进行学习。伍德认为，中、朝两地出现这种情况的原因是人们认为《近思录》对初学者来说太难懂。

伍德还在 2017 年、2021 年发表论文，考察了日本近世朱子学派中的海西学派代表儒者贝原益轩的《近思录》相关著作、古学派代表人物伊藤仁斋《读近思录钞》中对《近思录》道体篇第一条的解释。伍德深入作品对贝原、伊藤二人《近思录》学的思想特色进行研究，这一点也值得肯定。

三、今后的东亚《近思录》学研究

伍德将中国、朝鲜、日本联系起来考察《近思录》相关问题。他近期的工作重点是在确认中国、朝鲜的《近思录》注解类著述相关情况的基础上，探明这些注解类著述对日本的《近思录》研究和利用产生的影响。在综述中国的情况时，伍德也注意到我国近些年在相关领域的研究进展及最新成果，并加以吸收利用。①

最后，介绍一则《近思录》东亚流传史上的故事。万历二十五年（1597）夏，丰臣秀吉发起庆长战役攻打朝鲜，朝鲜全国上下军民奋起抵抗。其间，朝鲜的儒官姜沆被俘获，带回日本扣押。从此时至 1600 年春天，姜沆在日本近三年。正要"脱禅入儒"的日本学者藤原惺窝专门前来向姜沆请教朱子学。后来通过藤原惺窝的斡旋，姜沆奉命为当地执政者抄写了十几部儒学经典。在这些抄本古籍中就有一部可称之为《合本近思录》的书。此书共三册，第一册是朱吕《近思录》（十四卷），卷前有朱熹、吕祖谦序，叶采集解序和"进近思录表"；第二、三册是南宋蔡模（1188—1246，字仲觉，号觉轩）编著《近思续录》（朱熹语录，十四卷）、《近思别录》（张栻、吕祖谦语录，十四卷）。② 全书卷末有姜沆加盖

---

① 如刘永祥主编《近思录专辑》（华东师范大学出版社 2011 年版）、严佐之等主编《近思录文献丛考》（华东师范大学出版社 2018 年版）等。

② 温州大学秦月硕士论文《南宋蔡模〈近思续录〉研究》言及此版本，但对《近思别录》只做了简单的外形介绍。

"李氏臣子"的朱印跋文，用以说明抄写工作的大致过程及意义，跋文末尾署时间为"己亥冬至月二十三日"。这是万历二十七年，换算阳历应在1600年初。

　　姜沆抄写的这部《合本近思录》现藏日本国立公文书馆，书影在网上公开。围绕这个抄本，也还可以做些有关《近思录》东亚流传史的研究工作。

传统儒家的身体观①

张利明*

"亲己切己，无重于身"（《陶渊明集序》），身体是这个世界上最贴近人的物质存在，也是人可以把握的最直接存在。从哲学意义上说，身体具有"亲在""此在"的深刻意义，身体是人类把握世界的基点，世界也通过身体向人类显现。唐君毅先生说："吾所谓眼前当下之生命心理活动之诸方向，其最切近之义，可直自吾人之此藐尔七尺之躯之生命心灵活动以观，即可见其所象征导向之意义，至广大，而至高远。吾人之此身直立于天地间，手能举、能推、能抱、能取；五指能指；足能游、能有所至而止；有口能言；有耳能听；有目能见；有心与首，能思能感，即其一切生命心灵之活动之所自发。中国哲学中之基本名言之原始意义，亦正初为表此身体之生命心灵活动者。试思儒家何以喜言'推己及人'之'推'？庄子何以喜言'游于天地'之'游'？墨子何以喜言'取'？老子何以言'抱'？公孙龙何以言'指'？"②由身体之"感"而通达事物之"理"，这是中国文化系统中一个重要的问题。自孔子、老子始，儒家和道家后学不断丰富和充实身体观，以眼耳鼻舌身"经验"世界，思想也在此生命展开中运行。③

马克思指出：人是受动的、受制约的和受限制的存在物。④人是有意识的社会性存在，人的身体与社会发展、生产方式、社会制度等有着密不可分的联系。作为中国传统文化主要源流，儒道的身体观对后世影响很大，儒道的身体观念是互补的，道家重视身体的自然性，侧重逍遥；儒家重视身体的社会性，主张敬重。⑤本文重点讨论传统儒家的身体观，所谓"敬身而仁"⑥，儒家的身体观不只是道德性的，传统儒家对身体的生命人文性也应得到关注。

---

* 张利明，吉林省社会科学院研究员，《社会科学战线》杂志社编辑。
① 杨儒宾先生在《儒家身体观》指出，原始儒家身体观有礼义化的身体观、心气化的身体观、自然气化的身体观。本文从"敬"而"仁"的视角论述先秦儒家身体观的一个侧面。
② 唐君毅：《中国哲学原论——原道篇》自序，中国社会科学出版社 2006 年版，第 4—5 页。
③ 欧美学界对身体的研究主要集中在三个方面：一是对身体器官、生理及其与社会、文化的关系研究；二是身体与政治和权力结构的关系研究；三是由身体延伸出的医疗史、疾病史、福利救济史、药物史等相关生命关怀研究。
④ 《马克思恩格斯全集》第 42 卷，人民出版社 1979 年版，第 167 页。
⑤ 对于儒道身体观的理解，参见张利明：《敬重与逍遥：儒道互补的身体观》，《社会科学战线》2020 年第 4 期。
⑥ 敬身有"敬重自身"与"行礼致敬"，这里取前意。

一、身与天下

《尔雅·释诂》说:"朕、余、躬,身也。"身就是我,是自己,是自身,用哲学的话语就是生成意义上的身心一体。[①]身心一体不同于基督教中灵魂与肉体的对立,也不同于笛卡尔的意识之我。

身体是生命的载体,也是人无法脱离的形态。儒家以"身""四体"等界定身体。儒家对身体结构也有描述,"口之于味也,目之于色也,耳之于声也,鼻之于臭也,四肢之于安佚也,性也,有命焉。"(《孟子·尽心下》)口、目、耳、身、四肢等感官的感知功能。荀子说:"目辨白黑美恶,耳辨音声清浊,口辨酸咸甘苦,鼻辨芬芳腥臊,骨体肤理辨寒暑疾养。"(《荀子·荣辱》)也是讲生理感官的知觉能力,其目的是为后来的道德本性做论证。儒家重视身体的养护,孔子的日常饮食十分健康,对身体很有益处,《论语·乡党》载:"食不厌精,脍不厌细。食饐而洁,鱼馁而肉败,不食。割不正,不食。不得其酱,不食。肉虽多,不使胜食气。惟酒无量,不及乱。"孔子虽然有"食无求饱,居无求安"的言说,但他的饮食是很讲究的,且注重时间和营养的合理搭配,包括饮酒,也考虑到不能伤身,要适度。孟子说:"人之于身也,兼所爱。兼所爱,则兼所养也。无尺寸之肤不爱焉,则无尺寸之肤不养也。"(《孟子·告子上》)人都爱护身体的每一部分,也保养身体的每一部分,小之毫发,大之心脑,都要爱护保养。但是保养也有主次之分,"小"和"贱"指的是吃喝饮食等,"大"和"贵"指的是仁义道德,如果两者矛盾,一定要舍小取大。

儒家的身体与其主张的孝道,关系是密不可分的。《孝经》讲:"身体发肤,受之父母,不敢毁伤,孝之始也。"就是教人注意自己的身体健康,少生病,避害伤,以免父母担心忧伤。再进一步,"君子不立危墙之下",不把自己放在危险的境地,避免父母为自己担忧。因为身体是父母给的,爱惜自己的身体就是孝顺父母。孝顺父母,还要把身体延续下去,孟子说:"不孝有三,无后为大。舜不告而娶,为无后也。君子以为犹告也。"(《孟子·离娄上》)。无后为大是指没有后代,不能被后人所尊重和效法。孝者是延绵子嗣,承继香火的,现在的婚姻家庭中生儿育女、传宗接代仍是家庭伦理的要求。《礼记·祭义》载:"身也者,父母之遗体也……父母全而生之,子全而归之,可谓孝矣。不亏其体,不辱其身,可谓全矣。"受之父母的身体,要谨慎地保养,不使身体有所损伤,使身体"全而生之,全而归之"就是躬行孝道了。孝与敬紧密相连,"今之孝者,

---

① 日本学者汤浅泰雄认为印度、中国、日本身体观的特点是"身心合一",安乐哲认为中国哲学的"身体"是"身心互渗的过程",杨儒宾认为儒家"心性论与身体论乃是一体的两面"。

是谓能养。至于犬马，皆能有养；不敬，何以别乎？"（《论语·为政》）孝不只是物质上的赡养，贵在于"敬"，就是孔子感叹的"色难"，要让父母保持和颜悦色才是重中之重。儒家认为爱惜自己的身体，全身安亲是孝的开始，建功立业、光宗耀祖、扬名后世是孝的终结。孝是为人之本，身体就是开展孝之本的起点，不可不敬重。

"身与天下"讲的是人与世界的关系，身体受之父母，香火延之子嗣，儒家的敬始慎终由此体现。身的问题实际是从战国开始重要起来，传统儒家的基本思路是身国同构，身体是一个小王国，与大王国的运行机制相同，因此治身与治国是同一种方法，这就涉及身体与国家的关系。

儒家把"修身"看做"家国天下"思想的基础，儒家的"身体"不仅是物质的、器官性的肉身，更重于道德性、人文性的"修身"，把自己的"身"修好了，《论语·子路》载："其身正，不令而行；其身不正，虽令不从。"在这个意义上说，"身"不仅是个人修齐治平的基础，也是影响他人、教育他人的一种方式。儒家看来，一个人要完成社会价值、实现人生的意义，没有"身"的基础是万万不可的。

二、尽心知性

与同时代的古希腊、古印度不同，传统儒家不以身体为审美对象，不单独追求形相，不做身相崇拜。《易经·系辞下》载："近取诸身，远取诸物，于是始作八卦，以通神明之德，以类万物之情。"儒家的"身"与"心"是相互依存的，"心"在"身"之上，讲究"君子不器"，人与其他动物或物质的存在不同，物的存在只有相对于人的存在，才有价值和意义。相对于自然万物，儒家把人放在第一位，儒家学说教人通过对自身道德的认识和把握去培养理想的君子人格。即使儒家观察自然事物的时候也是以一种"仁者乐山，智者乐水"的移情方式去获得一种道德哲学的体验。杜维明先生讲"身体在儒家思想里有崇高的地位。"[1]儒家把身心视为一体，修身的第一要务是修心，《大学》说："所谓修身在正其心者。"主张以个体的省察克制祛除后天的私欲，不断提升个人的道德境界。在个体自身修养的基础上，天道和人性能够达成和谐，成为一个圆融、协调的整

---

[1] 杜维明认为人是在天地万物中感性最敏锐，也就是感情最丰富的存在，人的忠恕之道不是抽象说教，而是体之于身的一种自然涌现的感情，我们的身体不是仆役，不是手段，不是过渡，也不是外壳，而是自我的体现。杜维明：《从身心灵神四层次看儒家的人学》，载《儒家传统的现代转化》，中国广播电视出版社1992年版，第447页。

体，以道德①规范身体，以道德完善人，达到孟子所说的"反身而诚，乐莫大焉"（《孟子·尽心上》），这是儒家追求的精神境界。修身虽不是锻炼身体，儒家也从不轻视身体的锻炼，孔门"六艺"中礼乐射御书数和健康的体魄紧密相关。众所周知，儒家重"礼"，对于孩童站立坐走的正确姿势都有身教的功夫，"体正"是为礼教，儒家重视的头容、足容、手容乃至视容和听容，其目的是达到人生的艺术化。把人从呱呱坠地时的自然状态逐步培养成具有完美的人格美。《论语·乡党》中记载孔子的容色言动、衣食住行，体现了孔子正直、仁德的品格。孔子也是儒家理想的正人君子，这种理想是在一言一行、一举一动中呈现出来的。可以说，儒家的修身是在修己，修己的目的是"尽心知性"。儒家的学问不局限于"思"而重于"行"，就是"体验"。对"家国天下""世间万物"的体认、体察、体会、体玩等，无不由身体一般性的体验而开端。自身而"体之"才是"知行合一"的体现，方能"知得真切笃实"、"行得明觉精察。"儒家强调只有在身上真切下功夫才能知心，进而能明神。孟子说："君子深造之以道，欲其自得之也。自得之，则居之安，居之安，则资之深，资之深，则取之左右逢其源，故君子欲其自得之也。"（《孟子·离娄上》）儒家问学的功夫，始于自身，终于济世，这种进路，是由内及外的超升，也是由外而内的沉潜。

三、诚身明善

《中庸》载："诚身有道，不明乎善，不诚乎身矣。"②儒家认为善是人的本性，要把先天的善显现出来，需要"自诚明"和"自明诚"两种途径，前者"谓之性"，是自然而然，彰显本性；后者"谓之教"，是尽力修身，后天教化。"诚"作为"本体"，其本性就是对"身"的昭明。所以"诚者，天之道"，"诚"这种自我认识的追求可视为对于知天的追求。结合起来看，自我教育的"明"能够达到"诚"，"诚"作为"天道"的真实存在又蕴含着"明"，就能达到"诚则明矣，明则诚矣。"可以说，"明则诚"所指的是道德努力，而"诚则明"所指的是本性使然。所以王阳明说："格物是诚意的工夫，明善是诚身的工夫。"（《传习录》卷上）通过勤奋努力、个人的修身达到"诚"的过程是一种重新树立自我、重新创造世界

---

① 对道德的看法，孟子和荀子有所不同，孟子认为道德是人的本性，荀子认为道德是对人外在的、强制的约束。

② 陈荣捷认为《中庸》的"诚"是"使天与人合一的那种性质为'cheng'（诚）、'sincerity'（真诚）、'truth'（真理）或'reality'（实在）。在这部经典著作对这个观念的广泛讨论使它同时成为心理学的、形而上的和宗教的概念。诚不只是一种精神状态，而且还是一种能动的力量，它始终在转化事物和完成事物，使天（自然）和人在流行过程中一致起来。"参见陈荣捷：《中国哲学文献选编》，江苏教育出版社 2006 年版，第 76 页。

的过程。

诚身与守身并重，所谓守身为大，就是坚守自己的名节，绝不作出违反道德，有悖礼法之事。儒家主张用道德教化世人，让人知道善恶曲直。守身为大就是坚守自己的节操。孔子讲"君子谋道不谋食""君子忧道不忧贫"，为了实现"克己复礼"的抱负，周游列国、向王侯将相陈述自己的政治主张，不辞辛苦，甚至为此牺牲性命也在所不惜，"食无求饱，居无求安"，在艰苦的条件下刻苦学习各种本领，为献身某种事业忠贞不渝。这些以身殉道、宁折不弯、安贫守志、高洁自持之士，自古就受到人们的尊重与敬仰，被传咏至今。儒家讲"欲齐其家者，先修其身。"《大学》中的八条目把修身看做齐家、治国、平天下之基。修身就是做人，把自己的心性修养好。"修身"者要有庄重、宽厚、诚信、勤敏、慈惠五种贤德。修身从孝开始，以孝为核心的"亲亲"道德为出发点，"君子笃于亲，则民兴于仁""教民亲爱，莫善于孝，教民礼顺，莫善于悌"。修身演化出仁与礼。礼是社会道德的外在规范，在君臣、父子、夫妇、兄弟、朋友中均可适用，仁是社会道德的内在核心，所谓"仁者爱人"，"仁"的原则是："己欲立而立人，己欲达而达人"，"己所不欲，勿施于人"。在行动上，具体表现为"恭""宽""信""敏""惠"。"恭"，就是每个人都有尊严，要对每个人保持由衷的恭敬，"恭则不悔"。"宽"，就是要持有颗宽和之心，心底无私，天高地阔，"宽则得众"。"信"，就是要用生命保护信誉，言必信，行必果，就会有人用你，"信则人任"。"敏"，就是一个有敏锐之心的人才能够建功立业，"敏则有功"。"惠"，就是要有慈爱之心，让所有的人都可以分享到精神利益和物质利益，足以使用别人，"惠则使人"。儒家"尚仁"，目的是要匡正人心，消弭争乱，天下归一。孔子说："一日克己复礼，天下归仁焉。为仁由己，而由人乎哉？"（《论语·颜渊》）以个人的修身为原点，"由己达人"至宗亲、至熟人、至天下，最终达到"人人亲其亲，长其长，而天下太平"。

四、内圣外王

儒家主张人在自然世界中生存，有其独特的自主性和存在方式。儒家"由己及外"，感知外部世界是为了刺激心灵世界，进行内省与反思，建立人的理想世界。儒家重视人的社会文化，重视礼乐教化。有人认为儒家学说是重伦理的学说，身体就是儒家所重视的血亲伦理的重要载体，从自身上至父、祖、曾、高，下至子、孙、曾、玄，血脉承载着伦理身份、代际传承。这种身体不再是孤零零的、个体性的"小我"，身体的关联性由前而后，世代相传的血亲伦理文化已经深入中国人的骨髓，指导着中华儿女的思想和行为，前后贯通、古今关联。横向而言，由己而人，儒家大同理想中"矜寡孤独废疾者皆有所养"的社会理想，关注的群体是命运不幸的弱势群体，其身其力有某种局限，这些身体特殊而身世悲凉的人受到儒者特别的关注，这也是儒家伦理情感生发的重要依据。①

在儒家看来身体是自我的生命载体，是"家"的，有伦理意义；也是"国"的，具有政治意义，尤其是对最高统治者和社会管理者的士大夫而言。②孟子说："古之人，得志泽加于民，不得志修身见于世。穷则独善其身，达则兼善天下。"（《孟子·尽心上》）修身是儒家的基点，一个人在不得志的时候修身养性，得志的时候让天下的百姓都能得到好处。宋代大儒范仲淹言"不为良相，便为良医"，不能实现治国的抱负，做个悬壶济世的医生，推己及人，舍己为人，医治世人的身体。先秦儒学"内圣外王"的历史来源是孔子对尧舜以来圣王思想与行事的总结，提出了以"仁"和"礼"为支柱的思想体系，在内圣方面，孔子主张"为仁由己"。一个人成为品德高尚的仁人，关键在于自己。正所谓"我欲仁，斯仁至矣"。在外王方面，儒家以"修己"为起点，而以"治人"为终点。《中庸》讲治理天下国家的"九经"在于"修身也，尊贤也，亲亲也，敬大臣也，体群臣也，子庶民也，来百工也，柔远人也，怀诸侯也"。修养自身，尊重贤人，爱护亲族，敬重大臣，体恤众臣，爱护百姓，劝勉各种工匠，优待远方来的客人，安抚诸侯，是天下太平和合的重要保证。在孔子的思想中，内圣和外王是相互统一的，内圣是基础，外王是目的。只有内心的不断修养，才能成为"仁人""君子"，达到内圣。只有在内圣的基础之上，才能够安邦治国，达到外王的目的。同样，内圣只有达到外王的目的才有意义，外王实现了，内圣才最终完成。

身在世界的存在是有时效的，再长寿的人也终有离开这个世界的时候。对于死，先秦儒道的态度不尽同。谈起先秦的生死观，大家都习惯地引用孔子的"未知生，焉知死"。老子的"民不畏死，奈何以死惧之"。庄子的妻死"鼓盆而歌"。对生死之大事，儒家把重点放在社会与人生上，所谓"朝闻道，夕死可矣"，生的时候将做事情圆满了，死也无憾了。老子崇尚自然，生与死是不可分割的一体两面。庄子把生死当做气的聚散，这种聚散时刻都在进行，与四季循环一样自然而然，是天地大变中的一环。气聚在一起，产生了身体，便诞生了生命，这没有什么值得欣喜的，气消散与天地间，生命消逝了，这也没有什么

---

① 杜海涛：《"疾"与孔子的身体观》，《中国社会科学报》2022年3月22日。

② 台湾学者黄俊杰指出，在中国思想史视野中，身体有三种最常见的形式：一是作为思维方法的身体；二是作为精神修养而呈现的身体，三是作为政治权力展现场所的身体。参见黄俊杰：《中国思想史中"身体观"研究的新视野》，《文史哲研究集刊》2002年第3期。

值得悲伤的。《庄子·大宗师》载子来死时，子犁也把生死看做自然一种变化，不喜不悲。道家这种逍遥的生死观念，对后世影响深远，东晋陶渊明讲："甚念伤吾生，正宜委运去。纵浪大化中，不喜亦不惧。应尽便须尽，无复独多虑。"要自由自在地生活，对生对死不喜不悲，该走则走，不必多虑，只有豁达坦然，才能逍遥洒脱。北宋大儒张载说："存，吾顺事；没，吾宁也。"（《正蒙·乾称》）钱穆先生曾指出："大体言之，儒家主进，道家主退。乃中国儒学自《中庸》《易传》以下，无不兼融道家言，故知进必知退，乃中国人文大道之所在。"[1] 儒道的这两种人生态度对中国人安身立命、为人处世的影响是客观的、不容置疑的。儒家使人积极乐观向上，道家让人恬淡内敛清净；儒家使人关注社会价值，道家使人关心自我的超越价值；儒家使人振奋，道家使人安逸。儒道互补，进退相宜，这是中国人从儒道中获得的伟大的人生智慧。中国人由此实现了身心平衡，推动社会进步。儒道的这种互补在建构新的文化结构中仍有其意义。

五、结　语

自先秦始，儒家的经邦济世观念与道家进退相宜的处事态度就有所显现，所谓"邦有道，则仕；邦无道，则可卷而怀之"，得意则进，失意则退。汉代的司马迁以积极的人生态度崇信黄老，追求"究天人之际，通古今之变，成一家之言"，就是儒道互补。魏晋时期，玄学家的"老不及圣"[2] 之辩，何晏、王弼、郭象讲名教与自然关系，把二者统一起来，也是儒道互补。张载说："富贵福泽，将厚吾之生也。贫贱忧戚，庸玉汝于成也。存，吾顺事；没，吾宁也。"（《正蒙·乾称》）活着的时候做本分应该做的事，死了以后就安息了。生死顺其自然，也是儒道互补。还有邵雍、周敦颐，兼综儒道，开出宋代道学。北宋苏轼对现实社会有所作为与为而有度的态度，"一蓑烟雨任平生"的恬淡知足与超然通达，对人生的豁达，是儒释道三教合流的典型代表，也是其后士大夫的普遍心态。理学代表人物朱熹，集理学之大成，可是他时时流露出道家情怀，追求"胸次悠然，直与天地万物上下同流，各得其所之妙，隐然自见于言外"。至于陆九渊、王阳明的心学一派学者，更是兼综孔老，并会通释学了。

逮至封建社会末期，随着市经济场的发展，儒道两家的修身观念逐步衰退与坍塌，尤其是敬重之风气渐衰。至晚明，出现推崇肉身的美与力量，把身体

---

[1] 钱穆：《现代中国学术论衡》，生活·读书·新知三联书店 2005 年版，第 38 页。
[2] 《王弼传》载弼曰："圣人体无，无又不可以训，故不说也。老子是有者也，故恒言无所不足。"圣人即孔子。王弼认为最能体无的不是老子而是孔子，以此为"名教本于自然"立据，意在调和儒道。

视为快乐之源，重欲、逐驰声色、"昧于治身"。儒家高度重视身心一体、以德养身的修身观念，也随之被边缘化。这种颓废之风危害个人身心、不利家国稳定。

儒家以"敬"为核心的身体观重在人伦，所谓"天生万物"也是整个人类文明的出发点。儒家反复强调的人伦秩序建立在自然天性的基础上。儒家没有止于"敬身"，也不局限于血亲之爱，孔孟的仁爱是对百姓之爱、对人类之爱。所谓"为仁者，爱亲之谓仁。为国者，利国之谓仁"。在仁爱之后，还有仁善，即道德上的自我修养至于完成，止于至善，这样的人才是儒家推崇的"仁人"。

在自身与外界关系上，儒道都主张"天人合一"，也就是"天人合德"，儒家和道家对天德有不同的理解，道家主张身体依赖自然世界，儒家则认为人在自然世界中是不同于其他存在物，人有自己的存在方式，有其自主性，能够参与和改造世界。

今天，我们的身体观已经发生了很大的变化，但是对传统儒家、道家的身体观，我们采用"各引一端，崇其所善"的态度，仍然有所承续，这种承继以宏大或细小、显豁或隐秘的方式延绵不断地发生着。不仅是在身体观念上，儒道互补的体现，在中国人的心理与情感中，也多处有所体现，正如邵汉明所指出的，中国人的"知足而不满足，追求而不苛求"[1]就是儒道互补的体现。儒道互补是一种人生智慧，可以使人安身立命，活得积极而又洒脱。用儒家的进取有为的精神激励我们为个人的发展、民族的复兴、国家的昌盛而拼搏努力、建功立业。道家的逍遥智慧滋养我们的灵魂，让我们在奋斗之余使自己的心灵归于平和宁静，抚慰我们内心的缺陷与愤懑。儒家精神与道家智慧的结合，使中国人进退总相宜，身心健康坦然，人格刚柔相济，使我们既有辉煌的人生，又有健全的人格。

---

[1]　张利明：《点亮智慧人生——读邵汉明先生的儒道人生哲学》，《道德与文明》2011年第2期。

论朱子《中庸》诠释对游酢《中庸义》的去取

郭晓东 [*]

  朱子对《中庸》的诠释，基本上可以认为是建立在程门《中庸》学基础上的。南宋乾道年间，朱子协助友人石子重编集北宋周敦颐、张载、程颢、程颐以及程门吕大临、杨时、游酢、侯仲良、谢良佐、尹和靖十家有关《中庸》的论说，成《中庸集解》两卷，并为之作序。[①] 在《中庸集解序》中，朱子对该书颇为赞许，其曰："子重之为此书，采掇无遗，条理不紊，分章虽因众说，然去取之间不失其当，其谨密详审，盖有得乎行远自迩、登高自卑之意。"又说该篇之成有助于学者"考其异而会其同"，"圣门传授之微旨见于此篇者，诸先生之说详矣"。[②] 不过，随着朱子对《中庸》理解的不断深化，他对程门诸子的《中庸》说越来越不能认同，在其序定《中庸章句》时，对石氏所辑录的程门《中庸》说的评价就与《中庸集解序》中所说的迥然不同："凡石氏之所辑录，仅出于其门人之所记，是以大义虽明，而微言未析。至其门人所自为说，则虽颇详尽而多所发明，然倍其师说而淫于老佛者，亦有之矣。"[③] 在朱子看来，《中庸集解》所辑诸先生的《中庸》说虽然有可取之处，但还是不能令人满意，程门弟子多有违背师说之处，二程的语录在经过其门人转手之后，也难以表达出《中庸》所应有的精微之义。

  在程门诸子中，吕大临、游酢、杨时与侯师圣四人各自有解说《中庸》的专书行世，[④] 影响也最大。朱子对吕、游、杨、侯的《中庸》说尤为不满，其曰"游、杨、吕、侯诸先生解《中庸》，只说他所见一面道理，却不将圣人言语折中，所以多失。"[⑤] 在朱子看来，游、杨诸公对《中庸》说得多了，反而对他进一

---

[*] 郭晓东，复旦大学哲学学院教授、上海儒学院秘书长。

[①] 参见束景南：《朱子年谱长编》，华东师范大学出版社 2001 年版，第 496—497 页。张栻曾说："子重之编此书，尝从吾友朱熹元晦讲订，分章去取，皆有条次。"见张栻：《跋中庸集解》，《张栻集》，中华书局 2015 年版，第 1271 页。

[②] 朱熹：《晦庵先生朱文公文集》卷七五，《朱子全书》第 24 册，上海古籍出版社、安徽教育出版社 2001 年版，第 3640 页。

[③] 朱熹：《四书章句集注》，中华书局 1983 年版，第 15 页。

[④] 朱子于《中庸集解序》称："门人之说行于世者，唯吕氏、游氏、杨氏、侯氏为有成书。"见《朱子全书》第 24 册，上海古籍出版社、安徽教育出版社 2001 年版，第 3639 页。

[⑤] 黎靖德编：《朱子语类》，中华书局 1986 年版，第 1485 页。

步诠释《中庸》造成了诸多困难。① 因此，反思程门《中庸》学是一项非常重要的工作。朱子对《中庸集解》进行了大幅度的删削，剔除不合适的经说，成《中庸辑略》两卷。同时，朱子又在《中庸或问》中对其去取之意做了比较详尽的说明。通过《章句》《辑略》《或问》与《语类》，我们可以清晰地看到程门《中庸》说对朱子的影响，同时也可以看出朱子对程门《中庸》说的反思与扬弃。此前笔者曾经检讨过朱子《中庸》注与吕大临、杨时的关系，② 本文则以朱子在诠释《中庸》过程中对游酢《中庸义》③ 的去取为研究对象，为朱子对程门《中庸》说之接受与批评进步提供一个例证。

一、朱子《中庸》诠释对游氏的接受与认可

虽然从总体上说，朱子对吕、游、杨、侯的《中庸》说皆不甚满意，但在吕、游、杨、侯四家中，朱子还是相对认可吕、游两家。朱子《中庸或问》载"曰：'然则吕、游、杨、侯四子之说孰优？'曰：'此非后学所敢言也。但以程子之言论之，则于吕称其深潜缜密，于游称其颖悟温厚，谓杨不及游而亦每称其颖悟，谓侯生之言但可隔壁听。今且熟复其言，究核其意，而以此语证之，则其高下浅深亦可见矣。过此以往，则非后学所敢言也。'"④ 很显然，于四家当中，朱子最认可的是吕大临，⑤ 其次则是游定夫。事实上，朱子对游氏《中庸义》的接受与认可至少可以表现在两个方面：第一，朱子《中庸章句》颇有受游氏论说的影响；第二，《中庸辑略》所保留的游氏说的条目以及《中庸或问》与《语类》中朱子对游氏说的认可。

---

① 《朱子语类》载：游丈开问："《中庸》编集得如何？"曰："便是难说。缘前辈诸公说得多了，其间尽有差舛处，又不欲尽驳难他底，所以难下手，不比《大学》都未曾有人说。"见《朱子语类》，中华书局 1986 年版，第 1485 页。

② 参见郭晓东：《论朱子在对〈中庸〉诠释过程中受吕与叔的影响及其对吕氏之批评》，载黄俊杰主编《中日四书诠释传统初探》，台大出版中心 2004 年版，第 293—324 页；《论杨龟山对〈中庸〉的诠释及朱子的批评》，载吴震主编《宋代新儒学的精神世界：以朱子学术为中心》，华东师范大学出版社 2009 年版，第 469—489 页。

③ 杨时为游酢所作的《墓志铭》称其有《中庸义》一卷行世，见《杨时集》，中华书局 2018 年版，第 827 页。朱彝尊《经义考》已称"未见"，见林庆彰等主编：《经义考新校》，上海古籍出版社 2010 年版，第 2790 页。《四库全书》所收《游鹰山集》有《中庸义》与《论语杂解》《孟子杂解》合刊一卷，但"盖后人掇拾重编，不但非其原本，且并非完书。"见纪昀等编：《钦定四库全书总目》，中华书局 1997 年版，第 2080 页。《游鹰山集》所收之《中庸义》一篇，基本上是从《中庸辑略》中转抄出来的。清末莫友芝从宋卫湜《礼记集说》中辑得《十先生中庸集解》，其中就有游酢的《中庸义》。清同治六年，方宗诚校刊和州官舍本《游定夫先生集》，其中《中庸义》一卷，即据莫氏校刊《中庸集解》本，这是目前相对来说保留下来较为完整的本子。

④ 朱熹：《四书或问》，上海古籍出版社、安徽教育出版社 2001 年版，第 50 页。

⑤ 参见郭晓东：《论朱子在对〈中庸〉诠释过程中受吕与叔的影响及其对吕氏之批评》，载黄俊杰主编《中日四书诠释传统初探》，台大出版中心 2004 年版第 293—324 页。

就《中庸章句》朱子之引述来看，游氏之《中庸》说并不十分为朱子所重，朱子明确指出是游氏之说的只有一条：

> 游氏曰："以性情言之，则曰中和，以德行言之，则曰中庸是也。然中庸之中，实兼中和之义。"①

除了这一条之外，朱子《中庸章句》中还留下了相当多游氏的印记。莫友芝在校刊《中庸集解》时，就指出传世《中庸辑略》"尚有《章句》引用而亦芟弃者"②。莫友芝的这一说法，暗示了《中庸章句》对游氏之说有较多的引用。仔细对比《中庸章句》与游酢的《中庸义》，我们可以看到，朱子《章句》中的许多说法事实上或明或暗地借用了游氏之说。就现有文献而言，我们至少可以看到有六例《章句》脱胎于游氏之说者。

例一：《中庸》首章"故君子慎其独也"，《章句》曰："迹虽未形，几则已动。人虽不知，己独知之。"③游氏《中庸义》注云：

> 人所不睹，可谓隐矣，而心独见之，不以见乎？人所不闻，可谓微矣，而心独闻之，不亦显乎？知"莫见乎隐，莫显乎微"，而不能谨独，是自欺也，其离道远矣。④

细绎朱子之说，《章句》中"人虽不知己独知之"一语，很明显脱胎于游氏"独见""独闻"之说。事实上朱子本人对此并不否认，《朱子语类》卷六二记云：

> 问："慎独章'迹虽未形，几则已动。人虽不知，己独知之。'上两句是程子意，下两句是游氏意，先生则合而论之，是否？"曰："然。"⑤

不过，此条并不见于《辑略》，或是如莫友芝所说的，"尚有《章句》引用而亦芟弃者"。

例二：《中庸》第二十章称"尊贤则不惑"，又称"敬大臣则不眩"，《章句》注曰："不惑，谓不疑于理。不眩，谓不迷于事。"⑥《章句》在此以"理""事"来诠释"不惑"与"不眩"，当本之于游氏：

> "不惑"在理，故于尊贤言之；"不眩"在事，故于敬大臣言之。⑦

《辑略》删去此条，方宗诚指出："'不惑在理'四句，裁入《章句》，似不应删。"⑧在方氏看来，此亦是莫友芝所说的"尚有《章句》引用而亦芟弃者"。本条

---

① 朱熹：《四书章句集注》，中华书局1983年版，第19页。
② 莫友芝：《校刊中庸集解序》，载《郘亭遗文》，清末刻本。
③ 朱熹：《四书章句集注》，中华书局1983年版，第18页。
④ 游酢：《游定夫先生文集》，清同治六年和州官舍本。
⑤ 黎靖德编：《朱子语类》，中华书局1986年版，第1504页。
⑥ 朱熹：《四书章句集注》，中华书局1983年版，第30页。
⑦ 游酢：《游定夫先生文集》，清同治六年和州官舍刻本。
⑧ 游酢：《游定夫先生文集》，清同治六年和州官舍刻本。

朱子用游氏义应无疑问。

例三：同章"凡为天下国家有九经，所以行之者一也"，朱子《章句》注曰："一者，诚也。一有不诚，则是九者皆为虚文矣，此九经之实也。"① 游酢《中庸义》则曰：

> 经虽有九，而所以行之一者，诚而已。不诚则九经为虚文，是无物也。②

很显然，朱子"一有不诚，则是九者皆为虚文"一句，实本之于游氏"不诚则九经为虚文"之说。

例四：同章"言前定则不跆，事前定则不困，行前定则不疚，道前定则不穷"一句，朱子在《章句》中说："豫，素定也。跆，踬也。疚，病也。此承上文，言凡事皆欲先立乎诚，如下文所推是也。"③ 又《语类》曰："'素定'，是指先立乎诚可知。"④ 而游氏《中庸义》则曰：

> 豫者，前定之谓也。惟至诚为能定，惟前定为能应，故以言则必行，以事则必成，以行则无悔，以道则无方，诚定之效如此。⑤

朱子以"素定"释"豫"，以"先立乎诚"释"素定"与"前定"，应该是受到游氏"诚定"说的影响，所以在《或问》中朱子称"诸说惟游氏诚定之云得其要。"⑥

例五：《中庸》第三十二章"渊渊其渊，浩浩其天"，《章句》注曰："其渊其天，则非特如之而已。"⑦ 所谓"其渊其天"，即经文"渊渊其渊，浩浩其天"；所谓"非特如之而已"，指三十一章之"溥博如天，渊泉如渊"。朱子意谓三十一章之"至圣"之德如天如渊，而三十二章"至诚"之道则就是"天""渊"本身，即"其渊其天"，而不是如天如渊。朱子以上下两章之"其渊其天"与"如渊如天"的不同表述，来表明"至圣之德"与"至诚之道"的区别，是以《章句》又说：

> 前章言至圣之德，此章言至诚之道。然至诚之道，非至圣不能知；至圣之德，非至诚不能为，则亦非二物矣。⑧

《语类》又曰：

> 至圣、至诚，只是以表里言。至圣，是其德之发见乎外者，故人见之，但见其"溥博如天，渊泉如渊，见而民莫不敬，言而民莫不信"，至"凡有

① 朱熹：《四书章句集注》，中华书局1986年版，第31页。
② 游酢：《游定夫先生文集》，清同治六年和州官舍刻本。
③ 朱熹：《四书章句集注》，中华书局1986年版，第31页。
④ 黎靖德编：《朱子语类》，中华书局1986年版，第1562页。
⑤ 游酢：《游定夫先生文集》，清同治六年和州官舍刻本。
⑥ 朱熹：《四书或问》，上海古籍出版社、安徽教育出版社2001年版，第86页。
⑦ 朱熹：《四书章句集注》，中华书局1983年版，第39页。
⑧ 朱熹：《四书章句集注》，中华书局1983年版，第39页。

血气者莫不尊亲"，此其见于外者如此。至诚，则是那里面骨子。经纶大经，立大本，知化育，此三句便是骨子；那个聪明睿知却是这里发出去。至诚处，非圣人不自知；至圣，则外人只见得到这处。①

在朱子看来，《中庸》三十一章所论之"至圣"与三十二章所论之"至诚"是相互表里的关系。"至圣之德"，是德之表现在外者，是别人所能看得到的，所以说如天如渊；至于"至诚之道"，却是那"骨子"里的，即是道本身，是实理自是如此。唯有这样的"至诚之道"，才有可能发而在外，而有人们所见到的"聪明睿知"之类的"至圣之德"。如果以天、渊为喻，那么"至诚之道"就是"天"与"渊"本身，故称"其渊其天"，又称"非特如之而已"。朱子的这一诠释看上去颇具新意，与传统郑注孔疏之说完全异趣，但事实上，朱子之说完全来自游酢的《中庸义》：

> 渊渊其渊，非特如渊而已；浩浩其天，非特如天而已。此至诚之道也。德者，其用也，有目者所共见，有心者所共知，凡有血气者，莫不尊亲；道者，其本也，非道同志一，莫窥其奥，故曰苟不固聪明圣知达天德者，其孰能知之。盖至诚之道，非至圣不能知；至圣之德，非至诚不能为。故其言之序相因如此。②

我们在此可以看出，"其天其渊"与"如天如渊"的分疏，"至诚之道"与"至圣之德"的分疏，早在游氏那里已发其先声，至于《章句》中"至诚之道，非至圣不能知；至圣之德，非至诚不能为"一句，则完全取自《中庸义》，不知朱子何以没去游氏之名。不过，在《或问》中朱子曰："游氏以上章为言至圣之德，下章为言至圣之道者，得之。其说自德者以下皆善。"③就此而言，朱子虽然在《章句》中没去游氏之名，但在《或问》中还是承认了他的说法取之于游氏。④

例六：《中庸》终章"内省不疚无恶于志"，《章句》曰："无恶于志，犹言无愧于心。此君子谨独之事也。"⑤游氏《中庸义》则曰：

> 君子内省不疚，无恶于志，君子所不可及者，其惟人所不见乎？言慎独也。⑥

以"慎独"释"内省不疚无恶于志"，朱子与游酢并无异辞。朱子虽然没有明

① 黎靖德编：《朱子语类》，中华书局1986年版，第1594页。
② 游酢：《游定夫先生文集》，清同治六年和州官舍刻本。
③ 朱熹：《四书或问》，上海古籍出版社、安徽教育出版社2001年版，第100页。
④ 王夫之在《读四书大全说》中亦认为朱子此说袭用了游氏之说，只不过船山在此对朱子袭用游说持相当激烈的批评态度。具体参见王夫之：《船山全书》第六册，岳麓书社1991年版，第575—577页。
⑤ 朱熹：《四书章句集注》，中华书局1983年版，第39页。
⑥ 游酢：《游定夫先生文集》，清同治六年和州官舍刻本。

说其取自游氏，但恐怕还是受到了他的影响。我们可以注意到的是，在《中庸辑略》中，朱子对第三十三章的游氏说做了大量的删削，而仅仅保留了上引一句，朱子显然对游氏这一表述持认可态度。

除了《中庸章句》以上诸例明显可以看出朱子受游氏《中庸义》的影响之外，朱子对游氏之说的认可，还表现在《中庸辑略》对游氏《中庸义》的保留条目，以及在《中庸或问》与《朱子语类》的讨论中朱子对游说的赞许。

朱子删《中庸集解》而成《中庸辑略》，其中游氏《中庸义》被保留下二十八条，这是朱子"删其繁乱"之后的结果，[①] 此当视为朱子对游氏《中庸》说的认可部分。[②]

在《或问》与《语类》中，朱子在评章程门诸说时，对游氏之说也颇有称许与认可之处。第一章论"修道之谓教"，《语类》卷六二曰："问'修道之谓教'。曰：'游、杨说好，谓修者只是品节之也。'"[③] 又如第十三章，朱子在《或问》中批评吕大临"有余而尽之，则道虽继而不行"之说时，认为其"不若游氏所引'耻躬不逮'为得其文意也"。[④] 又如第十四章，《或问》称"游氏说亦条畅，而存亡得丧穷通好丑之说尤善。"[⑤] 又如第十九章，《或问》曰："游氏引《泰誓》《武成》，以为文王未尝称王之证，深有补于名教。"[⑥] 又曰："郊禘吕、游不同，然合而观之，亦表里之说也。"[⑦] 而《语类》比较吕、游之说，则认为游优于吕，"又问：'吕氏又分郊社之礼，作立天下之大本处；宗庙之礼，言正天下之大经处。亦不消分。'曰：'此不若游氏说郊社之礼，所谓惟圣人为能享帝；禘尝之义，谓惟孝子为能享亲，意思甚周密。'"[⑧] 又如第二十二章论至诚尽性，《或问》称"吕、游、杨说皆善。"[⑨] 又如第二十三章论致曲，《或问》称"游氏说亦得之"。[⑩] 再如第二十七章，《或问》曰："张子所论逐句为义一条甚为切于文义，故吕氏因之。然须更以游、杨二说足之，则其义始备耳。游氏分别至道至德为得之。"[⑪] 再如前文

① 朱熹：《四书章句集注》，中华书局1983年版，第15页。
② 不过，莫友芝认为，传世《中庸辑略》大率已非完本，其考真德秀所引《辑略》，"在今本之外尚有四十余条"，如游氏注"率性之谓道"，其曰："此率性之谓道也，若出于人为，则非道矣"十六字，未见于今本《辑略》，而《四书集编》引有。是以莫友芝认为，"真氏未引，为唐、吕刊落者，必犹有若干条。"见莫友芝：《校刊中庸集解序》，载《邵亭遗文》卷一，清末刻本。
③ 黎靖德编：《朱子语类》，中华书局1986年版，第1495页。
④ 朱熹：《四书或问》，上海古籍出版社、安徽教育出版社2001年版，第72页。
⑤ 朱熹：《四书或问》，上海古籍出版社、安徽教育出版社2001年版，第73页。
⑥ 朱熹：《四书或问》，上海古籍出版社、安徽教育出版社2001年版，第77页。
⑦ 朱熹：《四书或问》，上海古籍出版社、安徽教育出版社2001年版，第77页。
⑧ 黎靖德编：《朱子语类》，中华书局1986年版，第1558页。
⑨ 朱熹：《四书或问》，上海古籍出版社、安徽教育出版社2001年版，第92页。
⑩ 朱熹：《四书或问》，上海古籍出版社、安徽教育出版社2001年版，第93页。
⑪ 朱熹：《四书或问》，上海古籍出版社、安徽教育出版社2001年版，第96页。

提到的第三十二章，《或问》曰："游氏以上章为言至圣之德，下章为言至圣之道者，得之。其说自德者以下皆善。"①

综上所述，我们从《章句》《辑略》《或问》与《语类》中，可以看到朱子之注《中庸》颇有取游氏之说，从而也可看出朱子之《中庸》学在游酢那里所受到的影响。

二、朱子《中庸》诠释对游氏说的批评

然而，从另一方面来讲，朱子对程门诸子的《中庸》说皆有所不满，在游酢那里也是如此。从莫友芝所辑的《中庸集解》看，收入游氏《中庸义》四十二条，而传世本《中庸辑略》仅余二十八条，其中被删者多达十四条。同时，即使是保留在《辑略》中的条目，也经过了诸多的删节，例如子路问强章，《中庸义》曰：

中庸之道，造次颠沛之不可违，惟自强不息者为能守之，故以"子路问强"次颜渊。所谓强者，非取其胜物也，自胜而已，故以南方之强为君子。强也者，道之所以成终始也，故自"和而不流"至于"至死不变"，皆曰"强哉矫"，盖其为中虽不同，而其贵不已一也。②

而《中庸辑略》所引用的则为：

中庸之道，造次颠沛之不可违，惟自强不息者为能守之，故以"子路问强"次颜渊。③

《中庸义》中本条共九十六字，删除六十五字后，保留在《辑略》中仅余不足三分之一。再比如第二十章"天下之达道五"至"则知所以治天下国家"一节，《中庸义》曰：

人伦，天下所共由也，故谓之达道；知、仁、勇，天下所同得也，故谓之达德。德者，得乎道也，故曰"所以行之者三"。三德之成功，至诚而已，故曰"所以行之者一"。知者知此道也，故曰"好学近乎知"；仁者体此道也，故曰"力行近乎仁"；勇者进此道也，故曰"知耻近乎勇"。盖知耻则能有所不为，有所不为而后可以有为矣。"仁者不忧，知者不惑，勇者不惧"，此成德也，孔子自谓"我无能焉"。夫成德，岂易得乎？能知好学、力行、知耻，则可以入德矣。④

---

① 朱熹：《四书或问》，上海古籍出版社、安徽教育出版社2001年版，第100页。
② 游酢：《游定夫先生文集》，清同治六年和州官舍刻本。
③ 朱熹：《中庸辑略》，载朱杰人等主编《朱子全书外篇》第1册，华东师范大学出版社2010年版，第36页。
④ 游酢：《游定夫先生文集》，清同治六年和州官舍刻本。

而《辑略》所引，仅有如下数十字：

"仁者不忧，知者不惑，勇者不惧"，此成德也，孔子自谓"我无能焉"。夫成德，岂易得乎？能知好学、力行、知耻，则可以入德矣。①

《中庸义》原文一百六十二字，被删却一百十七字，仅余四十五字，所余下的只有四分之一强。更极端的例子是第三十三章，该条《中庸义》所录共有五百五十七字，而经朱子删汰，仅余"君子内省不疚，无恶于志，君子所不可及者，其唯人所不见乎，言慎独也"②一句，计二十八字。因此粗略计算，经朱子之删节，传世《中庸辑略》中关于游氏的资料相较《中庸集解》而言，余下的不到二分之一。由此可以看出朱子对游氏《中庸》说的不满。结合《或问》与《语类》，朱子对游氏之批评主要体现在三个方面：

第一，批评游氏之说"非儒者之言"。"非儒者之言"，意谓游氏之说多用老庄及佛教之说来解说《中庸》，这是游氏《中庸义》最重要的特色之一，也是朱子对《中庸义》批评最多的地方。具体地说，有如下几条。第六章游氏称赞舜曰："其曰其斯以为舜，则绝学无为也。"③"绝学无为"云云，显然承自老子，故《或问》批评说："游氏以舜为绝学无为，则老佛之余绪，非儒者之言也。"又第十一章，游氏曰："遁世不见知而不悔者，疑虑不萌于心，确乎其不可拨也。非离人而立于独者，不足以与此。若不远复者，未免于有念也，故曰惟圣者能之。"④游氏所谓"离人而立于独"，见于《庄子·田子方》，而"未免于有念"，则当"无念"，而"无念"之说来自佛教，故《或问》批评说："游氏所谓离人而立于独，与夫未免有念之云，皆非儒者之语也。"⑤又第十二章，游氏称"此七圣皆迷之地也。"⑥"七圣皆迷"见于《庄子·徐无鬼》，故朱子批评说："至于所谓'七圣皆迷之地'，则庄生邪遁荒唐之语，尤非所以论中庸也。"⑦又如游氏注第十三章，称"道一以贯之，无物我之间也。既曰忠恕，则已违道矣。然忠以尽己，则将以至忘己也；恕以尽物，则将以至忘物也。"⑧"忘己""忘物"之说，皆《庄子》之常用语，是以《或问》批评说："道无物我之间，而忠恕将以至于忘己忘物，则为已违道而犹未远也，是则老庄之遗意，而远人甚矣，岂中庸之旨哉！"⑨又第

---

① 朱熹：《中庸辑略》，收入《朱子全书外篇》第 1 册，华东师范大学出版社 2010 年版，第 36 页。
② 朱熹：《中庸辑略》，收入《朱子全书外篇》第 1 册，华东师范大学出版社 2010 年版，第 110 页。
③ 游酢：《游定夫先生文集》，清同治六年和州官舍刻本。
④ 游酢：《游定夫先生文集》，清同治六年和州官舍刻本。
⑤ 朱熹：《四书或问》，上海古籍出版社、安徽教育出版社 2001 年版，第 65 页。
⑥ 游酢：《游定夫先生文集》，清同治六年和州官舍刻本。
⑦ 朱熹：《四书或问》，上海古籍出版社、安徽教育出版社 2001 年版，第 68 页。
⑧ 游酢：《游定夫先生文集》，清同治六年和州官舍刻本。
⑨ 朱熹：《四书或问》，上海古籍出版社、安徽教育出版社 2001 年版，第 72 页。

二十四章，游氏曰："至诚之道，精一无间，心合于气，气合于神，无声无臭，而天地之间物莫得以遁其形矣。"① 其中"心合于气，气合于神"一语，见于《庚桑子》，故《或问》曰："游氏'心合于气、气合于神'之云，非儒者之言也。"② 又第二十五章，《或问》曰："游、杨皆以无待而然论之。其说虽高，然于此为无所当，且又老庄之遗意也。"③ 这里"无待而然"，是杨时的说法，其曰："诚自成，道自道，无所待而然也。"④ 而游氏则曰："诚者，非有成之者，自成而已；其道非有道之者，自道而已。自成自道，犹言自本自根也。以性言之为诚，以理言之为道，其实一也。"⑤ 游氏"自本自根"之说，亦"无待而然"之意。在朱子看来，"自成自道，如程子说，乃与下文相应。"⑥ 而所谓程子之说，指《遗书》卷十八所说："诚者自成，如至诚事亲则成人子，至诚事君则成人臣。"⑦ 后来黄震也指出："愚按上文言诚者自成也，下文即言非自成己而已也。是自成即指成己而言，安得以为无所待而自成耶？"⑧ 且"自本自根"一语出《庄子·大宗师》，故朱子以之为"老庄之遗意"。又第三十三章，《或问》曰："游氏所谓无藏于中、无交于物、泊然纯素、独与神明居，所谓离人而立于独者，皆非儒者之言。"⑨ 游氏《中庸义》称："无藏于中，无交于物，泊然纯素，独与神明居，此淡也。"⑩ "无交于物"本于《庄子·刻意》"不与物交"，"泊然纯素"见嵇康的《卜疑》，"独与神明居"出自《庄子·天下》，故朱子称"皆非儒者语"。除此之外，《中庸义》中尚有其他一些具有佛老印记的论说，朱子虽未明确地予以批评，但在《辑略》中也都删去，如第七章，游氏注曰："定内外之分，辩荣辱之境，见善如不及，见不善如探汤，则君子所谓知也。今也乘时射利，而甘心于物役，以自投于苟贱不廉之地，是犹纳之罟擭陷阱之中而不知辟也。此于荣辱之境昧矣，其能如探汤乎？择乎中庸，则知及之矣，而不能以期月守，则势利得以夺之也。此于内外之分易矣，其能如不及？若是者，彼自谓知，而愚孰甚焉？故继舜言之，以明其非知也。"⑪ 游氏于此以是否能"定内外之分，辩荣辱之境"来判分智愚，而"定乎内外之分，辩乎荣辱之境"一语来自《庄子·逍遥游》，明显以老庄之学解《中

① 游酢：《游定夫先生文集》，清同治六年和州官舍刻本。
② 朱熹：《四书或问》，上海古籍出版社、安徽教育出版社2001年版，第93页。
③ 朱熹：《四书或问》，上海古籍出版社、安徽教育出版社2001年版，第94页。
④ 游酢：《中庸辑略》，收入《朱子全书外篇》第1册，华东师范大学出版社2010年版，第94页。
⑤ 游酢：《游定夫先生文集》，清同治六年和州官舍刻本。
⑥ 朱熹：《四书或问》，上海古籍出版社、安徽教育出版社2001年版，第94页。
⑦ 程颢、程颐：《二程集》，中华书局2004年版，第203页。
⑧ 黄震：《黄氏日钞》，元后至元三年刻本。
⑨ 朱熹：《四书或问》，上海古籍出版社、安徽教育出版社2001年版，第101页。
⑩ 游酢：《游定夫先生文集》，清同治六年和州官舍刻本。
⑪ 游酢：《游定夫先生文集》，清同治六年和州官舍刻本。

庸》，故朱子虽然没有在《或问》中提出批评，但《辑略》删去此段，亦足见朱子对于诸如此类的"非儒者之言"的删汰。

第二，批评游氏注在义理上有不够谛当之处。如第一章"率性之谓道"，游氏注曰："因其性之固然，而无容私焉，则道在我矣。此率性之谓道也。"① 朱子评论："游氏所谓'无容私焉，则道在我'，杨氏所谓'率之而已'者，似亦皆有吕氏之病也。"② 所谓有"吕氏之病"，朱子归纳吕大临之说"人虽受天地之中以生，而梏于形体，又为私意小知所挠，故与天地不相似，而发不中节，必有以不失其所受乎天者，然后为道"。③ 在朱子看来："人物各循其性之自然，则其日用事物之间，莫不各有当行之路，是则所谓道也。"④ 道不过是人们各循自然之本性的结果，而"非指修为而言"⑤，吕大临"必有以不失其所受乎天者"的说法则有人力修为的意味在里面，游酢所谓的"无容私焉"也是如此，所以朱子称游氏有"吕氏之病"。再如第十二章"君子之道费而隐"，游氏注曰："道之用赡足万物，而万物莫不资焉，故言费；其本则视之不见，听之不闻，故曰隐。犹言肆而隐也。唯费也，则良知良能所自出，故夫妇之愚不肖可以与知而能行焉；唯隐也，则非有思者所可知、非有为者所可能，故圣人有所不知不能焉。"⑥ 在朱子看来，"费，用之广也；隐，体之微也"，后者为"其所以然者，则非闻见所及"之体，而前者是"此理之用"。⑦ 而游氏所理解的"费"，是"道之用赡足万物"，是万物之所资，从而甚至称费为"良知良能之所自出"。如此的话，在朱子看来，也就意味着良知良能不是道，而在道之外。同时游酢认为，圣人所不可知的就是隐，而朱子并不认同这一说法，在朱子看来，夫妇之可知可行的固然是费，而圣人之不可知不可能的同样也是费。游氏以不可知不可能为隐，则是以用为体。更重要的是，如按游说，如果以不可知不可能为道之隐，则道就变成了没有的东西。因此，《或问》批评游氏此说为"不可晓"者。⑧ 又如第三十三章，朱子批评游氏曰："其论德犹如毛以下，则其失与吕氏同。"在朱子看来，《中庸》终章共八节，"自'衣锦尚

---

① 游酢：《游定夫先生文集》，清同治六年和州官舍刻本。
② 朱熹：《四书或问》，上海古籍出版社、安徽教育出版社2001年版，第49页。
③ 朱熹：《四书或问》，上海古籍出版社、安徽教育出版社2001年版，第49页。
④ 朱熹：《四书章句集注》，中华书局1983年版，第17页。
⑤ 朱熹：《四书或问》，上海古籍出版社、安徽教育出版社2001年版，第49页。
⑥ 游酢：《游定夫先生文集》，清同治六年和州官舍刻本。
⑦ 朱熹：《四书章句集注》，中华书局1983年版，第22页。
⑧ 《四书或问》曰："游氏之说，其不可晓者尤多。如以良知良能之所自出为道之费，则良知良能者，不得为道而在道之外矣。又以不可知不可能者为道之隐，则所谓道者，乃无用之长物，而人亦无所赖于道矣。"朱熹：《四书或问》，上海古籍出版社、安徽教育出版社2001年版，第68页。

绚'以至'不显惟德'凡五条，始学成德疏密浅深之序也。"① 这是在工夫的意义上说。"自'不大声以色'以至'无声无臭'凡三条，皆所以赞夫不显之德也。"② 这是从效验的意义上说。而游氏注以为："盖明德，化民之本也；声音颜色之于化民，末也。故君子务本而已。所谓德者，非甚高而难知也，甚远而难至也，举之则是，故曰'德辎如毛'。既已有所举矣，则必思而得，勉而中，是人道而有对也，故曰'毛犹有伦'。若夫诚之至，则无思无为，从容中道，是天道也，故曰'上天之载，无声无臭，至矣'。"③ 如果按游氏这一说法，自"不大声以色"以至"无声无臭"这三条，显然是从工夫的意义上说，从而认效验为工夫，而这一点恰恰是朱子所不能接受的。朱子认为这也是吕大临的毛病所在，故批评游氏"其失与吕氏同"。④

第三，批评游氏注经不合经文"本意"。二程注经，强调的是"于简策之外脱然有独见"，⑤ 游氏注《中庸》亦继承了程门的这一传统，故常常自出机杼，未必与经义本身吻合。而朱子注经，则强调"惟本文本义是求"⑥，"不敢以己意说道理⑦"，在朱子看来，"游、杨诸公解《中庸》，引书语皆失本意。"⑧ 如"其次致曲"章，朱子称"游氏说亦得之，但说致曲不同，非本意耳。"⑨ 这里朱子称游氏之说"得之"，同时又批评其说不合经文的本意。又如第三十三章，朱子评游氏注曰："不失足于人，不失色于人，不失口于人，则又审于接物之事，而非简之谓也。其论三知而未免牵合之病。"⑩ 在朱子看来，《中庸》称"君子之道，淡而不厌，简而文，温而理"，则所谓"简"与"文"相对举，正如"淡"与"不厌"、"温"与"理"相对举一样，"淡、简、温，绚之袭于外也；不厌而文且理焉，锦之美在中也。"⑪ 而游氏所称"不失足于人，不失色于人，不失口于人"，不过是"审于接物之事"，而非"简"之义。朱子又批评游氏"论三知而未免牵合之病"。

---

① 朱熹：《四书或问》，上海古籍出版社、安徽教育出版社2001年版，第100—101页。
② 朱熹：《四书或问》，上海古籍出版社、安徽教育出版社2001年版，第101页。
③ 游酢：《游定夫先生文集》，清同治六年和州官舍刻本。
④ 吕大临也认为这三节具有工夫的意义，是以朱子批评其说曰："以德为诚之之事，而犹有声色，至于无声无臭，然后诚一于天，则又文义之未当者然也。"见朱熹：《四书或问》，上海古籍出版社、安徽教育出版社2001年版，第101页。
⑤ 《二程粹言》卷一曰："思索经义，不能于简策之外脱然有独见，资之何由深？居之何由安？"见《二程集》，第1186页。又《二程外书》卷六曰："善学者，要不为文字所梏。故文义虽解错，而道理可通行者，不害也。"程颢、程颐：《二程集》，中华书局2004年版，第378页。
⑥ 朱熹：《答吕子约》，《晦庵先生朱文公文集》卷四八，《朱子全书》第22册，上海古籍出版社、安徽教育出版社2001年版，第2218页。
⑦ 黎靖德编：《朱子语类》，中华书局1986年版，第1249页。
⑧ 黎靖德编：《朱子语类》，中华书局1986年版，第1485页。
⑨ 朱熹：《四书或问》，上海古籍出版社、安徽教育出版社2001年版，第93页。
⑩ 朱熹：《四书或问》，上海古籍出版社、安徽教育出版社2001年版，第100—101页。
⑪ 朱熹：《四书章句集注》，中华书局1983年版，第39页。

游氏以《大学》之工夫次第来诠释"知远之近、知风之自、知幽之显",游氏曰:"'欲治其国,先齐其家','知远之近'也";"'欲齐其家,先修其身','知风之自'也";"'欲修其身,先正其心','知微之显'也。"① 游氏之说固然有其独到之心得,但未免牵强附会,无怪乎朱子称其"未免牵合之病"。

三、结　语

在程门之中,游、杨并称,然而杨时之学经道南之传承,于朱子而发扬光大。游酢之学无人传,也无语录,② 其影响亦远不及杨时。又因为游氏晚年嗜佛,以至朱子与胡宏等人对他都责之甚深,称其不能传二程之衣钵,③ 乃至指责他是"程门罪人"。④ 是以历来学者对游氏之学多不重视。事实上,游氏之学对朱子多有影响,我们通过比较朱子与游氏对《中庸》的不同解说,可以看到游氏之学在朱子身上打下了颇多的印记,诸如以性情论"中庸"与"中和"之关系,以表里论"至圣"与"至诚"之关系,皆是朱子《中庸》诠释中比较有特色的论点,而其背后的游氏色彩,则往往为学者所忽视。

从另一方面说,朱子对程门诸子的《中庸》说皆有不满,游氏亦不过是其中的一个缩影而已。朱子对游氏《中庸义》最大的批评,是指斥其多有"非儒者之言",即多以释老之说来解《中庸》。就这一点而言,可以说是朱子心目中程门的共同毛病,也就是《中庸章句序》所说的"倍其师说而淫于老佛者",这也正是朱子批评程门的主要原因所在。⑤ 朱子对吕大临、杨时等人的《中庸》说的批评,也主要集中在这一点上。值得注意的是,虽然后儒多批评游氏佞佛,但就《中庸义》而言,佛教的色彩并不表现得特别浓厚,游氏更多的是用老、庄之说来解《中庸》,诸如"七圣皆迷"之类的说法,俱在简册。朱子批评游酢多有"非儒者之言",确实没有厚诬游氏。

朱子批评游酢《中庸义》在义理上有所缺失。朱子解《中庸》追求义理之圆

---

① 游酢:《游定夫先生文集》,清同治六年和州官舍刻本。
② 朱子曾说:"游定夫学无人传,无语录。"见《朱子语类》,第 2557 页。全祖望亦称:"鹰山游肃公在程门鼎足谢、杨,而遗书独不传,其弟子亦不振。"见黄宗羲《宋元学案》,中华书局 1986 年版,第 993 页。
③ 朱子曰:"游先生大是禅学","他晚年嗜佛,在江湖居,多有尼出入其门。"又说:"定夫极不济事。以某观之,二先生衣钵似无传之者。"见黎靖德编《朱子语类》,中华书局 1986 年版,第 2556—2557 页。
④ 胡五峰云:"定夫为程门罪人。"见黄宗羲《宋元学案》,中华书局 1986 年版,第 994 页。
⑤ 朱子还认为,程门弟子之所以入禅学去,源头甚至要追溯到二程那里,他说:"程门高弟如谢上蔡、游定夫、杨龟山辈,下梢皆入禅学去。必是程先生当初说得高了,他们只见一截,少下面着实工夫,故流弊至此。"黎靖德编:《朱子语类》,中华书局 1986 年版,第 2556 页。

融至当，自然不能容忍义理上的偏差。凡涉及性、理、道等道学核心义理之体认，以及践履工夫次第之论述，朱子在辨析的时候亦详为之说。如朱子对游氏"无容私焉，则道在我"的批评，即认为道乃人力修为的结果。在朱子看来，道乃"不待外求而无所不备"①，而如游氏说，则道乃依人而存，从而就不是"无所不在、无时不然"的"本然之体"②，从而人可以离道，"道自为道，我自为我，则是人力私智之所为者"③。"人力私智之所为"为道是朱子所深警惕者。大体而言，朱子在义理上对游氏的批评，皆能切中肯綮。游氏之说，确实间有小疵。

至于朱子批评游氏注经有不合经文"本意"之处，则体现了两者注经特点之不同。游酢继承了程门注经的传统，追求的是个人独到的体会，朱子则"惟本文本意是求"，故朱子会有程门诸公引书皆失其本意之类的批评，此由治经之体不同所致。我们对朱子的批评可以理解，同时未可责难游酢。正如方宗诚所说："然尝即先生之书玩之，盖第本其躬行心得之言以说经，故间与经之文义不相应。朱子注经，必其不背于圣贤之本意，故凡自率其胸臆之说者，不得不严辨之。此释经之体则然。若舍是而观先生之言，则足资感发者固已多矣。"④

朱子折中周、张、二程之学以成一家之言，又以二程的继承者自居，其学问必然受到程门的滋养。吕、游、杨、谢诸子都深深地影响了朱子的思想与学术，这种影响可以认为表现在两个方面，一方面朱子之说在周、张、二程之外，又折中吕、游、杨、谢等人，并对诸子之说有选择地予于继承；另一方面，朱子又对程门诸子皆有所批评，但也正是朱子在对程门诸子清算的过程中，朱子的思想与学术得以完善。朱子与杨、谢等人是如此，与游酢的关系也是如此。本文通过朱子《中庸》诠释过程中对游酢《中庸义》去取的考察，体现出了朱子与程门诸公思想与学术的这样一种关系。具体就游酢而言，我们实不必因其学术略有瑕疵或因其晚年佞佛，忽视游酢与朱子学之间的关系。正如方宗诚所说："譬之农焉，朱子则陈列修治而为之疆畎者也，然非始有既勤敷菑如先生辈者，则朱子一人，又岂易芟柞而耕获也哉。"⑤

（本文原载于《学术界》2022 年第 10 期）

---

① 朱熹：《四书或问》，上海古籍出版社、安徽教育出版社 2001 年版，第 47 页。
② 朱熹：《四书或问》，上海古籍出版社、安徽教育出版社 2001 年版，第 50 页。
③ 朱熹：《四书或问》，上海古籍出版社、安徽教育出版社 2001 年版，第 50 页。
④ 游酢：《游定夫先生文集》，清同治六年和州官舍刻本。
⑤ 游酢：《游定夫先生文集》，清同治六年和州官舍刻本。

熙宁庙议与朱熹的宗庙思想

曾 亦*

朱熹不仅是程朱理学的代表人物，而且也是宋代重要的礼学家，其礼学思想极其丰富。朱熹直接参与了宁宗朝关于僖祖祧庙的讨论，这对于后世相关问题的讨论产生了较大的影响。

所谓宗庙，按照程颐、朱熹的说法，乃"萃聚祖考之精神"从而"收合人心"的场所。因此，历代帝王极其重视宗庙的构建和神灵的祭享。儒家关于宗庙制度的理论渊源，主要本于周人的宗庙实践，相关文献主要保留在《春秋》《礼记》《诗经》等文献之中。其中涉及的主要问题，如庙数之异、昭穆、宗庙祧迁等，到了宋代，又与太祖在宗庙祫享时是否正东向位等交织在一起。其中，既有宗庙理论本身有些一直悬而未决的问题，同时，具体的政治现实又对礼学提出了新的挑战。可以说，从北宋建国伊始，太祖能否正位东向的问题就一直困扰着当时朝廷重臣、礼官和学者们，形成了宋代政治中非常特殊的画面。

一、天子庙数之异说

古人关于天子庙数的争论，在理论层面主要体现为天子五庙与七庙之争，以及不毁之宗是否备七庙之数的问题。无论天子、诸侯，皆得立太祖庙，其余则立高、曾、祖、祢四亲庙，甚至立高祖之父、高祖之祖为亲庙。天子五庙与七庙之争，实质上是四亲庙与六亲庙之争。

自汉以来，关于天子庙数的说法，主要有两派。其一，韦玄成主张天子五庙，即在四亲庙外，又有始祖不毁之庙，是为五庙。至于周人以文王、武王为始受命王，如是而有七庙。韦玄成之说，自谓本于《礼记·祭义》，其后郑玄继其说。其二，刘歆主张天子七庙，即天子立三昭三穆之亲庙，加上不毁之始祖庙，是为七庙，其经典依据则见于《礼记·王制》与《春秋穀梁传》。刘歆又据汉人"祖有功，宗有德"之普遍意见，提出"宗无数"之说，于是文帝既称宗，武帝亦得称宗，文帝以太宗而不毁，武帝自当以世宗而不毁。刘歆所谓天子七庙之说，

---

* 本文为国家社科基金重大项目"中国经典诠释学基本文献整理与基本问题研究"（项目号为21&ZD055）阶段性成果。曾亦，同济大学人文学院哲学系教授、经学研究院院长。

乃合太祖与三昭三穆之亲庙而言，加上不毁的文、武世室，周人实有九庙。其后，王莽、唐玄宗及宋徽宗时俱立九庙，有实际政治的考虑，其理论依据则出于刘歆的观点。

韦玄成之说，后来郑玄即踵其途辙。不过，郑玄的经典依据还包括了《礼纬》，这也是其说受到后人批评的地方。曹魏时，王肃务与郑玄为敌，而扬刘歆之余波，故其注《礼记》云："尊者尊统上，卑者尊统下。故天子七庙，诸侯五庙。其有殊功异德，非太祖而不毁，不在七庙之数。"可见王肃之说完全与刘歆相同。

魏晋以后，历朝多祖刘歆、王肃之说，以其多有经典可据。除刘歆所引《王制》、《穀梁传》外，尚有《礼记·祭法》《礼器》《尚书·咸有一德》《孔子家语》。荀子、孔安国、班彪父子、孔晁、虞喜、干宝等俱主其说。

至南宋朱熹，亦宗刘歆、王肃之说。其论《殷武》诗云：

> 高宗中兴，特为百世不迁之庙，不在三昭三穆之列。①

朱子不独以天子上祀高祖之父、高祖之祖，以备三昭三穆之数，并且认为殷高宗有中兴之功，故其庙百世不毁，且不在六亲庙之列。可见，朱子此说完全与刘歆相同。

朱子又直接肯定了刘歆之说：

> 问："汉诸儒所议礼如何？"曰："刘歆说得较是。他谓宗不在七庙中者，谓恐有功德者多，则占了那七庙数也。"……又曰："且如商之三宗，若不是别立庙，后只是亲庙时，何不胡乱将三个来立？如何恰限取祖甲、太戊、高宗为之？'祖有功，宗有德'，天下后世自有公论，不以拣择为嫌。所谓名之曰幽、厉，虽孝子慈孙，百世不能改。那个好底自是合当宗祀，如何毁得！如今若道三宗只是亲庙，则是少一个亲庙了。"②

无疑，朱子完全站在了刘歆的立场。

又，朱子《中庸或问》亦有论曰：

> 天子之庙，其制若何？曰：唐之文祖、虞之神宗、商之七世三宗，其详今不可考。独周制犹有可言，然而汉儒之记，文已有不同矣。谓后稷始封，文、武受命而王，故三庙不毁，与亲庙四而七者，诸儒之说也。谓三昭三穆与太祖之庙而七，文、武为宗不在数中者，刘歆之说也。虽其数之不同，然其位置迁次，宜亦与诸侯之庙无甚异者。但如诸儒之说，则武王初有天下之时，后稷为太祖，而祖绀居昭之北庙，太王居穆之北庙，王季居昭之

---

① 秦蕙田：《五礼通考》卷五八，中华书局2020年版，第2555页。
② 黎靖德编：《朱子语类》卷九〇，中华书局1986年版，第2296、2297页。

南庙，文王居穆之南庙，犹为五庙而已。至成王时，则祖绀祧，王季迁而武王祔；至康王时，则太王祧，文王迁而成王祔。至昭王时，则王季祧，武王迁而康王祔。自此以上，亦皆且为五庙，而祧者藏于太祖之庙。至穆王时，则文王亲尽当祧，而以有功当宗，故别立一庙于西北，而谓之文世室。于是成王迁、昭王祔而为六庙矣。至共王时，则武王亲尽当祧，而亦以有功当宗，故别立一庙于东北，谓之武世室。于是康王迁、穆王祔而为七庙矣。自是以后，则穆之祧者藏于文世室，昭之祧者藏于武世室，而不复藏于太庙矣。如刘歆之说，则周自武王克殷，即增立二庙于二昭二穆之上，以祀高圉、亚圉，如前递迁，至于懿王而始立文世室于三穆之上，至孝王时始立武世室于三昭之上，此为少不同耳。曰：然则诸儒与刘歆之说，孰为是？曰：前代说者多是刘歆，愚亦意其或然也。①

可见，朱子虽赞同刘歆之说，不过也有所不同。盖朱子以文、武世室为祧，而刘歆则以远庙为祧也。

二、王安石尊僖祖所引发的争论

魏晋以降，通常始受命王即建立太庙，上祭高祖以下诸位神灵。然若宗庙祫祭时，虽有太祖，犹不得正东向之位，盖虚其位而下列于昭穆而已。其后至太祖以下六世或七世之后，太祖始得正东向之位。由于种种现实政治因素的考量，常导致太祖不得正东向之位，犹祭太祖以上诸亲庙，于是五庙说之后又有七庙说，乃至迁延数世而未果，终不得不悬置此问题。换言之，天子五庙说本属正礼，或因不得正太祖之位，或因兄弟昭穆之异同，遂有七庙、九庙诸说。

因此，宋太宗以后虽尊始受命祖赵匡胤为太祖，但在宗庙祭祀时，赵匡胤尚在亲庙之列，故未得正东向之位。至嘉祐八年（1063），仁宗崩，其神主将祔庙。此时按照兄弟同昭穆之说，太祖的高祖亦即僖祖，已在六世之外而亲尽当祧，于是出现了僖祖祧迁问题的讨论。

当时主要有两派主张，一派以卢士宗、司马光为代表，主张"太祖已上之主，虽属尊于太祖，亲尽则迁"，故宋之僖祖"亲尽当迁夹室"，而祀以三昭三穆。②卢士宗与司马光的主张不仅代表了刘歆、王肃一派观点的主流意见，而且也符合魏晋以来的通行做法，即主张太祖以上神主亲尽则迁，若太祖未正东向之位，则立三昭三穆六亲庙，迄至太祖正东向位后，备七庙之制。据此，当时

---

① 朱熹：《中庸或问》，中华书局 2006 年版，第 583、584 页。
② 马端临：《文献通考》卷九三，中华书局 2011 年版，第 2851 页。

仁宗祔庙，太祖既未至正东向位时，则当立六世七室之主而迁僖祖。卢士宗认为自汉元、魏明、晋武以来，莫不迁始祀之祖，实有故事可循。另一派则以孙抃为代表，主张太庙增为八室，即以太祖、太宗同为一世，而祭僖祖以下七世八帝之主。显然，此说将僖祖之祧迁问题搁置起来，并且不符合晋以来虚太祖之位而立三昭三穆的主流意见。

在此次争论中，赵抃提出了僖祖为"立庙之祖"的新说，且谓周以前太祖，"非始受命之王，特始封之君而已"，换言之，宋太祖乃"始受命之王"，非"始封之君"。抃又谓汉、魏、唐之故事不过出于"一时之议"，未必合于先王制礼之意，于是当存僖祖室以备七世。[1]赵抃此说，表面上将僖祖的地位问题再度搁置起来，而究其更深层的后果，则似乎否定了宋太祖在宗庙祫享时的特殊地位，不过犹周文王而已。太祖既不得为始祖，为后来王安石尊僖祖为始祖奠定了基础。

其后，神宗即位，祔英宗于太庙。此时即便按照赵抃之议，僖祖已在八世之上，当祧迁无疑。于是从礼官及张方平等议，遂祧僖祖，祔英宗于第八室。到了熙宁五年（1072），王安石用事，对神宗初年祧迁僖祖的做法提出了异议。时中书门下奏言：

> 本朝自僖祖以上世次不可得而知，则僖祖有庙，与商周契、稷疑无以异。今毁其庙而藏主于夹室，替祖考之尊而下祔于子孙，殆非所以顺祖宗孝心、事亡如事存之义。[2]

孙抃谓僖祖为"立庙之祖"，又以宋之太祖非"始封之君"，不可拟于商周之契、稷。至此，王安石遂直截主张将僖祖尊为不祧之始祖。王安石认为僖祖神主藏于夹室，则"替祖考之尊而下祔于子孙"。此种说法，成为后来程颐、朱熹反对祧迁僖祖的主要理由。

此论遭到了礼官和儒臣的激烈反对。朝廷形成了两派完全对立的意见。

支持王安石意见的翰林学士元绛等，主张尊僖祖为始祖，其奏议提到了这样几点理由：其一，僖祖虽无始封之功，不妨其为始祖，犹夏之郊鲧。契、稷所以为始祖，非以其功，实以后世"承其本统"的缘故。其二，僖祖虽不过为太祖之高祖，然以上世次既不可知，自可视为始祖。其三，驳斥汉以来"祖有功"的

---

① 马端临：《文献通考》卷九三，第 2851、2852 页。
② 马端临：《文献通考》卷九四，中华书局 2011 年版，第 2862 页。朱子尝引其说，谓安石上疏，谓"皇家僖祖，正如周之稷、契，皆为始祖百世不迁之庙。今替其祀，而使下祔于子孙之夹室，非所谓'事亡如事存，事死如事生'，而顺祖宗之孝心也"。（黎靖德：《朱子语类》卷90，第 2305 页）可见，中书门下所奏正是出于安石的意见，而朱子称其论甚正，并自谓其《议状》"正用介甫之意"。

一贯主张，以为不免"子孙得以有功加其祖考"，非所以尊祖也。其四，若不尊僖祖，则于太祖庙祫祭时，不免有四祖"降而合食"之嫌。

同判太常寺兼礼仪事章衡别创异说，主张"尊僖祖为始祖，而次祧顺祖，以合子为父屈之义。推僖祖侑感生之祀，而罢宣祖配位，以合祖以孙尊之义，余且如旧制"。[①]章衡这种主张，后来得到王安石一派朝臣的不断重申。

反对者如翰林学士韩维，主张迁僖祖于西夹室，其理由有这样几点：其一，重申"祖有功"之说，且据子夏《诗》序，认为文、武之有天下，其基业之所由起，则在后稷，此后稷所以为周之太祖也。其二，后世有天下者，如汉高祖、宋太祖等，皆"特起无所因"，遂因始受命而为太祖。其三，若僖祖虽为太祖之高祖，既非太祖功业之所因，亦非本始所在。其四，回应了王安石、元绛的主要理由，即僖祖虽迁于西夹室，犹在顺祖之右，似无"替祖考之尊"。

此外，天章阁待制孙固提出了折中意见，即主张为僖祖别立庙，而非藏于西夹室。至禘祫时，僖祖权居东向之位，而太祖则从昭穆之列，如此，"僖祖之尊自有所申"。显然，孙固认为韩维之说未能解决王安石、元绛"替祖考之尊"这种制度上的担忧，肯定了僖祖在祫享时犹当居东向之位。

关于朝臣们的这些争论，神宗颇认可韩维之说，以为"近是"。对于韩维主张藏主于夹室以及孙固主张禘祫时僖祖权居东向位之说，赞同王安石的立场。可见，争论双方的焦点在于如何维护僖祖作为远祖的尊严。关于这个问题，主张祧迁僖祖的儒臣和礼官们似乎并没有找到最妥善的办法，自然引发了王安石一派的反击，即不惜屈太祖于昭穆之列，干脆尊崇僖祖为始祖，避免破坏亲尽则祧的共识。

如是争论数月，最后朝廷采纳了元绛、章衡等王安石一派的主张，不仅尊僖祖为始祖，而且以僖祖配感生帝。

三、宁宗时争论再起与道学家们的立场

自熙宁议礼以来，僖祖的始祖地位得以确立。此后到光宗绍熙五年（1194），僖祖的这种地位一直未被动摇。即便如此，其间颇有儒臣和礼官对此提出异议。高宗绍兴五年（1135），董棻、王普等主张僖祖当祧迁，且认为毁庙之主不当合食，艺祖赵匡胤既有太祖之名，当有祫享时正东向之实。当时朝臣多赞同董、王之说。可以说，朝廷上下此时已达成废除崇宁以来的九庙之制并正太祖东向之位的共识。

① 马端临：《文献通考》卷九四，中华书局 2011 年版，第 2865 页。

此后孝宗即位，至淳熙元年（1174），诏礼官讨论别建四祖庙，正太祖东向之位。当时吏部侍郎赵粹中重申董棻、王普之议，主张参酌汉太公立庙万年、南顿君立庙章陵故事，别建一庙以安奉僖、顺、翼、宣四祖神位，而太祖于太庙中正位东向。[①] 不过，礼部、太常寺进行讨论时，犹有不同意见，于是诏有司依旧制。

据《宋史·宁宗本纪》及《礼志》，绍熙五年（1194），宁宗即位，时太上皇孝宗已崩，光宗内禅，故当祔孝宗入庙。太常少卿曾三复奏请祧宣祖，并正太祖东向之位。随后，吏部尚书郑侨等亦上疏孝宗祔庙之际，定宗庙万世之礼，慰太祖在天之灵，破熙宁不经之论。如是，"今太祖为始祖，则太宗为昭，真宗为穆，自是而下以至孝宗，四昭四穆与太祖之庙而九。上参古礼，而不废崇宁九庙之制，于义为允"[②]。按照郑侨等人的建议，自太祖至孝宗，太祖正东向之位，以下凡八世十帝神主，正四昭四穆，且不违背崇宁九庙之制。郑侨又重申董棻、王普的议论，即为僖祖别立庙，太祖以上庙主不与合食，遇祫则即庙而享。可以说，这种意见基本上解决了宋代宗庙制度中太祖东向与僖祖屈尊合食的难题。

当时名儒楼钥、陈傅良等也赞同这种意见。譬如，楼钥就对王安石提出了严厉批评，认为"嘉祐中，固已建议，徒以亲犹未尽，故虚东向之位，以待太祖，而太祖尚居昭穆之间。治平末年，僖祖亲尽而祧。至熙宁，大臣王安石不顾公论，不稽礼典，直以私意臆决，紊宗庙之大经"[③]

然而，朱熹在讲筵，因病而不与集议。其后独入《祧庙议状》，条其不可者四，并主张：

> 莫若以僖祖拟周之后稷而祭于太庙之初室，顺祖为昭，翼祖为穆，宣祖为昭，而藏其祧主于西夹室。太祖为穆，拟周之文王为祖而祭于太庙之第二室。太宗为昭，拟周之武王为宗而祭于太庙之第三室。其太祖、太宗又皆百世不迁而谓之世室。真宗为穆，其祧主亦且权藏于西夹室。仁宗为昭，为宗，而祭于第四室，亦为世室，如太宗之制。英宗为穆，藏主如真宗之制。神宗为昭，祭第五室。哲宗为穆，祭第六室。徽宗为昭，祭第七室。钦宗为穆，祭第八室。高宗为昭，祭第九室。孝宗为穆，祔第十室。异时高宗亦当为宗，为世室，如太宗、仁宗之制。三岁祫享，则僖祖东向如故，而自顺祖以下至于孝宗，皆合食焉，则于心为安而于礼为顺矣。[④]

① 马端临：《文献通考》卷一〇二，中华书局 2011 年版，第 3132、3133 页。
② 脱脱：《宋史》卷一〇七《礼志十》，中华书局 1985 年版，第 2587 页。
③ 楼钥：《攻媿集》卷二四，《四部丛刊》本。
④ 朱熹：《晦庵先生朱文公文集》卷一五，《朱子全书》第 20 册，上海古籍出版社、安徽教育出版社 2001 年版，第 722、723 页。

又另附帖子，中有云：

> 熹既为此议，续搜访得元祐大儒程颐之说，以为太祖而上有僖、顺、翼、宣，先尝以僖祧之矣，介甫议以为不当祧，顺以下祧可也。何者？本朝推僖祖为始，已上不可得而推也。或难以僖祖无功业，亦当祧。以是言之，则英雄以得天下自己力为之，并不得与祖德。或谓灵芝无根，醴泉无源，物岂有无本而生者？今日天下基本盖出于此人，安得为无功业？故朝廷复立僖祖庙为得礼，介甫所见，终是高于世俗之儒。熹窃详颐之议论，素与王安石不同，至论此事，则深服之，以为高于世俗之儒，足以见理义人心之所同，固有不约而合者。但以众人不免自有争较强弱之心，虽于祖考，亦忘逊避，故但见太祖功德之盛，而僖祖则民无得而称焉，遂欲尊太祖而卑僖祖。又见司马光、韩维之徒皆是大贤，人所敬信，其议偶不出此，而王安石乃以变乱穿凿得罪于公议，故欲坚守二贤之说，并安石所当取者而尽废之，所以无故生此纷纷。今以程颐之说考之，则可以见议论之公，而百年不决之是非可坐判矣。①

朱熹此说，后来得到了宁宗的认可，且对朱子说道："僖祖乃国家始祖，高宗时不曾迁，孝宗时又不曾迁，太上皇帝时又不曾迁，今日岂敢轻议！"②宁宗甚至打算直接降出内批而行朱熹之议。然据朱熹自言，犹欲集议而为公论，然迁延数日而已毁四祖庙矣。③

今考朱熹当时所上《祧庙议状》及《面奏祧庙札子》，将其所拟庙制与现行庙制进行比较，其说有几点不同：

其一，兄弟同异昭穆。现行庙制以兄弟同昭穆，共为一世，而朱熹则据先儒所说，以兄弟相继，各为一世。

其二，崇宁以来施行九庙制，而以太祖、太宗共为一世，凡十二室；依朱熹所拟，则以太祖、太宗别为一世，而哲宗与徽宗、钦宗与高宗亦别为一世，凡十室。若祧迁僖祖，朱熹以为有"强析太祖、太宗各为一世"之失，而哲宗与徽宗、钦宗与高宗则兄弟同昭穆，共为一世，其例不同。然考朱子之说，实有自相矛盾者。案其《祧庙议状》所附贴子，其攻新议有"析一为二之失"，主张"合太祖、太宗复为一世，以足九世之数"。至其《面奏祧庙札子》中所拟庙制，则

---

① 朱熹：《晦庵先生朱文公文集》卷一五《祧庙议状》，《朱子全书》第 20 册，上海古籍出版社、安徽教育出版社 2001 年版，第 724、725 页。

② 据朱熹自言，其《议状》既蒙宁宗首肯，遂奏请再次集议祧庙之事。然而，却一直未见降旨，朱熹遂上《议祧庙札子》，并两上申状，乞请廷辩，其中皆引宁宗此条圣谕也。

③ 据《朱子语类》，朱子自言"当时集议某不曾预，只入文字，又于上前说此事。末云：'臣亦不敢自以为是，更乞下礼官，与群臣集议。'"见黎靖德：《朱子语类》卷一〇七，中华书局 1986 年版，第 2662 页。

用先儒"兄弟异昭穆"之说，亦分太祖、太宗为二世，其意殆在避免"并迁二祖"之失也。

其三，世室不同。现行庙制以太祖、太宗、真宗、仁宗、神宗、高宗为不祧之宗，且在九庙之数，朱子以为"礼之末失"。至于朱子所拟庙制，唯以太祖、太宗、仁宗为世室，而所祧者唯真宗、英宗也，至将来高宗亲尽，乃以为世室。

可见，朱子所拟宗庙之制，有悖于高宗以来士大夫主流意见，又颇违晋贺循以来礼家基本主解，而朱子当时极自信，犹欲廷辩，然终不见答。

其后光宗祔庙，遂复为九世十二室。至此，宋室历二百余年，始正太祖东向之位。盖自太祖追王僖、顺、翼、宣四祖以来，每遇禘祫，祖、宗以昭穆相对，而虚东向之位。至王安石用事，以僖祖以上世次不可知，遂推以为始祖。当时阖朝大臣数与之辩，而安石愈不从。熙宁八年，禘于太庙，遂以僖祖正东向位矣。绍兴间，董棻、王普、尤袤俱请正太祖东向之位，未允行。光宗末，孝宗将升祔，赵汝愚当国，欲并祧僖、宣二祖，吏部尚书郑侨等以为是，遂正太祖东向之位。

不过，元人马端临尝论其事，并批评朱子的意见，以为"晦庵独以伊川曾是介甫之说，而犹欲力主僖祖之议，则几于胶柱鼓瑟而不适于时，党同伐异而不当于理，愚固未敢以为然也"[1]。清秦蕙田亦斥朱子之非，认为"王荆公之偏僻无论矣，乃程子从而是之，朱子更坚主其说，至于面折廷争，而决以去就，究其说亦终不行，可见义理之正，人心之安，虽诸大儒非之而不可易。特不解朱子何以不察乎此，致马氏有胶柱鼓瑟、党同伐异之讥"[2]。朱子尝论此事，自以为尊僖祖乃得"义理人心之所同"，而秦氏乃以朱子所论非"义理之正，人心之安"。

四、朱熹的反省及对诸儒的继承与批评

今据束景南《朱子年谱长编》，绍熙五年（1194）七月五日，光宗内禅，宁宗即位。十一日，以赵汝愚荐，召朱熹、陈傅良诣行在奏事。八月五日，朱熹除焕章阁待制兼侍讲。其间数上辞免状，至十月二日，乃入都。十月四日，于行宫便殿奏事。闰十月三日，吏部尚书郑侨奏请祧僖、宣二祖，正太祖东向之位。随后吏部侍郎孙逢吉、礼部侍郎许及之、太常少卿曾三复等相继上奏，请迁僖、宣二祖。六日，宁宗诏诸臣集议，朱熹"度难以口舌争，遂移疾"[3]。七

---

① 马端临：《文献通考》卷 94，中华书局 2011 年版，第 2879、2880 页。
② 秦蕙田：《五礼通考》卷 82，中华书局 2020 年版，第 3843 页。
③ 黄榦：《朱熹行状》，载束景南《朱熹年谱长编》卷下，华东师范大学出版社 2014 年版，第 1169 页。

日，朱熹上《祧庙议状》，又跋程颐《禘说》。然《议状》既上，庙堂持之不以闻，其议颇达上听，乃召赴内殿奏事，因节略状文为札子，画图以进。十日，面奏祧庙事状。上然之，且曰："僖祖国家始祖，高宗、孝宗、太上皇帝不曾迁，今日岂敢轻议？"。乃欲以御批直罢其事，朱熹方惩内批之弊，乃乞降出札子，再令群臣集议。事未果行，闻已毁撤僖、宣庙而更创别庙。十三日，面对。十九日，晚讲，乞赐施行前所奏四事，既退，宁宗即内批除宫观。二十六日，朱熹出都。十二月，乃撰《禘祫议》《汉同堂异室庙及原庙议》《别定庙议图说》。明年三月三日，朱熹复辞焕章阁待制，并以议祧庙自劾。

据此，朱子 39、自入都至逐退，在京为官仅四十六日，其间，自祧庙议起至祧僖祖，则不过十日。其后更历二月，朱子又撰有《禘祫议》三篇。可见，朱子于绍熙五年（1194）最后两个多月的学术思考，主要集中在宗庙禘祫之礼。朱子对宗庙制度的思考，纯粹是因朝廷祧僖祖庙议的偶然事件而引发的学术思考。至于朱子当时在朝时的议论，可以说直接被无视了，这对朱子的刺激应该是巨大的。事后，朱子对其奏议多有反省，与弟子就此事多有讨论。

朱子的反省和讨论，既涉及朝臣和礼官们的批评，又包括对道学阵营内部意见的反省。下面，我们主要就后者进行讨论：

（一）踵述王安石之说与对程颐《禘说》的契合

熙宁议僖祖庙时，王安石一派主张尊僖祖为始祖，盖以"承其本统"而推尊，非以其有功德也。其时程颐以布衣身份而赞同安石之说，并撰有《禘说》一篇：

> 本朝以太祖配于圜丘，以祢配于明堂。自介甫此议方正。先此祭五帝，又祭昊天上帝，并配者六位。自介甫议，惟祭昊天上帝，以祢配之。太祖而上，有僖、顺、翼、宣，先尝以僖祧之矣。介甫议以为不当祧，顺以下祧可也。何者？本朝推僖祖为始，已上不可得而推也。或难以僖祖无功业，亦当祧。以是言之，则英雄以得天下自己力为之，并不得与祖德。或谓：灵芝无根，醴泉无源，物岂有无本而生者？今日天下基本，盖出于此人，安得为无功业？故朝廷复立僖祖庙为得礼。介甫所见，终是高于世俗之儒。[1]

程子以为，僖祖之尊为始祖，一则因为僖祖"已上不可得而推"，一则因为太祖毕竟出于僖祖，此僖祖所以有功业也。

至朱子上《祧庙议状》，其所附贴子，即引程颐此说为据，并针对诸儒谓僖祖无功业之说，提出僖祖既为太祖之高祖，焉得无功业？朱子又自谓其论与程

---

① 程颢、程颐：《二程集》，中华书局 2004 年版，第 670 页。

颐不谋而合，曰：

> 熹未见此论时，诸生亦有发难，以为僖祖无功德者。熹答之曰："谁他
> 会生得好孙子？"人皆以为戏谈，而或笑之。今得杨子直所录伊川先生说，
> 所谓"今天下基本，皆出于此人，安得为无功业"，乃与熹言默契。至哉言
> 乎！天下百年不决之是非，于此乎定矣。①

殆千古以来，唯王安石、程颐、朱熹三人，乃有如此论始祖之功业者。

此说实属荒诞不经。古者有尊庶母为帝太后者，盖以其为诞育圣上而为"圣母"也，又有崇奉孔子之父为启圣祠者，今程颐、朱子乃藉此而尊高祖，则僖祖可谓"圣高祖"。是说之荒诞，颇见讥于后儒也。诚若所论，帝王之历代先祖，皆得以此而尊，扬波衍流，其弊则至明世宗之崇本生，乃至乎其极矣。

朱子对王安石的肯定，较诸儒为多，不独见于祧迁僖祖一事。其上《祧庙议状》所附帖子谓"介甫所见，终是高于世俗之儒"，以为其论"足以见理义人心之所同"。②朱熹与弟子议论，更是频频称道安石，谓"荆公数语，是甚次第，若韩维、孙固、张师颜等所说，如何及得他"③，又谓"元祐诸贤文字大率如此，只是胡乱讨得一二浮辞引证，便将来立议论，抵当他人。似此样议论，如何当得王介甫，所以当时只被介甫出，便挥动一世，更无人敢当其锋。只看王介甫庙议是甚么样文字。他只是数句便说尽，更移动不得，是甚么样精神。这几个如何当得他"④，又谓"只看荆公云：'反屈列祖之主，下祔子孙之庙，非所以顺祖宗之孝心。'如何不说得人主动"⑤。诸如此说，足见朱子于安石之庙议服膺之深。

（二）对陈傅良等儒臣的批评

朱熹与陈傅良作为当时道学阵营的代表人物，属于政治上的同盟者，然学术见解颇为不同，彼此亦不乏论争。在陈傅良等人的支持下，朝廷解决了宋朝立国二百余年悬而未决的重大礼学难题，朱熹的礼学意见则被简单地无视了。这对于极具理论自信的朱熹来说，无疑是重大的打击，自然引发了朱子对其盟友极大的愤慨，这种愤慨又相当程度上体现在对陈傅良的学术批评上。

据朱子弟子李闳祖所记，"祧僖祖之义，始于礼官许及之、曾三复，永嘉诸公合为一辞。先生独建不可祧之议。陈君举以为不然，赵揆亦右陈说"⑥。在朱子

① 朱熹：《晦庵先生朱文公文集》卷八三《书程子〈禘说〉说》，《朱子全书》第二十四册，中华书局 2006 年版，第 3924 页。
② 朱熹：《晦庵先生朱文公文集》卷一五《祧庙议状》，《朱子全书》第二十册，中华书局 2006 年版，第 724 页。
③ 黎靖德：《朱子语类》卷一一七，中华书局 1986 年版，第 2660 页。
④ 黎靖德：《朱子语类》卷一〇七，中华书局 1986 年版，第 2664 页。
⑤ 黎靖德：《朱子语类》卷一〇七，中华书局 1986 年版，第 2661 页。
⑥ 黎靖德：《朱子语类》卷一〇七，中华书局 1986 年版，第 2660 页。

看来，陈傅良与赵汝愚在祧迁僖祖问题上持同一立场，赵汝愚正是得到了陈傅良理论上的支持，才拒斥了朱子的主张，最终导致了僖祖的祧迁。朱子这种看法实属误解。祧迁僖祖的做法，出于仁宗以来大多数礼官和儒臣的意见，绝非宁宗时才偶然出现的，朱子自我感觉良好，自以其庙议"得礼之正而合于人心"。陈傅良的礼学意见，并不同于历来礼官、儒臣的主张，而是采取了某种折中的态度。

今据《朱子语类》记载，当时陈傅良主张正太祖东向位，僖祖则别立庙而祧迁。对此，朱子论道：

> 陈君举谓"今各立一庙。周时后稷亦各立庙"，某说"周制与今不同。周时岂特后稷各立庙，虽郝王也自是一庙。今立庙若大于太庙，始是尊祖。今地步狭窄，若别立庙，必做得小小庙宇，名曰尊祖，实贬之也"。君举说几句话，皆是临时去检注脚来说。①

当时赵汝愚等对僖祖庙的处置，正是为僖祖别立庙。而陈傅良引周制为依据，以为后稷亦是别立庙而无损于后稷之尊。朱子认为陈氏此说，实出于对周制的误解。周人之庙制不同于汉明帝以后施行的"同堂异室"之制，凡天子祔庙皆别立庙。然若宋人别立庙，必然庙宇狭小，失尊祖之意，焉能据周制为论耶？

朱子又说道：

> 陈君举舍人引《閟宫》为故事。先生曰："《閟宫》诗，而今人都说错了。"又因论《周礼》"祀先王以衮冕，祀先公以鷩冕"，此乃不敢以天子之服加先公，故降一等。②

《閟宫》一诗，乃言后稷之母姜嫄别立庙一事。此处朱子所驳不明。熙宁时，孙固尝主张为僖祖别立庙，即引姜嫄为据。朱子以为"孙欲立别庙，如姜嫄，则姜嫄是妇人，尤无义理"③。此处朱子亦因以论陈氏之失。

据《续文献通考》，宁宗嘉定四年（1211），临安大火，将及太庙，陈傅良乃奏以为当尊僖祖为始祖，与太祖之庙世世享祀。其议曰：

> 以经传考之，自商而上，以受命之君为宗，而祖其所始生之帝，故虞、夏以舜、禹为宗而祖颛顼，商人则以受命之君为宗，而祖契。周监二代，于是以受命之君为祖，继祖为宗，而郊其所始封之君，故周人郊稷，祖文王而宗武王……《记》曰："武王末受命，周公成文、武之德，追王太

① 黎靖德：《朱子语类》卷一〇七，中华书局1986年版，第2663页。
② 黎靖德：《朱子语类》卷一〇七，中华书局1986年版，第2664页。
③ 黎靖德：《朱子语类》卷一〇七，中华书局1986年版，第2662页。

王、王季，上祀先公以天子之礼。"当武王之末，追尊三世。周公《金縢》之卜，但告三王，则太王为祖而文王犹为穆，考《酒诰》所谓穆考文王是也。成王制礼作乐，更定庙制，于是推稷为始祖，文王为太祖。《闵予小子》之诗曰："於乎皇考，永世克孝。念兹皇祖，陟降庭止。"则武王祔庙，成王时也。《雝》禘太祖，谓文王也。其诗曰："既右烈考，亦右文母。"则是以文王为祖，武王为昭考矣。武王为昭考，故文王之子皆递称昭，富辰所谓文之昭、武之穆是也。《丧服传》曰："诸侯及其太祖，天子及其始祖之所自出。"此始祖、太祖明文也。孔子称之曰："孝莫大于严父，严父莫大于配天，周公其人也。"昔者周公郊祀后稷以配天，宗祀文王于明堂以配上帝，以为周公其人，言非周公不足以及此，明非夏、商之旧也。周变夏、商，非特此也。追王至于三代，前此未有也；系姓至于百世，前此未有也；推其所自出，至于帝喾，又前此未有也。是谓仁之至、义之尽也。汉、魏以来，诸儒考经不详，或得或失，王、郑二家，互相诋毁，要不足深信，此其所以专经为断，以赞庙议之决。洪惟本朝，世次弗彰，今当以太祖之所推尊为定，以僖祖为始祖之庙，与太祖之庙，皆世世享祀，推广孝思，崇长恩厚，则群臣之议，不相抵牾，而大典可就矣。[1]

陈傅良所上此疏在宁宗嘉定四年（1211），距绍熙五年（1194）已十余年矣。其中所论及朱子的批评，大略可见绍熙时陈傅良的见解。

陈氏以为商以前唯有始祖，如颛顼之于虞、夏，契之于商，皆"始生之帝"。若受命之君，如虞之舜、夏之禹、商之汤，则为宗也。至于周人，乃以始封之君后稷为始祖，而以受命之君文王为太祖。后世之礼莫不本于周，故当别始祖与太祖为二，故宋自当以僖祖为始祖，而艺祖为太祖，皆"世世享祀"。陈氏又自谓其说乃"专经为断"，疑即针对朱子当年"检注脚来说"之讥。

朱子以为，陈傅良主张祧僖祖于别庙，同于熙宁以来礼官旧说。陈氏《庙议》其实并尊僖祖与太祖，即僖祖作为"始祖"而得世世祭享，艺祖作为"太祖"则在太庙祫享时得以正东向尊位。显然，此说可谓调停之论。故秦蕙田有论曰："傅良尚主调停之说，非实见太祖之当配天而不可易也。"[2]

至理宗绍定四年（1231），京师大火，延及太庙。太常少卿度正乃举朱子之说以进，以为"尊僖以为始祖，是乃顺太祖皇帝之孝心也"[3]。

朱子似乎始终没有真正明白陈傅良的意见。其后有论曰：

① 秦蕙田：《五礼通考》卷八二，中华书局 2020 年版，第 3849—3851 页。
② 秦蕙田：《五礼通考》卷八二，中华书局 2020 年版，第 3851 页。
③ 秦蕙田：《五礼通考》卷八二，中华书局 2020 年版，第 3853 页。

> 永嘉看文字，文字平白处都不看，偏要去注疏小字中，寻节目以为博。只如《韦玄成传》庙议，渠自不理会得，却引《周礼》"守祧掌守先王先公之庙祧"注云"先公之迁主藏于后稷之庙，先王之迁主藏于文武之庙"，遂谓周后稷别庙。殊不知太祖与三昭三穆皆各自为庙，岂独后稷别庙！①

> 后稷不为太祖，甚可怪也！②

直到两月后，朱子依然在《别定庙议图记》中说："赵汝愚不以熙宁复祀僖祖为然，给舍楼钥、陈傅良又复牵合装缀以附其说，其语颇达上听"。③

朱子与陈傅良同为道学一脉，为什么在这个问题上会有如此大的差异呢？④我们无论从早先朱子与陈亮关于王霸义利问题的争论，还是所上孝宗的奏疏，不难看出理学家们有着强烈的道德理想主义倾向，这种倾向到了阳明心学那里更是趋于极端。因此，当朱子处理祧迁僖祖问题时，同样要求群臣随顺太祖追尊僖祖为帝的孝心，这与后来阳明一派支持明世宗尊崇本生的要求如出一辙。陈傅良则代表了汉唐以来经学家的基本立场，即站在大宗的角度而约束亲亲之情，即便是儒家素来重视的孝道也应该受到抑制。不仅如此，朱子本人在处理僖庙祧迁问题时，没有自觉选择站在赵汝愚一派的立场，其中或许还有政治上的因素。

五、余　论

绍熙五年（1194）底，朱子因祧庙议受挫的不满和愤懑情绪逐渐平复。同时，随着朱子对宗庙问题的全面思考，开始对其早先立场进行了反省，先后撰写了《禘祫议》《汉同堂异室庙及原庙议》《别定庙议图说》等文。

其《别定庙议图记》一文直接对祧庙议一事进行了反省，其中有云：

> 当日议状、奏札出于匆匆，不曾分别始祖、世室、亲庙三者之异，故其为说易致混乱。⑤

可见，朱子此时虽有反省，但根本立场似未有变化，只是指出其说的不足仅在于这样一点，即《祧庙议状》《面奏祧庙札子》"不曾分别始祖、世室、亲庙三者之异，故其为说易致混乱"。这是什么意思呢？

---

① 黎靖德编：《朱子语类》卷一二三，中华书局 1986 年版，第 2964 页。
② 黎靖德编：《朱子语类》卷一二三，中华书局 1986 年版，第 2964 页。
③ 朱熹：《晦庵先生朱文公文集》卷六九，《朱子全书》第二十三册，中华书局 2006 年版，第 3346—3347 页。
④ 殷慧、肖永明：《学术与政治纠结中的朱熹祧庙之议》，湖南大学学报（社会科学版）2009 年第 23 期
⑤ 朱熹：《别定庙议图记》，《晦庵先生朱文公文集》卷六九，《朱子全书》第二十三册，中华书局 2006 年版，第 3347 页。

今考朱子在《议状》中提出的方案，与《别定庙议图记》所言并无不同。二文皆以僖祖为始祖，居太庙第一室，而祧顺祖、翼祖、宣祖、真宗与英宗；太祖、太宗、仁宗、神宗、哲宗、徽宗、钦宗、高宗、孝宗，凡六世九帝，居太庙第二室以下至第十室；太祖、太宗、仁宗、高宗，百世不迁，谓之世室；祫享时，以僖祖正东向之位，自顺祖以下至孝宗，皆合食于太庙。至于《图记》所言，则不过强调神宗、哲宗、徽宗、钦宗、高宗、孝宗六室为亲庙，而太祖、太宗、仁宗功德茂盛，号为世室；高宗犹在亲庙之列，他日亲尽，则因受命中兴，亦别为世室；如是始祖并三昭三穆，合七世之文。其余则与《议状》相同。

朱子又撰《禘祫议》，表面上看来并未涉及僖祖祧庙事，似乎纯粹属于朱子对周代庙制的探讨。然而，我们透过此文，不难发现朱子相当程度上回到了汉唐经学的立场。其中包括了这样几点内容：

其一，追溯晋博士孙毓议，主张实行都宫别殿之制，即"外为都宫，内各有寝庙，别有门垣。太祖在北，左昭右穆，以次而南"①。此种说法不同于祧庙议时对陈傅良的批评，以为"周时岂特后稷各立庙，虽郝王也自是一庙"。②不过，朱子此时又认为"但考周制，先公庙在岐周，文王在丰，武王在镐，则都宫之制亦不得为，与汉亦无甚异"③，朱子于此亦未有定论也。

其二，周有太祖而无始祖。《禘祫议》唯以始封君后稷为太祖，而文、武虽受命而王，其庙不过为世室而已。此针对陈傅良分别始祖与太祖之说也。

《禘祫议》又谓"王者始受命、诸侯始封之君皆为太祖"④，推此，则后稷始封，自得为太祖；至于宋之艺祖，犹汉之高帝，俱以始受命为太祖，而僖祖既无功德，焉得为稷、契之比耶？

其三，周以文世室、武世室为二祧，文、武以下神主迁于世室，以上神主则藏于太祖庙。若刘歆、王肃则以高祖之父、祖为二祧。可见，朱子纯用郑玄之说也。然《禘祫议》又谓"七者其正法数，可常数者，宗不在此数中。宗，变也，苟有功德则宗之，不可预为设数"⑤，此又用刘歆"宗无数"之说也。

其四，昭常为昭，穆常为穆，且"诸庙别有门垣，足以各全其尊，初不以左

① 朱熹：《禘祫议》，《朱文公文集》卷六九，《朱子全书》第二十三册，中华书局 2006 年版，第 3332 页。
② 黎靖德：《朱子语类》卷一〇七，中华书局 1986 年版，第 2663 页。
③ 朱熹：《禘祫议》，《朱文公文集》卷六九，《朱子全书》第二十三册，中华书局 2006 年版，第 3333、3334 页。
④ 朱熹：《禘祫议》，《朱文公文集》卷六九，《朱子全书》第二十三册，中华书局 2006 年版，第 3336 页。
⑤ 朱熹：《禘祫议》，《朱文公文集》卷六九，《朱子全书》第二十三册，中华书局 2006 年版，第 3337 页。

右为尊卑也"①，"殊不知昭穆本以庙之居东居西，主之向南向北而得名，初不为父子之号也"②。朱子在此批评王安石弟子陆佃在熙宁间的说法。

考《祧庙议状》及《面奏祧庙札子》，朱子尽反魏晋以来礼家一贯意见，主张兄弟异昭穆，则以太祖与太宗、哲宗与徽宗、钦宗与高宗俱别昭穆，其意或在备三昭三穆之数。至《禘祫议》，其叙穆王以下世次，犹以兄弟别昭穆也。而《庙议图记》则明以神宗、哲宗、徽宗、钦宗、高宗、孝宗六室为亲庙，以备异时三昭三穆以次迭毁也。

其五，朱子批评后世庙制不能尊太祖，谓"至使太祖之位下同孙子，而更僻处于一隅，既无以见其为七庙之尊，群庙之神则又上厌祖考而不得自为一庙之主"③。此说虽就汉明以后"同堂异室"之制而发，然考诸熙宁以来太祖不能正东向之位，而屈居昭穆之列，似乎朱子已见及其旧论之非

朱子《禘祫议》所论颇有不同于其旧议者。朱子对后世礼家最大的贡献，则在昭穆之说。无论如何，《禘祫议》体现了朱子回归正统经学的立场，而且超出了通常理学家"以理代礼"的窠臼。

朱子当时请求廷辩，且谓台谏谢深甫、张叔椿皆赞同其说，可见朱子的自信。直到后来，朱子也仅仅以为反对者不过来自赵汝愚及楼钥、陈傅良等少数人，根本没有意识到强大的反对意见。朱子的反对者可以说代表了魏晋以来的主流礼学意见，至于王安石、程颐、朱子的主张只是极少数而已。直至理宗绍定四年（1231），度正上朱子之说，犹谓"然其为制，务效于古而颇更本朝之制，故学士大夫皆有异论，遂不能行"④。这也道出了朱子庙议得不到支持的另一个原因。朱子的主张有悖于熙宁以来的公议，又颇事更张，自标法古，犹"王介甫当国，每事务欲纷更"，故其说宜为时论所黜。

探朱子所论，其自谓"合于人心"者，不过以为太祖尝尊僖祖为帝，犹《孝经》"严父莫大于配天"之意，故以今祧僖祖，失太祖之本意，"太祖今日在天之灵于此必有所不忍而不敢当矣"。其后，明世宗尊崇本生父为帝，乃至称宗祔庙，即用《孝经》此意，阳明弟子赞同其议。可见，朱子、阳明皆推帝者之孝心，一则必欲尊为始祖，一则必欲称宗祔庙。至于晋宣帝、唐景帝以始封君而正太祖东向之位，而朱子罔顾故事，乃欲自立"一王之法"耶？

---

① 黎靖德：《朱子语类》卷一〇七，中华书局 1986 年版，第 3333 页。
② 朱熹：《禘祫议》，《朱文公文集》卷六九，《朱子全书》第二十三册，中华书局 2006 年版，第 3341 页。
③ 朱熹：《禘祫议》，《朱文公文集》卷六九，《朱子全书》第二十三册，中华书局 2006 年版，第 3334 页。
④ 秦蕙田：《五礼通考》卷八二，中华书局 2020 年版，第 3852 页。

朱子理气论的结构主义诠释初探

焦德明 *

在朱子哲学的诠释史上，对"理"这一核心概念曾出现过多种比较哲学的诠释。程朱的"理"可以对应为西方哲学中的哪个概念，学者们众说纷纭。例如冯友兰认为是"共相"，张岱年认为是"规律"，牟宗三认为是"存在之理"和"形构之理"。藤井伦明介绍了日本学者的诸多见解，例如后藤俊瑞认为是"理型"，安田二郎认为是"意义"，山田庆儿认为是"模式"，市川安司认为是"原理"，此外楠本正继、岛田虔次、友枝龙太郎、三浦国雄、土田健次郎、吾妻重二、伊东贵之等诸位学者也有各种表述。① 陈来先生早年主要采信张岱年的"规律"说，近期则主要强调"理型"说。② 应该说，从选取不同的西方哲学资源来进行对照和比附的角度来说，这些说法各有自己的合理性。但是比较哲学的方法，其意义不仅在于横向的比较，而且在于纵向的透视，即通过借鉴现代哲学观念来获得对于古代哲学的新理解。这样看来，"理型"和"规律"这两种诠释恰好代表了从古典哲学和近代认识论哲学的视角诠释朱子理气论的两条道路，而"意义"说则体现了二十世纪现代哲学的影响。正如胡塞尔的现象学被用来理解阳明心学一样，对于程朱理学的诠释也有必要选取西方现代哲学中的重要流派作为新的资源。结构主义作为在西方现代哲学中具有明显"理学"色彩的哲学流派便进入了朱子哲学诠释的视野。我们主张"理"是"结构"，这一诠释进路似乎还没有得到重视和阐发。③

结构主义在思想渊源上属于西方的形式主义传统，属于"理学型"的哲学思想，故而正适合与程朱理学进行比较。结构主义心理学家皮亚杰就认为"如果要把形式主义这个术语的一切意义包容在结构这个观念里，结构主义就得把一切不是严格经验主义的、而求助于形式或本质的哲学理论，从柏拉图到胡塞尔，主要经过康德，都包括在内，甚至还要包括经验主义的某些变种，如求助于句法学和语义学的形式来解释逻辑的'逻辑实证主义'"④。这表明，结构主义实际

---

* 焦德明，江苏省社会科学院江海学刊杂志社助理研究员。

① ［日］藤井伦明：《朱熹思想结构探索——以"理"为考察中心》，台大出版中心 2011 年版，第 198—205 页。

② 陈来：《朱子理气论研究的比较哲学视野》，《船山学刊》2022 年第 2 期。

③ 当然，实际上，山田庆儿的"模式"说就可以理解为与结构主义诠释有关。

④ ［瑞士］皮亚杰：《结构主义》，倪连生、王琳译，商务印书馆 1984 年版，第 3 页。

上是西方哲学史上广义的形式主义的集大成者，属于理学型的哲学思想。理学与心学是传统上划分宋明理学的两个 "类型"①。从类型学的角度来看，这两个类型在世界哲学范围内具有普遍的意义。理学型哲学以普遍性为宗，认为个别者是普遍者的摹本，因此强调超越性；心学型哲学则强调现实与个体的优先性，强调具体活泼的当下，注重内在性与圆融。西方哲学史上柏拉图与亚里士多德、康德与黑格尔之争都表现出这两条路线的对立。用此线索来看，结构主义强调共时性决定表达，倾向于演绎②，属于理学型哲学。现象学强调构造的经验，是 "心学型" 的哲学。颇值得玩味的是，与历史上往往先产生理学型哲学，进而演进至相应的心学型哲学不同，现象学与结构主义似乎是从心学演进至理学。③如果我们能发展 "理是结构" 的诠释，结构主义诠释下的理学和朱子学将迎来一波新的繁荣。

在结构主义中，理学型哲学的特征表现在其发挥解释力的、在所有结构主义中都存在的 "对立关系"，"就是在结构与聚合体即与全体没有依存关系的那些成分组成的东西之间的对立关系"④。正是这种 "对立关系" 的洞见，启发我们用结构主义来理解理气论。结构主义着眼于 "结构" 与 "表达" 的关系，例如在语言学中，共时性的语言（语言的规则）与具体的言语（个人特定的说话行为）之间的区分，正是那种 "所以然" 与 "然" 之间的关系。这可以被理解为是一种理气的对立，理是结构，而表达则意味着有气。"气" 并不局限于宇宙论或物理学中的 "生物之具"，而是泛指一切实际事物。因此，结构主义可以被我们用来

---

① 冯友兰著有《宋明道学中理学心学二派之不同》（《全集》第 11 卷，255 页），并在《人生哲学》《中国哲学史》等书中引威廉·詹姆斯（William James）《实用主义》的软心与硬心之说，是为中国哲学史研究中最早的类型学意识。"威廉·詹姆士谓：依哲学家之性情气质，可将其分为二类：一为软心 (tender-minded) 的哲学家；其心既软，不忍宇宙间有价值的事物归纳于无价值者，故其哲学是唯心论的，宗教的，自由意志论的，一元论的。一为硬心 (tough-minded) 的哲学家；其心既硬，不惜下一狠手，将宇宙间有价值的事物概归纳于无价值者，故其哲学是唯物论的，非宗教的，定命论的，多元论的（见所著 Pluralistic Universe)。"（全集 02 卷，253 页）经过冯友兰先生的引介，詹姆士的哲学类型学研究似乎最为国人所熟知。卡尔·荣格（Carl Gustav Jung）在《心理类型》中，也对詹姆斯的分类进行了阐发。在中国哲学传统中，人们通过朱陆之争对哲学类型有一定的意识。章学诚曾说 "宋儒有朱陆，千古不可合之同异，亦千古不可无之同异也"（《文史通义·内篇·朱陆》），表明这种类型差异具有普适性和永久性。在现代，张岱年先生又在理学、心学二类型以外加入 "气学" 的类型。但在笔者的分类中，气学型与心学型在强调现实性的圆融方面有根本的一致性，因此本文的讨论不将气学单独列为一个类型。
② [瑞士] 皮亚杰：《结构主义》，倪连生、王琳译，商务印书馆 1984 年版，第 84 页。
③ 高宣扬：《结构主义》，上海交通大学出版社 2017 年版，第 284—285 页。
④ [瑞士] 皮亚杰：《结构主义》，倪连生、王琳译，商务印书馆 1984 年版，第 4 页。

思考"理气关系"，理气论可以有一种结构主义的诠释。①

一、理气先后

理气先后问题，是朱子哲学中重要的形而上学问题。在万物的生成本原问题上，朱子主张理在气先，同时这一排序也含有价值论的意蕴。例如唐君毅先生就给出了一个道德哲学的解释。在具体事物的构成论上，朱子不得不讲理气无先后。根据陈来先生的研究，朱子讨论理气先后问题存在一个从"理气无先后"，到"理在气先"（理生气），再到"逻辑在先"的否定之否定的辩证历程。②

实际上，理气先后所涉及的问题是一个具有普遍意义的哲学问题，在其他的哲学传统和哲学流派中也有类似的体现。以结构主义为例，我们既然用理气关系去理解结构与表达的关系，那么结构主义对于结构与表达关系的种种理解和讨论，也就可以被看作是对理气关系的一种结构主义式的理解。以语言学的结构主义为例，"句法和语义学都包括了一整套的规则，当要把个人的思想表达给别人或自己进行内心表达时，个人的思维必须服从这些规则。"③结构先于表达，这就是结构主义的理在气先。也就是说，相对于具体事物的存在（有气）而言，它之所以能够存在的原因，即作为根据、规则的结构（理）是在先的。这是各种结构主义所共许的观念，也是我们取之以诠释朱子理气论的立足点。初看起来，这个说法与理型、根据、规律的诠释并无不同。结构主义把"所以然之故"理解为"结构"，重点在于讨论整体与部分的关系。结构主义倾向于认为整体先于部分，结构先于由若干部分组成的聚合体，也因此，似乎只有采取了结构主义这样的视角，才能在具体事物的构成论上讲理在气先。

当然，整体先于部分的"先于"，与结构先于表达的"先于"并不能完全等同。当我们把作为整体性的结构看作是"此理"的时候，由部分组成的聚合体就可以理解为此理的表达，即"此气"；而当我们把结构的整体性看作是"此理"的时候，其按照一定的规律、关系组合起来的各个部分也可以看成是一种表达，也即这个整体性的表达，可以看成是"此气"。此时的"此气"，就不是一个具体

---

① 当然，我们注意到，以往理气被诠释为亚里士多德的形式与质料概念，因而在这个语境中，理一般被理解为形式。但结构主义似乎并不将结构等同于形式。列维－斯特劳斯认为"既不存在绝对意义上的形式，也不存在绝对意义上的内容"的说法，好像是在说，没有绝对意义上的理，也没有绝对意义上的气，而在实践活动和实践之间的概念图式，乃是一种理气之合。因此"理是形式""结构不等于形式""理是结构"这三个命题如何协调便成一个问题。而这正涉及如何更新对"理"这一概念的理解的问题。后文会加以阐述。

② 陈来：《朱子哲学研究》，生活·读书·新知三联书店 2010 年版，第 87—116 页。

③ [瑞士] 皮亚杰：《结构主义》，倪连生、王琳译，商务印书馆 1984 年版，第 63 页。

事物，而仍然是一种抽象的内容。这里就体现出结构主义与西方哲学史上传统的形式主义的不同之处。这个意义上的结构并不等同于与质料相对立、可以脱离质料独立存在的形式，而是把质料当作自身不可分割的部分、表达自身的聚合体。注意，质料也是一种概念，而不是时空世界中的对象（个别事物）。也就是说，"未有无理之气，也未有无气之理"，而不是"未有无物之理"。而且，这个理恰恰就是"有气之理"。从这个层面上来讲理在气先，就不是在说"无气之理"先于"气"，而是要说"有气之理"先于"气"。理解这一点要明白结构主义对发生论的反对。发生论认为整体是由部分简单相加的联合体，整体的性质乃是由部分所决定的。这其实就是一种气先于理，气在理先。而结构主义的观念则相反，例如皮亚杰认为"一个结构是由若干个成分组成的，但是这些成分是服从于能说明体系之成为体系特点的一些规律的。这些所谓组成规律，并不能还原为一些简单相加的联合关系，这些规律把不同于各种成分所有的种种性质的整体性质赋予作为全体的全体。"① 皮亚杰同时认为，在"关于整体性的性质问题"的讨论中，把整体看成诸先决成分的简单总和的观点并不可取，② 但也不是说当人们把整体看做"先于"成分（或同时），就意味着是结构主义的观点。因此，结构主义的"理在气先"论的第二层内涵就是有气之理先于气，与部分不可分割的整体性是先于部分的。可见，结构主义的诠释可以丰富我们对理气哲学的理解。

结构主义对整体性还提出了更为深刻的问题，"整体有形成过程还是预先形成的"。结构主义的整体性不是先在的，因而是一种运算结构主义。"全体只是这些关系或组成程序或过程的一个结果，这些关系的规律就是体系的规律"③，但是结构是"非时间性"的——"不应该提出结构与发生论的关系问题，因为结构从本性上来说是非时间性的"④——仍然倾向于整体的预成论。所谓非时间性，也就是表明理在时间之外，是永恒存在的事物，它不像气一样有浮沉、升降、动静，朱子所谓"山河大地都陷了，毕竟理却只在这里"。非时间性的结构，也是时间性的气的一种先在。⑤

结构主义的理在气先对发生论的否定，还表现在对"主体"的反对。这些结构主义者没有明说或者已明说出来的理想，就是要找出一些他们可以认为是'纯粹'的结构来，因为他们所要的结构没有历史，更没有发生过程，没有功能，而

① ［瑞士］皮亚杰：《结构主义》，倪连生、王琳译，商务印书馆1984年版，第4页。
② ［瑞士］皮亚杰：《结构主义》，倪连生、王琳译，商务印书馆1984年版，第4页。
③ ［瑞士］皮亚杰：《结构主义》，倪连生、王琳译，商务印书馆1984年版，第6页。
④ ［瑞士］皮亚杰：《结构主义》，倪连生、王琳译，商务印书馆1984年版，第6页。
⑤ 陈来：《朱子理气论研究的比较哲学视野》，《船山学刊》2022年第2期。

且和主体没有关系。① 结构主义不喜欢主体和主体的亲身经验，在建构认知结构的情况下，不言而喻，'体验'只起到一个很次要的作用。因为这些结构并不存在于一个个主体的意识中，而完全是另外一回事，这些结构乃是存在于主体的运算行为之中。② 结构主义同样认为理在心先，强调理对于心的优先地位。理在心先，让我们联想到朱子对于心与理关系的一个重要命题，"心具众理"。对这一命题，如果从心涵具理而非心创生理的维度去理解，就会理解为理对于心的先在、优先或超越。而由于理学把"知觉运动之蠢然者"也看作是气，结构主义心理学在知觉问题上对感觉联想的否定，也可以看作是一个理在气先的证明。"'格式塔'理论的独创性，则是否认感觉作为预先存在的心理成分而存在，只赋予感觉'被组成结构的'成分的地位，而不看做'起造结构作用的'成分。"③ 这也就是说在知觉中，气不是预先存在的知觉的来源，而是被理结构的。这些结构 / 理，是一些完形（Gestalt）。朱子的说法是"理与气合，方能知觉"，"知觉运动皆气也，而理存焉"。这些说法并没有像结构主义者那样激进地强调理对于气的优先地位，但是由于在形而上学上秉持理在气先，所以我们似乎可以合理地加以推论。而且，格式塔心理学也追求把知觉中的结构拓展到动作和智力中，而程朱理学的论域主要是伦理学，也就是说，将格式塔心理学关于知觉完形的观念应用到伦理学中，心灵从事道德判断与道德行动的"完形"就是"定理"。可见，结构主义对于朱子伦理学中的"定理"说可以进行某种声援。

以皮亚杰为代表的发生学结构主义者并不想在理的先在性上走得太远。他认为结构主义有两种观点。一种是静态的结构主义、柏拉图式的理论倾向；另一种认为自身调整唤起了自身构造。"结构通过它们本身的构造过程，会产生那些在先验论看起来总认为是不能不放在出发点上或放在先决条件地位上的必然性。"④ 皮亚杰仍主张一种"构造论"，仍旧在讨论"是预成还是后天构成的问题"。皮亚杰仍然认同"主体是功能作用的中心"⑤，不愿意把主体只看作是舞台，不愿意说结构是没有主体的，认为结构之间的关系如果不是单子的先天和谐，那么其联系就是主体，就是心，但这仍然可以归入理在气先的结论之中。皮亚杰还是认为，主体虽然构造结构，但只能得出一些必然的结果。⑥ 而这就是列维 – 斯特劳斯所说的人类先天的、固定不变的心理结构。如果这样来看"心具众理"这

① [瑞士] 皮亚杰:《结构主义》，倪连生、王琳译，商务印书馆 1984 年版，第 46 页。
② [瑞士] 皮亚杰:《结构主义》，倪连生、王琳译，商务印书馆 1984 年版，第 58 页。
③ [瑞士] 皮亚杰:《结构主义》，倪连生、王琳译，商务印书馆 1984 年版，第 47 页。
④ [瑞士] 皮亚杰:《结构主义》，倪连生、王琳译，商务印书馆 1984 年版，第 52—53 页。
⑤ [瑞士] 皮亚杰:《结构主义》，倪连生、王琳译，商务印书馆 1984 年版，第 59 页。
⑥ [瑞士] 皮亚杰:《结构主义》，倪连生、王琳译，商务印书馆 1984 年版，第 52 页。

个命题，它就是在强调心的结构的不变性，也即先验性。这一命题强调心与理一，"理之用不外乎一人之心"。这种理之用具有不变性和先验性，对于作为其表达的气来说仍旧是先在的。而且恰恰是先有那个稳定不变的、人类心理上共有的"先天的构造能力"，才有了观察者所能看到的种种迹象和产物。也就是说，"心所具之众理"先于"气"。列维－斯特劳斯从弗洛伊德受到启发，认同一种对所有人的精神都相同的"精神的无意识活动""无意识的结构"，因此主张结构先于社会、先于心理活动、先于有机体。这种先后关系与强调理之所当然是心之活动所循之必然规则的观点从根本上说是一致的，只不过理学主要从道德的角度来加以阐发。

皮亚杰虽然认可结构先于心理活动，但是对于这个非时间性的结构的来源颇有微词。他认为"集体的智能就是在一切协同运算中发挥作用的那些运算相互影响而得到平衡了的社会性"①。这里的协同运算和平衡作用，类似于戴震所说的"絜矩之道"，也就是说，结构也有从有时间性的形成作用到非时间性的相互联系的过程。结构（理）是可以变化的。这样，问题也就从理气先后过渡到理气动静。理的非时间性表明理是静的，但是结构的转换表明理又不是静的，这就转入理气动静问题的讨论。

二、理气动静

理气动静问题是朱子哲学中的一个重要问题。在后世学者看来，朱子本人似乎未能妥善解决理气的动静问题，企图对之加以修正。例如曹端、薛瑄等就不满于人跨马的比喻，认为这样损害了理的能动性。元明理学中出现的理的去实体化倾向，就使得理仅仅成为气实体的一种分位假，用气本身的活动性取消了理气动静问题。但即便如此，死理即不活动的理仍然在二十世纪遭到新儒家的批评。

结构主义认为理是不动的。结构主义对理气动静问题的观点，集中体现于共时性。结构主义的诞生就是从语言学中的共时性概念开始的。对于结构主义语言学来说，"句法和语义学都包括了一整套的规则，当要把个人的思想表达给别人或自己进行内心表达时，个人的思维必须服从这些规则。"这一观点认为语言结构、规则先于具体言语表达，体现出语言结构、规则的稳定性。这可以说就是一种理之静与气之动的对照。

同样，在结构主义的人类学中，例如列维－斯特劳斯的结构人类学，他所

---

① ［瑞士］皮亚杰：《结构主义》，倪连生、王琳译，商务印书馆1984年版，第97页。

强调的社会结构的不变性、固定性和稳定性，也是一种"理之静"。"在斯特劳斯看来，'原本'是不动的，只有复制品或仿本才是可变的、不可靠的。而'原本'之不动性，决定于产生人类理性的稳定性。据说，这一稳定性可以被各种现象所掩盖，甚至被歪曲，因而制造各种变幻不定、万花筒式的幻象。"① 在列维–斯特劳斯的人类学中，一切社会现象的规则都可以还原成语言形式，社会系统是语言结构的模拟物，这样语言学中的结构的共时性，也拓展到了社会结构中。作为方法的结构主义，使得理之静和气之动的对照关系深入到诸多人文及社会科学的领域。

结构主义的历史观能够直观地体现结构主义的理气动静说。结构主义重视共时性，企图从不同地域、不同时代的社会系统中找出使其所以如此的"结构"关系。而且，结构主义的目标是取消历史，在结构主义看来，历史不是事物的发展过程，由于结构始终不变，其实社会并没有历史，"历史乃是发生不同结构变形的原始社会的堆积"②，最原始的、无历史的、未经历史变形的原始社会，反而能够最深刻、真实地展现社会结构本身。因而历时性的历史研究可以转换成共时性的文化人类学研究。结构主义的历史观与历史主义完全对立，把理之静的观念推向了极致。

在哲学上，福柯的"没有结构的结构主义"也体现出了"理之静"的一面。"事实上，先后出现的认识型相互间是不能从这一些中去推论出那一些来的，既不能从形式上去推论，也不能从辩证法上去推论，它们相互之间也不能以任何演变关系彼此继续，既没有发生学上的演变关系，也没有历史的演变关系"。③这样的"结构"，这样的"理"显然是"静"的，是"对历史和发生的贬低，对功能的蔑视"，"否定了主体本身"。④ "人之死"是一种理之静的极端表现。但是皮亚杰并不认同，仍然以自己的构造论加以反驳。皮亚杰认为，"结构只代表这些运算的组成规律或平衡形式，结构并不是先于或高于它们的、为它们所依靠的实体"，"构造过程的本身构成了种种结构，而并不是这些结构事先决定了动作和种种构造过程，能先于动作和构造过程而存在"。⑤ 强调构造论，就否定了理的绝对之静，而只承认一种相对的静，理却在绝对的动中，因为皮亚杰主张把"结构重新放进它们的来源中去"，也就是追问"理"的来源问题。

结构主义可以说是为理之静提供了一种新的辩护。结构主义所强调的共时

---

① 高宣扬：《结构主义》，上海交通大学出版社 2017 年版，第 86 页。
② 高宣扬：《结构主义》，上海交通大学出版社 2017 年版，第 164 页。
③ ［瑞士］皮亚杰：《结构主义》，倪连生、王琳译，商务印书馆 1984 年版，第 115 页。
④ ［瑞士］皮亚杰：《结构主义》，倪连生、王琳译，商务印书馆 1984 年版，第 116 页。
⑤ ［瑞士］皮亚杰：《结构主义》，倪连生、王琳译，商务印书馆 1984 年版，第 124 页。

性，当它与历时性的东西对比时，就是静态的。皮亚杰认为结构的"转换性"又意味着这种静态是变化的。这里，我们需要更深入地理解"转换"的涵义。按照皮亚杰所举的例子，转换可以是时间的，也可以是非时间的。1+1=2 是非时间的转换，这个等式是一个具体的例子，属于被普遍者所规定的个别事物，但是数字 2、3、4 的先后却并不是时间上的。但是如亲属关系的结构，其表现却需要时间。在皮亚杰看来，"在一个结构里，应当把它受这些转换所制约的各种成分，跟决定这些转换的规律本身区分开来。"① 这个规律很容易被认为是不变的。各种成分，在理气关系中就是被决定的气。决定转换的规律本身也就是理。当转换指的不是具体例子的表现，而是指结构、规律本身的更新的时候，就体现出理的能动的一面了。理之动不是像气那样分合运动，而可以表现为理的更新。总体而言，皮亚杰认为结构主义的目标是把结构建立在非时间性上。②

索绪尔认为结构与历史无关，因而是静的。到了乔姆斯基，则必须认真考虑生成语法的问题，"这些规律是转换规律而不是描写性的静态规律"③，即理之活动的问题。皮亚杰引用乔姆斯基《试论语言学理论中的几个常见问题》"说话人在他表达过程中逐渐在某种程度上创造出他的语言，或是在倾听周围人讲话的过程中逐渐重新发现了语言，就这样，说话人把一个前后一贯的规则体系同化吸收到他自己的思维本体里去，这个生成法典反过来确定实际表达或听到的一个有无限数句子的整体的语义学解释。换句话说，就好像说话人支配着一部他本族语的'生成语法'"。④ 如果把这个说法背后的思维方式用伦理学的范式表达出来，就是说道德是人们在行动中创生的。理本身是在行动中创生出来的，而心必然是理的来源，这就是某种心即理。乔姆斯基的结构主义使得心与理的对立缓和了。但是语法根植在某种天赋的理性中，乔姆斯基甚至笛卡尔。这里有一个"核心句"的概念，"事实上，允许建立种种派生句的转换规则，是从稳定的核心句里抽绎出这些派生句来的，乔姆斯基正是参考了这些核心句才把它们和逻辑联系起来的"。⑤ 天赋的问题又联系到大脑皮层的言语中心在人类进化中是如何出现的问题，以及要有一种与生俱来的关于个人之间交际的活动，还要有获得发音的能力，和有形成作用的固定图式。实际上，理学的问题域，即道德能力的基础问题并没有比这里的问题更容易。在列维－斯特劳斯看来，这

① [瑞士] 皮亚杰：《结构主义》，倪连生、王琳译，商务印书馆 1984 年版，第 8 页。
② [瑞士] 皮亚杰：《结构主义》，倪连生、王琳译，商务印书馆 1984 年版，第 9 页。
③ [瑞士] 皮亚杰：《结构主义》，倪连生、王琳译，商务印书馆 1984 年版，第 68 页。
④ [瑞士] 皮亚杰：《结构主义》，倪连生、王琳译，商务印书馆 1984 年版，第 69 页。
⑤ [瑞士] 皮亚杰：《结构主义》，倪连生、王琳译，商务印书馆 1984 年版，第 70 页。

种天赋的理性实际上就是隐含于社会文化和社会关系背后的"结构"的源泉或创造力。[①] 在结构主义看来，人类的一切活动都是对自然之理的模拟。这种自然之理在人们长期生活中形成习惯、风俗、礼仪，并进一步成为人类理性的先天结构。由于人在继续地生活，这一先天结构也就继续地模拟自然，继续地进行表达。这种模拟能力就是理在心中的一种动力。可见，结构主义的共时性概念强调理之静，这种不动的理仍然具有强大的"功能"。（例如经济学中的结构主义就重视结构的功能。[②]）显然，结构主义的这种思想有助于我们深入理解理学的理气动静问题。

三、理一分殊

理一分殊，是朱子哲学中最具辩证特征的思维之一。这一说法本于程子。程子曾经说过，物物皆有理，又说一物之理即万物之理，因而一物之理与万物之理的关系就成了一个问题。朱子晚年与弟子讨论周敦颐《通书》中的"一实万分"，引用禅语"月印万川"来比喻一种整体的分。这一命题在今天也被用来理解普适价值和特殊价值之间的关系。朱子理气论中的这一内容，在结构主义中是否也有相对应者呢？

结构主义在各种学科中的存在本身就是"理一分殊"的体现。数学、物理、心理学、语言学、社会学、人类学等诸多领域都有结构主义的影子。这就是分殊背后的理一。结构主义的普遍性即理气论的普遍性。理气论的应用场景并不局限于宇宙论和伦理学，同样存在于各门学科，应该说，理气论作为宋明哲学的形而上学，是中国乃至东亚近世的基本思维方式，可谓是一种"知识型"，因此它具有渗透到各个领域，规定各个方面的能力和意义。结构主义主要的乃是一种"方法"，理气论也可以成为一种"方法"，这是结构主义带给理气论的一个重要的启示。

具体来看，结构主义把结构的分殊理解为结构的函数变化。例如前文提到的皮亚杰的结构的转换性，就会使结构呈现出相互联系而又形态不同的表现。如果用语言学或符号学的术语表达，就是符号变化范例即差异的同一者，同类事物内的不同变化形式。这种转换性，在列维－斯特劳斯看来，是通过人类语言衍生出的对立组合概念实现的。这就是一种"阴阳"。由于人类学的视角，他认为文化与自然的对立是最基础的。如果用理学的语言来表述，结构主义似乎

---

① 高宣扬：《结构主义》，上海交通大学出版社 2017 年版，第 118 页。
② [瑞士] 皮亚杰：《结构主义》，倪连生、王琳译，商务印书馆 1984 年版，第 88 页。

是在说，"一阴一阳之谓道"在理一分殊的过程中起到了关键的作用。

在皮亚杰那里，这种具有理一分殊意义的结构的自身调节性，主要还是用在学科统合上。以子结构的名义加入一个更广泛的结构，这是分、理之间的关系。[①] 通过这种关系，个别学科内的结构主义就可以整合起来，实现多学科的协调[②]，结成一个理一分殊的人类知识网络。皮亚杰特别强调"一个内容永远是下一级内容的形式，而一个形式永远是比它更高级的形式的内容"[③]，这种亚里士多德式的说法，对于我们重新建构理一分殊或许会有新的帮助。

四、结　语

上文探究了结构主义如何看待理气先后、理气动静和理一分殊的问题，为我们进一步建立朱子理气论的结构主义诠释打下了一定的基础。细心的读者可能会发现，我们上文的讨论并没有包括"理气同异"这一问题。我认为这一问题应该进一步从后结构主义的角度进行探讨。结构主义发展为解构主义，元明理学中理也经历了去实体化，二者命运的相似处值得玩味。

此外，有的读者或许会产生疑问，我们究竟是用结构主义诠释理气论，还是用理气论来诠释结构主义呢？实际上，二者是一体两面的。当我们用理气论去诠释结构主义的时候，也就意味着拓展了理气论，使之可以作为新的方法继续在现代哲学和后现代哲学中保有活力。朱子的理气论是近世中国具有支配性的形而上学思维方式，对它的新诠释，对于中华优秀传统文化的创造性转化、创新性发展也具有重要意义。

---

① ［瑞士］皮亚杰：《结构主义》，倪连生、王琳译，商务印书馆1984年版，第10页。
② ［瑞士］皮亚杰：《结构主义》，倪连生、王琳译，商务印书馆1984年版，第118页。
③ ［瑞士］皮亚杰：《结构主义》，倪连生、王琳译，商务印书馆1984年版，第121页。

明代举业教育中的苏文选本

付　琼*

一、苏文与明代科举文体的契合

南宋初年，苏文取代《文选》而成为新的举业读本，这是苏文与宋神宗熙宁四年（1071）科举改革"罢诗赋及明经诸科，以经义、论、策试进士"① 相际遇的结果。苏文既有《庄子》的收放自如，又有《战国策》的论辩滔滔，对于拓展八股文写作的思维空间，提高临场发挥的应变能力，都具有启发作用。宋人罗大经说："《庄子》之文，以无为有。《战国策》之文，以曲作直。东坡平生熟此二书，故其为文，横说竖说，惟意所到，俊辨痛快，无复滞碍。"② 叶适说："苏轼用一语立一意，架虚行危，纵横倏忽，数百千言，读者皆如其所欲出，推者莫知其所自来。……以文为论，自苏氏始，而科举希世之学，烂漫放逸，无复实理，不可收拾矣。"③ 八股文是"用一语立一意"的命题作文，"俊辨痛快""架虚行危"的本领就显得特别重要。因此，苏文替代《文选》而成为公认的举业读本，是科举考试以诗赋为中心转变到以经义为中心之后举业教育的合理选择。

有明一代，苏文成为举业读本的主要条件，"以经义、论、策试进士"不仅依然存在，而且更加稳定。宋熙宁四年（1071）之后，经义、论策与诗赋此消彼长，或分或合，颇无定制。而在明代，"经义、论、策"是科举考试的法定内容，洪武十七年（1384）以后一直遵行："至十七年，命礼部颁行科举成式，第一场四书义三道，经义四道，未能者许各减一道；第二场论一道，诏、诰、表内科一道，判语五条；第三场经、史策五道。"④ 不仅如此，宋代去明未远，苏文"羽翼经史，阐析理道，近裨时务，远备边功"⑤，其所涉及的诸多社会问题仍然是明代社会的热点问题，因而便于举子从中取法或搬用。关于此点，明人并不

＊　付琼，浙江财经大学人文与传播学院教授。

①　脱脱等:《宋史》，中华书局1977年版，第278页。

②　罗大经:《鹤林玉露》卷三《东坡文》，中华书局1983年版，第167页。

③　叶适:《习学记言》卷五十，《四库全书》第849册，上海古籍出版社1988年版，第802—803页。

④　顾炎武:《日知录集释》，黄汝成集释，栾保群等校点，花山文艺出版社1990年版，第730—731页。

⑤　韩昌箕:《苏文忠公策选序》，文起辑《苏文忠公策选》，天启元年三色套印本。

隐瞒。张焕如云："国朝制艺，道与古殊，先以经传，后以时事。非古则不精，用古则太泥。宋去我明未远，凡人情国是，大略相同。眉山氏镕古为今，周于时用，故特标一家为文字司南，经传、经术两多所裨。"① 在张氏看来，明人所以从众多古文大家中"特标"苏文一家为"文字司南"，就是因为苏文创作于一个适当的历史节点，其所论之事"周于时用"，也即可以作为科场模拟或挪移的材料。王世贞说："今天下以四姓目文章大家，独苏公之作最为便爽，而其所撰论策之类，于时为最近，故操觚之士，鲜不习苏公文者。"② 王氏所谓"于时为最近"即张焕如"人情国是，大略相同"之意，这是造成"操觚之士"争习苏文的又一重要原因。

明清首场皆以八股文取士，但是明代特别是晚明的八股文要比清代通脱和新锐得多，所以苏文与明代八股文更为切近，其在明代举业教育中的接受远盛于清代。王世贞曾描述万历时期的八股文文风说："自臣等初习举业，见有用六经语者。其后以六经为滥套，而引用《左传》《国语》矣。又数年，以《左》《国》为常谈，而引用《史记》《汉书》矣。《史》《汉》穷而用六子，六子穷而用百家。甚至取佛经、道藏，摘其句法口语而用之。凿朴散淳，离经叛道。文章之流敝至是极矣。乃文体则耻循矩矱，喜创新格，以清虚不实讲为妙，以艰涩不可读为工，用眼底不常见之字谓为博闻，道人间不必有之言谓为玄解。苟奇矣，理不必通；苟新矣，题不必合。断圣贤语脉以就己之铺叙，出自己意见以乱道之经常。及一一细与解明，则语语都无深识。白日青天之下，为杳冥魍魉之谈。此世间一怪异事也。"③ 苏文大致以儒为宗，又"以仪、秦、老、佛合为一人"④，因而宋代以来一直被诟病为"不能皆纯"，而这种"不纯"对于晚明八股文的庞杂孟浪、追新逐异来说真是如胶似漆，契合无间。当八股文风趋醇时，前者可资学习；当八股文风转驳时，后者可资学习。无论八股文风向哪个方向倾斜，举子们总能从苏文中找到"任取无穷"的资源。诚如陈绍英崇祯四年（1631）所论："当今以制义取士，学术事功无所不备，而尤以疏宕犀利为夺目，故最便子瞻文。愚见十年以前，时贵名理，锋颖迅捷者超乘而上，故子瞻之单文小记裒夺无遗。比一变为宏博伟硕之音，大旨归重于经世实用有凭之业，而子瞻之制科论策剞

---

① 张焕如：《三苏文汇例》，茅坤、钟惺等评《三苏文汇》，明末缉柳斋刻本。
② 王世贞：《苏长公外纪序》，王世贞编、璩之璞补编《苏长公外纪》，万历间璩之璞燕石斋刻本。
③ 王世贞：《弇山堂别集》卷八十四，《四库全书》第 410 册，上海古籍出版社 1988 年版，第 278 页。
④ 朱熹：《晦庵集》卷四十六《答詹元善》，《四库全书》第 1144 册，上海古籍出版社 1988 年版，第 368 页。

子奏状，迄无完体。"① 在陈氏看来，八股文尚名理机辩时，苏轼的小品文很风行；重经世之文时，苏轼的论策文很风行，都可以为八股文写作提供帮助。

苏文如此利于场屋，崇祯五年（1632）杨士骥描述这一情形云："迩来史汉、唐宋诸家风驰宇内，主司非是无以得士，士非是无以上献。而其所最为尸祝之者，独苏氏也。愚谓苏可学而至，则苏止从来七篇粉本矣。画火知热，画水知寒，存乎其人之精神。而乃区区仿效于笔墨间，如敷演传奇，欢歌悲涕，非不逼似，而于古人真性相涉乎否……虽苏氏之文，只供后人作进贤阶耳！"② 那时，以陈子龙为首的秦汉派卷土重来，而唐宋派的余风犹存，但无论世风如何轮转，苏文仍然是"最为尸祝之者"。从杨氏对当时士习的批判来看，苏文已被当作可以"区区仿效"的"七篇粉本"了。"粉本"指作画时用来临摹或复制的底稿，"七篇"指首场科举考试的三篇书义和四篇经义。可见，举业者学习苏文，既为备考后面两场论策，也为备考首场八股文。

二、苏文选本在明代的盛行

苏文与明代科举文如此契合，又受到举业者如此追捧，苏文选本在明代的盛行就成为一种必然。李梦阳等人倡言"文必秦汉"，极诋宋文，进而鄙薄苏文，以为不足学。③ 苏文选本的公开流行是从李梦阳死后开始的。嘉靖十二年（1533），也就是李氏去世后第四年，朱廷立在三苏家乡促成了《三苏文集》的选刻，并对李氏抑宋薄苏的主张提出了尖锐批评："嗟乎！文至宋盛矣，三苏之文又其雄者。泥古之士，动称秦汉，而于宋文无称焉。是癖也已！夫文与时异，孔孟之时，其文已不类于唐虞三代之文，惟道不异耳。迨于今，乃欲独守秦汉，是非癖耶！老儒一倡，后生群和，模仿锻炼，非秦汉人语，则笔不得下。至以艰深之辞，文浅近之旨，而曰吾宗秦汉也。由君子观之，直戏耳！此岂有文哉？眉之士其知所择矣。"④ 这样的批判意味着被秦汉派禁锢的苏文选本终于可以公开走向读者。顾阳和描绘李梦阳死后三年间苏文选本迅速流布的盛况云："其刻而布之也，旧板未磨，新梓复锓。其在眉州，以为生长之邦，仰止之私，容然尔然，重摹衍帙，不独一眉州焉。其在宋元，以为历世未久，遗泽未斩，容然尔

---

① 陈绍英：《苏长公文燧序》，陈绍英编《苏长公文燧》，崇祯四年刻本。
② 杨士骥：《三苏文定序》，杨慎原选、李维桢评注《合诸名家评注三苏文定》，崇祯五年刻本。
③ 高叔嗣《苏门集》卷二《读书园稿自序》云："余素弗攻于辞，戊子以吏部郎中谢病归于家……当是时，李空同先生方盛，邑子之属出其门撰为文辞，模于古人。若宋苏轼、唐韩愈，薄不为也。"见高叔嗣：《苏门集》，文渊阁四库全书本。
④ 朱廷立：《三苏文集序》，杨煦编《三苏文集》，嘉靖十二年刻本。

然，家传人诵，于今为烈。"① 苏文选本从文必秦汉时代的少之又少，到李何死后的突然增多，难免给人们留下"旧板未磨，新梓复锓""家传户诵，于今为烈"这样的印象。苏文选本的盛行是在后七子领袖王世贞万历十八年（1590）去世后。万历初期，薄苏现象仍然有一定的市场。万历元年（1573）黄士俊云："今学士藉口先秦两汉，谓眉山卑卑尔。嗟乎，何薄眉山诸公甚也！"② 万历四十四年（1616）陈继儒则云："夫士之雕龙炙毂，操觚而树鸿业，角材以图不朽者，遣遣口诵心惟，苏氏一家文矣。"③ 万历四十五年（1617）陈于廷复云："今海内学士家所人尸户祝、比面恐后者，无若苏长公。其集之以选行者不下数十种。"④ 可见，最迟在万历末年，苏文已经从唐宋八大家之中脱颖而出，取得了"人尸户祝"的崇高地位。苏文选本的生成与接受也出现了空前的繁荣，与万历初期"谓眉山卑卑"的情形大不一样了。

到天启初年，苏文选本的流行进一步升级，其标志就是出现了明星选本李贽的《坡仙集》。天启元年（1621）杨师孔云："迩时崇尚《坡仙》，不啻入海望斗，离晦瞻日。选者数十家，脍炙海内，守为金科玉绳矣。"⑤《坡仙集》首刊于万历二十八年，至是乃成为"金科玉绳"。苏文选本的品牌化现象是苏文选本长期流行的结果，也是其进一步升级的标志之一。到崇祯初年，《坡仙集》继续风行，其他苏文选本的普及程度也进一步提高，出现了"苏文满天下"的火爆局面。崇祯四年（1631）陈仁锡云："然怪苏文满天下，几于寝处坐卧咳笑咏歌皆是……今侈口小品，掇拾残沈，家置一《坡仙》，正公所悔也。"⑥ 更有甚者，在苏文的强劲流行势头冲击下，一直为人们所遵奉的秦汉文⑦也显得黯淡下去："近世学士往往宗尚子瞻，家传户诵，几比之菽粟水火，而《太玄》《法言》诸篇，有白首不一寓目者。"⑧ 与苏文选本在晚明的流行相伴而来的是佞苏之风，钟惺对此有形象的描述："二先生之文章节义著天下，竖童牧叟，无不知其人。其所称述议论，鸿词钜篇，家诵户习，奉为模楷。至于单词只语，散见方册者，章逢一睹，

---

① 顾阳和：《三苏文集序》，杨煦编《三苏文集》，嘉靖十二年刻本。
② 黄士俊：《三苏文狐白序》，黄士俊评《眉山三苏文狐白》，万历元年余绍崖自新斋刻本。
③ 陈继儒：《苏文汇精序》，李廷机评选《苏文汇精》，万历四十四年书林师俭堂萧少衢刻本。
④ 陈于廷：《苏长公文腴序》，陈于廷辑《苏长公文腴》，万历四十五年刻本。
⑤ 杨师孔：《二妙集序》，焦竑批点《苏长公二妙集》，天启元年钱塘徐象橒曼山馆刻本。
⑥ 陈仁锡：《苏文忠公文选序》，陈仁锡选评《苏文奇赏》，崇祯四年刻本。
⑦ 作为秦汉派的反对派，唐宋派和公安派诸人推重唐宋文，但绝不贬低秦汉文。他们大都通过打通唐宋文与秦汉文的联系来提高唐宋文的地位。在他们的眼里，秦汉文仍然是散文创作的崇高典范。
⑧ 赵维寰：《叙周临如稿》，贺复征编《文章辨体汇选》卷三二六，《四库全书》第1406册，上海古籍出版社1988年版，第120页。

视为凤毛麟角；片玉碎金，争宝传之。"①不难看出，随着苏文选本的流行，苏文受尊崇的程度日益增加，不仅"鸿词钜篇，家诵户习"，即使是"单词只语"，也被视为"凤毛麟角"。由此我们也许可以认为，前七子所在的正德和嘉靖前期是"薄苏"期，后七子和唐宋派并峙的嘉靖十二年（1533）至万历十八年（1590）为"尊苏"期，万历十八年（1590）以后至明亡则进一步升级为"佞苏"期了。

　　苏文选本在不同时期的大致数量及其增长幅度，可以进一步说明明代苏文选本的规模之盛和流行之速。万历二十八年（1600）焦竑说："向余于中秘见苏集不减十余种，欲手自排缵为一编，未成，而以罪废。"②焦氏为万历十七年（1589）状元，万历二十七年（1599）辞官后定居金陵，他于宫廷藏书处见"苏集不减十余种"之事，当在做官期间。万历二十九年（1601）张师绎说"唐宋古文词有名者数十家，眉山苏最著。苏氏选有名者亦不下数十家，武林钱最著"③。万历四十一年（1613）郭化说"坡公集选亦不啻数十种"④。万历四十五年（1617）陈于廷也说"其集之以选行者，不下数十种"⑤。看来，万历中后期苏文选本至少已有"数十种"，较焦竑中秘所见者更多。到万历四十八年（1620），也即万历朝的最后一年，这个数字迅速飙升。万历四十八年（1620）钟惺说："今之选东坡文者多矣。"⑥同年，刻书家凌启康给出了较为明确的数字："长公文脍炙人口，评选本无虑百十家。"⑦钱一清则云："海内宗长公文者无虑数百十家。"⑧"百十家"是"一百多家"的意思，说明苏文选本已由两位数升至三位数。毛晋说："唐宋名集之最著者，无如八大家；八大家之尤著者，无如苏长公。凡文集、诗集、全集、选集，不啻千百亿本，而《寓黄》《寓惠》《寓儋》《志林》《小品》《艾子》《禅喜》之类，又不啻千百亿本。似可以无刻，然其小碎尚有脱遗。"⑨毛氏杂苏氏文集、诗集、全集、选集而言之，我们无法知道这"千百亿本"中有多少是苏文选本。但是，连这位见多识广的藏书家和刻书家都觉得苏集刊刻得已经很充分了，可见明末苏文选本种类的繁多和数量的庞大。

---

① 钟惺：《苏黄尺牍选序》，钟惺、谭元春选《苏黄尺牍选》，明末澄志堂刻本。
② 焦竑：《坡仙集序》，李贽编《坡仙集》，万历二十八年陈大来继志斋刻本。
③ 张师绎：《钱丰寰先生选三苏文重刻序》，钱谷编《静观室三苏文选》，万历三十九年钱心造重刻本。
④ 郭化：《苏长公表启尺牍选小引》，郭化辑《苏长公表启尺牍选》，万历四十一年刻本。
⑤ 陈于廷：《叙苏长公集选》，陈于廷辑《苏长公文脍》，万历四十五年刻本。
⑥ 钟惺：《东坡文选序》，钟惺选评《东坡文选》，万历四十八年闵氏朱墨套印本。
⑦ 凌启康：《刻苏长公合作凡例》，郑之惠评选《苏长公合作》，万历四十八年凌启康跞晟阁三色套印本。
⑧ 钱一清：《苏长公合作序》，郑之惠评选《苏长公合作》，万历四十八年凌启康跞晟阁三色套印本。
⑨ 毛晋：《苏子瞻外纪跋》，《汲古阁书跋》，上海古籍出版社2005年版，第10页。

三、作为举业读本的苏文选本

在众多的苏文选本中，有相当数量的选本是为举业而编纂的。举业一般被视作"钓利之饵，希禄之媒"①，为举业而编的选本往往讳言举业，或者拿出一个高尚的名头来打掩护。今见最早以举业读本自认的苏文选本是嘉靖二十一年（1542）冯汝弼所编的《三苏文纂》，冯序自称所收百篇苏文为"科目之利器"，同时又搬出王守仁"伊周可几"之类的话头自抬身价②。万历七年（1579）钱谷则坦言其《静观室三苏文选》专为举业而选评，并说此前曾为他的"帏下士""相与私习"③。其门人徐寿朋亦云："兹集未必可尽苏文，特先生游海上、游苕中时采以为举业之资，而帏中诸弟子私录之者。故其文近举业者并在集中，于举业稍远者皆所不辑。"④可见，钱氏此选既出于举业，又用于举业，师徒皆不以此为讳。这说明万历以后苏文选本作为举业读本的定位获得了更大程度的认同。

用作举业读本的苏文选本往往多选论策，焦竑所谓"今学士传诵者独其论策序记之文"⑤，凌启康所谓"昔之选坡者，策论、《上书》《赤壁赋》外不多录"⑥，即指这类举业读本。这种情况万历中期以后有所改变，那时的八股文内容庞杂，因而苏氏的小品文也受到举业读本的青睐。万历二十六年（1598）钱士鳌所选《苏长公集选》实开其端。钱氏针对此前苏文选本主要选论策的积习，提出了兼选小品文以利举业的新思路："往不佞习举子，诸尝业举子者辄称苏长公。不佞取世所传论策等数十篇读，滉滉漾漾，莫余逆。已稍稍见长公全集，则记、颂小章具入神品……盖长公天才骏发，禅悦甚深，触境成文，发音成趣。辟若风鸣万木，波迭千纯，奇姿妍状，思虑所不能测，言语所不能形。窃自念言与长公相知半生，尚不能窥其藩篱，而世腐儒小生，辄举一二论策为便举子，便以尽长公。公得无掩口胡卢而笑乎？因辑长公大小文几千篇，托友人何文叔校而刻之，俾世得繇以窥苏长公之全，且谓长公之文有以进于举子业也。"⑦详揣其意，钱氏推重苏氏小品，则末句所谓"有以进于举子业"的"长公之文"自当包括小品文。众所周知，李贽《坡仙集》多选苏轼小品文，具有休闲自娱的性质，

---

① 邹守益：《新刻续选批评文章轨范序》，王守仁选、邹守益评《新刻续选批评文章轨范》，万历四十三年余完初怡庆堂刻本。
② 冯汝弼：《三苏文纂序》，冯汝弼辑《三苏文纂》，嘉靖二十一年刻本。
③ 钱谷：《静观室三苏文选引》，钱谷选批《静观室三苏文选》，万历七年刻本。
④ 徐寿朋：《静观室三苏文选凡例》，钱谷选批《静观室三苏文选》，万历七年刻本。
⑤ 焦竑：《东坡二妙题词》，焦竑批点《苏长公二妙集》，天启元年钱塘徐象樗曼山馆刻本。
⑥ 凌启康：《刻苏长公合作凡例》，郑之惠评选《苏长公合作》，万历四十八年凌启康晟阁三色套印本。
⑦ 钱士鳌：《苏长公集选序》，钱士鳌选、吴莲甫批《苏长公集选》，万历二十六年何文叔校刻本。

同时有用作举业读本的目的。李氏自言："倘印出，令学生子置在案头，初场、二场、三场毕具矣。"① 看来，苏轼的小品文不仅有助于二、三场的论策，也有助于初场的书义和经义。这表明，晚明科举文与苏文的契合程度进一步增强，苏文在举业教育中的作用也相应地增强了，其主要标志就是苏氏小品文成为举业读本的新内容。

　　用作举业读本的苏文选本在万历末达于极盛。苏文选本在举业教育中的普及化程度和经典化程度进一步加深，公开以举业读本自认的苏文选本在数量上呈现激增之势。万历四十四年（1616）李廷机将原本"令儿曹焚膏继晷"② 的三百余篇苏文编为《苏文汇精》，刊布海内。陈继儒序称："明兴，以文宾士，士持文应者，谁不出入眉山家传？"③ 可见，李氏此选实为家庭举业而编，而且当时"出入眉山家传"以应科举的情况又不独李氏一家。万历四十八年（1620）郑之惠盛称苏文"为今业举子者训诰"，所以"录其犹合作而与举子合者若干篇授门人"④。"训诰"指由皇帝颁赐的法典，而郑氏以此称苏文，可见苏文选本在当时举业教育中的崇高地位。此后相继出现了很多以举业读本自认的苏文选本，如天启元年（1621）李一公《苏长公密语》、天启二年（1622）署名杨慎等所评的《嘉乐斋三苏文范》、崇祯四年（1631）陈绍英《苏长公文燧》、崇祯五年（1632）署名杨慎等所评的《合诸名家三苏文定》，还有明末署名茅坤批选、书林徐挺所刊的《三苏文百家评林》、钱谷、茅坤等评、明闵尔容辑刊的《苏文》、陆时雍、赵林翘序刊的《三苏文汇》、钟惺、谭元春编评的《三苏文盛》等等。其中钟、谭《三苏文盛》序言不及举业，而其凡例云："是选必关于举业者为胜，至于外学诗词，虽佳不载。"⑤ 其卷一首篇苏洵《上仁宗皇帝书》眉评云："钟伯敬曰：篇中议论多切于今日，读之可备场屋。"可见，无论是编者，还是评者，都将此选定位为举业读本。

　　总之，有资举业是苏文选本在明代流行的世俗动因，即使以自娱为特点的苏轼小品文选本也同时发挥着举业教育的功能。

① 王重民：《中国善本书提要》，上海古籍出版社 1983 年版，第 519 页。
② 李廷机：《苏文汇精序》，李廷机选评《苏文汇精》，万历四十四年书林师俭堂萧少衢刻本。
③ 陈继儒：《苏文汇精引》，李廷机选评《苏文汇精》，万历四十四年书林师俭堂萧少衢刻本。
④ 郑之惠：《苏长公合作序》，郑之惠评选《苏长公合作》，万历四十八年凌启康跂晟阁三色套印本。
⑤ 《三苏文盛凡例》，钟惺选、谭元春评《三苏文盛》，明末刻本。

四、从隐秘走向公开

苏文选本的举业功能源于苏文自身特点与明代科举文体的契合，它被用作举业读本是明代举业教育的自觉选择。正因如此，前后七子倡言"文必秦汉"之时，举业教育所使用的教材也依然是苏文选本。

在七子提倡秦汉文的时候，科举考试大致以唐宋文为宗。与前七子同时的韩邦奇论成化以来科举程文的变化趋势云："国家中场以论取士，士之文优者刻之以式士子，而士子式焉，曰程文。成化以前类春秋秦汉体也。弘治间则效唐而专于韩柳，或效宋则亦专于欧苏。嘉靖初年以来，一二文衡之士效衰宋之体，刻之录。同考之士见其非时旧格也，而未见秦汉之大，妄以古文批注之。穷乡僻邑之士以为真古文也，而效之。夫衰宋之文，枯涩萎弱，已不足观，而效之为程文者已不及矣。而士子又未见衰宋之文也，止模程文而效之，又不及矣。文之衰亦至此乎！"① 明代程文多由主司代作，然后颁示天下，作为科举文的典则。举业者"皆以程文格式为之"②，不敢稍越其式。程文说明主司的好尚引导着举业教育的基本走向。据韩氏所言，在前七子开始崛起的弘治时期，程文以韩柳欧苏为宗尚，嘉靖初年以后则专尚宋文。这就必然进一步引导举业教育向宋文倾斜，嘉靖时期已经抬头的侫宋之风即其一端："予尝言宋世儒者失之专，今世学者失之陋。失之专者，一骋意见，扫灭前贤；失之陋者，惟从宋人，不知有汉唐前说也。宋人曰是，今人亦曰是；宋人曰非，今人亦曰非。高者谈性命，祖宋人之语录，卑者习举业，抄宋人之策论。其间学为古文歌诗，虽知效韩文杜诗而未始真知韩文杜诗也，不过见宋人尝称此二人而已。文之古者，左氏、《国语》，宋人以为衰世之文，今之科举以为禁约。"③ 也就是说，七子所提倡的秦汉文成为科举文的禁区，而其鄙薄的宋文则成为学子学习的对象。

由此看来，在七子盛行时代，宋文在舆论上为人们所鄙薄，在举业教育中却为人们所尊奉。前者出于文学复古思潮的鼓荡，后者则出于"利禄之途"的诱惑。既要为举业计取资苏文，又不想以此见笑于人，于是人们多以隐秘的方式编选和学习苏文选本。唐宋派崛起之后，苏文选本的生成和接受才由隐秘走向公开。李梦阳在正德时期大力倡导"文必秦汉"，但那时的科举文却以唐宋为宗，因而无法得到举业群体的广泛响应。罗洪先说："正德间，空同李先生督学江

---

① 韩邦奇：《苑洛集》卷一《论式序》，《四库全书》第 1269 册，上海古籍出版社 1988 年版，第 344 页。

② 顾炎武：《日知录集释》，黄汝成集释，栾保群等校点，花山文艺出版社 1990 年版，第 741 页。

③ 杨慎：《升庵集》卷五十二《文字之衰》，《四库全书》第 1270 册，上海古籍出版社 1988 年版，第 447 页。

右，尚气节，精裁鉴，诸生入品题者，才能无毫发爽失。然其最高等类以举业擅长，先生既博学好古，时时向诸生诵说之，鲜有应者。独庐陵草冈周公为古文诗歌，不屑举业，与先生意合。"① 看来，资质高的诸生以举业为其现实追求，对于李梦阳苦口婆心宣扬的复古主张"鲜有应者"。这位周草冈先生之所以愿意响应，是因为自己不准备走举业这条路。又据胡直《三才子传》，其乡有罗鹏者，"三苏皆精熟，叩之，可诵终篇。为举子业，虽日试十目，一目作千余字，咸绰如也"。他听说"李空同薄韩、苏不为"，并说"苏子瞻之文章，人尤熟烂，亦尤易视也"。② 罗鹏于嘉靖二十二年（1543）举于乡，可知从正德到嘉靖中期，举业者并不因为李梦阳等人"文必秦汉"的倡导而在实际上放弃学习苏文，同时又不能不在认识上受到这一主流倡导的影响。结果，他们一边将苏文读得"熟烂"，一边又"易视"苏文。

尤为值得注意的是，即使信奉"文必秦汉"的人，也会为了自己或儿孙辈的举业考虑加入选评或学习苏文的行列。而在他们看来，这一点并不光彩，所以这些作为家用教材而编选的苏文选本虽然被珍视为"子孙长业"、举业宝典，却往往"秘不示人"。钱谷选评的《静观室三苏文选》即其一例。其子钱心造交代此集缘起云："先大夫好读古文词，而意不可两汉以下语。久之，求近举子业者，始有取于眉阳氏……先大夫期私诸鲤庭，不啻口出，于是乎传之副墨之子，而海内人士奉以为帐中之秘者几四十春秋。"③ 钱谷"意不可两汉以下语"，其主张正与七子相同，但为儿子举业计，还是对苏文加以选评，以成此集。在万历七年（1579）刊刻之前，钱谷用作"私诸鲤庭"的教子课本，刊刻之后复为"海内人士奉以为帐中之秘者几四十春秋"。其他如李廷机的《苏文汇精》本是"归田后细加评阅"以"令儿曹焚膏继晷诵之"④ 的家庭教育课本，万历四十四年（1616）始由书林师俭堂萧少衢刊布问世。李一公的《苏长公密语》本是"从未轻以示人"的"余家密谛"⑤，天启元年（1621）始予刊布。陈元素、杨慎、袁宗道、王世贞序刊的《三苏文范》自称原是杨廷和传于其子杨慎，后来又为袁氏三兄弟所得的祖传举业秘籍，正是因为此集，杨慎和袁氏兄弟皆得高第："兹集未可尽苏文，特石斋少师授之升庵昆季，相继取高第；中郎昆季得之，亦相继取高第，故其

① 罗洪先：《念庵文集》卷十六《明故承直郎南京工部虞衡清吏司主事草冈周公墓志铭》，《四库全书》第 1275 册，上海古籍出版社 1988 年版，第 356 页。
② 胡直：《衡庐续稿》卷十一《三才子传》，《四库全书》第 1287 册，上海古籍出版社 1988 年版，第 793 页。
③ 钱心造：《三苏文选跋》，钱谷选评《静观室三苏文选》，万历三十九年钱心造重刻本。
④ 李廷机：《苏文汇精序》，李廷机评选《苏文汇精》，万历四十四年书林师俭堂萧少衢刻本。
⑤ 刘尚荣：《苏轼著作版本论丛》，巴蜀书社 1988 年版，第 143 页。

文俱近举业者辑，于举业远者则不辑。"① 如四库馆臣所言，此本也许出于书坊的"依托"②，未必实有其事。这实际上是对"苏文熟，吃羊肉"之类宋代科举神话的另一种表达。至于它在七子鄙薄苏文的特殊背景下被秘密用作子孙世守的"家庭密谛"，实有其事。钱一清说："海内宗长公文无虑数百十家，予及见弇州、文登与济南、鹿门用以贻子孙长业。"王世贞早年从苏文入手，晚年复嗜苏文 ③，钱谷编《三苏文选》为家用举业教材，茅坤晚年嘱其子茅维编苏轼全集。仅此数例，知钱氏所说大致可信。将苏文选本用作秘不示人的"子孙长业"，一方面说明苏文选本对举业教育的有效性，苏文选本于举业大有裨益，可以增强自己的场屋竞争力，另一方面也说明苏文选本在七子时代还没有获得与其实际接受相称的舆论认同。举业读本一般被视为低俗读物，包括苏文在内的宋文又为七子所非毁，在这种情况下，这类读本或者讳举业而自神其旨，或者秘不示人，以免贻讥于高尚之士。苏文选本属于后一种情况。

举业师大都教授举业者唐宋文，因而为秦汉派诸人所鄙薄。何景明就把为师者分为四种，其中最"卑而可羞者"即为"举业师"："道德师为上，次有经师，次有诗文师，次有举业师。师而至于举业，其卑而可羞者，未有过焉者也。"④ 唐宋派诸人则不以举业师为耻。唐顺之就很赞成吕祖谦"以举业为教"的举业教育观："吕伯恭以举业教浙中，而朱子以书规之，伯恭答书以谓若不开此一路，则法堂前草深一丈。仆尝诵而窃叹，以为此极是前辈苦心，非特后之人未能知，虽当时同志者亦未能尽知也。仆年来则已决意绝去举业之教矣，而犹琐琐为执事言者，盖亦自知今之不教举业，未为脱洒；而向之教举业，未为粘带也。今之不教举业，未必足以闭人之利途；而向之教举业，未必不引人一二于义途也。"⑤ 又云："客居无事，二三子时时以举业文字强相问讯。"⑥ 可见，唐顺之对于举业师这个职业态度比较洒脱，不以教人举业为"卑而可羞"之事。归有光也是时文高手和选家，嘉靖八年（1529）中进士后，与同年詹仰庇"每日相与追论举业利

① 《三苏文范题首》，杨慎评选《三苏文范》，《四库全书存目丛书》第 299 册，齐鲁书社 1997 年版，第 156 页。
② 纪昀等：《钦定四库全书总目》，中华书局 1997 年版，第 2685 页。
③ 王世贞《读书后》卷四《书王文成集后》云："余十四岁从大人所得王文成公集读之，而昼夜不释卷，至忘寝食，其爱之出于三苏之上。"是知王世贞少年时对苏文的喜爱仅次于王守仁文。晚年所作《苏长公外纪序》复云："独苏公之作最为便爽。"可见，王世贞晚年仍嗜苏文。
④ 何景明：《大复集》卷三十三《师问》，《四库全书》第 1267 册，上海古籍出版社 1988 年版，第 298 页。
⑤ 唐顺之：《荆川集》卷四《答俞训导书》，《四库全书》第 1276 册，上海古籍出版社 1988 年版，第 250 页。
⑥ 唐顺之：《荆川集》卷五《与王尧衢编修书》，《四库全书》第 1276 册，上海古籍出版社 1988 年版，第 303 页。

病"①。以举业为教不再可羞，唐宋文随着茅坤《唐宋八大家文抄》而成为散文经典，苏文又从唐宋八大家中脱颖而出，成为最受欢迎的一家。这样，苏文选本因贻讥而自密的情况到晚明时期不复存在。

由此看来，作为举业读本的苏文选本经历了一个从七子时代的隐秘私传到晚明时代公开热销的过程。也就是说，无论在秦汉派时代，还是在唐宋派时代，苏文选本在举业教育中的作用都不曾中断。苏文选本能够在晚明不足五十年的时间里突现繁荣，并达于极盛，正得益于秦汉派时代在家庭教育中的隐秘生成和传授。

五、苏文选本与举业教育结缘的文学意义

苏文选本在明代举业教育中的流行增强了举业教育的文学性。举业教育是以举业为目的的应试教育，举业教育的文学性主要取决于其所使用的教材的文学性。与时文选本相比，苏文选本的文学性更强，因而以苏文选本作为教材的举业教育的文学性也就更强。这主要表现在两个方面：一是提升了举业者的学习兴趣，使举业教育过程得以在文学氛围中展开；二是为举业者的写作注入了活泼灵动的生气，从而在一定程度上打破了八股思维的束缚。刘士鏻曾说："予犹忆儿时诵坡公海外游戏诸篇，意趣津津不倦；及对正心诚意之言、痛哭流涕之论，则目眩神烦，昏昏欲睡。"②可见，"正心诚意"之类的四书文和"痛哭流涕"之类的经世文与儿童的兴趣格格不入，而苏文选本却能产生"津津不倦"的效果，这就增加了举业教育过程的趣味性和审美性。赵林翘则云："不佞髻发操觚，读八大家欣然忘寝。已读司马子长，爱其雄，有飘飘乘风御云之气。韩得其骨，苏得其神。甚矣，余之嗜苏之无已也……甚矣，眉山氏之药余，而余甘之，其服如荠也。文士习举子业，沾沾对偶排比，会得一萧散飘忽之气，解缚释粘，游之，渐通大道。"③在赵氏看来，苏文对于"沾沾对偶排比"的举业者来说，不啻一剂良药，对他们僵化的举业教育模式和由此形成的八股思维具有"解缚释粘"的解放作用。武之望云："读苏文最能助发人气……读一篇只如一股，读一股之如一句，中间纵横离合，变态百出，而气却一口呵来，更无间断，真文字中绝技也。吾辈读书稍倦时，取而诵之，顿令精神跃然。"据武氏万历三年（1575）

① 詹仰庇：《文章指南序》，归有光《文章指南》，《四库全书存目丛书》第 315 册，齐鲁书社 1997年版，第 623 页。
② 刘士鏻：《古今文致序》，刘士鏻辑、王增宇删补《古今文致》，《四库全书存目丛书》第 373册，齐鲁书社 1997年版，第 409 页。
③ 赵林翘：《三苏文汇叙》，茅坤、钟惺等评《三苏文汇》，明末缉柳斋刻本。

所刊《举业卮言》:"每见朋友案上书,非训诂旧讲章,则坊间烂时文。"[1] 当时举业者所读主要是官方规定的《四书大全》《五经大全》之类的"训诂旧章讲"和铺天盖地的"坊间烂时文",如果不是苏文选本在举业教育中发挥"顿令精神跃然"和"助发人气"的功能,举业教育的文学性就会更加稀薄。

　　总之,苏文选本的举业功能源于苏文自身特点与明代科举文体的契合,它被广泛用作举业读本是明代举业教育的自觉选择。正因为如此,即使在前后七子倡言"文必秦汉"之时,举业教育所使用的教材也依然以苏文选本为主。这就在实践上率先突破了"文必秦汉"的偏狭取径,为唐宋文在晚明文学教育中的经典化和普及化奠定了基础。唐宋文在明代的地位发生过戏剧性的变化,作为举业读本的苏文选本也相应地经历了从七子时代隐秘私传到晚明时代公开热销的过程。苏文选本在明代举业教育中的长期流行增强了举业教育的趣味性和审美性,从而在一定程度上中和了应试教育对文学所产生的负面影响。

---

[1] 武之望:《举业卮言》,万历三年绣谷周氏万卷楼刻本。

再造炎宋

——宋高宗的礼乐中兴

樊　懋[*]

　　陈寅恪先生在《隋唐制度渊源略论稿》中说道："礼制本于封建阶级相维系……故治史者不应以其仅为空名，影响不及平民，遂忽视之而不加以论说。"[①]陈先生此说强调以礼制为切入点来研究隋唐制度的重要性。中国古代制度具有一贯性，礼制可以用于考察任何时代的政治和权力变动。《礼记·礼运》中孔子曰："夫礼，先王以承天之道，以治人之情，故失之者死，得之者正。"[②]中国历朝无一不热衷于建立一代典礼，以彰显其正统性。如果我们把目光移到南宋，会发现礼制在南宋偏安局面中的重要意义。

　　相比其他朝代，宋代礼制材料较为丰富。但目前学界对于宋代的礼制关注较少，且现有研究多集中于北宋时期。学界近年来也出现了一些对于南宋礼仪制度的讨论。目前对于南宋礼制的讨论，主要分两个方向。第一个方向主要集中于南宋建国后的各种官方祭祀和民间寺观，重点论述南宋重建正统的礼制举措。如鲍志成《宋室南渡与神祇随迁》一文主要分析了宋廷南渡之后怎样在临安恢复昔日在汴京祭祀的神祇，谢一峰《天下与国家：试论南宋初年五岳祀典双轨体制的形成》以南宋五岳祭祀为出发点，讨论南宋在半边国土沦陷后国家祀典的变化，研究南宋朝廷的"天下"观念。第二个方向与二十一世纪以来兴起的城市史研究热有关，南宋都城临安成为古代城市研究热点之一。此研究中，研究者以礼制为切入点，讨论南宋都城礼制的空间布局和沿革变化。代表作有朱溢的《临安与南宋的国家祭祀礼仪——着重于空间因素的探讨》[③]，此文在日本学者研究基础上，重点讨论南宋礼仪制度确立后新建礼仪性建筑怎样影响临安城的城市职能和空间利用。赵嗣胤的《南宋临安研究——礼法视野下的古代都城》[④]一

---

[*]　樊懋，武汉大学历史学院博士研究生。

①　陈寅恪：《隋唐制度渊源略论稿、唐代政治述论稿》，生活·读书·新知三联书店 2015 年版，第 9 页。

②　《礼记正义》卷二十一《礼运》，《十三经注疏清嘉庆刊本·六》，中华书局 2009 年版，第 3063 页。

③　朱溢：《临安与南宋的国家祭祀礼仪——着重于空间因素的探讨》，《"中央研究院"历史语言研究所集刊》，2017 年。

④　赵嗣胤：《南宋临安研究——礼法视野下的古代都城》，复旦大学 2011 年博士学位论文。

文以西方城市史理论切入，强调在中国城市研究中要注重中国都城独特的神圣空间，研究礼制性建筑。

南宋礼制史研究已初见规模。阅读前人著作时，笔者思考问题如下：南宋初年重建礼制秩序时，以时间线索言，南宋礼制重建是怎样的历程？礼制重建如何反应高宗君臣的意志？本文试图围绕现存的南宋史书、礼典和前辈学者南宋政治史的研究成果，探讨南宋礼制建立的时间逻辑，以深化相关问题的认识。

一、"再造炎宋"与受命之礼

北宋末年，徽宗即位后复熙宁之政，但他对政治变革兴趣不高，更注重文化层面的盛世营造。包伟民曾对汉学家包弼德论述有如下概括："如果说神宗时期君王所关心的是国家的政治与经济，关心如何变法以达到富国强兵的目标，那么到徽宗时期，君王所关心的已经更多地转向礼制文化，力求达到上古'圣王'的目标。"[①] 徽宗在礼制上着意甚多，意图通过礼典的规模将其塑造成儒家思想中的"圣王"，营造太平盛世。但随着金兵铁骑的南下，徽宗装裱出来的盛世轰然倒塌。靖康之难中，徽宗和他的儿子钦宗无奈北狩。

金灭北宋后，拥立张邦昌伪楚傀儡政权统治宋地。金兵南下时，康王赵构成为漏网之鱼，在众大臣的拥护下，于宋南京应天府称帝。史载"黄潜善定为炎兴。耿南仲曰此蜀年号也。众皆服，遂为建炎"。[②] 高宗在选定第一个年号时，就有意宣扬延续宋代火德德运。宋承火德之说，宋初已定，但直到北宋末年徽宗的政治塑造中才被大作文章。对于高宗来说，强调这一政治符号有重要的意义。德运代表正统性，正如蜀汉以"炎兴"标榜炎汉的正统，南宋也强调"建炎"标榜炎宋的天命。

高宗即位之地为原北宋的应天，是赵宋发源地，在此即位有再续宋室的意义。在高宗即位典礼中，有"登坛受命"之举。北宋皇帝即位一般都是在崇政殿举行，待即位之后再告太庙。据《宋史》群臣劝进者益众，命有司筑坛府门之左，此坛之建不符赵宋旧制，直接效仿光武故事。《玉海》中《建炎受命中兴坛》条有如下记载：

> 高宗即位于南京。建炎元年五月庚寅朔，王登坛告天礼毕，即位于府之正衙。坛在府治中门之东，实耿延禧建议所筑，后名曰"受命中兴之坛"。

---

① 包伟民：《宋徽宗："昏庸之君"与他的时代》，《北京大学学报》(哲学社会科学版)2009 年第 2 期，第 116 页。
② 李心传：《建炎以来系年要录》卷五，中华书局 2013 年版，第 132 页。

汉高在汜、光武在鄗、魏受汉禅设坛繁阳。即位坛，王者所以兴也，汉鄗南、魏繁阳坛至今皆在。①

在即位典礼中，高宗努力将自己塑造成中兴之君，以昭示炎宋德运未断，他将延续宋之火德。高宗皇帝即位之典礼虽简陋，但是该典礼直接用汉魏旧制，意蕴丰富。其即位诏书言：

> 嗣天子臣构，敢昭告于昊天上帝：金人乱华、二帝北狩、天支咸属，混于穹居。宗社罔所依凭，中外罔知攸主。臣构以道君皇帝之子，奉宸旨以总六师，握兵马元帅之权，倡义旅以先诸将，冀清京邑，迎复两宫，而百辟卿士，万邦黎献，谓人思宋德，天眷赵宗，宜以神器属于臣构。辞之再四，惧不克负荷，贻羞于来世。九州四海，万口一辞，咸曰不可。稽皇天之宝命，栗栗震惕，敢不钦承。尚祈阴相，以中兴于宋祚。②

高宗即位，宣称受命于昊天上帝，直指华夷之分，以求最高神赋予其"中兴于宋祚"的合法性。高宗筑"中兴受命之坛"，用汉魏旧制举行即位典礼，强调在昔日皇位传递典礼"受命"的基础上，要加上"中兴"使命。

高宗受命后，形势十分复杂，朝内主战派李纲等人主张坚决抗金，还于旧都。而黄潜善、汪伯彦等主和派主张南迁扬州躲避金人锋芒。高宗最终选择了后者。高宗在即位第二天就已传递出南迁的信号，那就是筑景灵宫于江宁府。景灵宫最早建于真宗时期，用来供奉其追认的圣祖赵玄朗，用虚构的神话人物来强调赵宋政权的合法性。后来，景灵宫逐渐发展为宋代祭祀祖宗御容之场所，李心传解释为"祖宗以来，帝后神御皆寓道、释之馆。神宗元丰中，始仿汉原庙之制，即景灵宫之东西为六殿，每殿皆有馆御，前殿以奉宣祖以下御容，而后殿以奉母后，各揭以美名"③。这是宋代的皇家祭祀礼仪在道教影响下的变动，皇帝与庶民一样，都设置祭祀祖先画像的场所，区别于传统的宗庙祭祀。南郊、太庙与景灵宫逐渐发展为北宋最重要的三大礼。高宗此举，可以说意义重大。神祇南迁，为新政权南迁做好了准备。

当年六月，高宗逐走主战派大臣李纲，然后下诏："京师未可往，当巡幸东南。"随即"遣官诣京师迎奉太庙神主赴行在"。④高宗已经决意南迁，当年秋天金人再度南下，当年九月高宗"遣徽猷阁待制孟忠厚迎奉太庙神主赴扬州"⑤。十

---

① 王应麟：《玉海》卷一一〇，中文出版社 1977 年版，第 1921 页。
② 李心传：《建炎以来系年要录》卷五，中华书局 2013 年版，第 132 页。
③ 李心传：《建炎以来朝野杂记》甲集卷二《郊庙·66 景灵东西宫》，中华书局 2000 年版，第 76 页。
④ 脱脱等：《宋史》卷二十四《高宗一》，中华书局 1985 年版，第 447 页。
⑤ 脱脱等：《宋史》卷二十四《高宗一》，中华书局 1985 年版，第 449 页。

月高宗率部南迁至扬州。当年年底，高宗基本在扬州稳定下来，"禁中修造复兴，御前生活复作，宫中费用复广，内降指挥复出"①。接下来的时间，仁宗开始另一个大礼的准备。建炎二年（1128）冬至，高宗举行了靖康以来第一次南郊大礼。史载：

> 建炎二年，初郊用元丰礼祀天，以太祖配。御札曰："世祖建武二载，始立郊位之规。肃宗乾元初年，尝行禋祀之典。"②

> 高宗建炎二年，上幸扬州，行南郊礼。时太庙神主奉于寿宁寺，前一日上亲诣寺行朝享谢礼，礼成恭谢如仪，时景灵宫神御奉安于温州，乃差官诣温州行礼。③

高宗整个礼仪过程，十分仓促，北宋南郊前景灵宫拜谢，地点只能用佛寺代替，景灵宫神主只能差遣官员前往。《中兴礼书》也记载："建炎二年，恭行郊祀之礼于扬州城内之东南隅，是时坛壝制度与夫衣服、器皿之类，悉已不能如礼"，"建炎二年，扬州郊祀所用仪仗系于大驾卤簿内从权裁定，总一千三百三十五人。"④ 高宗此次南郊大礼的仪卫人数与徽宗时南郊仪卫二万多人相比，可谓十分寒酸。

但此次南郊，设计上蕴含丰富。就其举行时间而言，高宗选择的时间为建炎二年（1128），这个行为是为了仿效汉光武帝和唐肃宗。高宗通过礼仪设计来强化自己中兴之主的地位。如何玉红所说："在传统仪式中，高宗君臣有意添加了效法光武的解读，进而赋予这些仪式'中兴'的时代涵义，对身处危局的民众具有精神激励和舆论动员的效果。"⑤

二、立国江南与礼乐渐定

建炎二年（1128）之后，时局接二连三发生变动。次年三月，苗刘兵变爆发，高宗一度被逼退位。十月，金兵再度南下，之后，高宗长期处于颠沛流离的状态。这种条件下，各种祭祀礼仪也统统 被抛之脑后。甚至在金人的追击下，"太常少卿季陵奉太庙神主行，金兵追之，失太祖神主"⑥。终于在建炎四年（1130），金兵北撤，高宗进驻越州。

---

① 李心传：《建炎以来系年要录》卷十一，中华书局 2013 年版，第 288 页。
② 王应麟：《玉海》卷九十二，中文出版社 1977 年版，第 1776 页。
③ 马端临：《文献通考》卷九十八《宗庙考八·祭祀时享》，中华书局 2011 年版，第 3004 页。
④ 徐松辑：《中兴礼书》卷四十五《吉礼四十五·明堂议礼一》，清蒋氏宝彝堂钞本。
⑤ 何玉红：《中兴形象的构建：光武故事与宋高宗政治》，《中国史研究》2017 年第 4 期，第 128 页。
⑥ 脱脱等：《宋史》卷二十五《高宗二》，中华书局 1985 年版，第 460 页。

高宗在越州时，形势已经相对稳定。宋代的宗庙和景灵宫也被安置下来。建炎四年（1130），高宗下诏将景灵宫在温州正式安置景灵宫。同年十月，高宗将太庙安置于温州，令太常少卿郑士彦主持祭祀。局势稳定之后，高宗君臣开始留意其他祭祀。礼官上言："宗庙之祭，文虽省而义存。则岁所常行者，亦当姑存其意，而天地社稷之祀不 可辍。"① 并请求在降低祭祀用品的条件下，于一年四季不同时节恢复对天地的祭祀，高宗准奏。次年三月，正式下诏复天地日月星辰之祭祀。

局势逐渐稳定后，高宗改元绍兴，再次强调中兴之意。改元之后，高宗着手准备下一次大礼。古者南郊大礼三年一次。但是时局仍不稳定，高宗权宜之策，用季秋享明堂来代替冬至南郊大礼。明堂大礼与南郊大礼一样，是祭祀昊天大帝的仪式。明堂之祀始于仁宗朝，宋代重明堂祭祀，原因在于儒家经典中明堂礼记载模糊，争议不休，故实行起来较南郊礼更为灵活，施行简便。最重要的是，北宋常被大礼花费所烦扰，明堂祭祀花费较少，所以受到宋儒的称赞。对于乱局中的南宋，简易之礼更切实际，更易施行。

参考《中兴礼书》之《明堂议礼》②，我们可以发现，高宗有意举行南郊大礼，于是令臣僚商讨此事。《宋史·礼制》记载当年礼部尚书秦桧上言："国朝冬祀大礼，神位六百九十，行事官六百七十余员，今卤簿、仪仗、祭器、法物散失殆尽，不可悉行。宗庙行礼，又不可及天地。明堂之礼，可举而行，乞诏有司讨论以闻。"③ 因为连续战乱，大量礼仪所用物品都已经遗失。秦桧上言以明堂代替。经过三个多月的讨论，高宗在五月决定以明堂礼代替南郊大礼。当年九月十八日，高宗举行明堂大礼，但此次明堂之礼是十分简陋的。史载是日，以常御殿增筑地步为明堂，止设天地祖宗四位。其位版朱漆青字，长二尺有五寸，博尺有一寸，厚亦如之，用丑时一刻行事。上亲书明堂及飞白门榜。时未有苍璧、黄琮、礼官引故事，请以木为璧，绘天地之色。上以祀天，不当计费，厚价市玉以制之。既而尺寸不及礼经，乃命有司随宜制造。礼毕，就常御殿外宣敕书，以行宫门前地峻狭故也。④

高宗绍兴元年（1131）明堂大礼所用的祭祀场所只能用常御殿临时替代，并没有建造专门的祭祀场所。祭祀用品只能临时拼凑，与礼书的记载多有不同。礼毕后宣读明堂礼的常设环节宣读敕书，也只能勉强行之。仁宗嘉祐年间，知制诰钱公辅建议："郊之祭，以始封之祖有圣人之德者配焉；明堂之祭，以创业

① 李心传：《建炎以来系年要录》卷三十九，中华书局2013年版，第867页。
② 徐松辑：《中兴礼书》卷四十七《吉礼四十五·明堂议礼三》，清蒋氏宝彝堂钞本。
③ 脱脱等：《宋史》卷一百零一《礼四》，中华书局1985年版，第2477页。
④ 李心传：《建炎以来系年要录》卷四十七，中华书局2013年版，第990页。

继体之君有圣人之德者配焉。"① 高宗明堂礼最大的变革是太祖和太宗配明堂，以太祖配明显不符合传统以继体之君配祀的要求。高宗进行变革，既可以强调开创之君太祖的政治符号意义，同时也是为了将南郊大礼融入明堂礼中，在祭祀昊天上帝时祖、宗兼顾。

绍兴以来，宋金战争进入对峙时期。各种礼仪活动逐渐恢复，见表1。

表1　宋朝绍兴年间的礼仪活动表

年份	礼仪	史源
绍兴元年	合祭天地于明堂，太祖、太宗并配	《建炎以来系年要录》卷四七，第990页
	以春秋二仲及腊前祭太社太稷，设位于天庆观，以酒脯一献	《文献通考》卷八二《王礼考》，第2493页
	命祠禹于越州，及祠越王勾践，以范蠡配	《宋史》卷五八《礼八》，第2560页
绍兴二年	以春分日祀高禖	《建炎以来系年要录》卷五一，第1065页
	加封程婴、公孙杵臼、韩厥为公，升中祀。	《宋史》卷五八《高宗七》，第574页
绍兴三年	诏祀大火。	《宋史》卷五八《礼六》，第2514页
绍兴四年	合祀天地于明堂。	《建炎以来系年要录》卷八〇，第1509页
绍兴五年	临安府建太庙，始用特羊	《宋史》卷五八《礼十一》，第2610页
绍兴七年	合祀天地于明堂，太祖、太宗并配，受胙，用乐	《建炎以来系年要录》卷一一四，第2135页
	岳、镇、海、渎，请以每岁四立日分祭东西南北，如祭五方帝礼	《宋史》卷一二〇《礼五》，第2488页
	始举享先农之礼，以立春后亥日行一献礼	《宋史》卷一二〇《礼五》，第2493页
	始以季春吉巳日享先蚕，视风师之仪	《宋史》卷一二〇《礼五》，第2497页
	诏礼官条具举行文宣王、武成王、荧惑、寿星、岳、渎、海、镇、农、蚕、风、雷、雨师之祀	《建炎以来系年要录》卷一一一，第1793页
	每建辰戌出纳之月，设位望祭，从之，用酒脯	《建炎以来系年要录》卷一一一，第1795页

南宋一系列礼仪活动虽逐渐恢复，但仍有掣肘其发展的关键因素，那就是都城未定。南渡以来，南宋朝堂上便一直存在立都之争。主战派主张还于旧都或定都武昌伺机北伐，而主和派则主张立国东南。因为局势变化，到了绍兴年间，南宋朝廷已经基本确定立国东南的原则。但是于东南何处立都，宋廷仍无法抉择。当时朝廷中主要争议在于临安与建康。高宗在二地都会居留一段时间，每当金兵南下，圣驾就会前往平江，以备及时出逃海上。②

绍兴之后，除大礼之外的日常礼仪逐步恢复，其中绍兴七年（1137）是一个重要的转折点。绍兴七年（1137）前，国家在礼仪上的动作大多指向天帝、

① 马端临：《文献通考》卷七十四《郊社考七·明堂》，中华书局2011年版，第2288页。
② 关于南宋定都之争，可参见陈乐素《南宋定都临安的原因》，载包伟民选编：《浙江大学中国古代史论文集·史学文存》，上海古籍出版社2001年版；林正秋：《南宋定都临安原因初探》，《杭州师范学院学报》1982年第1期；曾祥波：《南宋初年的建都之议及其影响》，《国学学刊》2014年第1期。

祖宗等最重要的祭祀，以及目的性很强的祭祀活动。上文已述及高宗于绍兴元年（1131）改南郊大礼为季秋享明堂，按照三年一大礼的传统，到绍兴四年（1134）时，对于以南郊还是明堂的形式举行大礼，礼官之间产生礼议。礼部尚书陈与义指出："古者为郊之制在国南五十里，盖谓国都之南也。陛下驻跸于此，非建都之地置，设坛墠固无其所。"① 最终，宋廷还是举行了明堂礼，之后的绍兴七年（1137），绍兴十年（1140），也都因为没有南郊的场所而举行明堂之礼。大礼之外，其余的祭祀都有很强的现实意义。如对于东南地方神祇会稽大禹和越王勾践的祭祀，带有宗教意义上的"入乡随俗"。绍兴二年（1132）祭高禖神，则是因为帝王无子，故特祭高禖而为其祈福。而特祭祀程婴、公孙杵臼、韩厥则是效仿元丰神宗故事，神宗早年无子嗣时，就特意祭祀春秋时保全赵氏孤儿的三人。高宗特别留意此礼，与他无子的心病有很大关系。

绍兴七年（1137），高宗在张浚的劝说下前往建康。建康是六朝古都，也是当时南宋朝廷在南方呼声最高的都城。高宗驻跸建康之后，四月，"诏筑太庙于建康。以临安府太庙充本府圣祖殿。"② 可见高宗此时已经决定以建康为行在了。当年五月，高宗下诏"诏礼官条具举行文宣王、武成王、荧惑、寿星、岳、渎、海、镇、农、蚕、风、雷、雨师之祀。"③ 一大批祭祀逐渐恢复。自此，宋代的常祀基本恢复。

三、"绍兴和议"后宋廷的礼制中兴

绍兴七年（1137），淮西兵变爆发，建康失去屏障，高宗最终放弃建康，选择以临安为行在。高宗前往临安之后，宋廷一时在礼乐上没有大动作。宋廷因金侵袭的困扰，一时在礼乐制作上无甚举措。绍兴八年（1138），主战的赵鼎辞相，秦桧大权独揽，在高宗的授意下，开始主持与金的议和之事。十二月，宋金第一次和议达成。绍兴十年（1140），金兵破约再度南下，但被宋军击败。挫败金灭宋之企图后，从绍兴十年（1140）到绍兴十二年（1142），秦桧一方面收岳飞、韩世忠、张俊等将领的兵权，一方面继续与金和议，最终于绍兴十一年（1141）签订绍兴和议。

高宗由此消除了两大隐患：外部金人之患和内部武将之患。之后，南宋朝政被秦桧把持。秦桧专权后，除了日常政务恢复，还有一个重要任务是帮助高宗营造礼乐齐备的中兴盛况。从绍兴十二年（1142）开始，南宋的礼制和各种朝

① 徐松辑：《中兴礼书》卷四十七《吉礼四十五·明堂议礼三》，清蒋氏宝彝堂钞本。
② 李心传：《建炎以来系年要录》卷一百一十，中华书局 2013 年版，第 2059 页。
③ 李心传：《建炎以来系年要录》卷一百十一，中华书局 2013 年版，第 2073 页。

仪逐步恢复，各种礼制性建筑的营建也提上日程。绍兴十二年（1142），高宗下诏制作常行仪仗及玉辂。绍兴十三年（1143），制造金、象、革、木四辂，造卤簿仪仗，皇帝大礼出行的仪仗逐渐完备。同年二月到三月，高宗连续下诏修建南郊圜丘、放置祖宗神御的景灵宫和祭祀天地的社稷坛。到绍兴十八年（1148），太一宫祭祀和九宫贵神祭祀的专门宫殿也建成，南宋重要的大祀建筑基本恢复。在此之前，这些场所都是寄居于佛寺，借用佛寺的典礼举行这些大典，这明显有乖于古礼。在建社稷坛前，有司进言"社稷之祠，王者所重，故汉光武东迁，则置于洛阳。国家南渡以来，上戊之际，寓于佛祠，未副事神保民之意，望下礼官讲明，择地为坛，以备春秋之礼。"①国家大礼，寄居于佛寺，对于标榜中兴的高宗君臣来说恢复大礼的急迫性让他们忽视掉礼仪场所未备的问题。

当年高宗与秦桧一段对话，我们也可以观察到高宗心态的变化。《建炎以来系年要录》记载：

> 闰四月戊子朔。上曰："祖宗时殿宇皆用赤土刷染，饰以桐油。盖以国家尚火德故也。所以只用赤土、桐油者，弊则易于更修。后来多用朱红漆，不惟所费不赀，且难于修整。"桧等曰："此有以见陛下追述祖宗之俭德也"。②

对于恢复祖宗之旧业，高宗是没有信心的。但是追述祖宗之法度，高宗在一些小细节上却是留意甚多。对于可以用来标榜皇家尊严的礼制，更是值得重点关注。随着举行大礼的场所逐渐修建起来，皇家的威严可以彰显。

绍兴十三年（1143），恰好又逢三年大礼之际，高宗君臣力图恢复南郊大礼。自上一年，臣僚就上书主张恢复南郊大礼，上应祖宗之故事，远合古昔之彝典。为标榜其中兴之伟业，高宗与次年六月下诏，指出"今日上穹垂佑、边境休兵、寇盗弭宁、民俗康阜，日致慈宁之孝，岁收高廪之丰。"③一片太平祥和之景，因此决定于次年冬至举行南郊祀典。当年南郊礼如下：

> 戊午，上服袍履，乘辇诣景灵宫行朝献之礼，遂赴太庙宿斋。
>
> 己未，朝飨太庙礼毕，上服通天冠绛纱袍，乘玉辂，斋于青城。
>
> 庚申，日南至。合祀天地于圜丘。太祖、太宗并配。自天地至从祀诸神，凡七百七十有一。设祭器九千二百有五，卤簿万二千二百有二十人。祭器应用铜玉者，权以陶木。卤簿应有用文绣者，皆以缬代之。初备五辂，惟玉辂并建旗常，余各建所载之旗。青城用芦席绞屋为之，饰以青布。不设斋宫。以黑缯为大裘。盖元祐礼也。礼官以行在御街狭，故自宫祖庙不

---

① 李心传：《建炎以来系年要录》卷一百四十八，中华书局 2013 年版，第 2801 页。
② 李心传：《建炎以来系年要录》卷一百四十八，中华书局 2013 年版，第 2805 页。
③ 徐松辑：《中兴礼书》卷一《吉礼一·郊祀御札》，清蒋氏宝彝堂钞本。

乘辂。权以辇代之。礼毕，上不御楼，内降制书赦天下。①

此次南郊大礼，相比靖康以来的数次大礼，已经有很大的进步。但是因为条件限制，仍有很多不足，如祭器的规格明显没有达到理想的标准，只能降规模寻找替代品。而且因为临安城的街道条件限制，规定的仪卫等级也不能展开。在此次礼节中，皇帝应着大裘，但因江浙之地不产黑山羊，只能用元祐故事，用黑缯代替。此次南郊之后，因为礼器的缺乏，高宗十分留意礼器的营造，于绍兴十四年下诏访求精通礼器之人②。同时还下令地方进行收购制造礼器的玉石。③绍兴十六年十月，一大批礼器制造完毕，面呈高宗，使其龙颜大悦。

绍兴十六年（1146），高宗还下诏铸造景钟。《管子》记载，景钟为黄帝时所用之钟。④徽宗朝定大晟乐，订立宋代的用乐制度，而景钟就是其中的核心。马端临记载："景钟者，黄钟之所自出也。垂则为钟，仰则为鼎。鼎之大，终于九斛，中声所极。制炼玉屑，入于铜齐，精纯之至，音韵清越。其高九尺，拱以九龙，惟天子亲郊乃用之。"⑤景钟上有铭文"永言宝之，宋乐之始"⑥，其意义在于强调宋天命的正当性。景钟铸造好之后，秦桧亲自为其作铭，强调高宗之功业和盛世之和乐。高宗见后大悦。

礼器、宫殿不断完善同时，南宋的礼制始终面临着一个难题，那就理想的礼仪空间与现实条件不太匹配。《建炎以来朝野杂记》记载："十六年，新祭器将成，而太庙室隘，至不能陈列。巫端明请增建太庙。从之。"⑦南宋的礼仪建筑只能根据现有的城市建筑格局改造。在大的礼仪空间格局上，南宋新建的临安礼制可以说是不成系统。诚如朱溢所说："国家祭祀礼仪以儒家宇宙观为基础，配合四季的运转而举行，因此，统治者需要依照这些礼仪的性质和功能，在'正确'的时间、方位进行祭祀。然而，在临安却难以完全贯彻这一原则。"⑧

尽管困难重重，高宗君臣一直致力于恢复礼乐制度。据史料，绍兴二十七年（1157），已经恢复大祀二十三。⑨到绍兴三十年（1160），已经有大祀

---

① 李心传：《建炎以来系年要录》卷一五〇，中华书局 2013 年版，第 2835—2836 页。
② 十四年七月八日，上谕宰执曰："国有大礼，器用宜称。如郊坛须用陶器，宗庙之器亦当用古制度。卿等可访求通晓礼器之人，令董其事。"见徐松：《宋会要辑稿》礼十四，上海古籍出版社 2014 年版，第 785 页。
③ 十三日，尚书省札子勘会大礼、景灵宫、太庙并阙玉爵垆，诏令太常寺据合用尺寸材料行下四川茶马司计置收买。（徐松《中兴礼书》卷九《嘉礼九》，清蒋氏宝彝堂钞本）
④ 黎翔凤：《管子校注》卷十四《五行第四十一》，中华书局 2004 年版，第 865 页
⑤ 马端临：《文献通考》卷一百三十四《乐考七·金之属》，中华书局 2011 年版，第 4108 页。
⑥ 马端临：《文献通考》卷一百三十四《乐考七·金之属》，中华书局 2011 年版，第 4108 页。
⑦ 李心传：《建炎以来朝野杂记》甲集卷二《郊庙·65 今太庙》，中华书局 2000 年版，第 76 页
⑧ 朱溢：《临安与南宋的国家祭祀礼仪——着重于空间因素的探讨》，《"中央研究院"历史语言研究所集刊》，2017 年。
⑨ 李心传：《建炎以来系年要录》卷一百七十七，中华书局 2013 年版，第 3384 页。

五十五、中祀四、小祀十四。①史言："息兵三十年，而礼乐文物亦略备矣。"②但高宗朝一直没有恢复北宋时的礼乐盛况。礼乐置备，高宗君臣的中兴之业似乎已经完成。但宋人就已经从评论秦桧的角度揭示："秦桧始则唱和议以误国，中则挟敌势以要君，终则饰虚文以为中兴。"③高宗所谓中兴，恐怕只能停留在礼乐等表面文章上。

四、结语：南宋的制礼精神

《礼记·礼器》讲："礼，时为大，顺次之，体次之，宜次之，称次之。"④每一个时代的礼仪制度在制定时，都不能脱离现实而只是强调纸上之礼文。礼仪制度虽然是历代的表面文章，无法决定政治的走向。但从礼仪制度的细节中，我们可以窥见一代制度之观念取向。宋代的国家礼典建设，"修于元丰，而成于元祐，至崇宁复有所增损"⑤。

北宋初期礼制变化的整体趋势是"宋承唐制"到"建立宋典"。在北宋熙宁时期，许多祀典发生变化，富有宋代特色的祀典逐渐成型。徽宗时期强调"三代之政"和"丰亨豫大"，在国家礼制上做了许多工作。一方面，徽宗进一步发扬"宋承火德"之说，并将大火星祀、荧惑祀、阳德观祀等强调宋代德运的祭祀纳入国家的祀典且都作为大祀。另一方面，徽宗追慕上古之治，开设礼器局铸造九鼎、景钟，并将其纳入国家的祭祀体系。

寺地遵在《南宋初期政治史研究》中说："南宋政权是北宋政权的继承政权，但从其标榜的中兴，即可以理解其基本性格中必然带有北宋政权的色彩。"⑥南宋建立之后，重视祖宗之法的南宋自然要以前代之礼作为参考。绍兴十二年（1142）之前，战乱的环境下南宋礼制虽有恢复，但是因为基础条件的缺失，只能恢复一些简单的仪制。绍兴十二年（1142）和议之后，高宗君臣致力于以礼仪而标榜中兴，对仪制和礼器细节十分留意。

史学界对于高宗朝的施政，有"复元祐之政"的共识。如曹家齐指出："南宋在北宋惨亡后仓促建立，建立之初，外有强敌威胁，内部诸事草创，生死存亡未卜，求安是其第一需要。在此形势下，再讲绍述新法，实行内部变革，显然

---

① 李心传：《建炎以来系年要录》卷一百八十五，中华书局2013年版，第3590页。
② 李心传：《建炎以来系年要录》卷一百七十七，中华书局2013年版，第2800页。
③ 李心传：《建炎以来系年要录》卷一百七十七，中华书局2013年版，第2800页。
④ 《礼记正义》卷二十三《礼》，《十三经注疏清嘉庆刊本·六》，中华书局2009年版，第3099页。
⑤ 脱脱等：《宋史》卷九十八《礼一》，中华书局1985年版，第2423页。
⑥ 寺地遵：《南宋初期政治史研究》，刘静贞、李今芸译，稻禾出版社1995年版，第278—279页。

是不合时宜的，亦是高宗为首的统治集团所不愿的。依北宋后期以来政治非此即彼的惯性，只有选择保守的元祐路线。"① 在礼制上，高宗君臣宗采用的多是徽宗时的政和礼。据《中兴礼书》相关奏议，群臣在商讨新的礼仪时，大多都会援引徽宗朝修订的《政和五礼新仪》。南宋局势稳定后，绍兴十三年（1143）第一次南郊大礼就是以《政和五礼新仪》的仪制作为参照。礼制与施政原则的背离，是因为礼制有着独特的发展逻辑。日常施政与政治稳定有着密切关系，所以确定之前要考虑其实际影响。但是礼乐制度更多体现在其政治意义上面。《政和五礼新仪》是宋代中期以来在复上古之政的政治追求下制定的礼仪大典，是赵宋王朝自诩的一代礼乐盛典。

从整体上看，南宋礼制的制定，祖宗之法的约束仍然很强。如绍兴六年（1136）确立宗庙时，高宗和宰相赵鼎试图依汉魏旧制以太祖为始祖，强调太祖之功业。但最终还是屈从于北宋祖宗旧制度。高宗去世后，在议定高宗的庙号时，这一原则仍发挥作用，高宗身前极力营造其光武帝般的功业，光武庙号"世祖"，高宗再造宋室之功业，理当称祖。当时礼官却有如下议论：

> "本朝参稽三代之制，列昭穆于太庙，非若汉世可更为庙也。仰惟大行太上皇帝，孝悌之至，冠于百王，将来祔庙，若在父庙之下而称祖，窃恐在天之灵有所不安。若更为庙如东汉，则于国朝之制，岂容违戾。质之典礼则不合，验之人情则不顺。夫昭穆尊卑之序，所以关纲常、系事体者甚大，岂易轻变。乞以臣等此章付集议所，参稽礼经，博采众论施行。"从之，遂定为高宗矣。②

高宗生前虽然一直以光武帝作为自己的效仿对象，但在为高宗定庙号之时，中兴的功业与宋代的祖制相冲突，不能在宗庙中享受特殊的地位。这与宋代的祖宗之法有着紧密的联系，是南宋礼制的另一个侧影。

《宋史·高宗传》史官赞部分称史有夏少康、周宣王、汉光武帝、晋元帝、唐肃宗、宋高宗六位中兴之主，提到高宗时说道："至于克复旧物，则晋元与宋高宗视四君者有余责焉。高宗恭俭仁厚，以之继体守文则有余，以之拨乱反正则非其才也。"③ 高宗虽有再造宋之功，但相比光武帝，其功业终是有所缺乏，只能在礼制多加弥缝。

---

① 曹家齐:《"爱元祐"与"遵嘉祐"——对南宋政治指归的一点考察》,《学术研究》2005 年第 11 期。
② 《建炎以来朝野杂记》甲集卷二《郊庙·太庙景灵宫天章阁钦先殿诸陵上宫祀式》, 第 71 页。
③ 脱脱等:《宋史》卷三十二《高宗九》, 中华书局 1985 年版, 第 612 页。

朱熹、林栗纠葛新辨

——兼论林栗与道学人士交谊

朱学博*

绍熙初年，朱熹在给友人的书信中曾感慨自己"一出而遭唐仲友，再出而遭林黄中"[①]。如同朱唐之争一样，其和林栗之间的纠葛攻驳，也是南宋政治史、思想史上的一大公案。以往学者在讨论这一问题时，多将林栗与朱熹之争归于反道学派与道学派之争。林栗的形象也被认定为是排沮道学、攻诘朱熹的小人。然而，通过细致梳理史料，串联当时记载中的一些零散线索，可以发现朱林之争有诸多疑点。尤其是林栗是否属于反道派，朱林关系是否交恶，皆大有可辨之处。

林栗逝世后，黄榦曾代人为林栗撰写过祭文，其中多有褒颂之辞。黄榦不仅是朱门高弟，还是朱熹女婿，朱子逝世前亦将自己遗着托付其整理。而更为重要的是，林栗卒于绍熙元年（1190），当时朱熹尚在人世。在此种情况下，黄榦能为林栗撰写祭文，可见林氏与朱熹的关系、与理学人士的关系，并非以往所认为的那样相攻交恶，水火不容。而更进一步搜讨史料，甚至可以看出，林栗完全不反道学，他和当时的理学名士多有交谊，即便朱林之争发生后也没有影响这些关系。此外，林栗的仲子林行知解经宗奉朱子，称言"朱公经学妙处，圣人不能易也"[②]。

总之，以往学界对朱林关系的论述存在偏差，大量似是而非、缺乏辩证的文献掩盖了历史的真相。本文通过史料钩稽辨析，去伪存真，力图澄清这一南宋政治史、思想史上的公案。

一、林栗家族的婚姻网络与士人交谊

以往学者焦点大多集中于林栗与朱熹论争，对于林栗的生平、家世、交游研究却鲜有涉及，实际这正是解开林栗与朱熹等道学人士关系的关键。林栗世

---

* 朱学博，重庆大学人文社科高等研究院副教授。

① 朱熹：《晦庵集》卷二八《与赵帅书》，朱杰人等编：《朱子全书》第 21 册，上海古籍出版社、安徽教育出版社 2002 年版，第 1254 页。

② 刘克庄：《刘克庄集笺校》卷一五六，中华书局 2011 年版，第 6141 页。

居福州，关于其家世与婚姻状况，今存最为重要的文献是陈宓为其子林行知所撰的行状、刘克庄撰写的林行知墓志。

据陈宓《朝散大夫直秘阁主管亳州明道宫林公行状》记载：林行知"九世祖居福州之长乐县，祖太中公徙居福清"，生林栗。林行知是林栗仲子，生于绍兴十九年（1149）。林栗有两位夫人，夏氏早亡，聂氏即林行知之母。林行知，字子大，"乾道、淳熙两举礼部不中，一意为古人为己之学。绍兴改元，始以简肃公恩授京秩，监湖州德清县户部犒赏库"①，后历任大理寺丞、永州知州、知广州兼广南东路经略安抚等。其妻郑氏是北宋名士郑侠之曾孙女。林行知有二子三女，据刘克庄《林经略墓志》载：

> 二子：长致诚，奉议郎知泉州惠安县；致广，朝奉郎知肇庆府。三女：长适承直郎镇南军节度推官洪搏，再适宣教郎大理评事任永年；次适通直郎知汀州长汀县黄普；次适某官知某县郑扬祖。②

值得注意的是，林栗三个孙女所嫁的对象，都是当时福建较有名望的士族。任永年的祖父是任文荐，字远流，闽县人，绍兴五年（1135）进士，历任监察御史、江西提举、浙东提刑，终秘阁签书知建宁府，以直节敢谏著称。黄普的祖父是黄祖舜，字继道，福清人。宣和六年（1124）进士，绍兴三十一年（1161）同知枢密院事，隆兴初以资政殿学士知潭州卒，谥庄定。郑扬祖的祖父郑丙，字少融，福州长乐人，绍兴十五年（1145）进士，积官至吏部尚书，终端明殿学士，谥简肃。

林氏本身就是福建大族，而南宋时期的福建又是士族名门繁盛之地。几个士族大姓数代之间的婚配联谊，构成了一张巨大的关系网络。此点对于研究人际交游、学术思潮和政治派系都有不可忽视的作用，尤其是在揭示林朱纠葛、林栗与道学人士关系上。

首先，值得辨明的是林栗与陈宓的关系。陈宓是福建兴化人，父亲是南宋名相陈俊卿。陈宓"少尝及登朱熹之门，熹器异之。长从黄榦游"③。陈宓不但是朱门正宗，还是南宋中期著名的理学家。他不仅为林栗之子撰写行状，还在文中赞扬林栗："清风直节，赫然为乾道、淳熙名臣。逮事三朝，八历帅守，丰功硕德，具载国史，最为孝宗所知。"④ 其实，林、陈两家的关系非比寻常。陈宓在

---

① 陈宓：《朝散大夫直秘阁主管亳州明道宫林公行状》，《全宋文》第305册，上海辞书出版社2006年版，第236页。
② 刘克庄：《刘克庄集笺校》卷一五六，中华书局2011年版，第6140页。
③ 脱脱等：《宋史·陈宓传》，中华书局1985年版，第12310页。
④ 陈宓：《朝散大夫直秘阁主管亳州明道宫林公行状》，《全宋文》第305册，上海辞书出版社2006年版，第236页。

林行知行状中说其与林行知"为中表兄弟"①。陈宓在为母亲聂氏撰写的行状中曾言及聂氏"闻林简肃公之贤,欲妻以女弟……以归简肃公"②。可知陈俊卿的夫人聂氏将自己的妹妹嫁给了林栗。当然,考虑到陈俊卿本身即是莆田人,又曾在福建各地历职,其与林栗应早以相识,才会有夫人素闻林氏之贤。

不仅如此,林栗和陈家后嗣数代还保持了联姻的关系。据方大琮为林栗之孙林致祥的墓志记载:

> (林致祥)娶陈氏,丞相正献公之孙,提举宗丞某之女,封宜人。男一人,进礼,迪功郎监庆元府昌国东监买纳盐场。女一人,适文林郎南雄州保昌县主簿陈璩,正献曾孙也。③

也就是说,林栗的孙子林致祥娶了陈俊卿的孙女。而林致祥的女儿,则又嫁给了陈俊卿的曾孙。如此频繁的家族内部通婚,可见林、陈两家之关系非比寻常。

其次,需要注意的是刘克庄与林栗的关系。上文提及,林行知的墓志铭由刘克庄撰写。刘克庄开篇即言:"故兵部侍郎简肃林公,在淳熙间号魁垒骨鲠之臣,危言劲气。"刘克庄家亦是莆田士族,其妻林氏是福清林瑑的女儿。刘克庄在为林瑑撰写的墓志中曾载:

> 配宜人黄氏,温陵人,通直郎轻之女,幼孤,随母聂夫人依简肃林公,简肃爱之如子。④

在刘克庄为亡妻撰写的祭文中也提及:"初秘阁公与黄宜人,夫妇贤闻一时。君清约似父,淑媛肖母。"⑤由此可知,刘克庄的岳母黄氏是林栗的女儿。林栗的妻子聂氏之前原有婚配,并有一女。后来再嫁林栗,林栗"爱之如子"。此外,还值得指出的是,刘克庄的母亲林氏是莆田林枅的侄女,林枅与林栗都是当时闽籍名臣,以方刚并称。刘、林两家都是闽中大族,世代联姻,关系繁复。而林枅也与朱熹友善,朱子文集中多有书信往来。

再次,为林栗撰写过祭文的黄榦,亦与林氏家族有千丝万缕的联系。除了上文提及与林行知为中表兄弟的陈宓是黄榦弟子之外,黄榦和林栗都与任文荐家有联姻。任氏是闽中大族,数代累有朝官循吏。如上所及,林栗的孙女嫁给了任文荐的孙子。而据朱熹为黄榦之父撰写的墓志铭中记载,其长女"适承议郎

---

① 陈宓:《朝散大夫直秘阁主管亳州明道官林公行状》,《全宋文》第305册,上海辞书出版社2006年版,第236页。
② 陈宓:《魏国太夫人聂氏行述》,《全宋文》第305册,上海辞书出版社2006年版,第255页。
③ 方大琮:《朝请大夫福建参议林公墓志铭》,《全宋文》第322册,上海辞书出版社2006年版,第311页。
④ 刘克庄:《刘克庄集笺校》卷一四九,中华书局2011年版,第5874页。
⑤ 刘克庄:《刘克庄集笺校》卷一四九,中华书局2011年版,第5861页。

江淮湖广路总领司干办公事任文茂"①，黄榦的姐姐嫁给了任文茂的儿子，而任文茂正是任文荐的族弟。在黄榦撰写的《太安人林氏行状》亦云：

> 为中奉大夫太常少卿讳文荐之妇，奉议郎知瑞金县讳道宗之配……昔先君御史于少卿为道义之交，于少卿族弟为姻连之好。②

黄榦的父亲与任文荐更是"道义之交"，关系密切。此行状中所述的任文荐的媳妇"太安人林氏"，即长乐林氏。总之，林栗、黄榦家族几代人间互相认识，黄榦愿意代人撰写林栗的祭文，并对林栗多有赞誉，亦在情理之中了。

此外，为林栗之孙林致祥撰写墓志的方大琮，也与林家有姻亲关系。据刘克庄的《方阁学墓志》记载，方大琮"娶林氏侍郎简肃公栗之孙"③。方大琮在林致祥墓志中亦言："余妇，公女弟也。余从公游几四十年，亲爱如一日。"④方大琮不但是林致祥的妹夫、刘克庄的挚友，而且崇奉朱子之学，曾"按朱氏所定礼，更造冕服、爵俎、樽罍、笾豆、簠簋……行释菜者十，乡饮者三"⑤。他在墓志中也盛赞林栗"乾道淳熙中名臣"，"以文学行义，为世儒宗"。⑥

南宋著名词人王炎也对林栗崇敬有加。王炎也是婺源人，与朱熹、张栻皆关系友善。而王炎曾在宁宗朝特别刊刻过林栗的奏疏，并称赞"文章雅健，议论鲠切"。在《林待制奏议序》中，王炎还特别谈到与林栗关于经学有所论辩：

> 淳熙癸卯秋，三山林公帅长沙时，某承乏泮，林公察其不谄，又喜其稍有志于学也，而尽出诸经解示某。所见有未合，或反复论辩。公虽不能皆从，而亦不以为非。⑦

淳熙癸卯是淳熙十年（1183），大体是林栗进上《周易解》《春秋解》的前一二年。从王炎所说的"所见有未合，或反复论辩"，"公虽不能皆从，而亦不以为非"之言看，林栗的学说不止朱门学者反对，王炎也有所论辩。但学术分歧并不影响私人交谊，王炎终身服膺林氏之品格，以至于在其逝世之后，见到奏议遗文，便鸠工刊刻，并称"公少有俊声……指陈时事，辩明得失，其言切而不浮，直而不诡。大抵通达之识，劲正之气，悃款之诚，与汉贾太傅谊、刘中垒向、唐陆宣公贽，可以相为后先。"

① 朱熹：《晦庵集》卷九三《朝散黄公墓志铭》，《朱子全书》第 25 册，上海古籍出版社、安徽教育出版社 2002 年版，第 4288 页。
② 黄榦：《太安人林氏行状》，《全宋文》第 288 册，上海辞书出版社 2006 年版，第 424 页。
③ 刘克庄：《刘克庄集笺校》卷一五一，中华书局 2011 年版，第 5967 页。
④ 方大琮：《朝请大夫福建参议林公墓志铭》，《全宋文》第 322 册，上海辞书出版社 2006 年版，第 311 页。
⑤ 刘克庄：《刘克庄集笺校》卷一五一，中华书局 2011 年版，第 5967 页。
⑥ 方大琮：《朝请大夫福建参议林公墓志铭》，《全宋文》第 322 册，上海辞书出版社 2006 年版，第 311 页。
⑦ 曾枣庄主编：《宋代序跋全编》卷四〇，齐鲁书社 2015 年版，第 1073 页。

综上，由于姻连的关系和地缘士族的交谊，林栗家族与福建许多大族士人之间都有不错的关系。何况自林栗"出入中外，林氏遂为福清闻家"，"风流典刑，世守不坠"。[①] 而朱熹本身长期在福建生活，门人弟子也多有八闽之人。这些亲族和私交的联系，使得尽管朱、林之间曾互相弹劾、攻驳，但林栗与朱门并没有势同水火，成为敌对。毕竟在当时与朱熹论争攻辨的士人极多，并非都是仇敌。于此，无怪乎罗点在给陆九渊的书信中曾言说朱林之事"自家屋里人，自相矛盾"。[②]

二、林栗对道学的态度

以往学界多因林栗弹劾朱熹，将林栗归于反道学派，这是一种错误观点。林栗并不反对道学，他与许多南宋理学家有不错的关系。当然，林栗与闽中士人的联姻、交谊并不能论证其学术和政治上的思想。即便是同一家庭成员，也有可能存在截然不同的理念，甚至成为政治上的敌对。所幸，现存的文献可以佐证林栗不反道学。

首先，林栗在乾道初年知江州时，曾主持刊刻过周敦颐文集，并修缮了周敦颐的祠堂，对周氏和道学颇有赞誉。他为此还撰写过《江州州学先生祠堂记》，文中言：

> 始予读河南程氏兄弟语录，闻周茂叔先生道学之懿。其后阅苏端明、黄太史所作濂溪诗，而想见其为人。及来九江，前武学博士朱熹元晦自建宁之崇安以书至曰："濂溪先生，二程之师也，身没而道显，岁久而名尊。今营道、零陵、南安、邵阳皆已俎豆泮宫，江独未举，顾非阙与？"予闻之矍然。适会先生之曾孙直卿来访，敬请其象与其遗文，并《通书》《拙赋》而读之，曰："此之谓立言者也，可无传乎？"亟鋟诸板而绘事于学宫，使此邦之人知所矜式。[③]

由此文可知，林栗在乾道初年与朱熹关系不错，朱熹致信建议在九江设祠祭祀，而林栗欣然接受。林栗明确称赞"周茂叔先生道学之懿"，并对其《通书》《拙赋》等文章表示欣赏。林栗认为在此设祠祭祀，弘扬周氏之学，则九江士人"见中庸之门户，入诚明之阃奥，其必自是始矣"。此外，行文之中，林栗对于二程也显示出好感，更言："（茂叔）先生之道，传于二程，其所成就伙矣。"

---

① 方大琮：《朝请大夫福建参议林公墓志铭》，《全宋文》第 322 册，上海辞书出版社 2006 年版，第 311 页。
② 陆九渊：《陆九渊集》卷一三，中华书局 1980 年版，第 178 页。
③ 周敦颐：《周敦颐集·附录》，岳麓书社 2007 年版，第 207 页。

众所周知，周敦颐是北宋四子之首，宋代理学的开山鼻祖。林栗为周氏建祠设像、刊刻文集，对二程继承周氏之道学也表示赞赏，更明确说"道学之懿"。林栗又岂是反对道学之人？

其次，林栗在撰写《周易经传集解》时，曾多处援引过程子《易传》的解说。皆是立足于学术研究的客观态度，凡其认为程氏解说不足的则加以辩证，对于程氏解说妥帖有理的则赞同采用。譬如复卦"七日来复，利有攸往"，林栗言：

> 七日之义，诸家纷然不同。大率言自剥至复为七日，皆失之矣。而六日七分，尤为缪妄。惟伊川程氏曰："姤七变而为复。"临川王氏曰："阴阳之往复，以日论之可也，以月以岁论之可也。"今取之。①

汉唐以来有关"七日来复"的解释众说纷纭，上所引"剥至复为七日"为王弼所主，而郑玄引《易纬》有"六日七分"之说。侯果称"古人呼月为日"，"五月天行至午，阳复而阴升也。十一月天行至子，阴复而阳升也。天地运往，阴阳升复，凡历七月，故曰七日来复"。大都为了落实"七日"这一具体时间而演绎。程颐本于卦象，不拘于日月卦气诸说，申言："消长之道，反复迭至。阳之消至七日而来复。姤，阳之始消也，七变而成复，故云七日，谓七更也。"② 姤卦唯最下一阴，其余皆阳爻。复卦相反，唯最下一阳爻，其余皆阴。程氏七变之解，可备一说。

此外，在《大有》"匪其彭"句下，林栗引程颐之言："彭盛貌。诗曰'行人彭彭''驷骥彭彭'，皆盛多之谓也。"认为此解于义为长。③ 而颐卦亦引程氏"谨言语以养德，节饮食以养体，皆颐之义也"④ 申说主旨。据林栗《周易经传集解》前所附的进表衔名记载，此书是"淳熙十二年四月二十六日知潭州"时进呈朝廷。五年之后，绍熙元年（1190）林栗即逝世。可以说，此书是林栗易学的定论，代表了其晚年的思想。此书不但没有表现出林栗对道学的反感，反而体现了他对程颐学说熟稔和相信。

除了林栗本人所表现出的对周敦颐、程子的尊敬和认同，其子林行知更是对朱子之学崇信有加。据刘克庄所撰林行知墓志记载：

> （林行知）示余以所笺《诗》数则，多与朱氏《本义》同。余曰："公亦宗考亭乎？"公曰："朱公经学妙处，圣人不能易也，况学者乎？"⑤

林行知在批注《诗经》时，不但采用朱子之说，更尊称"朱公经学妙处，圣

---

① 林栗：《周易经传集解》卷一二，文渊阁四库全书本。
② 程颐：《周易程氏传》卷二，中华书局2011年版，第134页。
③ 林栗：《周易经传集解》卷七，文渊阁四库全书本。
④ 林栗：《周易经传集解》卷一四，文渊阁四库全书本。
⑤ 刘克庄：《刘克庄集笺校》卷一五三，中华书局2011年版，第6141页。

人不能易"，可以说林栗推崇朱子到无以复加之地。

综上，林栗本人并不反对道学，对北宋道学宗师周敦颐、程颐等亦有所推崇。林栗刊刻周敦颐文集，建祠设像祭祀，在自己的易学著作中相信《伊川易传》之说，其子崇奉朱熹之学，林氏数代人亦与朱门及诸多理学人士有所交游甚至联姻。凡此种种，皆可证明林栗不是反道学派。

三、朱林之争与林栗反道学形象的形成

那么，以往学界因何误将林栗划入反道学派？仔细推究，主要有两点原因。一者，林栗文集亡佚，生平史料缺略较多，学界对其并无专门的研究，诸多碎片化的史料没有辑考，以讹传讹，多有似是而非的论断。二者，南宋叶适、李心传的片面说法塑造了林栗反道学的形象。后来，随着朱熹道统地位的加强，林栗因为曾弹劾朱子，所以其反对道学、攻击朱子的污名成为后代的定论。

首先，最先宣说林栗是反道学派的是叶适的奏章。淳熙十五年（1188），林栗因为与朱熹的矛盾上书弹劾。原本林栗弹劾是事由是朱熹前度除兵部郎官，却"只欲回就江西提刑"，"不肯赴部供职"，攻击其轻慢郎选之职，"傲睨累日"。[1] 此本与道学无关，但林栗又在奏章中写道：

> 熹本无学术，徒窃张载、程颐之绪余，以为浮诞宗主，谓之道学，妄自推尊。所至辄携门生十数人，习为春秋战国之态，妄希孔孟历聘之风。绳以治世之法，则乱臣之首也……既经陛对，得旨除郎，而辄怀不满，傲睨累日，不肯供职，其作伪有不可掩者，是岂张载、程颐之学教之然也？[2]

正是由于林栗的上书中言及"浮诞宗主，谓之道学"，所以叶适愤然作《辩兵部郎官朱元晦状》，反驳林栗的"道学"之论：

> 凡栗之辞，始末参验，无一实者。至于其中"谓之道学"一语，则无实最甚。利害所系，不独朱熹，臣不可不力辨。盖自昔小人残害忠良，率有指名。或以为好名，或以为立异，或以为植党。近创为"道学"之目，郑丙倡之，陈贾和之。居要津者，密相付授。见士大夫有稍慕洁修，粗能操守，辄以道学之名归之。以为善为玷阙，以好学为己愆。相与指目，使不能进。[3]

以往宋史学界对孝宗朝这一时期的党争多有讨论，尤其是《朱熹的历史世界》一书中所述的官僚集团与道学士大夫集团之间的交攻斗争最为翔实。由于官

---

① 叶适：《叶适集》卷二，中华书局 2010 年版，第 17 页。
② 脱脱等：《宋史·林栗传》，中华书局 1985 年版，第 12031 页。
③ 叶适：《叶适集》卷二，中华书局 2010 年版，第 17 页。

僚派巧立名目，排沮道学人士，使得叶适非常警惕，见到林栗又拈出道学结党之说，便极力反驳，将其与反道学派的郑丙、陈贾联系起来。

随后，与理学人士有所交谊的御史胡晋臣也上书弹劾林栗，指责其："执拗不通，喜同好异，无事而指学者为党，此最人之所恶闻者。"① 后林栗被罢，出知明州。而南宋后期的重要文献史料，如李心传的《建炎以来朝野杂记》和《道命录》都将林栗描绘为反对道学的典型。《建炎以来朝野杂记》中的"道学兴废"条中特别记载：

> 林侍郎栗劾其欺慢，且诋道学之士，乃乱臣之首，宜加禁绝。林虽罢去，而士大夫讥贬道学之说，迄不可解，甚至以朋党诋之，而邪正几莫能辨。②

随后樵川樵叟的《庆元党禁》直接据李心传《建炎以来朝野杂记》开列了"攻伪学人"名单，其中正有林栗之名。

实际上，复核林栗的奏章，其虽夸大张皇，说朱熹及其门徒"习为春秋战国之态，妄希孔孟历聘之风"，但从未说过"伪学"的名目，此和后来的庆元党禁指朱子为"伪学"而兴起党禁有很大不同。若细致玩味林栗的行文，其斥责朱熹"本无学术，徒窃张载、程颐之绪余，以为浮诞宗主，谓之道学，妄自推尊"。这里林栗似乎并未说反对道学，其所反的是假借道学"妄自推尊"的"浮诞宗主"，他看不惯的是朱熹携众多门徒"习为春秋战国"的历聘之态。

其实，宋代弹章夸大其词、危言耸听是常见的套路。浏览宋人的奏疏就会发现，宋代一些小事往往上升到乾纲大节的高度，宋人弹劾他人动辄欺君冈上、罪大恶极，最后实际处理不过贬一官、夺一职。林栗前文把朱熹说得一无是处，又说是"乱臣之首"，最后奏章所要求朝廷的不过是将"熹新旧任指挥并且停罢，姑令循省，以为事君无礼者之戒。"③

林栗与朱熹的矛盾，一方面有学术上的分歧，之前论《周易》《西铭》抵牾，造成两人失和；另一方面是性格因素，朱、林二人性格都颇为执拗刚硬。朱熹的性格刚毅，即便是对陆九渊、吕祖谦等也多有尖锐的批评。而林栗的性格，上文朋友姻亲的正面叙述是"直节赫然""魁罍骨鲠"。《宋史》中言"栗为人强介有才，而性狷急"，而弹劾林栗的胡晋臣则言其"执拗不通"。大体而言是性格急躁拗硬的。

刘克庄曾经问林栗之子林行知"简肃素贤朱公，晚有异论何耶"，林行知答曰：

---

① 李心传：《建炎以来朝野杂记》乙集卷八，中华书局 2000 年版，第 636 页。
② 李心传：《建炎以来朝野杂记》甲集卷六，中华书局 2000 年版，第 138 页。
③ 脱脱等：《宋史·林栗传》，中华书局 1985 年版，第 12031 页。

吾翁有殊眷，朱公负重名。当轴皆礼貌之，内不善也。及翁被夏卿之擢，朱辍臬事而留，俱出独断，不由启拟。当轴愈恚，知二人素刚不相下，翁又新与朱公论《易》撑拄，遂除朱公为兵部郎。二人果以不咸皆去，卒如当轴所料。①

这里所言的"当轴"，即当时的宰相周必大。推敲林行知所言，正是周必大利用了朱林二人"素刚不相下"，又论《易》失和，故意将朱熹任命到林栗手下作兵部郎官，遂有了后来纠葛纷争。

而在朱林论学之争中，朱熹可能确实出言挖苦讽刺过林栗，激化矛盾。所以事后朱熹在给弟子陈孔硕的信中，也曾反省言：

向来辨论，理非不直，所自愧者，初无恳恻之意，而以戏侮之心出之，所以召怨而起闹也。②

朱熹自己作为当事者的反思是非常值得重视的，"戏侮召怨"恐怕正是后来林栗怒上弹章攻击朱熹的主要因素。毕竟二人之间虽然论学不和，但至少在乾道年间还友好地互通书信。而朱熹和林栗论《易》《西铭》等争论失和，"戏侮召怨"亦恰好就在其淳熙十五年（1188）入对前夕。二人方结新怨，朱熹就被任命到林氏手下，也无怪乎朱熹推辞不受。本就性情急躁的林栗又正值怒气，遂上书弹劾。

随后时过境迁，朱熹反而能平易客观地看待林栗之学说。《朱子语类》中还记载过这样一段对话：

杨敬仲有《易论》。林黄中有《易解》《春秋解》，专主左氏。或曰："林黄中文字可毁。"先生曰："却是杨敬仲文字可毁。"③

杨敬仲即是慈湖先生杨简，陆九渊一派颇有盛名的学者。朱熹与陆九渊一派虽学术相异，但并无类似林栗这样的纠葛纷争。结果朱熹反而认为林栗的著述可存，杨简的可毁。

综言之，朱林的纠纷主要是意气之争，并非道学派与反道学派的党派之斗。两人争执怨怼和朱熹任职兵部间隔时间较短，"当轴"的算计离间有关。林栗成为排沮朱熹出朝的枪手。但通过上文的论证，无论是朱熹，还是当时的众多理学人士，并没有视林栗为反道学派。而刘克庄所言的"简肃素贤朱公，晚有异论"，罗点对陆九渊说的"朱、林之事，自家屋里人，自相矛盾"。凡此种种，都

---

① 刘克庄：《刘克庄集笺校》卷一五三，中华书局 2011 年版，第 6141 页。
② 朱熹：《晦庵集》卷四九《答陈肤仲》，《朱子全书》第 22 册，上海古籍出版社、安徽教育出版社 2002 年版，第 2270 页。
③ 黎靖德辑：《朱子语类》，中华书局 1986 年版，第 2985 页。

说明大家把林栗看作同一阵营的人。最初仅是叶适的奏章，把林栗和反道学联系在一起，南宋后期推尊道学的李心传、樵川樵叟等直接将林栗叙述为与庆元党禁一样打击朱熹的形象。后来，随着朱子地位的提高，理学人士在叙事中不断强化林栗这一标签，使得林栗是反道学派成为一种思维定式。其实，当时陆九渊看到叶适、胡晋臣等弹劾林栗的奏章时，就说过："近见台端逐林之辞，亦重叹其陋。群儿聚戏，杂以狷狡，尚何所望"①

四、结语：道学叙事下的历史失真

如上文所述，林栗负面的历史形象，是在数代道学家的叙事中塑造定型的。由于理学的兴盛，后代所谓"清议"和"醇儒"型的士大夫成为学术和政治的正统，掌握舆论的主导和历史的叙事，与理学人士意识形态相左的史料逐渐被掩盖而淡出人们视线，批评林栗的叙述不断加强，最终使得其攻击朱熹、反对道学的标签，成了后代历史的定论。其实，回归于当时的文献史料，重新钩稽林栗真实的历史形象，可以惊讶地发现，除了在晚年弹劾朱熹这一件事外，林栗所有的历史形象都是积极正面的。

林栗在高、孝两朝，颇以主战抗金、清介直谏闻名。高宗绍兴三十一年（1161），金人南下，林栗曾上书宰相言："敌人于我有不共戴天之仇……今日计宜敕诸将，进军临之。别遣重兵，分出泗亳颍寿，规取汴京，截其归路。"②孝宗初隆兴议和，宋金约为叔侄之国，林栗上书反对，又言到："今日之和，臣不知其说也。宗庙之仇，而事之以弟侄，其忍使祖宗闻之乎！"③此外，林栗还曾上书孝宗，直言近幸臣、权臣之弊，甚至有"以鹿为马、以鸡为鸢"之语。执政诉于孝宗，谓："林栗诋诬臣等，臣实不愿与之同朝。"乃出知江州。④

而除了上文所述林栗与闽中理学人士的联姻、交谊，林栗还与同当时众多名士有所交游论学、诗词唱和，并受到赞美。陆游曾言："林公栗以直得名，临事刚果。"⑤王十朋赠其诗赞云："出处平时正且严，犹于瓜李谨疑嫌。"与朱门关系亲密的林亦之也与其颇有诗词往还，就在朱、林之争前夕林栗为湖南安抚使时，林亦之赠诗称赞："平生孤节人难到，自此一番名愈闻。"

此外，林栗还曾撰写过胡铨的遗事。胡铨在高宗朝以抗金主战、力抗秦桧

① 陆九渊：《陆九渊集》卷一三，中华书局1980年版，第178页。
② 李心传：《建炎以来系年要录》卷一九五，中华书局1988年版，第3293页。
③ 脱脱等：《宋史·林栗传》，中华书局1985年版，第12031页。
④ 脱脱等：《宋史·林栗传》，中华书局1985年版，第12031页。
⑤ 陆游：《朝奉大夫张公墓志铭》，《全宋文》第223册，上海辞书出版社2006年版，第243页。

闻名。虽然林栗此作今已不存，但杨万里撰《诚斋集》中有《跋林黄中书忠简胡公遗事》一文，其言："（林栗）所书澹庵先生遗事，当万里作行状时所未闻者。岂特某所未闻，其子孙亦所未闻也……兹不谓大丈夫乎？"[1] 遗事主要记述胡铨直言极谏，主战抗金。显然，杨万里对于林栗亦是有所敬重的。

林栗除了在湖南、夔州颇有政声外，晚年在明州任上也留有美称，史书中将其与林枅、林大中并称"三林"[2]。正如上文所述，即便是与朱熹友善的王炎，也感叹林栗"临大节之际，如底柱屹立。招之不来，麾之不去，不可诬也"。到了宁宗朝依然"思公之贤"，而为其刊刻奏议遗文。于此回顾陈宓所言林栗"清风直节，赫然为乾道、淳熙名臣。逮事三朝，八历帅守，丰功硕德，具载国史，最为孝宗所知"。虽然这样的赞美难免有夸大之嫌，但或许"逮事三朝，八历帅守"，以刚强狷急、主战敢谏著称的那位乾道、淳熙名臣，才更符合林栗的真实形象。

---

① 杨万里：《杨万里集笺校》卷一〇〇《跋林黄中书忠简胡公遗事》，中华书局 2007 年版，第 3818 页。

② 楼钥：《资政殿学士正惠林公神道碑》，《全宋文》第 265 册，上海辞书出版社 2006 年版，第 358 页。

高似孙《剡录·书》考论

——兼论《剡录》所引唐前佚籍的来源

周日蓉 *

高似孙字续古，号疏寮，原籍鄞县（今属浙江宁波），随其父高文虎迁居嵊县（今属浙江嵊州）。淳熙十一年（1184）进士，历任会稽县主簿、秘书省校书郎、徽州通判、江阴军知军、处州知州等职。一生耽于著述，但多有散佚[①]。

宁宗嘉定七年（1214），受当时嵊县（今属浙江绍兴）县令史安之所托，高似孙编纂《剡录》十卷，"凡山川城池、版图官治、人杰地灵、佛庐仙馆、诗经画史、草木禽鱼，无所不载"[②]，"全书皆序述有法，简洁古雅，迥在后来《武功》诸志之上"[③]，堪称宋元名志，对后世方志的编纂产生了深远的影响。尤其是其卷五《书》一门，收录寓居、游历剡地人士及其著作四十二种，开后世方志著录书目之风气。

然而，前辈学者于《剡录·书》所收书之作者及其特点、史料之来源的认识，多有疏漏、未尽之处。此外，前人于《剡录》所引唐前佚籍的来源，亦存有错误认识，故本文拟就这些问题，试作探考。

一、《剡录·书》所收书籍之作者及特点

较早对《剡录·书》所收书之作者进行统计的是姚名达，其《中国目录学史》云："其所谓'书'者，乃罗列戴逵、阮裕、王羲之、谢玄、孙绰、许询、支遁、秦系、吴筠、灵澈、郑言、谢灵运、顾欢、葛仙翁十四人著作。"[④] 之后的目录学著作大多沿袭此说，如王欣夫《文献学讲义》、吕绍虞《中国目录学史稿》、李瑞良《中国目录学史》、乔衍琯《宋代书目考》等。实际上，姚氏所列十四人，其总

---

* 周日蓉，西北大学文学院博士后。

① 高似孙之著作尚存者，目录类有《史略》六卷、《子略》四卷，方志类有《剡录》十卷，杂纂类有《纬略》十二卷、《蟹略》四卷、《砚笺》四卷，诗文及诗文评类有《疏寮小稿》一卷及《补遗》一卷、《骚略》三卷、《剡溪诗话》一卷，抄辑类有《文选句图》一卷、《文苑英华纂要》四卷等等。详见黄慧鸣《高似孙的生平及其著作》，复旦大学 2000 年硕士学位论文。

② 高似孙：《剡录》，载《高似孙集》，浙江古籍出版社 2015 年版，第 20 页。

③ 纪昀等：《钦定四库全书总目》，中华书局 1997 年版，第 930 页。

④ 姚名达：《中国目录学史》，上海古籍出版社 2002 年版，第 329 页。

数虽不误，但实则漏载一人，误载一人。《剡录·书》著录有戴颙《中庸传》等书，可知"戴颙"为姚氏漏载；又著录有《阮裕别传》一书，姚氏误以为"阮裕"所撰而误载。

《剡录·书》所收书籍之特点，前辈学者大多以"剡地学人著作"或"与剡地有关人物的著作"笼统概括之。① 值得注意的是，除郑言外，《剡录》卷三《先贤传》于戴逵、王羲之等十三人均有传，然而"此录述《先贤传》而不及宋代人物，其所录王谢诸公，游迹虽尝至剡，亦非剡产"②，可见戴逵、王羲之等十三人实乃寓居或游历剡地者。

至于郑言，其籍贯无考，《新唐书·艺文志》史部杂事类著录其所著《平剡录》一卷，注云："裘甫事。言，字垂之，浙西观察使王式从事，咸通翰林学士、户部侍郎。"③ 可知，《平剡录》乃记咸通初（860）王式平定裘甫叛乱之事。

除上述十四人的著作外，《剡录·书》还著录《阮裕别传》《王羲之别传》《戴氏谱》《阮裕别传》《阮氏谱》《支遁传》等与这十四人有关的传记或谱牒。

因此，综合上述考察，我们大体可将《剡录·书》所著录的四十二种文献分为三类：一是，寓居、游历剡地人士的著作，如戴逵《五经大义》、谢灵运《连珠集》等；二是，与寓居、游历剡地人士有关的著作，传记类如《阮裕别传》《王羲之别传》等，谱牒类如《王氏家谱》《谢氏家谱》等；三是，与剡地有关的著作，如郑言《平剡录》。

二、《剡录·书》著录书籍之史料来源

关于《剡录·书》所著录的四十二种著作的史料来源，前人大多未加措意，唯张秀民《〈剡录〉跋》一文称：

> 所列戴逵戴颙父子、王羲之、谢灵运等著作四十二种，疑多转录隋、唐《经籍志》，非高氏所能见也。④

张氏"疑多转录隋、唐《经籍志》"虽为推测之语，但并非毫无根据。例如，戴逵《老子音》一卷，《隋书·经籍志》子部道家类著录云："梁有《老子音》一卷，晋散骑常侍戴逵撰，亡。"⑤ 除此之外，唐宋公私书目未见有著录者。由是，戴逵

---

① 例如，李瑞良：《中国目录学史》云："所谓书，就是列举戴逵、阮裕、谢玄、谢灵运等当地历代文人十四家的著作。"详见李瑞良《中国目录学史》，文津出版社 1993 年版，第 251 页。
② 钱大昕：《跋剡录》，载《嘉定钱大昕全集》（增订本）第九册，凤凰出版社 2016 年版，第 494 页。
③ 欧阳修、宋祁等：《新唐书》，中华书局 1975 年版，第 1469 页。
④ 张秀民：《〈剡录〉跋》，《文献》1986 年第 3 期，第 105—106 页。
⑤ 魏徵等：《隋书》，中华书局 1973 年版，第 1000 页。

《老子音》在唐初便亡佚不存，《剡录·书》显然是据《隋书·经籍志》而著录。

　　然而，《剡录·书》中所著录的文献，有的虽见于《隋志》、两《唐志》，但其书名、卷数等多有不相符之处，如《剡录·书》著录吴筠《玄纲》一卷，《新唐书·艺文志》则著录作《玄纲论》三卷。此外，《剡录·书》所著录的书籍中，亦有不见《隋志》、两《唐志》著录者，如《戴氏谱》《阮裕别传》《阮氏谱》《支遁传》等。由此看来，《剡录·书》的史料来源当不仅限于《隋志》、两《唐志》。下面，我们就《剡录·书》中所著录的文献，按是否见于《隋志》、两《唐志》著录者，分为两个部分，对其史料来源进一步探讨。

（一）见于《隋志》、两《唐志》著录者

　　《剡录·书》中所著录的文献，见于《隋志》、两《唐志》著录者有三十部，具体见表1。表中"×"表示没有著录，"○"表示著录基本相同者，文字注明著录略有差异之处。

表 1　《隋志》《旧唐志》《新唐志》著录《剡录·书》各文献情况表

《剡录·书》	《隋志》	《旧唐志》	《新唐志》
戴逵五经大义三卷	○	×	×
戴逵老子音一卷	○	×	×
戴逵纂要一卷	○	×	×
戴逵竹林七贤论	○二卷	○二卷	○二卷
戴逵集十卷	○九卷	○十卷	○十卷
戴颙中庸传一卷	○礼记中庸传二卷	○礼记中庸传二卷	○中庸传二卷
戴颙月令章句十二卷	×	○	○
戴氏琴谱四卷	○	×	×
王羲之集九卷	○九卷	○五卷	○五卷
谢玄集十卷	×	○	○
孙绰集十五卷	○	○	○
许询集三卷	○	○	○
支遁集八卷	○八卷	○十卷	○十卷
谢灵运集十五卷	○十九卷	○	○
谢灵运七集十卷	○	○	○
谢灵运赋九十二卷	○赋集	×	×
谢灵运连珠集五卷	○	○	○
谢灵运集钞十卷	○诗集钞	○诗集钞	○诗集钞
谢灵运集诗五卷	○诗集五十卷	○诗集五十卷	○诗集五十卷
谢灵运诗英九卷	○九卷	○十卷	○十卷
谢灵运游山志一卷	○游名山志一卷	×	×
谢灵运山居志一卷	○居名山志一卷	×	×
葛仙翁神仙传十卷	○葛洪	○葛洪	○葛洪
谢氏家谱一卷	×	×	○

《剡录·书》	《隋志》	《旧唐志》	《新唐志》
王氏家牒十五卷	×	×	○
王氏家谱二十卷	×	×	○
秦系诗一卷	×	×	○
吴筠玄纲一卷	×	×	○玄纲论三卷
灵澈诗十卷	×	×	○僧灵澈诗集十卷
郑言平剡录一卷	×	×	○

根据表 1 所列，我们大体可以判断出这三十部书的著录依据主要来源五个方面：

第一，既见于《隋志》，亦见于两《唐志》者，有《七集》《孙绰集》《许询集》《竹林七贤论》《神仙传》《连珠集》等。另外，《谢灵运集钞》十卷、《谢灵运集诗》五卷或即为《隋志》、两《唐志》著录之《谢灵运诗集钞》十卷、《谢灵运诗集》五十卷，书名、卷数略有差异，盖因传写之误。

第二，据《隋志》者。其中，仅见于《隋志》著录者，有《五经大义》《老子音》《纂要》《戴氏琴谱》，至于《谢灵运赋》《游山志》《山居志》等则与《隋志》略有差异，盖传写之省。另外，《王羲之集》九卷、《支遁集》八卷、《谢灵运诗英》九卷，其卷数与《隋志》同，而与两《唐志》不符，当是据《隋志》著录。

第三，据两《唐志》者。《戴逵集》十卷、《谢灵运集》十五卷，其卷数与两《唐志》同，而与《隋志》不符，当是据两《唐志》著录。

又，戴颙《月令章句》十二卷。《隋志》著录有蔡邕撰《月令章句》十二卷，而不著录戴颙《月令章句》。两《唐志》著录情况则恰好与之相反。姚振宗《隋书经籍志考证》卷四云："按《旧志》因后一条有戴颙《中庸传》二卷，遂以声近而误，《新志》沿讹，失于刊正，此实蔡氏书也。"[1] 按，蔡为泰韵，戴为代韵，音近；邕为影母钟部字，颙均为疑母钟韵字，音同。又，《晋书》《南齐书》《隋书》等正史之《礼志》《天文志》《律历志》以及《文选》李善注、《后汉书》李贤注、杜佑《通典》和唐宋类书等等，均引作蔡邕《月令章句》，而不见有指称戴颙《月令章句》者，亦可证。由此可见，《剡录·书》著录戴颙《月令章句》十二卷，乃沿袭两《唐志》之误。

第四，据《新唐志》者，有《谢氏家谱》《王氏家牒》《王氏家谱》《秦系诗》《灵澈诗》《平剡录》等。又，戴颙《中庸传》一卷，《隋志》《旧唐志》均著录作"《礼记中庸传》二卷"，《新唐志》则作"《中庸传》二卷"。据书名，《剡录·书》当是据《新唐志》著录，而其卷数作"一卷"者，或因传写之讹。

---

① 姚振宗：《隋书经籍志考证》，清华大学出版社 2014 年版，第 183 页。

第五，《剡录·书》著录吴筠《玄纲》一卷，《新唐志》则著录作《玄纲论》三卷。按，《新唐书·隐逸传·吴筠》："玄宗遣使召见大同殿，与语甚悦，敕待诏翰林，献《玄纲》三篇。"①《新唐志》当是据此补录，并改篇为卷，然而《崇文总目》《直斋书录解题》《宋史艺文志》等均著录作一卷。由此看来，《剡录·书》当是参考了《隋志》、两《唐志》以外的材料。

（二）不见于《隋志》、两《唐志》著录者

《剡录·书》中所著录的书籍，不见于《隋书·经籍志》《旧唐书·经籍志》《新唐书·艺文志》著录者共十二部，分别为《戴氏谱》《阮裕别传》《阮氏谱》《支遁传》《王氏世家》《王羲之别传》《戴逵别传》《支遁经论》《葛仙翁别传》以及戴颙《逍遥论》、秦系《注老子》、顾欢《政纲》。

值得注意的是，这些书如《戴氏谱》《阮裕别传》《阮氏谱》《支遁传》等，多为《剡录》中的《先贤传》《古奇迹》所征引。对于《剡录》所引的这些唐前文献的来源，张秀民《〈剡录〉跋》云：

> 《剡录》所收唐以前资料丰富……又引《晋中兴书》《晋阳秋》《支遁别传》《元嘉起居注》《宋明帝文章志》《阮氏谱》等，均为唐以前古籍，今皆亡佚，或为其父藏书寮中旧物，可供辑佚者之资。②

张氏"或为"之论，当是推测之辞。有关高文虎藏书之事，史籍所记甚少，唯《剡录》卷八《物外记·僧庐》"明心院"条记载云："寺之南麓，先公翰林所藏，山有藏书寮，又有雪庐、玉峰堂、香堂。"③后世之记载如《（万历）绍兴府志》《（雍正）浙江通志》等，大都本于此。张氏的推论，显然亦是据《剡录》而来，而缺乏其他具有说服力的证据。更何况，跋文中所举的《晋中兴书》一书，在宋初时便已散佚④，高似孙不可能亲观原书，因此"为其父藏书寮中旧物"之说，难以令人信服。

那么，不见于《隋志》、两《唐志》著录的《戴氏谱》《阮裕别传》《阮氏谱》《支遁传》等书，《剡录·书》著录依据究竟是从何来？解开这一谜题，对于深入认识《剡录·书》的编纂方法，明确《剡录》所引唐前佚籍的来源，准确评价《剡录》本身和价值，都将有重要意义。

由于文献不足，《戴氏谱》《阮裕别传》等十二部书的史料来源，不能一一详考。但是，我们可以通过《剡录》之《先贤传》《古奇迹》等所征引的文本，揭示

---

① 欧阳修、宋祁等：《新唐书》，中华书局 1975 年版，第 5604 页。
② 张秀民：《〈剡录〉跋》，《文献》1986 年第 3 期，第 105—106 页。
③ 高似孙：《高似孙集》，浙江古籍出版社 2015 年版，第 155 页。
④ 详见杨朝明：《试论汤球的〈九家旧晋书辑本〉》，载汤球辑、杨朝明校补《九家旧晋书辑本》，中州古籍出版社 1991 年版。

部分来源。

1.《戴氏谱》一卷

《戴氏谱》一卷,《隋志》、两《唐志》均未见著录。《剡录》所引《戴氏谱》,见卷三《先贤传·人士》"戴逯"条:

> 逯既厉操东山,而其兄逯欲建式遏之功。《戴氏谱》曰:"逯字安直,谯国人。祖硕,父绥,有名位。逯以武勇显,有功,封广陵侯,仕至大司农。"谢曰:"卿兄弟志业,何其太殊?"逯曰:"下官'不堪其忧',家弟'不改其乐'。"①

按,《世说新语·栖逸》云:

> 戴安道既厉操东山,……而其兄欲建式遏之功。《戴氏谱》曰:"逯字安丘,谯国人。祖硕,父绥,有名位。逯以武勇显,有功,封广陵侯,仕至大司农。"谢太傅曰:"卿兄弟志业,何其太殊?"戴曰:"下官'不堪其忧',家弟'不改其乐'。"②

《剡录》所引《戴氏谱》之文字与《世说新语·栖逸》同,唯"丘"误作"直",盖形近之误。《晋书·谢玄传》云:"戴逯字安丘,处士逯之弟,并骁果多权略。逯厉操东山,而逯以武勇显。谢安尝谓逯曰:'卿兄弟志业何殊?'逯曰:'下官不堪其忧,家兄不改其乐。'"③作"丘"者为是。然《晋书》"逯"作"逯""家弟"作"家兄",又言"逯之弟",与《世说新语·栖逸》《剡录》不同。又,《剡录》此条正文与《世说新语·栖逸》大体一致,显据后者裁剪而来。因此,《戴氏谱》一书,《剡录·书》当据刘孝标注引而著录。

2.《阮裕别传》一卷

《阮裕别传》,《隋志》、两《唐志》均未见著录。《剡录》引《阮裕别传》共两处。

卷三《先贤传·人士》"阮裕"条:

> (阮裕)居会稽剡县,志尚肥遁(出《阮裕别传》)。在东山萧然无事,常内足于怀(出《世说》)。除东阳太守,征侍中,皆不就。有以问王逸少,逸少曰:"此公不惊宠辱,虽古之沉冥,何以过此?"④

卷四《古奇迹》"阮光禄东山"条:

> 《阮裕别传》曰:"裕居会稽剡山,志存肥遁。"《世说》曰:"阮光禄在东

---

① 高似孙:《高似孙集》,浙江古籍出版社 2015 年版,第 60 页。
② 刘义庆:《世说新语笺疏》,刘孝标注,余嘉锡笺疏,中华书局 2007 年版,第 776 页。
③ 房玄龄等:《晋书》,中华书局 1974 年版,第 2086 页。
④ 高似孙:《高似孙集》,浙江古籍出版社 2015 年版,第 62 页。

山，萧然无事，常内足于怀。"①

按，《世说新语·栖逸》云：

> 阮光禄在东山，萧然无事，常内足于怀。《阮裕别传》曰："裕居会稽剡山，志存肥遁。"有人以问王右军，右军曰："此君近不惊宠辱，《老子》曰：'宠辱若惊，得之若惊，失之若惊。'虽古之沉冥，何以过此？"②

《剡录》第一条正文注既云"出《世说》"，且正文文字与《世说新语·栖逸》大体一致，而第二条正文亦直接引作"《世说》曰"。可知《剡录》此二条裁剪自《世说新语·栖逸》，其所引《阮裕别传》出自《世说新语·栖逸》刘孝标注无疑。因此，《阮裕别传》一书，《剡录·书》当据刘孝标注引而著录。

3.《阮氏谱》一卷

《阮氏谱》，《隋志》、两《唐志》均未见著录。《剡录》所引《阮氏谱》见卷三《先贤传·人士》"阮牖"条：

> 阮牖字彦伦，裕长子，仕至州主簿（出《阮氏谱》）。③

按，《世说新语·尤悔》：

> 阮思旷奉大法，敬信甚至。大儿年未弱冠，忽被笃疾。《阮氏谱》曰："牖字彦伦，裕长子也。仕至州主簿。"④

可见，《阮氏谱》一书，《剡录·书》当据刘孝标注引而著录。

4. 戴颙《逍遥论》

戴颙《逍遥论》，唐宋各家书目未见著录，唯见《宋书·隐逸传·戴颙》记载。《宋书·隐逸传·戴颙》云：

> 戴颙字仲若，谯郡铚人也……乃述庄周大旨，著《逍遥论》，注《礼记中庸》篇。⑤

而《剡录》卷三《先贤传·人士》"戴颙"条文字与《宋书·隐逸传·戴颙》所记大体相同，且自注云："出沈约《宋书》。"因此，《逍遥论》一书当据沈约《宋书·隐逸传·戴颙》著录。

5. 秦系《注老子》一卷

秦系《注老子》一卷，历代各家书目未见著录，唯见《新唐书·隐逸传·秦系》记载。《新唐书·隐逸传·秦系》云：

---

① 高似孙：《高似孙集》，浙江古籍出版社 2015 年版，第 79 页。
② 刘义庆：《世说新语笺疏》，刘孝标注，余嘉锡笺疏，中华书局 2007 年版，第 769 页。
③ 高似孙：《高似孙集》，浙江古籍出版社 2015 年版，第 62 页。
④ 刘义庆：《世说新语笺疏》，刘孝标注，余嘉锡笺疏，中华书局 2007 年版，第 1057 页。
⑤ 沈约：《宋书》，中华书局 1974 年版，第 2277 页。

秦系字公绪，越州会稽人……穴石为研，注《老子》，弥年不出。①

按，《剡录》卷三《先贤传·人士》"秦系"条，所述大体本之《新唐书·隐逸传·秦系》。因此，秦系《注老子》一卷当据《新唐书·隐逸传·秦系》著录。

6. 顾欢《政纲》一卷

顾欢《政纲》一卷，历代各家书目未见著录，唯见《南史·隐逸传·顾欢》记载。《南史·隐逸传·顾欢》云：

齐高帝辅政，征为扬州主簿。及践阼乃至，称"山谷臣顾欢上表"，进《政纲》一卷。②

按，《剡录》卷三《先贤传·人士》"顾欢"条，所述大体裁剪自《南史·隐逸传·顾欢》。因此，顾欢《政纲》一卷当据《南史·隐逸传·顾欢》著录。

7.《支遁传》一卷

《支遁传》一卷，唐宋各家书目未见著录。《世说新语》引《支遁传》凡四条，分别见《品藻》《企羡》《伤逝》《轻诋》等门。又，《太平御览》卷第六百五十五《释部三·僧》引有一条，与所引《世说新语》不同，其文云：

《支遁传》云：本姓关氏，陈留人，或云河东林虑人。幼有神理，聪明秀彻。至京师，太原王蒙甚重之，曰："造微之功，不减辅嗣。"③

而《剡录·先贤传·高僧》"支遁"条云：

支遁，字道林。……又幼有神理，聪明透澈。（出《支遁传》。）王蒙重之，曰："造微之功，不减辅嗣羲。"④

较其文字，其内容应当本于《太平御览》之记载。因此，《支遁传》一卷或据《太平御览》所引而著录。

除上述七条外，《剡录·书》还著录有《王氏世家》五卷、《王羲之别传》一卷、《戴逵别传》一卷、支遁《经论》三卷、《葛仙翁别传》一卷，而高似孙《剡录》中未见征引，因此文献不足征，其来源也难以详考。

尽管如此，通过以上两部分的考察，我们也大抵可以做出如下的判断：《剡录·书》所著录的四十二部文献，大多转录《隋志》、两《唐志》而来，同时也采摭了《世说新语》刘孝标注、史传以及《太平御览》等材料。

---

① 欧阳修、宋祁等：《新唐书》，中华书局 1975 年版，第 5608 页。

② 李延寿：《南史》，中华书局 1975 年版，第 1875 页。

③ 李昉等：《太平御览》，中华书局，1960 年版，第 2924 页。

④ 高似孙：《高似孙集》，浙江古籍出版社 2015 年版，第 72 页。

三、《剡录》所引唐前佚籍的来源

《剡录》所引唐前佚籍十分丰富，历代学者对此评价甚高，如《四库全书总目》云："征引极为该洽，唐以前佚事遗文颇赖以存。"① 瞿镛《铁琴铜剑楼藏书目录》："其《先贤传》多取晋杂史及王、谢氏家谱，一一注其所出，为自来志乘所未有。"② 张秀民《〈剡录〉跋》："均为唐以前古籍，今皆亡佚，或为其父藏书寮中旧物，可供辑佚者之资。"③ 然而，《剡录》所引唐前佚籍，有的早在高似孙编纂《剡录》之前便已经亡佚，如《晋中兴书》等，因此，无论是"颇赖以存"，还是"志乘所未有"，抑或是其父旧藏，其说均不准确。

上文中，我们利用《剡录》之《先贤传》《古奇迹》等所征引的文本，对《剡录·书》的史料来源进行了考察，《戴氏谱》《阮裕别传》《阮氏谱》《支遁传》等书，实分别据《世说新语》刘孝标注、史传以及《太平御览》等著录。同时，通过考察，我们发现，《剡录》中的文本，大量直接引用或裁剪、拼合自《世说新语》等书中的文字，如上文所举卷三《先贤传·人士》"阮裕"条，其正文自注云"出《世说》"；又如"戴逵"条，其内容则裁剪自《世说新语·栖逸》。这种现象，在《剡录》中屡见不鲜，现再举一例：

《剡录》卷七《画》"戴逵画南都赋图"条：

> 戴安道就范宣学，《中兴书》曰："逵不远千里，往豫章诣范宣，宣见逵，异之，以兄女妻焉。"视范所为：范读书亦读书，范抄书亦抄书。唯好画，范以为无用，不宜劳思于此。戴乃画《南都赋图》，范看毕咨嗟，以为有益，始重画。④

《世说新语·巧艺》云：

> 戴安道就范宣学，《中兴书》曰："逵不远千里，往豫章诣范宣，宣见逵，异之，以兄女妻焉。"视范所为：范读书亦读书，范钞书亦钞书。唯独好画，范以为无用，不宜劳思于此。戴乃画《南都赋图》，范看毕咨嗟，甚以为有益，始重画。⑤

对比可知，《剡录》此条文字乃全袭自《世说新语》，其所引《晋中兴书》乃出自刘孝标注无疑。

除此之外，《剡录》所引的其他唐前佚籍，如《王导别传》《文章志》《续文

① 纪昀等：《钦定四库全书总目》，中华书局1997年版，第930页。
② 瞿镛编纂：《铁琴铜剑楼藏书目录》，瞿果行标点，上海古籍出版社2000年版，第282页。
③ 张秀民：《〈剡录〉跋》，《文献》1986年第3期，第105—106页。
④ 高似孙：《高似孙集》，浙江古籍出版社2015年版，第138页。
⑤ 刘义庆：《世说新语笺疏》，刘孝标注，余嘉锡笺疏，中华书局2007年版，第845页。

章志》《续晋阳秋》《晋阳秋》《许氏谱》《王长史别传》《妇人集》《人物论》《高逸沙门传》《支遁别传》《冯氏谱》《列仙传》《会稽郡记》《文选人名录》《元嘉起居注》《启蒙记注》等，其内容均见于《世说新语》刘孝标注或《太平御览》。如表1①所示。

表1 《剡录》征引《世说新语》《太平御览》条目表

书名	《剡录》征引之条目	来源
《晋安帝纪》	卷三《先贤传·人士》"戴逵"条	《世说新语·雅量》（34）
	卷三《先贤传·人士》"王羲之"条	《世说新语·赏誉》（100）
《戴氏谱》	卷三《先贤传·人士》"戴逵"条	《世说新语·栖逸》（12）
《晋中兴书》	卷三《先贤传·人士》"谢奕"条	《世说新语·德行》（33）
	卷三《先贤传·人士》"李宏度"条	《世说新语·言语》（80）
	卷三《先贤传·人士》"阮裕"条	《世说新语·赏誉》（55）
	卷三《先贤传·人士》"王徽之"条	《世说新语·雅量》（36） 《世说新语·任诞》（46）
	卷三《先贤传·人士》"许询"条	《世说新语·言语》（73） 又，《剡录》末有"入剡山，莫知所止。或以为升仙"数语，乃据《太平御览》卷五百三所引《晋中兴书》
	卷三《先贤传·人士》"谢万"条	《世说新语·言语》（77） 《世说新语·文学》（91）
	卷三《先贤传·人士》"蔡系"条	《世说新语·雅量》（31）
	卷七《画》"戴逵画南都赋图"条	《世说新语·巧艺》（6）
《阮裕别传》	卷三《先贤传·人士》"阮裕"条	《世说新语·栖逸》（6）
	卷四《古奇迹》"阮光禄东山"条	
《阮氏谱》	卷三《先贤传·人士》"阮脩"条	《世说新语·尤悔》（11）
《王导别传》	卷三《先贤传·人士》"王羲之"条	《世说新语·德行》（27）
《文章志》	卷三《先贤传·人士》"王羲之"条	《世说新语·赏誉》（80）
	卷三《先贤传·人士》"刘恢"条	《世说新语·赏誉》（73）
	卷三《先贤传·人士》"许询"条	《世说新语·品藻》（61）
	卷三《先贤传·人士》"孙绰"条	《世说新语·品藻》（61）
《续文章志》	《先贤传·人士》"孙绰"条	《世说新语·文学》（84）
《续晋阳秋》	卷三《先贤传·人士》"许询"条	《世说新语·文学》（85）
	卷三《先贤传·人士》"谢朗"条	《世说新语·言语》（71） 《剡录》误作《晋阳秋》
	卷三《先贤传·人士》"袁宏"条	"袁宏字彦伯"至"合坐叹其要捷"，见《世说新语·言语》（83），《剡录》误作《晋阳秋》 "有逸才"至"是其风情所寄"，见《世说新语·文学》（88）
《晋阳秋》	卷三《先贤传·人士》"何充"条	《世说新语·政事》（17）
《许氏谱》	卷三《先贤传·人士》"许询"条	《世说新语·赏誉》（95）
《王长史别传》	卷三《先贤传·人士》"王蒙"条	《世说新语·言语》（66）

---

① 按，《世说新语》后所记条目数，乃据余嘉锡《世说新语笺疏》，中华书局 2007 年版。

续 表

书名	《剡录》征引之条目	来源
《妇人集》	卷三《先贤传·人士》"谢朗"条	《世说新语·言语》（71）
庾法畅《人物论》	卷三《先贤传·高僧》"竺潜"条	《世说新语·文学》（30）
《高逸沙门传》	卷三《先贤传·高僧》"支遁"条	《世说新语·言语》（63）
《支遁别传》	卷三《先贤传·高僧》"支遁"条	《世说新语·赏誉》（98）
《支遁传》	卷三《先贤传·高僧》"支遁"条	《太平御览》第六百五十五《释部三·僧》
《冯氏谱》	卷三《先贤传·高僧》"支遁"条	《世说新语·文学》（32）
《列仙传》	卷七《画》"戴逵画行像"条	《世说新语·巧艺》（8）
《会稽郡记》	卷二《山水志》 卷九《草木禽鱼诂上》"柏"条	《世说新语·言语》（91）
《文选人名录》	卷三《先贤传·人士》"谢灵运"条	《太平御览》第六百三《文部十九》
《元嘉起居注》	卷三《先贤传·人士》"谢灵运"条	《太平御览》卷第三百五十四《兵部·枪》
《启蒙记注》	卷三《先贤传·高僧》"白道猷"条	《太平御览》卷第四十一《地部六》"天台山"

由此可见，《剡录》所引唐前佚籍，实乃转引自《太平御览》《世说新语》刘孝标注等。实际上，高似孙编纂的其他文献，也多有取材自《太平御览》《世说新语》者。如《纬略》一书，"从所引条目行文相似度和条目在《太平御览》上的分布程度来看，可以确定引自《太平御览》的内容至少有近两百条"。[①] 又，《纬略》卷九《刘孝标世说》云：

> 宋临川王义庆采撷汉晋以来佳事佳话，为《世说新语》，极为精绝，而犹未为奇也。梁刘孝标注此书，引援详确，有不言之妙，如引汉、魏、吴诸史及子传、地理之书，皆不必言。只如晋氏一朝史及晋诸公列传、谱录、文章，皆出于正史之外，纪载特详，闻见未接，实为注书之法。[②]

并于之后详列《世说新语》刘孝标注之引书书目。可见，高似孙于《世说新语》《太平御览》的内容之熟稔。而《纬略》一书，成书于嘉定五年（1212），早于成书于嘉定七年（1214）的《剡录》。因此，可以说，在材料取舍上，高似孙《剡录》延续了《纬略》的编纂实践。

当然，揭示《剡录》所引唐前佚籍的来源，并不等于否定其文献价值。如，《剡录》中保存了大量宋人诗文，可供辑佚之资。《全宋诗》收录宋代诗僧仲皎诗歌十九首，除《静林寺古松》《雪作望剡溪》外，其余均据《剡录》辑录。此外，《剡录》卷七《纸》"剡藤"条，录有僧巽中《谢吴令惠越纸》诗，为《全宋诗》未收。卷八《物外记·僧庐》引王铚《归鸿阁诗》，则较《全宋诗》据《嵊县志》所录更为完整。[③]

---

① 谢璐雪：《高似孙〈纬略〉引文考校》，中南民族大学文学与新闻传播学院 2015 硕士学位论文。
② 高似孙：《高似孙集》，浙江古籍出版社 2015 年版，第 684 页。
③ 郑利锋：《〈全宋诗〉补遗》，《中国韵文学刊》2011 年第 4 期，第 107—111 页。

四、结　语

陈垣先生常言"史源不清，浊流靡己"，"读史必须观其语之所出"，必须"一一追寻其史源，考正其讹误"。① 我们搜集、利用文献，只有考辨其史源，才能对其史料价值和使用价值做出正确的评价。因此，揭示《剡录·书》及《剡录》所引唐前佚籍的史料来源，其意义不仅仅局限在探明史料来源本身。

首先，揭示《剡录·书》的史料来源，有利于我们正确评价其目录学价值。前人编目，其所据材料大体有二：一是依据藏书编目，政府之藏如唐元行冲等《开元群书四部录》，个人之藏如宋尤袤《遂初堂书目》等；二是依据前人书目编目，如《旧唐书·经籍志》乃据唐毋煚《古今书录》编成。再如郑樵《通志·艺文略》"广古今而无遗"，其所依据的材料，亦主要包括《隋志》《新唐志》《崇文总目》《秘书省续编到四库阙书目》，以及一些北宋私家藏书目录。② 而《剡录·书》收书虽仅四十二种，但其依据材料涉及前人书目如《隋志》、两《唐志》，正史传记如《新唐书·隐逸传·秦系》，杂著如《世说新语》刘孝标注，类书如《太平御览》等等，取材远较它者丰富。高似孙的这种编目取材，与清人补史艺文志以及后世地方经籍志广采史传杂著、类书文集等文献的做法不谋而合。因此，《剡录·书》的目录学价值不仅仅在于"开后世方志著录书目之风气"，其采撷书目、史传杂著、类书等材料的做法，对我们考察目录编纂方法的发展具有不可忽视的作用。

此外，明确《剡录》所引唐前佚籍的来源，有助于我们对其内容进行取舍。前辈学者多引《剡录》作为注释、考证文献之资，但因不明其史料来源，于其错误之处也相沿不改。如，《袁桷集校注》卷四十《宝林塔重建疏》，其笺证第一条"许玄度"即引《剡录·先贤传·人士》"许询"条全文。③ 按，《先贤传·人士》"许询"条末有"入剡山，莫知所止，或以为升仙（出《晋中兴书》）"之语，实抄辑自《太平御览》卷五百三所引《晋中兴书》，"其文本兼叙高阳许询、丹阳许玄二人之事。此数语乃玄事也。而高似孙误属之询"。④ 由是，《袁桷集校注》一书未审《剡录》之史源而沿袭其谬误。

总之，《剡录·书》除依据《隋志》、两《唐志》外，也采撷了《世说新语》刘孝标注、史传以及《太平御览》等材料。《剡录》所引唐前佚籍，亦转引自《太平御览》《世说新语》刘孝标注等文献。我们在评价和利用《剡录》时，必须注意这些特点，才能做到实事求是、正确取舍。

---

① 陈智超编：《陈垣史源学杂文·前言》，生活·读书·新知三联书店 2007 年版，第 1—2 页。
② 唐黎明、张固也：《郑樵〈通志·艺文略〉所据书目考》，《图书馆杂志》2017 年第 12 期。
③ 袁桷：《袁桷集校注》，杨亮校注，中华书局 2012 年版，第 1782—1783 页。
④ 刘义庆：《世说新语笺疏》，刘孝标注，余嘉锡笺疏，中华书局 2007 年版，第 152 页。

"知觉便是神"

——朱子"心"之归属问题重探

吴瑞获[*]

一、"心"的归属问题及其反思

朱子曾将"心"分为"实有一物"的心脏之心与"神明不测"的知觉之心两个层次，后者正是道德修养工夫的关键所在。[①] "心"（下文"心"均指知觉之心）在朱子理气论中的定位是当代朱子学研究中极具争议的问题。牟宗三认为朱子理论的基本结构"理气二分"（理之定然与气之自然的二分）与"心性情三分"，理气与心性之间有着对应关系。如果认为心属理，便是延续传统心学"心即理"的思路，走的是道德本心的修身之路；如果认为心属气，将心看作有限、实然、中性的认知心，具有道德意义的理只是外在的对象而不是心之本质，人们只能在后天通过格物致知认知理而引发心气之改变。在牟宗三看来，朱熹属于后者。[②]

除了刘述先[③]、李明辉[④]、林月惠[⑤]等人依然延续牟宗三的观点外，有不少学者反对将"心"简单归属于"气"，如陈来[⑥]、金春峰[⑦]、黄莹暖[⑧]等。以上学者皆关注朱子本人的论述，而陈来、李明辉两位的讨论较为集中。此外，还有学者通过道学史的考察指出，"心是灵气"是宋明理学家的一个基本共识，不是朱子哲

---

[*] 吴瑞获，福建师范大学经学研究所讲师。

① 黎靖德编：《朱子语类》卷五，朱杰人、严佐之、刘永翔主编《朱子全书》第 14 册，上海古籍出版社、安徽教育出版社 2010 年版，第 221 页。

② 牟宗三：《心体与性体》，联经出版事业股份有限公司 2003 年版，第 261—273 页。

③ 刘述先：《朱子哲学思想的发展与完成》，中国人民大学出版社 2022 年版，第 233—234 页。

④ 李明辉：《朱子论恶之根源》，载钟彩钧主编《国际朱子学会议论文集》上册，第 553—580 页；《朱子对"道心""人心"的诠释》，《湖南大学学报（社会科学版）》2008 年第 1 期，第 19—27 页。

⑤ 林月惠：《韩国朱子学的"知觉"论争——以金昌协论"知觉"为例》，吴震主编《东亚朱子学新探（下册）》，商务印书馆 2020 年版，第 692 页。

⑥ 陈来：《朱子哲学中"心"的概念》，载《儒学通诠》，孔学堂书局 2015 年版，第 181—189 页。

⑦ 金春峰：《朱熹哲学思想》，东大图书股份有限公司 1998 年版，第 58 至 68 页。

⑧ 黄莹暖：《再论朱子之"心"》，《鹅湖学志》第 56 期，第 113—139 页。

学的特有表达。① 这种结论只是从外部消解牟宗三所提出的问题。周濂溪、张横渠、王阳明、刘蕺山也有"心是灵气"之类的话语，牟宗三也可以根据他们哲学理论的整体倾向，而给予这一命题以不同于朱子的解释。因此，下文将在陈来、李明辉二人的基础上，从朱子思想内部入手重新探讨本问题。②

陈来批评了牟宗三"非理即气"的二元性普遍思维，他认为朱子哲学中的"心"是功能总体，而"理气二分"只是对存在实体的形而上学分析（即将存在的事物分为形式与质料两个要素），因此不能说"心属气"。③ 李明辉则坚持认为朱子有将心性论纳入理气论架构的倾向，且朱子哲学不存在理、气之外的第三界域，心既然不属于理，便只能属于气。虽然二人对"心属气"问题存在分歧，但在理气论层面，他们都将"气"类比于亚里士多德的"质料"概念。李明辉进一步指出"气"本身只具备自然特质而没有道德意义，所以"心属气"就意味着"这种'心'并不具有道德责任必须预设的'先验的自由'，亦即超乎时间条件而不受制于自然底因果性的自由"④。这种批评对朱子哲学而言是一个麻烦，如其所论，则朱子之"心"只有机械作用，这不仅意味着人不可能通过修身工夫成为圣贤，甚至将陷入决定论而没有真正的道德可言。

事实上，"气"是自然实体乃是牟宗三、李明辉在引入西方哲学视角时带入的重要预设。他们的推论可以简化为：（一）理气二分，各属不同界域；（二）气只有自然因果性；（三）心只属于气；（四）心只有自然因果性。既然陈来与李明辉无法在前提三上达成共识，那么我们可以将焦点转向前提一和前提二，即通过考察朱子定位"心"的理气结构。下文将指出，朱子的"气"之概念有"神"与"鬼神"两个层次，"神"作为"气之精英者"同时也是"理之发用"，朱子的"理气"关系不能视为二分界域，"气"的运动不完全是机械式的。朱子强调"心"是"气之灵"与"气之精爽"，强调"知觉便是神""神是心之至妙处"等，便是将"心"与"神"联系起来，从而区别于形气的层次。如此，我们便不能否定"心"具有不受自然因果性限制的独特地位。

---

① 赖区平：《"心是灵气"作为道学共识——给予道学史的考察》，《哲学与文化》2019年第4期，第141—155页。

② 需要强调，学界考察朱子"心"之概念不止一条路径，本文只聚焦"心属气"的论争（即心与气的关系问题）。其他相关研究可参考陈佳铭：《近年来中国朱子学研究述评》，吴震主编《东亚朱子学新探》下册，商务印书馆2020年版，第924—947页。

③ 陈来：《朱子哲学中"心"的概念》，载《儒学通诠》，孔学堂书局2015年版，第188页。

④ 李明辉：《朱子论恶之根源》，载钟彩钧主编《国际朱子学会议论文集》上册，第564页、第576页。

二、"神"与"鬼神"：论气之二重性

朱子充分借助了先秦至北宋儒学中与"气"相关的概念，用以解释不同领域的哲学问题。譬如以"阴阳""五行""鬼神""魂魄"等概念解释宇宙人的生命活动以及祭祀的感通原理，此部分可以称之为"鬼神论"；又以"气质""气禀"（有时也说"形气""形质"）等概念解释人的善恶根源、性格偏向等问题，可称之为"气禀论"。这些概念虽然继承自前代经典，但在朱子的体系里便整合为对"气"之不同形态、特性与阶段的具体命名。其中鬼神论对于本文的论证尤为重要。钱穆早在《朱子新学案》中指出：

> 盖朱子关于本体论形上学之大体结构有二：一曰理气论，二曰鬼神论。性即理一语承之伊川。单言气，则终似乱杂杂地，单言理，又嫌其呆板拘束冷静无生气。后人疑朱子论理气，有如死人骑活马。不知朱子在此方面另有一结构，采自横渠，即其鬼神论。而尤以两在合一之语为最要。①

即使对朱子思想抱有极大的同情，钱穆也不得不承认朱子理气论要么"乱杂杂地"，要么"呆板拘束冷静无生气"。但他还指出，鬼神论应当作为朱子本体论形上学之补充，而明儒曹端等人"死人骑活马"的质疑只是针对其理气论，未能兼顾其鬼神论。钱穆于此处极具洞见，现代部分学者将朱子的鬼神论视为宗教问题或礼学问题，这些看法或多或少遮蔽了其在形而上学方面的意义。在此，我们要聚焦于朱子对"神"与"鬼神"的区分。

朱子在解释《伊川易传》"以其功用谓之鬼神，以其妙用谓之神"一句时说："鬼神只是往来屈伸，功用只是论发见者。所谓'神也者，妙万物而为言'，妙处即是神。其发见而见于功用者谓之鬼神。至于不测者，则谓之神。如'鬼神者，造化之迹'，'鬼神者，二气之良能'，二说皆妙。所谓造化之迹，就人言之，亦造化之痕也。其生也，气日至而滋息，物生既盈，气日反而游散，便是鬼神，所谓二气之良能者……无一物无往来屈伸之义，便皆鬼神着见者也。"② 可以说，"神"与"鬼神"是朱子对气之层次最为重要的区分之一，下文将分别考察二者的内涵与关系。

先看"鬼神"。在朱子那里，"鬼神"有两层意义：第一层是在张载所谓"鬼神者，二气之良能"的意义上说，所体现的是气之往来运动，"凡气之来而方伸

---

① 钱穆：《朱子新学案》第一册，《钱宾四先生全集》第 11 册，联经出版事业股份有限公司 1998 年版，第 307—308 页。

② 黎靖德编：《朱子语类》卷六十八，朱杰人、严佐之、刘永翔主编《朱子全书》第 16 册，上海古籍出版社、安徽教育出版社 2010 年版，第 2260 页。

者为神，往而既屈者为鬼"①。第二层是在伊川所谓"鬼神者，造化之迹"的意义上说，所体现的是气之功用。在此，随其言说主体之不同，"鬼神"的意义也有具体差别："在天之鬼神，阴阳造化是也；在人之鬼神，人死为鬼是也；祭祀之鬼神，神示、祖考是也。三者虽异，其所以为鬼神者则同。"②朱子对于《通书·圣》的"诚、神、几"之"神"、《程氏遗书》的"易、道、神"之"神"以及上述《伊川易传》的"鬼神"之"神"的理解都是取"功用"之意。

不论是"良能"还是"功用"的意义，"鬼神"都是可感知者，所以朱子认为可以"从良能功用上求见鬼神之德"③。从天的层次看，"鬼神"表现为屈伸往来的自然现象："鬼神者，有屈伸往来之迹。如寒来暑往，日往月来，春生夏长，秋收冬藏，皆鬼神之功用，此皆可见也。"④朱子认为此种时间性的推移变化就是张载所谓的"两故化"。在他的理解中，"两"只是一个形式字，可以指天下成对的事物，如"阴阳""屈伸""往来""上下""寒暑""昼夜"等，而"逐一挨将去底，一日复一日，一月复一月，节节挨将去，便成一年，这是化"⑤。换言之，气化是一个在时间中逐步演进的过程，我们假设朱子哲学中可以容纳李明辉所谓的"自然因果性"，那么此种"节节挨将去"所呈现的机械式规律似乎就表现出了这一特性。⑥朱子认为"就人言之，亦造化之迹也"，据此，我们或可说人之"气质""气禀"等概念亦属于"鬼神"的范畴，亦是气化之结果而受此"自然因果性"的支配，"气质"之清浊昏明决定人自然禀赋的优劣。朱子有时也将气之有规律的运动视为"理"的体现（如事物发生、生长的过程），他说："以意度之，则疑此气是依傍这理行。及此气之聚，则理亦在焉。"⑦但朱子同样认为气有违背理或遮蔽理的可能，如其说"气强而理弱，理管摄他不得"⑧。因此，即便我们在

---

① 黎靖德编：《朱子语类》卷六十八，朱杰人、严佐之、刘永翔主编《朱子全书》第16册，上海古籍出版社、安徽教育出版社2010年版，第2087页。

② 朱熹：《朱子语类·门目》，朱杰人、严佐之、刘永翔主编《朱子全书》第14册，上海古籍出版社、安徽教育出版社2010年版，第107页。

③ 朱熹：《朱子语类》卷六十三，朱杰人、严佐之、刘永翔主编《朱子全书》第16册，上海古籍出版社、安徽教育出版社2010年版，第2083页。

④ 朱熹：《朱子语类》卷六十八，朱杰人、严佐之、刘永翔主编《朱子全书》第16册，上海古籍出版社、安徽教育出版社2010年版，第2258页。

⑤ 朱熹：《朱子语类》卷九十八，朱杰人、严佐之、刘永翔主编《朱子全书》第17册，上海古籍出版社、安徽教育出版社2010年版，第3303页。

⑥ 牟宗三也将朱子的鬼神论视为一种科学式的积极知识，他说："论鬼神，此两卷所论者皆是就存在之然（气本身之曲折）而说，故其所穷知者虽未进至科学阶段，然亦实是科学式的积极知识，因其基本观点是就气本身之曲折说，根本上是物理的故也。"参见牟宗三：《心体与性体》，联经出版事业股份有限公司2003年版，第405页。

⑦ 朱熹：《朱子语类》卷一，朱杰人、严佐之、刘永翔主编《朱子全书》第14册，上海古籍出版社、安徽教育出版社2010年版，第117页。

⑧ 朱熹：《朱子语类》卷四，朱杰人、严佐之、刘永翔主编《朱子全书》第14册，上海古籍出版社、安徽教育出版社2010年版，第500页。

"鬼神"的层次上承认气之运动有"自然因果性"，也不能将此自然因果性直接等同于朱子之"理"。

当然，并非所有学者都赞同朱子哲学中存在这种"自然因果性"。譬如，丹尼尔·贾德纳早在 1995 年就指出："在朱子的哲学视野中，几乎看不到西方所盛行的自然与灵魂领域之间的传统界限，这两个领域是相互混杂而难以区分的。"此种观察是准确的，然而傅锡洪据此申说"鬼神"不同于西方哲学"自然"义之一面，从而将"气"的运动推向了不可知的极端。① 实际上，这一观点很可能瓦解朱子格物致知论的理论基础。在本文看来，朱子哲学中的"鬼神"是"理"与"气"共同作用的结果，其并非全然不可知，亦并非一切都有规律可循。

相对于"鬼神"，"妙用"之"神"则没有形迹可见，其作用也是不可测识的。《语类》云："鬼神是有一个渐次形迹。神则忽然如此，忽然不如此，无一个踪由。要之，亦不离鬼神，只是无迹可见。"② 朱子甚至有更直接的说法："功用是有迹底，妙用是无迹底。妙用是其所以然者。"③ 将"妙用"视为"所以然者"，似乎使之等同于"理"的概念了。如此"神"与"鬼神"之间就有如理气的关系。朱子对《易传》的"神也者，妙万物而为言"、《通书·动静章》的"动而无静，静而无动，物也；静而无静，动而无动，神也"、《正蒙·参两》的"一故神"与《正蒙·神化》的"合一不测为神"等文本中的"神"之理解，都是取此"妙用"之义。

然而在朱子的体用思想中，作为所以然者的"理"始终只是体而不是用。"神"属于理还是属于气，朱子似乎有过动摇。譬如他在回答弟子"所谓神者，是天地之造化否"之问时，明确地回答说"神即此理也"。④ 而在与黄榦、叶贺孙等人的一次交谈中，黄榦提到："看来'神'字本不专就气说，也可就理说。先生只就形而下者说。"朱子答曰："所以某就形而下说，毕竟就气处多，发出光彩便是神。"⑤ 比较明确的看法，应该是在绍熙三年（1192）至绍熙四年（1193）间答杜知仁的两封信中。《答杜仁仲》云："但谓'神'即是理，却恐未然，更宜思之。"后一封又说："神是理之发用，而乘气以出入者，故《易》曰：'神也者，妙

① 傅锡洪：《朱熹以"气"释鬼神的思路及其分类——兼论"鬼神有无"的问题》，《历史文献研究》2015 年第 1 期，第 226—227 页。
② 黎靖德编：《朱子语类》卷六十八，朱杰人、严佐之、刘永翔主编《朱子全书》第 16 册，上海古籍出版社、安徽教育出版社 2010 年版，第 2258 页。
③ 黎靖德编：《朱子语类》卷六十七，朱杰人、严佐之、刘永翔主编《朱子全书》第 16 册，上海古籍出版社、安徽教育出版社 2010 年版，第 2259 页。
④ 黎靖德编：《朱子语类》卷九十四，朱杰人、严佐之、刘永翔主编《朱子全书》第 17 册，上海古籍出版社、安徽教育出版社 2010 年版，第 3161 页。
⑤ 黎靖德编：《朱子语类》卷九十五，朱杰人、严佐之、刘永翔主编《朱子全书》第 17 册，上海古籍出版社、安徽教育出版社 2010 年版，第 3186 页。

万物而为言者也.'来谕大概得之。但恐却将'神'字全作气看，则又误耳。"① 可见杜知仁先后以"神即理"与"神是气"两种看法请教朱子，而朱子既不同意把"神"等同于理，也不同意完全归属于气，而是强调了"神"的两个要点：一是理之发用，二是乘气以出入。若是以牟宗三的"理气二分"框架观之，则"神"就成了一个贯通"理""气"的概念，同时被赋予了"理"的规范性与"气"的活动性。这或许也是朱子晚年将"神者，妙万物而为言"一句视如佛教云门三句的"截断众流句"的重要原因。②

倘若继续深入讨论这一说法，很可能挑战牟宗三、李明辉等人的看法。第一，此种意义上的"神"之概念近似牟宗三、李明辉看重的所谓"能活动的理"，则他们对朱子之"理""只存有而不活动"的批评便有问题；第二，朱子也并非将"理"与"气"视为二分的界域，然后据此对事物或概念进行非此即彼的分类，而是以"理""气"二者作为相互关联的要素来说明事物或概念的特征。③ 若严格按朱子对"理"与"气"的定义，除了作为规定与规范事物的"理"是就形而上说，"气"其实已经是就现实存在的事物而言，不仅包括在时空中存在的物体，也包括人的心理现象与意识活动，因而近于"物"之概念。④ 其中亦有作为"理"之表现者，即唐君毅所谓的"已实现理之气"。⑤ 因此，即使朱子"只就形而下者说""神"，也不意味着他否定了"神"有作为理之发用的一面。他所谓"就气处多"也不是指数量多少，而是在"神"为妙用而能为人所感的意义上，认为这一概念更偏向指称形而下者。

当然，"神"作为气必不同于"物"之概念，因其仍保留着"流行变动"的特

---

① 据顾宏义考证，两封信作于绍熙三年（1192）至四年（1193）之间。参见《朱熹师友门人往还书札汇编》第一册，第 601 页、第 603 页。

② 黎靖德编：《朱子语类》卷七十六，朱杰人、严佐之、刘永翔主编《朱子全书》第 16 册，上海古籍出版社、安徽教育出版社 2010 年版，第 2596 页。

③ 事实上，牟宗三并非没有注意到朱子关于"神"的论述，只是在他所理解的"理气二分"架构中，理只有定然义，气只是有形迹的自然生化，所以当他看到朱子把"神"落在气之层面讲，便认定朱子不能正视"神"作为活动实体的意义。首先，此种观点忽略了气的两重含义，从而将气之概念贬抑太过，不仅使得理气论层面"气之精明者""气之精英者"的说法丧失其独特意义，也使得心性论层面上作为"气之灵""气之精爽"的"心"之概念混同于一般的气质或形气。其次，此种观点以"理气二分"框架否定掉"神"的概念，或仅将其当作一个形容"理"的赞叹词，就相当于抛弃了理气之间的衔接概念，如此看朱子之"理"便是一个孤立无接的死理，只能任人诟病"神义则脱落，是即丧失其创生直贯义"。参见牟宗三：《心体与性体》，联经出版事业股份有限公司 2003 年版，第 64 页。

④ 朱子认为意识活动也属于"气"的范畴，他说："凡人之能言语动作，思虑营为，皆气也，而理存焉。"黎靖德编：《朱子语类》卷四，朱杰人、严佐之、刘永翔主编《朱子全书》第 14 册，上海古籍出版社、安徽教育出版社 2010 年版，第 194 页。

⑤ 唐君毅：《中国哲学原论·原道篇》，九州出版社 2016 年版，第 370—371 页。

性，而"物"则是"一成而不返"。① 正因如此，朱子多次强调"神"的独特性，以显示其与"气"的区别。譬如他说：

气之精英者为神。金木水火土非神，所以为金木水火土者是神。②

神乃气之精明者耳。③

盖神之为物，自是超然于形器之表，贯动静而言，其体常如是而已矣。④

一方面，《语类》中所谓"光彩""精英""精明"等词语多形容意识清醒、通达、不蒙昧的状态，此种形容用于气上，似在显示"神"作为"理之发用"的通透性与纯粹性。另一方面，"精英"又有"无形质"之义，如弟子问："星辰有形质否？"朱子回答说："无，只是气之精英凝聚者。"⑤ 所以"神"能"超然于形器之表"。既然"神"是气之"精英者"与"精明者"，便不同于"金木水火土"之类"功用"意义上的有形质之气，而是"所以为"具体质料的原因与根据。

朱子还提到"鬼神是气之精英"以及"使人不可测知，鬼神之妙用也"，这很容易让人觉得朱子思想发生了改变，不再区分"神"与"鬼神"。⑥ 有学生问"以功用谓之鬼神"与"妙用谓之神"的两个"神"字是否不同，朱子仍然认为不同。故将"鬼神"混同于"神"的少数文本，或是朱子与弟子闲谈时表达不严谨，或是弟子在记录上有出入，或是朱子认为"神"之概念本身"亦不离于鬼神"，才偶尔以"鬼神"为主语描述"神"的特征，此未可知。

不论如何，朱子关于"神"与"鬼神"的区分应是清楚无疑的。此种区分正体现了气的两个层次：第一重就"神"言，气表现为无行迹、无定然、不可测的理之发用，这一层次的气决不能用"质料"来解释；第二重就"鬼神"言，气表现为自然生物的造化之迹，这一层次的气才属于具体质料的运动过程。这两个层次的区分至关重要，因为它直接关系到"心"之概念的定位问题。

---

① 黎靖德编：《朱子语类》卷九十四，朱杰人、严佐之、刘永翔主编《朱子全书》第17册，上海古籍出版社、安徽教育出版社2010年版，第3146页。
② 黎靖德编：《朱子语类》卷一，朱杰人、严佐之、刘永翔主编《朱子全书》第14册，上海古籍出版社、安徽教育出版社2010年版，第123页。
③ 黎靖德编：《朱子语类》卷一百四十，朱杰人、严佐之、刘永翔主编《朱子全书》第18册，上海古籍出版社、安徽教育出版社2010年版，第4343页。
④ 黎靖德编：《朱子语类》卷九十四，朱杰人、严佐之、刘永翔主编《朱子全书》第17册，上海古籍出版社、安徽教育出版社2010年版，第3161页。
⑤ 黎靖德编：《朱子语类》卷二，朱杰人、严佐之、刘永翔主编《朱子全书》第14册，上海古籍出版社、安徽教育出版社2010年版，第146页。
⑥ 黎靖德编：《朱子语类》卷六十三，朱杰人、严佐之、刘永翔主编《朱子全书》第17册，上海古籍出版社、安徽教育出版社2010年版，第2082页。

三、"知觉便是神"：论朱子"心"之归属问题

在辨析"气"的不同层次之后，就可以进一步考察陈来与李明辉有关"心"之归属问题的分歧。在此，我们将首先简单说明"心属气"命题中"心"的含义，然后讨论两位先生核心论点的差异，最后再尝试提出一个新的观点，即"心"归属于"神"的层次。

众所周知，朱子在"中和新说"以后借用了张载的"心统性情"之说以建构自己的心性论框架，甚至频频称许此说"颠扑不破"。[1] 在此命题中，"心"可能有两种含义：其一是"知觉之心"，亦即从主观的、动态的体验活动上说"心"。在此意义上的"心"可以独立于"性""情"，"心"与"性""情"之间可以是综合的关系。譬如，朱子说"心者，人之知觉"，"心之虚灵知觉，一而已矣"，均属此意。[2] "虚灵知觉"作为变幻莫测的心智活动中的不变者，足以作为一身之主宰，能够收敛于"性"之潜具状态，又能转化为中节之"情"。此即朱子所谓："性只是理，情是流出运用处，心之知觉即所以具此理而行此情者也。"[3] 其二是"统体之心"，亦即从客观的、静态的结构描述上说"心"，涵盖心智得以活动之根源与全部心智活动之内容。此种意义上的"心"不能独立于"性""情"，"性"与"情"都是"心"的一部分，"心"与"性""情"是分析的关系。如朱子所说："心者，兼性情而言，兼性情而言者，包括乎性情也。"[4] 虽然二者是从两种不同的角度去把握"心"的含义，但它们关系仍是可说的，即"知觉之心"是"统体之心"的基础功能。

在牟宗三等人看来，朱子哲学中"统体之心"意义上的"心"是虚说，只有"知觉之心"才是实义。[5] 因此，关于"心"之归属问题的探讨，实际上是在追问："知觉"是否属于"性"或"理"的发用？抑或只是"气"本身的作用？

陈来认为，朱子之所以始终没有说"知觉之心"是"气"，而只说知觉是"气之灵"，是因为"知觉之心"与"气"二者不能等同。一方面，"气"是形器而较粗

---

① 黎靖德编：《朱子语类》卷五，朱杰人、严佐之、刘永翔主编《朱子全书》第14册，上海古籍出版社、安徽教育出版社2010年版，第229页。

② 朱熹：《大禹谟解》，朱杰人、严佐之、刘永翔主编《朱子全书》第23册，上海古籍出版社、安徽教育出版社2010年版，第3180页。

③ 顾宏义编：《朱熹师友门人往还书札汇编》第四册，上海古籍出版社2017年版，第2233页。

④ 黎靖德编：《朱子语类》卷二十，朱杰人、严佐之、刘永翔主编《朱子全书》第14册，上海古籍出版社、安徽教育出版社2010年版，第704页。

⑤ 牟宗三将"心统性情"分竖说与横说，竖说即"性情对言"，横说即"心认知地统摄性，性在心之静时见，而行动地统摄情，情即是自身之发动"，而在朱子那里"心与情为一边，性为一边，实只是性情对言，'心统性情'并无实义，只是就心之发动为情须关联着性以说明情之所以然之理，其实义是在横说处"。参见牟宗三：《心体与性体》，联经出版事业股份有限公司2003年版，第528页。

者，扮演的是质料或材料的角色，"心脏"可以说是形而下之"气"，但"知觉"并非实有一物，便不是形而下者；另一方面，按照朱子"理未知觉，气聚成形，理与气合，便能知觉"的说法，也不能将知觉之心视为形而上者，而只能说是理与气结合后所呈现的功能。在此，陈来引入了"存在实体"与"功能总体"的区分。他强调，"理气二分"属于以存在实体为对象的形上学要素分析，而"知觉之心"是意识活动的功能总体，"不能把对存在实体的形上学分析运用于对功能总体的了解，在功能系统中质料的概念找不到它的适当地位"。① 就此而言，不仅说"心属气"有问题，就连"心在理气论层面的归属"也是一个伪问题，牟、李等人认为的"心""性"二者是"理""气"对立关系的说法更无从谈起。因此在陈来的诠释中，"心"是具有高度能动性与意志自由的意识活动主体与实践活动主体，能够主宰情感与行为；"性"就是人之"心"所先天具有的道德品质和属性，必然也必须体现在对知觉思虑的作用中。用牟宗三的话说，二者关系是"心本具性"。②

李明辉则延续牟宗三"心属气"的看法而批评陈来的解释。他的理据主要有三条：其一，朱子"理气二分"的义理间架不存在居间的领域，既然朱子不认为"心"属"理"，那么只能说"心"属"气"；其二，朱子曾说"心是动底物事，自然有善恶"，能活动、有善恶也是气的重要特征；其三，朱子的许多说法都表明了"心"是"气"的意思。关于第三点，除了"心者，气之精爽""能觉者，气之灵也"之类的表述外，李明辉还举出了两条关键证据：第一条是刘砥所录《语类》："只有性是一定。情与心与才，便合着气了。"③ 他强调，陈来没有引述的这条材料"清楚地表示心与才、情三者属于气之一边"④；第二条证据是朱子在《知言疑义》中反对胡宏"心无死生"之说，而主张人物之心是"随形气而有始终"，牟、李正是据此认为此"心"只是"实然的心，经验的心，气之灵之心，此只可说是心理学的心，而非道德的超越的本心"。⑤ 正因为"心"全然属于"气"而与"理"相对，所以"虚灵""精爽""神明"等只是指"心"能凭其知觉在认知意义上涵摄道理，其主宰能力体现在能依所认知之性理而引发情。换言之，性理只是心的外在认知对象，而不是先天内具于心。与此同时，"心属气"还意味着知觉的有无与昏明受到气质或气禀之决定，因而不可能有真正的意志自由。

① 陈来：《朱子哲学中"心"的概念》，载《儒学通诠》，孔学堂书局 2015 年版，第 187—189 页。
② 陈来：《朱子哲学研究》，华东师范大学出版社 2000 年版，第 214—223 页。
③ 黎靖德编：《朱子语类》卷五，朱杰人、严佐之、刘永翔主编《朱子全书》第 14 册，上海古籍出版社、安徽教育出版社 2010 年版，第 233 页。
④ 李明辉：《朱子对"人心""道心"的诠释》，《湖南大学学报（社会科学版）》2008 年第 1 期，第 23 页。
⑤ 牟宗三：《心体与性体》，联经出版事业股份有限公司 2003 年版，第 267 页。

在本文看来，两位先生的观点都有可商榷之处。

首先，陈来先生关于"心""气"关系的考察非常准确。朱子在心性论中所说的"气"偏指较粗的"形气"或"形器"而言，在此意义上，"气之灵"并不能直接等同于"形气"。《答林德久》中有一条最为直接的证据："知觉正是气之虚灵处，与形器渣滓正作对也。"[1] 与此相反，李明辉的理解中并没有区分这两种不同的"气"，亦未能注意到此种区分的意义。另一方面，李明辉关于"心属气"的论据也不足以支持其结论。关于《知言疑义》，朱子实是区分了人物之"心"的两个层次，就人物形体而言是"随形气而有始终"，就其德性而言则是"通古今而无成坏"，缺少任何一个层次都不能称之为人物之"心"。故《仁说》强调："人物之生，又各得夫天地之心以为心者也。故语心之德，虽其总摄贯通无所不备，然一言以蔽之，则曰仁而已矣。"[2] 而关于《语类》所谓"情与心与才便合着气了"，李明辉似乎漏掉了"合着"二字。"合着"表达的是关联义而不是归属义，反而说明朱子并未将"心"完全归入"形气"。

其次，在"心""性"关系问题上，两位先生的分歧点在于是否可以引入理气论视域。对此，李明辉的观点不无道理："当朱子强调'理与气合，便能知觉'时，他事实上已将心性论纳入理气论的架构中。"[3] 而陈来引入了"功能总体"与"存在实体"的区分来说明为什么不能以理气二分思维了解"心"之概念，这种诠释让朱子思想的层次与条理更加清楚。问题在于，二者在朱子那里是否属于互不相通的系统呢？按照朱子的说法："凡物有心而其中必虚，如饮食中鸡心、猪心之属，切开可见。人心亦然。只这些虚处，便包藏许多道理，弥纶天地，该括古今。"[4] 包藏道理、弥纶天地、该括古今便是知觉的作用。说心脏中的空虚处就是虚灵知觉之所在，显然不符合现代生物学研究的观点。但此类说法表明，朱子认为心脏与知觉可以在"可见"的层面上被直接区别，在他那里，"功能总体"与"存在实体"并非互不相通，二者只是"气"的"精粗"与"虚实"之别。朱子常在实气、粗气意

---

[1] 顾宏义编：《朱熹师友门人往还信札》第三册，上海古籍出版社 2017 年版，第 1569 页。

[2] 朱熹：《晦庵先生朱文公文集》卷六十七，朱杰人、严佐之、刘永翔主编《朱子全书》第 23 册，上海古籍出版社、安徽教育出版社 2010 年版，第 3279 页。

[3] 李明辉：《朱子对"人心""道心"的诠释》，《湖南大学学报（社会科学版）》2008 年第 1 期，第 24 页。

[4] 黎靖德编：《朱子语类》卷九十八，朱杰人、严佐之、刘永翔主编《朱子全书》第 17 册，上海古籍出版社、安徽教育出版社 2010 年版，上海古籍出版社、安徽教育出版社 2010 年版，第 3305 页。

义上去讨论事物之构成,"气"还有虚的、精的一层。[1] 正因如此,朱子曾尝试以"虚实"或"精粗"划分人身之气的不同形态,譬如:

气质是实底;魂魄是半虚半实底;鬼神是虚分数多,实分数少底。[2]

然神又是气之精妙处,到得气,又是粗了。精又粗,形又粗。至于说魂,说魄,皆是说到粗处。[3]

那么,问题的关键或许不在能否将心性论纳入到理气论的架构,而是纳入到怎样的理气论架构。在上文中,我们已经指出"气"具有两个层次:一是作为"理之妙用"、无形迹的"神",二是展现出自然义的、有形迹的"鬼神"。就此而言,我们大可以承认朱子哲学中的"心"属于气,但此种"心属气"乃是将心归属于"神"的层次,而非"鬼神"或"形气"的层次,不同于牟宗三与李明辉的看法。此种看法基于以下两个理由:

其一,朱子对"知觉之心"与"神"的论述存在一致性,如朱子论"心"云"心者,气之精爽""能觉者,气之灵也""自是神明不测"等,论"神"云"神乃气之精明者""气之精英者为神""神又是气之精妙处""至于不测者则谓之神"等,都将它们视为具有独特意义的气,且均有"不测"的特点。

其二,在《语类》中朱子至少两次明确将两个概念直接关联。第一条证据是"贺孙问:'神既是管摄此身,则心又安在?'曰:'神即是心之至妙处,滚在气里说,又只是气。'"[4] 朱子将"神"视为管摄此身动静的"心之至妙处",此种主宰能力正是知觉之心的特点。第二条证据是"因指造化而言曰:'忽然在这里,又忽然在那里,便是神。'曰:'在人言之,则如何?'曰:'知觉便是神。触其手则手知痛,触其足则足知痛,便是神。神应故妙。'"[5] 陈淳意识到了"神"可以就天言之,也可以在人言之,朱子明确回答"知觉便是神",从而肯定了心性论层面的"知觉"与理气论层面的"神"之间的对应关系。[6] 在天言之,"神"表现为造

---

[1] 黎靖德编:《朱子语类》卷五载:"问:'先生前日以挥扇是气,节后思之:心之所思,耳之所听,目之所视,手之持,足之履,似非气之所能到。气之所运,必有以主之者。'曰:'气中自有个灵底物事。'"(朱杰人、严佐之、刘永翔主编《朱子全书》第14册,上海古籍出版社、安徽教育出版社2010年版,第221页。)在此,感官肢体的功能其实都属于"气之所运",而主宰发挥其功能者亦属于"气"中"灵底物事",可见形体与功能均可统属于广义的"气"之概念下。

[2] 黎靖德编:《朱子语类》卷三,朱杰人、严佐之、刘永翔主编《朱子全书》第14册,上海古籍出版社、安徽教育出版社2010年版,第163页。

[3] 黎靖德编:《朱子语类》卷九十五,朱杰人、严佐之、刘永翔主编《朱子全书》第17册,上海古籍出版社、安徽教育出版社2010年版,第3186页。

[4] 黎靖德编:《朱子语类》卷九十五,朱杰人、严佐之、刘永翔主编《朱子全书》第17册,上海古籍出版社、安徽教育出版社2010年版,第3186页。

[5] 黎靖德编:《朱子语类》卷九十四,朱杰人、严佐之、刘永翔主编《朱子全书》第17册,上海古籍出版社、安徽教育出版社2010年版,第3154页。

[6] 黄莹暖:《从"心之知觉"论朱子之"心"的道德动能——从"知觉是智之事"谈起》,《国文学报》第57期,第57至86页。

化不受时空限制、不可测识的创生作用；在人言之，"神"表现为知觉"不行而至，不疾而速"又"神明不测"的感应作用。①

综上所论，朱子的"心"之概念是特殊之气，并非与理全然隔绝。因此，它也不像李明辉所说："虽具有'心理上的自由'，但仍在时间底条件下受制于自然因果性。"②朱子哲学系统中是否有类似"自由意志"的概念，这是一个仍需深入讨论的问题。但"心"与"神"的关系至少表明，我们不能将"自然因果性"强加给朱子的"心"之概念，甚至不能全然强加给"气"之概念，从而给朱子扣上"决定论"或"命定论"的帽子。

四、余　论

学界在诠释朱子哲学中"心"之概念时常遭遇困境，一方面因为朱子话语具有多种诠释可能，比如"心具众理"可如唐君毅、陈来等释为"本具"，也可如牟宗三、李明辉等解释为"当具"；另一方面，即使朱子有明确表明"心本具理"的话语，也未必能够与其理气论层面的预设相融贯。牟宗三或是立足于后一种考量，才煞费苦心做出许多别解。因此，本文主要目的就是证明朱子在理气论上实有一个贯通理气的层次（即"神"）可以用以安置"心"之概念，从而将"心"从气禀的决定中解救出来。如果我们赞同李明辉所说，一个能够负有道德责任的道德主体必须预设"先验的自由"，那么这种不受气禀决定的"知觉之心"就是朱子哲学中"明德""道心"等道德主体概念得以成立的必要前提。

牟宗三并非没有注意到朱子关于"神"的论述，只是在他所理解的"理气二分"架构中，理只有定然义，气只是有形迹的自然生化，所以当他看到朱子把"神"落在气之层面讲，便认定朱子不能正视"神"作为活动实体的意义。此种观点首先忽略了气的两重含义，从而将气之概念贬抑太过，不仅使得理气论层面"气之精明者""气之精英者"的说法丧失其独特意义，也使得心性论层面上作为"气之灵""气之精爽"的"心"之概念混同于一般的气质或形气。其次，此种观点又以"理气二分"框架否定"神"的概念，或仅将其当作一个形容"理"的赞叹词，就相当于抛弃了理气之间的衔接概念，如此看朱子之"理"便是一个孤立无援的死理，只能任人诟病"神义则脱落，是即丧失其创生直贯义"。③

在本文看来，朱子将"神"视为"理之妙用"，实际上就肯定了"气"有超脱

---

① 黎靖德编：《朱子语类》卷九十八，朱杰人、严佐之、刘永翔主编《朱子全书》第17册，上海古籍出版社、安徽教育出版社2010年版，第3302页。

② 李明辉：《朱子论恶之根源》，钟彩均主编《国际朱子学会议论文集》上册，第579页。

③ 牟宗三：《心体与性体》，联经出版事业股份有限公司2003年版，第64页。